安徽省省级质量工程项目 项目编号：2013ghjc180

安徽省高等院校规划教材
经济管理系列

现代企业管理

主　编◎费志敏　刘　志
副主编◎李国富　郝春晖　吴　锋

图书在版编目(CIP)数据

现代企业管理 / 费志敏，刘志主编. —合肥：安徽大学出版社，2021.8
ISBN 978-7-5664-2153-1

(高等院校"十三五"规划教材·经济管理系列)

Ⅰ.①现… Ⅱ.①费…②刘… Ⅲ.①企业管理－高等学校－教材 Ⅳ.①F272

中国版本图书馆 CIP 数据核字(2021)第 095237 号

现 代 企 业 管 理
XIANDAI QIYE GUANLI

费志敏　刘　志　主编

出版发行：	北京师范大学出版集团
	安 徽 大 学 出 版 社
	（安徽省合肥市肥西路 3 号 邮编 230039）
	www.bnupg.com.cn
	www.ahupress.com.cn
印　　刷：	安徽省人民印刷有限公司
经　　销：	全国新华书店
开　　本：	184mm×260mm
印　　张：	20.75
字　　数：	489 千字
版　　次：	2021 年 8 月第 1 版
印　　次：	2021 年 8 月第 1 次印刷
定　　价：	49.00 元
ISBN 978-7-5664-2153-1	

策划编辑：方　青		装帧设计：李　军	
责任编辑：方　青		美术编辑：李　军	
责任校对：姚　宁		责任印制：陈　如　孟献辉	

版权所有　侵权必究

反盗版、侵权举报电话：0551－65106311
外埠邮购电话：0551－65107716
本书如有印装质量问题,请与印制管理部联系调换。
印制管理部电话：0551－65106311

前　言

目前,《现代企业管理》公共课教材较多,但都存在一个共同问题,即教材内容体系设置缺乏明确目的,内容繁简分布缺少依据,随意性很大。为此,我们根据多年《现代企业管理》教学经验以及学生反馈意见,尝试编写新的教材,改善教学方法提高教学质量,调动"教"与"学"两个方面的积极性与主动性。

本教材适用对象为工科专业的在校大学生和企业工程技术人员。从目前工程教育来看,普遍强调基于大工程理念的工程教育,其中特别将管理科学与工程教育结合,以此提高学生解决工程技术问题的能力。事实也是如此,"三分技术,七分管理"。企业的技术工作不是孤立的,它同企业生产、销售、计划、成本、财务等有着密切的联系。何况有些管理工作同技术工作没有明确界限,它本身既是技术工作又是管理工作,并且技术工作本身也需要管理。一个技术人员担负的责任愈重,管理的工作范围愈大,他所做的管理工作就越多。所以,本书就是从技术角度为切入点进行编写,旨在要求学生掌握支持工程技术能力发展的企业管理基础知识,提高学生工程技术综合创造能力,使之成为工程技术与管理方面综合型人才。

根据本书编写的出发点和定位的要求,本书编写思想如下:第一,面对初学者,建立较完整的企业理论及企业管理框架,为今后继续教育奠定基础。第二,根据本书编写宗旨,全书整体结构突出生产管理、质量管理、新产品开发等与技术相关的部分。其他内容也是围绕这个中心展开。第三,每章内容的繁简安排,依据自学与课堂教学相结合原则,具体内容以简为主,留给学生查阅文献、专著,深入学习的空间;留给教师课堂发挥的余地。凡需要强调知识点的全面性、整体性、逻辑性以及一些非重点可少讲或不讲部分,多做为学生自学内容。因此本书内容虽以50~60课程教学时数进行设计,但也可以适用于30学时的课堂教学。第四,本书编写体例吸收国外同类教材的先进经验,采用纲要式叙述方法,直述内容本身,避免过渡性和发挥性表述,力求精炼。同时配有案例与图表,有助于激发学生多种思维,有助于教师开展引导式教学。

　　本书由费志敏和刘志主编,负责指导全书编写与统稿。参加本书各章编写的有:包先建(第一章)、费志敏(第二、四、五章)、刘志(第六章)、李国富(第三、九章)、吴锋(第七章)、郝春辉(第八章)。

编　者
2021年7月于安徽工程大学

目　录

第一章　现代企业管理概论 ……………………………………………………… 1
　　第一节　企业与企业制度 ………………………………………………… 2
　　第二节　管理与企业管理 ………………………………………………… 13
　　第三节　企业管理理论的演变与发展 …………………………………… 18

第二章　企业战略与经营决策 …………………………………………………… 51
　　第一节　战略与企业战略 ………………………………………………… 53
　　第二节　企业战略规划 …………………………………………………… 55
　　第三节　企业战略执行 …………………………………………………… 68
　　第四节　经营决策及其分类 ……………………………………………… 71
　　第五节　经营决策的原则与程序 ………………………………………… 74
　　第六节　经营决策的方法 ………………………………………………… 76

第三章　市场营销 ………………………………………………………………… 85
　　第一节　市场调查与预测 ………………………………………………… 87
　　第二节　市场营销 ………………………………………………………… 94
　　第三节　4P&4C 策略 ……………………………………………………… 99

第四章　产品开发与项目管理 …………………………………………………… 115
　　第一节　新产品的选择 …………………………………………………… 117
　　第二节　产品开发过程 …………………………………………………… 119
　　第三节　产品的定义和设计 ……………………………………………… 121
　　第四节　项目管理基本理论 ……………………………………………… 127
　　第五节　项目管理技术：PERT …………………………………………… 132

第五章　生产系统的组织与管理 ……………………………………………………… 141

第一节　生产系统功能与结构 …………………………………………………… 143
第二节　生产过程组织 …………………………………………………………… 144
第三节　综合生产计划及其分解 ………………………………………………… 152
第四节　MRP 与 ERP …………………………………………………………… 154
第五节　生产作业计划与控制 …………………………………………………… 164
第六节　库存管理 ………………………………………………………………… 167
第七节　生产系统的维护与改进 ………………………………………………… 173

第六章　现代制造管理模式 …………………………………………………………… 183

第一节　准时生产方式(JIT) …………………………………………………… 185
第二节　最优生产技术(OPT) ………………………………………………… 190
第三节　大量定制生产方式(MC) ……………………………………………… 196
第四节　计算机集成制造系统(CIMS) ………………………………………… 200

第七章　全面质量管理 ………………………………………………………………… 209

第一节　质量与质量管理的基本概念 …………………………………………… 210
第二节　全面质量管理 …………………………………………………………… 218
第三节　统计质量控制 …………………………………………………………… 226
第四节　质量管理体系 …………………………………………………………… 234

第八章　财务成本管理 ………………………………………………………………… 241

第一节　财务管理基础 …………………………………………………………… 242
第二节　财务分析和财务预测 …………………………………………………… 252
第三节　筹资管理 ………………………………………………………………… 265
第四节　投资管理 ………………………………………………………………… 276
第五节　成本管理 ………………………………………………………………… 281

第九章　人力资源管理 ………………………………………………………………… 287

第一节　人力资源管理概述 ……………………………………………………… 288
第二节　企业人力资源规划 ……………………………………………………… 293
第三节　人力资源的获取、培训与开发 ………………………………………… 300

第四节　绩效考核 …………………………………………………………… 309

参考文献 ……………………………………………………………………… 320

第一章

现代企业管理概论

本章目标

学习本章后，应当了解：
◎企业特征以及企业存在的形式。
◎现代企业制度的构成、内涵及其相互关系。
◎企业管理的性质、职能。
◎企业系统运行和管理的必要性。
◎企业管理发展的历程和与此相应的西方企业管理思想。

案例导引

皖江经济带核心城市有一家较有名气的电缆企业。企业创始人当年以十几万元创办生产小电器的工厂,起步之艰难可想而知。企业创始人在开发市场的过程中意识到为军品配套生产特种电缆是一片蓝海,于是企业在20世纪90年代末开始转产特种电缆。在缺少技术、资金、场地的情况下,企业克服种种困难,终于试制出用户满意的产品,获得市场准入资格,企业生存下来。之后,产品线不断拓宽延伸,企业很快得到发展。经过十年的努力,企业产品曾多次被配套用于国家重大航天工程项目,取得很多荣誉。企业年销售额达到1.5亿元,厂区面积扩大10倍,员工由当年的40多人增加到130多人。但是企业还是采用过去的类似于直线型的组织结构,王厂长既管销售,又管生产,是一个多面全能型的管理者。近年来企业发展渐趋停滞,出现了一些问题:其一,企业按订单小批量多品种生产,基本由厂长传达生产指令。遇到交货紧时,必须加班加点,虽然按时交货,但质量不过关,不仅浪费原材料,而且产品常被退回,并被要求索赔。其二,以前企业招聘人员人数少,所以王厂长一人就可以决定。现在每年要招收许多人,还要牵涉人员的培训等;过去总是王厂长临时派人去做后勤等工作,现在这方面工作太多,临时派人去做,已经做不了、做不好了。其三,过去员工少,每个人工作表现自然都被厂长看在眼里,奖励可以恰到好处;现在员工多事情也复杂了,员工工作责任心不足,王厂长通过增加奖金来激励下属员工,结果事与愿违,员工的积极性非但没有提高,反而对厂长的做法产生不满。凡此种种问题,让王厂长应接不暇,以前有效的管理方法已经失去作用了。面对同行竞争的压力,王厂长开始思考如何改变这种局面。

思考

请从组织工作的角度说明企业存在的问题以及建议措施。

第一节 企业与企业制度

一、企业的特征

企业是以赢利为目的,集合各种生产要素向社会提供产品和服务,具有法人资格的经济组织。企业是独立的商品生产者和经营者,是市场经济的主体。

企业作为社会与生产的基本经济单位,必须具有以下五个特征。

(1)企业具有直接为社会提供产品和服务的功能。产品是指为了满足人们的某种需要,在一定时间和一定生产技术的条件下,通过有目的的生产劳动而创造出来的物质资料。服务是指以活劳动形式为他人做事,并使他人从中受益的一种有偿或无偿的活动。企业是社会生产活动的微观基础。

(2)企业提供产品或服务的直接目的是追求利润。利润是产品价格和成本之间的差额,它是企业经济效益的集中反映。企业作为盈利性组织,利润的创造是其生存的条件。

(3)企业是实行独立核算、自负盈亏的经济实体。在追逐利润动机的驱动下,企业实行独立核算,力争以尽可能少的人力、物力、财力和时间的投入,获得尽可能多的利润。因此,企业才能对市场信号反应敏感。

(4)企业是纳税单位。国家作为宏观经济管理职能的行使者,要求企业必须照章纳税,同时也必须具有社会责任。这是社会主义市场经济中企业与国家之间最重要的关系之一。

(5)企业是一个独立法人。企业是依法设立、具有独立民事权利和民事行为能力的自然人和法人。因此,企业拥有依法经营的自主权,自负经营风险和责任;企业行使它应有的职能,其职能包括对企业生产经营活动的计划、组织、指挥和控制。

二、企业产生的原因

企业是个历史概念,它是商品经济和生产力发展到一定阶段的产物,是劳动分工发展的产物。16世纪开始,资本主义商品经济得到极大发展,资本家为了适应交换规模扩大,以及追逐更多利润的需要,在生产工具尚未发生重大变革的时候,唯有通过改善生产组织,强化分工作用来提高劳动生产力。在此背景下出现了手工工场,资本家雇佣大量工人集中于工场内部,使用一定的生产手段,分工协作,从事生产劳动,极大地提高了生产技术的熟练程度和生产效率,形成了企业生产组织的早期形态。

从社会资源配置方式上看,企业是作为替代市场机制的一种资源配置方式而出现的。美国经济学家科斯在分析企业的起源和规模时,首次将"交易费用"这一概念引入经济分析。市场交换存在着交易摩擦,从而也存在交易费用。因为获取有关市场信息要支付一定的费用;进行交易谈判,签订交易契约也要支付一定的费用。随着商品经济的发展,市场规模的扩大,生产者在了解有关价格信息、市场谈判、签订合同等方面费用显著增多。一些交易在企业内部进行比通过市场所需要的成本更低,这是因为在企业组织合作生产时,生产要素所有者只需要和企业签订一份长期契约,即各种生产要素为获得一定的报酬,同意在一定限度内听从企业家的指挥,这就使得企业家有可能指挥其雇用的生产要素在最有价值的用途上得到运用。这样,不仅降低交易费用,还可以提高效率,减少生产成本。在市场体系中,专业化的经济活动由"看不见的手"进行协调,分散的资源由价格机制进行配置。而在企业内部,专业化的经济活动由"看得见的手"进行协调,分散的资源由行政指令进行配置。企业产生的原因在于市场交易费用大于企业组织费用,企业的产生是用内部的组织协调取代市场上价格机制对生产要素的调节,所以企业是价格机制的替代物。

三、企业的分类及形式

科学地划分企业类别,是对企业进行分类指导的前提,也是对企业的生产经营活动进行科学研究,从而制定相应的技术经济政策的必要准备。根据研究的目的不同有不同的分类方法。例如,根据企业所属的经济部门,可分为农业企业、工业企业、商业企业等;根据企业的规模可分为大型企业和中小型企业等。目前,根据企业管理的需要,最常用的是按企业制度来分类。

按企业制度分类,主要是从企业资产组织形式的角度加以考察,因此可将其分为个人业主制、合伙制和公司制三种基本类型。

(一)个人业主制企业

个人业主制企业是指由个人出资兴办,完全归个人所有和控制的企业,在法律上是自然人企业,不具有法人资格,又称"独资企业""个体企业"。它是最早产生也是最简单的企业,流行于小规模生产时期。在当代社会经济中,这种企业在数量上仍然占多数。

个人业主制企业的特点决定了它的优缺点。它具有在经营上制约因素少、企业信息易保密、税后利润归个人所有等优点。同时它也具有规模小、企业寿命有限、负有无限责任等缺点。

(二)合伙制企业

合伙制企业也称"合伙企业",是由两个以上出资创办人(即合伙人)基于合伙协议共同出资、联合经营的企业。合伙人出资可以是资金和其他财物,也可以是权利、信用和劳务等。合伙制企业在法律上仍然是自然人企业,合伙人投入的财产仍为个人财产,合伙人对企业债务负连带无限清偿责任。企业财产由合伙人统一管理和使用,合伙人都有表决权,不受出资额所限;合伙人经营积累的财产归合伙人共同所有。

合伙制企业数量比其他形式的企业少,只适合资本规模小、管理不复杂、经营者对经营影响较大,个人信誉因素相当重要的企业。该类企业一般在律师事务所、会计事务所、零售商店等行业中较常见。

合伙制企业的优点是:扩大了资金来源范围,提高了信用能力;集合伙人之才智与经验,提高了企业的竞争能力,增加了企业扩大和发展的可能性。

合伙制企业的缺点是:承担无限责任;产权转让困难,合伙人中有人退出或加入都会引起企业的解散或重组,企业寿命不容易延续很久;合伙人皆能代表企业,因此对内对外均易产生意见分歧,从而影响决策;企业规模仍受限制。

（三）公司制企业

公司制企业即公司是由两个以上出资人依照公司法集资组成，有独立注册资产，自主经营，自负盈亏的法人企业。公司制是企业发展的高级形式。

公司制企业的特点：公司实现股东最终财产所有权与法人财产权的分离，公司具有独立的法人地位，拥有自己独立支配的法人财产，以自己的名义独立从事生产经营活动，独立享有民事权利和承担民事责任。公司实行有限责任制度，股东均以出资额多少对公司承担责任，公司以其全部资产对公司的债务承担责任。

《中华人民共和国公司法》规定：公司制企业主要包括有限责任公司和股份有限公司两种。有限责任公司是指单独投资者或两个以上股东共同出资，投资者或股东以出资额多少对公司承担责任，公司以其全部资产对公司的债务承担责任的企业法人。股份有限公司是指全部资本分为等额股份，并以发行股票的方式筹资，股东以其所认购的股份对公司承担有限责任，公司以其全部资产对公司的债务承担责任的企业法人。

公司制企业的优点是：公司股东对公司债务只负有限责任，所担风险较小；(2)公司可通过发行股票和债券来筹资，股权和债务易于转让，较适合投资人转移风险的要求；(3)公司具有很强的吸纳游资，并将其转变为资本的能力，从而能够筹集到巨额资本，使企业有可能发展到相当大的规模；(4)公司具有独立寿命，公司人事变动均不影响公司的存在，除非公司破产、歇业，公司的存续可无限延伸下去；(5)管理效率高，公司制企业所有权和管理权容易分离，使得公司经营管理职能均可由各方面专家担任，所以能够比股东更有效地管理公司，更适应竞争激烈、多变的市场环境。

公司制企业的缺点是：创办手续复杂，组建费用较高；政府对公司制企业的限制较多，政府以严格的制度来保障股东的权利；不能严格保密。公司要定期向股东、政府等有关方面报告经营状况，信息公开性强；双重缴纳所得税，公司利润要缴纳法人所得税，企业税后利润分红时股东还要缴纳个人所得税。

另外，在我国集体所有制企业改制过程中，还出现了既不同于股份制企业也不同于合作制企业或合伙制企业的一种企业组织形式，即股份合作制企业。股份合作制企业是指依法发起设立，以企业资本与企业职工股份为主，所有职工股东以其所持股份为限对企业承担责任，企业以全部资产承担责任的企业法人。它以劳动合作为基础，吸收了一些股份制企业的做法，职工股东共同出资、共同劳动、民主管理、共担风险，使劳动合作与资本合作有机结合。股份合作制企业体现了我国合作经济的新发展，也是社会主义市场经济中集体经济发展的一种新的组织形式。

四、现代企业制度

任何一种管理活动都必须由以下四个基本要素构成：管理主体，即由谁管；管理客体，即管什么；管理目的，即为何而管；管理环境或条件，即在什么情况下管。这四个要素的确定与整合必须通过企业制度来完成。

企业制度是指以产权制度为基础的企业组织和管理制度,其本质是企业内在运行规律的外在形式,是在一定的历史条件下所形成的企业经济关系。由于企业制度是对企业功能的规定,成为企业构成机构及其全体员工的行为准则,所以企业制度是企业经营活动有序化运行的体制保证。

现代企业制度是适应市场经济要求、依法规范的企业制度,它的典型形式是公司。其基本特征是产权明晰、责任明确、政企分开、管理科学。

现代企业制度的基本内容包括三个方面:现代企业产权制度,即公司法人产权制度;现代企业组织制度,即公司组织制度;现代企业管理制度,即公司管理制度。上述三个方面的基本内容是相辅相成、缺一不可的整体,它们共同构成了现代企业制度的总体框架。产权制度确立了企业的法人地位和法人财产权,使企业真正成为自主经营、自负盈亏的法人实体从而进入市场。组织制度确立了权责明确的组织体系和治理结构,使企业高效经营和长期发展有了组织保证。管理制度则通过实施现代化管理,保证企业各项资源的充分利用,使其在竞争中立于不败之地。

(一)现代企业产权制度

1. 产权

产权是财产权的简称,它是法定主体对财产所拥有的各项权能的总和。产权可以分解为五项权能:

(1)终极所有权,即财产的最终归属权;

(2)占有权,即对财产的实际拥有权;

(3)使用权,即经营权,是指在法律允许的范围内,以生产或其他方式使用财产的权利;

(4)收益权,即直接以财产的使用或转让而获得收益的权利;

(5)处分权,即通过出租或出售把与财产有关的权利让渡给他人,从中取得收益的权利。

产权的基础与核心是所有权,其他权能是以所有权为基础派生出来的,各项权能在一定条件下还会发生转化,如公司的终极所有权转化为股权,占有权转化为法人财产权。产权所包含的各项权能可以统一,也可分离,由一个或多个主体承担。

2. 产权制度

产权制度是指以产权为依托,对财产关系进行合理有效的组合、调节的制度安排。

产权制度的主要功能:

(1)界区功能,即界定同一财产上不同产权主体之间、产权主体与非产权主体之间的权利义务区间的功能,从而也就界定了产权主体参与商品生产与交换的能力,因此界区功能是产权制度的基本功能。

(2)激励功能,即产权确立而使产权主体产生积极努力行为的功能。

(3)约束功能,即产权制度对产权主体行为产生约束力的功能。

(4)交易功能,是指产权制度确立产权作为商品进行交换的行为规则的功能。

从上述功能看,产权制度运行最终会影响到资源配置的效果。要判断一种产权制度是否有效率,最终要看它能否优化资源配置。优化资源配置,一方面是通过产权明晰来提高资源利用效率,另一方面则是通过产权交易来促进资源合理流动。

公司产权制度是以公司的法人财产为基础,以出资者原始所有权、公司法人产权与公司经营权相互分离为特征,并以股东会、董事会、执行机构作为法人治理结构来确立所有者、公司法人、经营者和职工之间的权利、责任和利益关系。

3.公司产权的运行

产权的运行是指各项财产权能在不同经济主体之间转移、让渡。市场经济条件下,公司产权的运行必须实现市场化,使公司股权和法人产权成为市场交易的对象;同时,公司本身作为独立的法人,也是产权市场交易的主体之一,参与产权的买卖。

公司产权运行的市场化是指股权形态的原始所有权运行的市场化、实物形态的法人产权运行的市场化和产权运行评价的市场化等三个方面。

(1)所有权运行的市场化表现为股权在证券市场中的运行。无数股东在证券市场上的交易行为启动了原始所有权的市场化,通过股权的形成和转移,推动了资源的重新配置。

(2)法人产权运行的市场化表现为以产权转让市场为中介来进行资产产权的转移和让渡。在公司拥有独立法人产权的条件下,经营者必然以提高公司资产效率和增加公司积累,实现公司资产增值为目的,对法人资产进行运作,包括以出售、出租、抵押、交换、转让等方式处理公司的部分或全部资产,实现资源的转移。

(3)公司产权运行评价的市场化。证券市场中的股东自然倾向于购买经营状况好的公司股票,抛出状况不佳的公司股票。这种买卖行为实际上构成了对公司资产经营状况的市场化评价。这种评价机制能客观地反映出公司经营状况,促使其不断改进生产技术,改善经营管理,提高企业信誉和经济效益。

(二)现代企业组织制度

从静态组织、实体组织的角度说,组织是为了达到共同目标,通过分工和协作使承担各种权责的人们结合起来的形式。从动态和过程的角度说,组织使分散的人或事物具有一定的系统性和整体性。

组织按形成方式不同可以分为正式组织和非正式组织。正式组织是为了实现一定的目标并按照一定程序建立起来的有明确职责结构的组织。非正式组织是人们在共同工作或活动中由于抱有共同的社会感情和爱好,以共同利益和需要为基础自发形成团体。这两类组织的区别是,正式组织具有目的性、正规性、稳定性等特征,而非正式组织则具有自发性、内聚性和不稳定性等特征。

1. 建立企业组织制度的基本原则

（1）目标统一原则。该原则要求组织结构设计和组织形式选择必须有利于组织目标的实现。要求在组织设计时应以事为中心，因事设置结构与职位，组织各部分都要有完成有关任务的分目标，使组织目标活动的每项内容都落实到具体的岗位和部门中，事事有人做，人人有事做，做到人与事高度配合，为实现组织统一的总目标而努力。这是组织设计的逻辑要求。

（2）统一指挥原则。该原则要求企业从高层领导到一般员工有一个连续的清晰的指挥链。组织各层次的每个员工均有上级，一个人只接受一个上级的指令，既不能越级指挥，也不能越级汇报请示，避免多头指挥造成混乱。

（3）责权利相统一原则。"责"是指担任某项工作时应承担的责任，"权"是指执行任务时所拥有的权力。必须明确规定不同岗位应负的责任和应授予的相应权力，并根据组织成员承担的责任、接受权力的程度和履行职责的业绩予以相应利益。责任与权力不可分割，二者必须相适应。责权利相统一，有利于提高管理效率。

（4）精干高效原则。精干是指机构少，人员精。设置企业组织机构时，应尽量减少管理层次，使组织结构趋向扁平化，要因事设职，因职设人，以工作为中心去安排必需的岗位和适当的人。精干才能高效，高效才能节约管理费用。

（5）管理幅度原则。管理幅度是指一名领导者能够直接和有效地管理下属人员的数量。在一定规模的企业中，管理幅度与管理层次（即企业高层决策到基层执行所经历的环节）成反比。有效的管理幅度受到诸多因素的影响，这些因素主要有管理者与被管理者的工作内容、工作能力、工作环境与工作条件。

2. 企业组织结构的主要类型

企业组织结构的形式，在不同行业、不同生产经营规模的企业是不同的。以下介绍几种基本的企业组织结构形式。

（1）直线制。直线制是最早期也是最简单的组织结构。其特点是企业组织从决策到执行构成一个单线系统，即从最高管理层到最基层实行直线垂直领导，职权或命令的流向由上至下贯穿组织，每个下属只有一个直接上级，只接受一个上级的指挥，也只向一个上级报告。其结构如图1-1所示。这种组织结构的优点是结构简单，职权集中，责任分明，指挥统一，沟通简捷。缺点是管理者负担较重，难以适应复杂的情况。直线制在现实中一般适用于小型企业。

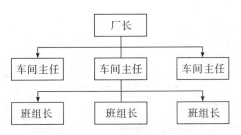

图 1-1 直线制组织结构简图

(2) 直线职能制。这种结构形式是在直线制基础上发展而来的。直线职能制既设置纵向的直线指挥系统，又设置横向的职能管理系统，以前者为主体建立起二维管理组织。它把企业管理结构和人员分成两套系统：一套是按命令统一原则组织的指挥系统，在职权范围内行使决策权和对所属下级的指挥权，并对自己部门的工作负全部责任；另一套是按专业化原则组织的职能系统，作为直线人员的参谋，有权提出建议，提供信息，并对下级进行业务指导，但不能进行直线指挥和命令。其结构如图 1-2 所示。

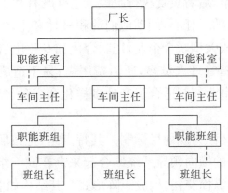

图 1-2 直线—职能制组织结构简图

这种组织结构的优点是：结构分工明确，既能适应现代化企业管理专业化的要求，同时各部门之间相互依赖，又符合现代化企业需要高度集中统一领导和建立严格责任制的要求。这种组织结构形式是我国大多数企业曾普遍采用的一种形式。其缺点是：直线人员与参谋人员关系难以协调；职能部门划分而容易产生不同部门之间利益矛盾难以调和，重视部门利益而忽视整体利益的问题；对各部门的绩效和责任难以进行评价；组织结构对外部环境适应性较差；不易培养全面型管理人才。这种形式主要适用于中小型企业以及产品品种单一、市场销售较容易掌控的企业。

(3) 事业部制。事业部制是一种"集中决策、分散经营"的组织结构形式。随着企业的成长，企业面临着增加产品线与扩大生产规模和经济范围的压力，管理组织的工作也变得日益复杂，这就要求以业务活动的结果为标准重新划分企业的活动范围。其特点是对企业的生产经营活动，按产品或地区的不同，建立经营事业部。每个事业部就是一个利润中心，在总部的领导下，实行独立核算，自负盈亏。整个组织的方针确定和控制集权化，具体的方针执行和运行分权化。其结构如图 1-3 所示。

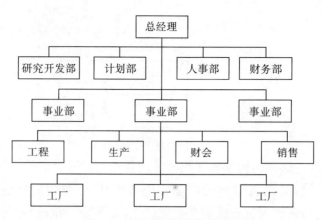

图 1-3　事业部制组织结构简图

这种结构的优点是:每个事业部对总部都负有完成利润计划的责任,同时在经营管理上拥有相应的自主权;按照"政策制定与行政管理分开"的原则,确定总部与各事业部的职能,前者负责制定政策,后者负责执行政策。这样既有利于强化总部决策职能,又有利于强化各事业部负责人的责任心,调动他们的积极性和主动性,有利于事业部之间展开竞争;可使一个公司形成大型联合企业,把联合化和专业化结合起来。其缺点是:总部与各事业部职能机构重叠,管理人员多,所需费用高;易于造成各事业部之间的本位主义,影响相互之间协作。事业部制适合于产品多样化和多种经营,以及市场环境复杂多变的大型企业。

(4)矩阵制。矩阵制又称为规划目标制。其特点是,把按职能划分的部门垂直领导系统与按产品(项目)划分的横向领导系统结合起来。在同一组织中既设置纵向职能部门,又建立横向管理系统,纵横交错,构成矩阵形式。其结构如图1-4所示。

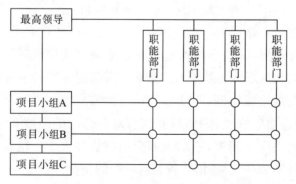

图 1-4　矩阵制组织结构简图

这种组织结构的优点是:灵活性、适应性强,组建时将有关的专业人员召集在一起,组成工作组,任务完成后,人员回原单位,如再有新任务则按新要求重新调集专业人员,组成新的工作组;产品或项目单位的成员参与决策的程度很高,有利于提高他们的积极性;不断组建新的工作组,有利于他们学习新技能、新方法、新知识,有利于人力资源的充分利用;人员的整体观念得以加强,有利于加强各部门之间的协作配合。其缺点是:组织结构的稳定性差,人员经常变动;要增加项目经理,机构较庞大;派出人员受项目经理与职能部门经理的双重领导,破坏命令统一的原则,协作关系复杂,职能主管与项目主管之间容易产生矛盾。矩阵制组织结构主要适用于设计、研究开发以及工程等方面的创新性较强的专项性、临时性工作。

以上几种典型的组织结构形式,是对各种的现实世界中的企业组织形态所进行的理论上的抽象。现实中很少有不折不扣地按照上述典型形式建立起来的组织,大多数组织都是以其中的某种结构为基础形式,然后结合环境的特点和组织战略的要求进行改造,从而形成一种最有利于实现组织目标的"特制的"组织结构。普遍适用的组织结构是不存在的。管理者必须根据所面临的内外部环境和所追求的目标,选择一种最适合本组织的方案。

3. 影响企业组织设计的因素

在遵循建立企业组织的基本原则的前提下,企业可根据具体情况选择不同的企业组织制度。影响企业组织制度的因素主要包括以下几个方面。

(1)企业制度的类型。企业制度是决定组织制度形式的首要因素。个人业主制和合伙制企业由所有者直接管理,组织体系简单,部门和管理层级都较少。公司制企业实行两权分离,为了满足生产经营的需要,在组织体系中必须设置执行各项权能的机构和多个职能部门,管理层级复杂。

(2)规模因素。企业规模是影响组织结构的最重要因素。一般来说,企业规模越大,所需设置的部门和管理层级就越多,专业化和规范化程度的要求也更高。当企业规模越大,组织的复杂化程度越来越高,给组织的协调管理带来更大困难的时候,随着内外部环境中不确定因素增加,组织进行以分权为主题的变革就成为必要。

(3)技术因素。技术与组织结构之间存在着一定的对应关系。技术范式的重大转变,往往要求组织结构也做出相应的改变和调整。根据制造业技术的复杂程度,人们把技术划分为三类:单件小批量生产技术、大批量生产技术和流程生产技术。随着技术复杂程度的提高,企业组织结构的复杂程度也相应提高,管理层级增加,管理幅度亦随之先增加后减少。采用这三类技术的企业都有相对应的特定结构形式,单件生产和连续生产企业采取有机式结构最为有效,大量生产企业若与机械式结构相匹配则最有效。随着计算机集成制造系统(CIMS)和柔性制造系统(FMS)的运用,拥有这些技术的企业组织具有管理幅度较小、层级较少、专业化程度较低、高度分权的结构特点,能以较低成本、较短时间大量生产出高质量的各种定制产品,实现规模经济与范围经济。另外,企业生产过程中各个环节的衔接情况以及工艺装备等因素也会影响到企业的组织制度。

(4)环境因素。环境有一般环境与特定环境两部分。一般环境包括对企业管理目标产生间接影响的经济、文化、政治、社会及伦理等方面的因素。特定环境包括对企业管理目标产生直接影响的如政府、顾客、竞争对手、供应商等具体环境条件。特定环境对每个企业而言都是不同的,并且会随着一般环境条件的变化而变化,两者具有互动性。环境的复杂性和变动性决定了环境的不确定性,这也相应造成管理决策过程中的不确定性因素大为增加,因此,只有与外部环境相适应的组织结构才可能成为有效的组织结构。一般而言,在相对稳定的环境中,企业可采用较为机械的组织制度,权责划分具体细致,组织运行稳定有序。环境变动性越大,企业组织制度的弹性就应越强,权责划分趋向灵活机动,以使组织运行能根据环境变化及时调整。

(5)战略因素。战略是指决定和影响企业活动性质及其方向的总目标以及实现这一总目标的路径和方法。新的组织结构如不随战略而异,就会影响管理效果。战略发展有多个阶段,每个阶段应有与之相适应的组织结构。

(三)现代企业管理制度

企业管理制度是对企业各项管理工作和作业操作的要求所作的规定,是企业全体员工行动的规范与准则。企业管理制度是企业实现经营目标的有力措施和手段,是企业进行正常经营管理所必需的保证,使得企业生产经营活动有秩序地进行。它作为员工规范行为的模式,能使员工个人的活动得以合理进行,调动广大员工积极性;同时作为维护员工共同利益的一种强制手段,它能增强员工的组织性、纪律性,起到协调企业内部关系、提高工作效能的效果。

企业管理制度大体上可以分为基本制度、工作制度和责任制度三类,其中责任制度是其他各项制度的核心。基本制度即是企业的根本性制度,如企业领导制度、民主管理制度等,这类制度对企业总体工作产生影响。工作制度是针对专业管理工作的内容、程序、方法、要求等所作的具体规定,如计划管理制度、生产经营制度、技术管理制度、质量管理制度等。责任制度是指规定企业内部各级组织、各类人员的工作范围、应负责任以及相应权限和利益的界限及其关系的制度。

企业管理制度是由以上三类制度构成的制度体系。具体的企业管理制度安排是围绕着企业经营活动展开的。企业经营活动可以分为五大基本职能领域:市场营销、研究开发、生产制造、财务、人事。企业管理层通过对这五个领域活动的计划、组织、指挥、协调与控制,并把它们有机结合起来,就可以把握日常经营的全局,保证战略的有效实施和经营目标的实现。各职能领域的管理活动,有其特定的内容、原则、程序与方法。将职能领域的管理行为规范化,就形成了关于日常经营的管理制度。因此,企业管理制度也可以大致分为五大职能领域的管理制度,每个职能领域的管理制度又有多项管理制度,它们相互联系,相互作用。上述五个方面的管理制度构成了现代企业管理制度的主体内容,形成了一个由许多子系统和因素构成的多层次一体化系统。

企业管理制度的特征有以下几个方面。

(1)规范性。企业管理制度本身就是一种规范,其表现形式或组成包括企业组织机构设计、职能部门划分及职能分工、岗位工作说明、专业管理制度、工作或流程、管理表单等管理制度类文件。实施规范性制度的全过程是规范的,全员的整体职务行为和工作程序必须规范进行。

(2)强制性。企业依法制定规章制度是企业内部"立法",规章制度一经确认,即以一系列的文件公示于众,要求全体员工一律遵照执行,并且成为奖惩的依据。只有这样才能使得规章制度不至于流于形式。

(3)稳定性和动态变化相统一。企业管理制度应该根据企业发展的需要而实现相对的稳定和动态的变化。在企业的发展过程中,受企业的行业性质、产业特征、企业人员素质、企业环境、企业家的个人因素等相关因素的综合影响,企业应该控制和调节企业管理制度的稳定性与动态性。

(4)创新性。企业管理制度的动态变化需要企业进行有效的创新,也只有创新才能保证企业管理制度具有可持续性。科学合理地把握好或利用好创新时机是保持企业管理制度效率的有效途径。当经营理念、经营规模、目标与战略、技术进步和环境变化以及产权、组织制度等发生变化的时候,企业就要对管理制度进行修订、补充和创新或彻底变革。

从企业管理的角度来讲,应该努力使管理制度的规范性与创新性因素之间保持良性互动。规范性的因素是创新的产物,增加现行的企业管理制度中规范性的因素既是前期企业管理制度创新的目标,又是下一轮创新的基础。只有这样,企业管理制度才能在规范实施与创新的双重作用下不断完善,不断发挥其促进企业发展的作用。

因为每家企业在行业、组织结构、人员结构等方面都存在着差异,所以世界上没有任何一个管理制度适用于所有的企业。在制定企业管理制度的时候,要根据企业自身的实际情况而定。为此,制定企业管理制度要遵循以下几个原则。首先,要严格依照国家的法律、法规和规章制度,企业管理制度不能与国法冲突,因为法律是全社会范围内约束个人和团体行为的基本规范,是企业组织正常生存与发展的基本条件和保证。其次,坚持从企业实际出发,认真调查研究,使得管理制度体现企业特点,保证制度规范,具有可行性和适用性。再次,坚持民主集中制,让全体职工参与管理制度创新的讨论,有利于提高职工对管理制度的认同度,有利于制度的贯彻执行;总结企业管理制度实施的经验,吸取其他企业的先进经验,提高管理制度的先进性与科学性。

第二节 管理与企业管理

一、企业系统的特征

系统是一个有目的、有组织,相互联系的若干个子系统组成的整体结构。从企业经济运行的角度看,企业是由人、财、物、信息等若干要素组成的人造系统。企业作为一个人造系统,一般具有以下方面的特征。

(1)要素的集合性。系统至少是由两个以上的可以相互区别的要素(或部分)组成的。

(2) 各要素的相关性。系统中的各个要素都是相互联系、相互作用的。在系统内不存在与系统目的无关的要素。

(3) 活动的目的性。人造系统都有一定的活动目的性。系统的目的决定系统的功能。

(4) 环境的适应性。系统对周围环境具有适应能力。任何一个系统都处于一定的客观环境中，必然与外界环境发生种种交流，系统只有适应环境变化才能生存和发展。

(5) 结构的层次性。系统内部结构不仅是有层次的，而且人们可以把系统分解成若干垂直层次与水平层次。

具体从企业系统结构来看，纵向以责任为依据，由上而下，企业系统可划分为由企业最高领导构成的决策子系统，由企业中层各职能部门构成的控制子系统，由基层单位构成的执行子系统。以横向职能为依据，企业系统可划分为技术子系统、生产子系统、营销子系统、财务子系统、人事子系统等，如图1-5所示。纵向和横向子系统的协调运动便促进了企业系统内部相互联系、相互作用的物质运动、人事运动、资金运动、信息运动的整体性运行，从而表现为企业内部生产、分配、消费、流通四个环节自我循环和周转过程，以及企业与环境之间进行输入与输出的不断转换过程的统一。系统的特征客观上要求将各种要素有逻辑地统一和协调于系统之中，使系统成为有机的整体，这种有目的的统一和协调工作就是管理。企业管理是现代化大生产的直接产物和客观要素，它是企业生产诸要素的组织者和协调者。

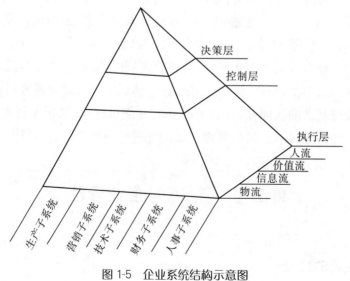

图1-5 企业系统结构示意图

二、管理与企业管理的含义

管理自古有之，凡是人类群体为了实现共同目标而开展有组织的活动的地方就有管理。多年来，中外学者从不同侧面对管理含义有过各种表述，综合各家之说，管理概念可概括为,管理是在特定环境下,由一定组织中的管理者,通过计划、组织、领导、控制和创新等活动,有效利用有限的组织资源以实现既定的组织目标的协调过程。

这个表述包含以下几层含义:

(1)管理是一项有目标的活动,即实现组织的目标,既不存在无目标的管理,也不存在无管理的目标;

(2)管理工作过程是由一系列相互关联、连续进行的活动构成的,这些活动成为管理的基本职能。

(3)管理的对象是组织拥有的各种资源,管理的有效性集中体现在这些资源的投入与产出的比较上。

(4)管理的主体是管理者。

(5)管理的本质是协调,协调的中心是人,协调使得个人的努力方向与集体的预期目标相一致。

(6)管理工作是在一定的环境条件下开展的。环境既提供机会,也构成威胁。管理者必须将管理所服务的组织看成一个开放的系统,使它不断与外部环境相互影响和作用,要正视环境的存在,审时度势、因势利导、灵活应变。

管理作为人类的基本社会行为之一,渗透在社会、政治、军事、经济、文化等方方面面。企业管理是在企业这个特定领域中的管理活动。企业管理是指按照企业生产技术规律和经济规律的要求,为了实现企业目标,而对其生产经营活动进行有效的计划、组织、领导和控制,以获得经济效益的一系列工作的总称。

三、企业管理的性质

任何社会生产都是在一定的生产方式下进行的,生产过程具有两重性(既是物质资料的再生产,又是生产关系的再生产),因此,对生产过程进行管理也就存在管理两重性,即既有与生产力相联系的自然属性,又具有与生产关系相联系的社会属性。企业管理的自然属性是由协作劳动的社会化性质催生的,是社会化大生产的一般要求和组织协作劳动过程的必要条件,这种必要性随着生产力的发展、生产社会化程度的提高而增强,由此产生的管理职能就是合理组织生产力。为了实现这种管理职能而形成的管理技术和方法是由生产力发展水平决定的,它不会随生产关系或社会制度的改变而改变。因而它是管理的一般属性,体现了在任何社会制度中管理所具有的普遍性、共同性特征。企业管理的社会属性是由协作劳动的社会结合方式性质决定的。人们在分工协作的共同生产劳动中必然形成联系,人们与生产资料结合的方式以及分工的不同,人们在生产中所处的地位不同,造成物质利益的差别。也就是说,社会生产总是在一定的生产关系下进行的,管理要体现生产资料所有者的意志,维护所有者的利益,为巩固和发展一定的生产关系服务,从而表现为管理的社会属性。管理的社会属性主要取决于生产关系的性质,并随着生产关系性质的变化而变化,因此具有特殊性、差别性特征。

由于社会生产和管理总是在一定的生产方式与一定的生产关系下进行的,企业管理的两重性是相互联系、相互制约的。一方面,企业管理的自然属性总是在一定社会生产关系下发挥作用;同时,企业管理的社会属性也不可能离开管理的自然属性而存在。另一方面,企业管理的自然属性要求包含具有一定的"社会属性"的组织形式和生产关系与其相适应;同样,企业管理的社会属性也必然对管理的科学技术等方面产生影响或制约作用。

四、企业管理的职能

按照管理两重性的原理,企业管理具有两种基本职能,即合理组织生产力和维护生产关系的职能。企业管理的过程,正是这两个基本职能共同结合发生作用的过程。

企业管理的职能是指企业管理人员在管理过程中所从事的活动或发挥的作用。通过管理职能的履行,合理组织企业中生产要素和各生产经营环节,使之实现最佳配合,以实现企业生产经营目标。在实际管理活动中,企业管理的基本职能又体现在以下四个方面:

(1)计划。在从事一项活动之前都要预先制订计划,以确保行动的有效,所以计划是管理的首要职能。从名词意义上说,计划是指用文字和指标等形式所表述的,在未来一定时期内组织以及组织内部不同部门和不同成员,关于行动方向、内容和方式安排的管理文件。从动词意义上说,计划是指为了实现决策所确定的目标,预先进行的行动安排,计划是决策的具体化和展开。这项行动安排如下:在时间和空间两个维度上进一步分解任务和目标,选择任务的完成方式和目标的实现方式并规定进度等,即对每个单位、每个成员的工作都提出具体要求。无论从哪个意义上讲,计划内容都包括"5W1H",即计划必须清楚地确定和描述这些内容:What——做什么,即目标与内容;Why——为什么做,即原因;Who——谁去做,即人员;Where——何地做,即地点;When——何时做,即时间;How——怎样做,即方式、手段。

(2)组织。其职能是为保证计划的顺利实施,管理者要根据计划对企业活动中的各种要素和人员在工作中分工合作的关系进行合理的安排,包括设计和维持一整套职位系统、建立管理体制、分配权力和资源、配备适当人员、建立有效的信息沟通网络、监督组织运行等。组织工作是计划工作的延伸,其目的是把企业的各类要素、各个部门和各个环节,从劳动分工和协作上,从时间和空间上,从相互关系上,都合理地组织起来,使得劳动者之间和劳动工具、劳动对象之间,在一定的环境下,实现最佳的结合,从而使得企业的各项活动协调有序地进行,不断地提高企业活动的效率和效益。

(3)领导。领导是指管理者利用组织赋予的权力和自身的能力与威望去带领、指挥、协调、影响和激励企业员工为实现企业目标而进行的各种活动过程。领导是同管理的全局性和整体性相联系的职能。领导作为一项具有很强艺术性的管理活动,一方面,各级领导要熟悉生产经营情况,把握发展趋势,多谋善断,及时作出正确的决策,取得指挥的主动权；另一方面，要求各级领导在合理的制度环境中，针对被领导者的需要及行为特征，选择合适的领导方式以及激励下属的方式，建立与下属的沟通渠道。

(4) 控制。控制是确保实际行动与计划相符合的过程。计划是控制的前提，为控制提供目标和标准，没有计划就不存在控制；控制是实现计划的手段，没有控制计划就不能顺利实现。

在计划执行的过程中，会受到各种主客观因素的影响，不可能没有偏差，因而需要通过各种渠道和手段，了解检查和监督计划的执行情况，对发现的偏差和新的潜力，应积极组织协调，及时解决企业活动过程中各部门、各环节、各要素配合不当的问题，使企业各项活动能够和谐地、均衡地进行，使企业经营向着良性循环的方向发展。为此，要收集能够度量企业近期绩效的有关信息和企业内外环境变化方面的信息；比较实现的绩效与先前计划中设定的期望绩效的差异；确认企业是否有必要采取行动纠正这种偏差或修订企业目标；制定用于修正偏差的具体措施并组织实施。随着科技进步和管理理论的发展，特别是现代信息技术的广泛应用，控制已由单纯事后的监督控制发展为事先的超前控制和即时的过程控制，控制的作用与效果更加显著。

尽管在理论上各项管理职能之间存在着逻辑上的先后关系，但是现实中的管理活动并不是严格按照这样的顺序来进行的。这四项管理职能是相互联系、相互制约、相互渗透的统一体，在时间上彼此重叠，在空间上相互交融。

五、企业素质：企业管理水平与竞争力的标志

企业素质是企业内部各种因素的特征和状况的集合。它是一种整体的、动态的、内在的、质的综合性概念，反映了一个企业的管理水平和竞争力。

企业素质是人们对企业内部各种因素抽象化形成的概念，而不涉及形形色色的外部环境因素，尽管环境因素对企业素质会产生一定的影响。企业素质主要是指企业内部各种因素的"质"，例如企业人员的精神和工作能力，机器设备的精度和完好状况等因素，而企业人员的多寡、占地面积的大小以及企业设备的多少都不属于企业素质的内容。

企业素质也同其他事物的素质（如人的素质）一样，是不断变化着的。经过各方面的艰苦努力，企业素质可以不断提高，如不能自觉地付出艰辛的努力，企业素质便会日复一日地衰退下去。

(一) 企业素质的分解

生产技术素质是指企业在科研、设计、工艺等方面的能力，以及企业在设备、工装等方面的先进水平和完备程度。

经营管理素质一般是指企业在组织机构和规章制度方面的状况，以及企业的决策能力和经营管理水平等。

(二)企业素质的定性考察

(1)企业行为,是指企业在外部环境变化的情况下所采取的有规律的反应或活动。企业行为有正常和不正常之分。判断企业行为正常与否,其标准就看其是否有利于资源的最优化配置,是否有利于社会财富的最大化。

(2)企业活力,即企业自我生存和自我发展的能力,进一步看是企业不断提高生产经营效率和增加盈利的能力。企业活力具体地反映在三个方面:对市场的应变、开拓能力;为国家提供税收和企业积累的能力;进行技术改造推动企业技术进步的能力。总之,联系企业经营实际看企业活力也就是企业开发新产品、提高产品质量和降低各种能耗的能力。

(3)企业经营机制,是指企业为实现其发展目标,在生产经营的各子系统内部以及各子系统之间所形成的具有一定功能的联系方式。它有两个基本功能,一是对内起协调和控制作用的运行调节功能。例如为提高企业经济效益而调整产供销、人财物之间的配置,即是这种功能的表现。二是对外起反应和适应作用的本体动力功能。企业在接收外界的信号之后,必须及时调整自身的经营活动,以保持企业与外部环境之间的动态平衡。例如当产品在市场上有滞销迹象时,企业就应该立即动用技术储备,加速产品的更新换代,尽快推出新的有竞争力的产品,即这种功能的反映。

企业素质定性考察的三个方面虽同属于企业素质的外在表现,但并非居同一层次。三者之中,经营机制处于较深层次,它支配着企业行为,对企业活力的增强起着决定性的作用。

(三)企业素质的定量考察

企业生产经营效果的好坏在一定程度上反映了企业素质的高低。简单而又明了地判断企业生产经营的效果是看企业能否在规定的时间内提供出质量优良而又能降低成本的产品或服务。

这里所说的"规定的时间"一般是指合同上规定的交货期。"质量优良"是指符合标准而又充分满足用户需要。"降低成本"是指生产经营的总费用最低。如果企业素质好,其经营机制必然比较完善,它的活力也必然较为充足,因而它就有可能以较低的成本按期提供用户满意的产品或服务。反之,亦然。

第三节 企业管理理论的演变与发展

在管理方法多元化的时代,管理知识往往给人支离破碎的印象,因此我们需要通过追溯现代管理概念的起源和发展,更好地理解管理中的分析工具和概念工具,将不同的理念融会贯通,将过去的研究作为开启未来的序幕。

企业管理的演变是指企业在管理实践发展过程中的管理思想、方法和手段变化的过程。企业管理的思想、方法与手段的制度化就形成了管理模式。企业管理演变具有时代特征从而表现出阶段性,因为在特定时代,企业内外部环境变化必然提出企业管理变革的要求。虽然在企业成长过程中,诸如企业管理思想、企业性质与组织结构、生产制造方式与生产技术进步状况、企业规模、市场状况变化等因素共同影响着企业管理模式的选择,但是在不同时期,只有某个突出因素会对企业管理模式变革起到主导影响,从而形成具有时代特征的企业管理模式。企业管理变革需要理论的指导,理论无非来源于两个方面,一是将企业管理经验总结上升为理论,二是借鉴其他学科理论形成新的管理理论思想来指导实践。因此,企业管理的发展阶段与企业管理理论的演变阶段大体是一致的。

目前,理论界根据这种一致性,将企业管理理论大致分为四个阶段。一般来说,管理学形成之前可分成两个阶段:早期管理实践与管理思想阶段和管理理论产生的萌芽阶段。管理学形成后又分为三个阶段:古典管理理论阶段(20世纪初到20世纪30年代行为科学学派出现前);现代管理理论阶段(20世纪30年代到20世纪80年代,主要指行为科学学派及管理理论丛林阶段);当代管理理论阶段(20世纪80年代至今)。

一、管理理论形成之前的阶段

(一)早期管理实践与管理思想阶段(从有人类集体劳动开始到17世纪)

从人类社会产生到18世纪之前,人类为了谋求生存自觉不自觉地进行着管理实践,其范围是极其广泛的,但是人们仅凭经验去管理,尚未对经验进行科学的抽象和概括,没有形成科学的管理理论。早期的一些著名的管理实践和管理思想大都零星地散见于古埃及、中国、古希腊、古罗马和意大利等国的许多典籍文献之中。

《圣经》中《旧约全书》的《出埃及记》中记载,希伯来人的领袖摩西在率领希伯来人为摆脱埃及人的奴役而出走的过程中,他的岳父叶忒罗对他处理政务时事必躬亲、东奔西走的做法提出了批评:"你应当把有才能的人挑选出来,让他们充当千夫长、百夫长、五十夫长、十夫长""他们应该对每一件小事作出判断,但每一件大事,他们应该向你报告"。这些建议体现了现代管理中的分权、授权和例外管理的思想。

中世纪,管理实践和管理思想都有很大发展。15世纪,威尼斯兵工厂就采取了流水作业制,建立了早期的成本会计制度,并进行了管理的分工,其工厂的管事、指挥、领班和技术顾问全权管理生产,而市议会通过指派一个委员会来干预工厂的计划、采购、财务等事宜。

我国古代典籍中也有大量的有关管理的记载和论述。如《礼记·中庸》说"凡事预则立,不预则废",说明做好计划或准备的重要性。又如《孙子·势篇》说"治众如治寡,分数是也",提出了分组管理的原则,要使管理多数人像管理少数人一样,就要依靠组织和编制的作用。

战国时期的军事家孙膑帮助田忌在赛马中胜齐王的故事,就已经有了运筹学和对策论的思想。齐王和田忌赛马,各出三匹马,每匹马只出场一次,共赛三场,胜数多者获胜。齐王具有优势,因为两人的三匹马以速度快慢排序后,齐王的三匹马都分别比田忌的三匹马快一些,如果这样比赛,齐王肯定以 3∶0 获胜。田忌请孙膑帮忙,孙膑为田忌出主意,以己方最慢的马对齐王最快的马,以己方最快的马对齐王第二快的马,以己方第二快的马对齐王最慢的马,结果田忌以 2∶1 的比分获胜。

(二)管理理论产生的萌芽阶段(从 18 世纪到 19 世纪末)

在工业革命时期,人们已经开始注意对管理活动的研究。18 世纪工业革命开始之后,蒸汽机被广泛使用,各种发明创新不断出现,这些都降低了生产成本与产品价格,并扩大了市场。市场的扩大要求更多的工人、更多的机器,以及不断扩大生产规模。为了建立更大规模的企业,那些能够支配资本的资本家开始将个人与机器结合起来,使资本与技术置于一个共同的权力结构之下,资本主义的雇佣劳动关系形成,资本主义生产方式从封建制度中脱胎而出,占主导地位的家庭手工业制逐步被工厂制所代替。当时企业总体规模还比较小,只是机器动力代替了部分自然动力,机器工具替代了部分人的手工操作,分工协作比以往有了很大发展,企业逐步建立起简单的规章制度和组织结构。但是,随着大量工人进入工厂,效率、成本、工人的积极性等管理方面的问题越来越多地出现,对监督与协调提出了更高的要求,以机器生产为主的现代意义上的工厂产生了对领导与组织的需要。

工业革命之后,管理继土地、资本、劳动力之后成为第四种生产投入要素。爱尔兰学者理查德·坎蒂隆(Richard Cantillon)第一个提出"企业家"概念,他认为,"无论在何种情况下,企业家的角色都保持一个明显特点,即在不确定的条件下作出决策"。让·巴蒂斯特·萨伊(Jean Baptiste Say)认为:"企业家需要受到重视,从而在人们可以接受的精确度范围内估计具体产品的重要性、大概的需求量以及特定生产方式;有时他必须雇用大量的劳动力;有时他又要购买原材料、召集劳动力、寻找消费者,以及在所有时间都严格关注秩序和节俭。总而言之,他必须拥有监督和管理的艺术。"管理工作由企业主个人执行,管理水平在很大程度上取决于企业主的个人兴趣、知识、经验、人情、心理、能力和魅力,管理是随机的。此时管理处于初级阶段,其特点是一切凭个人经验办事,一般称为经验管理阶段。

19 世纪初,工厂成长的动力来自对规模经济的需求,以及在市场上进行更有效率的竞争。但是,两个突出因素阻碍了工厂的成长,一是由于手工业工人与自由的农民进入工厂,他们不习惯工厂制度,素质不能适应大生产要求;二是缺乏大量训练有素的、能够应付大型工厂问题的管理者。因此,早期工厂规模经常以企业主能够亲自监督的工人数量为上限。其结果是工厂体制的发展出现了两重性:一方面,技术与资本使得大规模生产成为可能,而且竞争的力量使得建立更大型的工厂势在必行;另一方面,生产规模的扩大导致了管理上出现许多问题。

当时资本家的企业管理还仅仅注重于投资经营方面,工厂内部生产组织主要采取内部承包制,资本家并没有能够真正控制生产过程,例如,在英国纺织业中,由技术工人带徒弟或帮手从事专业化分工生产,技术工人事实上掌握着车间的管理权。在企业中,激励人们努力工作的主要方式是积极诱导("胡萝卜")、消极制裁("大棒"),以及创造一种新工厂精神,以其为导向,使用宗教伦理与价值观来帮助人们树立正确的工作态度。这些措施迄今仍然在具体应用。

工厂制给所有者、管理者以及整个社会带来了诸多新问题,如何解决这些问题的方案、记录和大事志丢失或毁掉了,许多引人注目的理念可能根本没有形成文字,历史遗留甚少。但是在英国、法国还是能够发现现代管理思想的渊源。

1. 亚当·斯密(Adam Smith)

亚当·斯密是英国古典经济学家。斯密对管理理论的贡献是分工观点。他认为分工是提高劳动生产率的重要因素,原因是:分工可以使劳动者专门从事一种单纯的操作,从而提高熟练程度、增进技能;分工可以减少劳动者的工作转换,节约通常由一种工作转到另一种工作所损失的时间;分工可以使得劳动简化,使劳动者的注意力集中在一种特定对象上,有利于发现比较方便的工作方法,促进工具的改进和机器的发明。

2. 小瓦特(James Watt Jr.)和博尔顿(Mattew R. Boulton)

1800年,英国的小瓦特和博尔顿接管了一家铸造厂后,小瓦特就着手改革该厂的组织结构和管理方式,博尔顿则特别关注营销活动。他们采取了不少有效的管理方法,建立起许多管理制度,如,在生产管理和营销方面,根据生产流程的要求,配置机器设备,编制生产计划,制定生产作业标准,实行零部件生产标准化,研究市场动态,进行预测;在成本管理方面,建立起详细的记录和先进的监督制度;在人事管理方面,制定工人和管理人员的培训与发展规划;进行工作研究,并按工作研究的结果确定工资的支付办法;实行由员工选举的委员会来管理医疗费制度等福利制度。

3. 马萨诸塞车祸与所有权和管理权的分离

1841年10月5日,在美国马萨诸塞州至纽约的西部铁路上,两列火车迎头相撞,造成近20人伤亡,顿时舆论哗然,对铁路公司老板低劣的管理工作进行了严厉抨击。为了平息众怒,在马萨诸塞州议会的推动下,铁路公司不得不进行管理改革。老板交出了企业的管理权,只拿红利,企业另聘具有管理才能的人员担任企业领导。这是历史上第一次在企业管理中实行所有权与管理权分离。所有权与管理权的分离对管理的意义在于:独立的管理职能和专业的管理人员正式得到承认,管理不仅是一种活动,还成为一种职业;随着所有权和管理权的分离,横向的管理分工开始出现,这不仅提高了管理效率,为企业组织形式的进一步优化奠定了基础;具有管理才能的雇用人员掌握了管理权,直接为科学管理理论的产生创造了条件。

4. 罗伯特·欧文(Robert Owen)

罗伯特·欧文是19世纪著名的空想社会主义者。他试图在人的因素和机器之间建立一种新的和谐。他曾在自己经营的纺织厂中做实验,对在当时的工厂制度下工人劳动条件差和生活水平相当低下的状况进行改革和实验。实验内容主要包括改善工作条件、缩短工作日、提高工资、改善生活条件、发放抚恤金等。实验的目的是探索对工人和工厂所有者双方都有利的方法和制度。欧文开创了在企业中重视人的地位和作用的先河。

5. 查尔斯·巴比奇(Charies Babbag)

查尔斯·巴比奇是英国著名的数学家和机械学家,与同时代的人一样注重技术方面的研究,通过应用技术手段来帮助人们工作,从而成为运筹学与管理科学领域的典范人物。他在弗雷德里克·泰勒之前就运用了一种科学的管理方法。他对管理的贡献主要有两个方面:一是分析工业操作。他认为,一个体质较弱的人如果所使用的铲的质量、形状、大小等方面都比较合适,那么他的工作效率可能胜过体质较强的人。要提高工作效率就要研究工作方法。他发明了一种"观察制造厂的方法",类似于一种对操作进行科学而又系统研究的方法。他强调"制造"产品(可以在小作坊内完成)与实行大规模生产的"制造业"之间的区别,他认为制造业必然强调对工厂的整个体系进行仔细安排,以降低生产成本。二是对报酬制度的研究。他主张按照对生产率贡献的大小来确定工人的报酬,让工人分享企业利润。工人工资应由三个部分组成:按照工作性质所确定的固定工资;按照对生产率所作出的贡献分得的利润;为增进生产率提出建议而应得的奖金。他认为这样能够淘汰能力差的工人,能够消除工人们联合起来的必要性,劳资双方利益相关,任何一方都不会压迫另一方,将促进共同繁荣。查尔斯·巴比奇被称为科学管理的先驱。

6. 亨利·汤(Henry R. Towne)

亨利·汤是当时美国耶鲁—汤尼制造公司的总经理。他在1889年发表的题为《收益分享》一文中,提出了只有采取收益分享制度才能克服利润分享制度带来不公平的观点。收益分享,实质上是按某一部门的业绩来支付该部门员工的报酬。这样就可以消除某一部门业绩好而另一部门业绩差时,实行利润分享制度使得前者利益受损这一不合理现象。他提出的具体办法是:每个职工享有一种"保证工资";每个部门按科学方法制定工作标准,并确定生产成本,该部门定额超过工作定额时,由该部门职工和管理层各得一半;定额应在3~5年内维持不变,以免降低工资。

在这一时期,对管理活动的研究是夹杂在经济研究中体现出来的,管理科学还未成为一个独立的认识对象和研究对象,正处于萌芽阶段。这些管理科学的种子为何没有在工业革命早期阶段催生出管理思想体系,而是出现在大约3/4个世纪之后呢?究其原因是多方面的,第一,早期著作强调技术,而不是管理本身。管理者关注的不是建立管理原则和使得管理一般化,而是关注金融、生产过程、销售和获得劳动力,在他们看来,这些才是至关重要的事项。第二,这个时期技术天才、发明家和工厂创始人占据主导地位。成功或失败更可能归于他们个人特征,而不是任何关于管理者所需要技能的一般化理念。每个行业及其存在的问题都被认为是独特的,因而一位企业家得出的原则被认为不适合于不同的情况。第三,当时教育与出版业落后,管理思想传播困难。

二、古典管理理论阶段(20 世纪初到 20 世纪 30 年代前)

企业管理水平要与企业的发展水平相匹配,要与企业规模相协调,否则企业经营会存在危险。市场经济的出现与发展,要求管理者们更具创造力,更熟悉如何最好地管理一个组织。面临竞争性的、不断变化的环境,管理者不得不发展一种知识体系以最好地配置资源。人们开始考虑个人得失,但它必须适应某种理性的管理框架。现代管理要求管理者必须以理性决策为基础。

管理活动的出现使人们对管理活动有了初步的认识和见解,形成一些朴素、零散的管理思想。人们对管理思想加以提炼和概括,找出其中带有规律性的东西并在管理活动中进行检验,就形成了管理理论。这些理论在指导管理活动的同时接受实践的检验。因此,管理实践、管理思想和管理理论这三者之间的关系是:管理活动是管理思想的根基,管理思想来自管理活动中的经验;管理思想是管理理论的基础,管理理论是对管理思想的提炼、概括和升华,是较成熟、系统化程度较高的管理思想。但并非所有的管理思想都是管理理论,管理理论对管理活动有指导意义同时又要经受住管理活动的检验。

19 世纪末 20 世纪初,随着生产力的发展,生产集中与垄断形成,自由资本主义过渡到垄断资本主义。企业规模扩大以及竞争加剧促使生产社会化程度不断提高,管理日趋复杂,靠人治难以见效,所以要变人治为法治。资本家凭借个人经验和能力已不能适应生产力社会化发展需要,如何有效利用技术进步的成就来适应不断扩大的企业规模成为人们日渐关注的焦点。这个时代的问题,从大的方面看可以划分为三个范畴:组织和方法问题,即如何有效率地将技术、材料、组织职能和生产工艺结合起来;人的问题,即如何获得、开发、激励和控制人的努力以获得预期结果;管理问题,即如何将上述两个方面结合起来以实现既定目标。在管理思想史的研究中,有些作者相对强调组织和方法层面的重要性,而另一些作者则相对强调人的层面的重要性。这并不意味着两个层面是相互排斥的,而是意味着有一个相对侧重点,而这个侧重点在很大程度上受文化环境影响。用管理理论来指导实践,提高企业经营水平的迫切需要是管理理论产生的动力。

而此时所有者与经营者分离,企业由特殊的雇用人员——经理、厂长、领班进行管理已经成为比较普遍的现象。职业管理者开始用较系统的、先进的手段处理管理问题,将过去积累的经验系统化、标准化和科学化,这是管理理论在这个时代形成的条件。

西方学者公认的古典管理理论包括三个部分:一是由泰勒(F. W. Taylor)为首创立的科学管理理论,二是由法约尔(H. Fayol)创立的古典组织理论,三是由韦伯(M. Weber)创立的行政组织理论。

（一）科学管理理论

现代科学管理理论着重研究如何提高单个工人的生产率。从19世纪80年代开始，被后人誉为"科学管理之父"的泰勒及其追随者，在美国开展了一场以"提高效率"为主题的运动，通称"科学管理运动"。

1. 泰勒与科学管理

费雷德里克·泰勒（Fredrick Winslow Taylor）出生于美国费城一个富有的律师家庭，中学毕业后被哈佛大学录取，但因患眼疾而未能上大学深造。1875年，他进入一家小机械厂当徒工，三年后转到费城米德瓦尔钢铁厂当机械工人。他在工作中通过自学获得机械工程学位。由于他工作努力，表现突出，先后被提拔为车间管理员、小组长、技师、绘图主任和总工程师。1897年后以顾问身份进入伯利恒钢铁公司，并在此进行了著名的"搬运生铁块实验"和"铁锹实验"。

在工作期间，他目睹了管理当局不懂得用科学方法进行管理，不懂得工作秩序，不懂得劳动节奏和疲劳因素而导致生产率低下。他也观察到工人缺乏训练，没有正确的操作方法和适用的工具而大大影响劳动生产率的现象。更使他感到问题严重的是管理当局与工人们都认为，他们双方的关系是一种不可妥协的对立关系，认为任何一方收益的增加都是以对方收益的减少为代价的，从而双方总是选择抵抗而不是合作。为此，泰勒以极大的热情开始探索科学的管理方法和理论，经过长达20年的努力，逐步形成一套系统化的管理理论。他的主要观点体现在他1903年出版的《车间管理》和1911年出版的《科学管理原理》著作中。

泰勒提出的科学管理有四项基本原则：确立每项工作的科学工作方法；合理地选择工人，做到人适其事；教育、培训工人以使得他们按照科学方法来工作；管理当局与工人精诚合作，共担工作责任。

泰勒的思路是，为了提高劳动生产率开展现场作业管理研究，从搞好现场作业管理的需要出发来研究组织管理。从中可以总结出八条具体的科学管理原理：一是，运用观测分析方法确定工作定额，为每种工作规定一个"合理的日工作量"，这就必须对时间与动作进行研究。二是，实行标准化作业管理，在对动作和时间进行研究的基础上，把工人使用的工具、设备、材料及作业环境标准化。三是，为每一项工作科学地挑选和培训工人，造就"第一流的工人"。四是，实行有差别的计件工资制，对于按照标准操作方法在规定的时间及定额内完成工作的人，按较高的工资率计算工资，否则按较低的工资率计算工资。五是，思想革命，劳资双方不再把注意力放在盈余分配上，而是把注意力转向增加盈余的数量上。无论厂长还是工人，对工厂内一切事情，都用准确的科学研究和知识来代替旧式的个人判断或经验意见。六是，把计划职能从作业职能中分离出来，由专门部门和专门人员来承担，工人与工长只承担执行职能。这为实现以科学的工作法取代过去操作者随意采用的经验工作法奠定了组织基础。七是，将管理工作予以细分，使每个管理者只承担一两项专门化职能。这为后来组织中参谋部门设立及促进管理人员的专业化提供了重要的启示。八是，实行例外原则，主张高层管理人员只集中精力处理生产经营中的重大决策问题，而把那些经常出现、重复出现的"例行问题"的解决办法制度化、标准化，并授权给下级去处理。这为以后管理上的分权化原则和管理控制工作中的关键点例外控制原则以及事业部体制的实行提供了依据。

长期以来，人们一直将泰勒制理解为一种单纯的"效率至上主义"的理论，一种机械的、纯科学的理论。这种看法不仅体现在人们日常交流中，而且出现在某些所谓的名著里。实际上科学管理最重要、最本质的特征有两个方面：第一，劳资双方的精神革命。提高劳动生产率的前提是通过一场精神革命来实现雇主、管理当局和工人的合作。没有这种精神就不存在科学管理。要使劳资双方认识到只有他们不再互相敌视，而是共同努力，两者都可以达到自己的目的。泰勒一直强调他的思想能够带给人们一场"心理革命"。他的管理原则和手段也都能体现出他对工人的关心。第二，用严密的科学调查和知识代替旧的依靠经验、习惯和个人判断去处理各项工作的做法。上述两个方面是互相依存的关系。

泰勒的科学管理理论对以后的企业管理理论的发展产生深远影响。其理论中的动作研究和时间研究已成为现代工业工程学的重要内容。

2. 科学管理理论的其他代表人物

在同一时代，主张科学管理的人并不只是泰勒，他有着众多的追随者和合作者，他们也为科学管理作出了巨大贡献。其中比较著名的人物如下。

卡尔·乔治·巴思（Cari George Barth），泰勒最早、最亲密的合作者之一。他是个很有造诣的数学家，其研究的许多数学方法和公式，为泰勒的时间研究、动作研究、金属切屑实验等提供了理论依据。

吉尔布雷斯夫妇（Frank B. Gilbreth and lillian M. Gilbreth），他们分别因动作研究和心理研究而闻名。弗兰克·吉尔布雷斯致力于研究减少多余的动作，设计出动作分类体系，比如对手的 17 个基本动作进行详细分解。其妻子莉莲·吉尔布雷斯潜心于管理心理学的研究，提出企业主和管理者应尊重工人、完善工人福利的观点，弥补了泰勒等人只强调动作标准而忽略对工人心理进行安慰的不足。

亨利·甘特（Henry L. Gantt），泰勒的同事和亲密合作者。他的贡献是创造了"甘特图"，这是一种用线条表示的计划图，常用于编制进度计划，是编制计划和控制生产的有效工具，并为当今的 PERT（计划评审技术）的出现奠定了基础。甘特的另一个贡献是提出了"计件奖励工资制"，即对于超额完成定额的工人，除了支付给他日工资外，对超额部分还以计件方式发给奖金；对于完不成定额的工人，工厂只支付给他日工资，这相当于现在的"底薪"。这种制度优于泰勒的"差别计件工资制"，它使得工人感到收入有保证，劳动积极性因而提高。

(二)古典组织理论

组织管理理论与科学管理理论几乎是同时创立的,但与科学管理理论主要集中在车间管理从而提高劳动生产率不同,组织管理理论则着重研究管理职能和整个组织结构。其主要代表人物是亨利·法约尔与马克斯·韦伯。

1.亨利·法约尔的组织理论

法约尔早年在法国一家矿业公司担任工程师,之后长期在这家公司担任总经理。这种经历使得他有可能从高层领导者的角度,将企业整体作为研究对象,对企业组织结构以及组织中的管理职能提出许多独到见解。根据自己的经验,法约尔将管理界定为不同于技术活动的某种东西,但它与技术活动整合对于获得经济效益是至关重要的。他认为管理并不仅是设计制度和方法以提高生产效率,还要对组织的生产、销售、融资以及会计等方面的职能进行有序的安排和整合。他还认为组织的成功更多取决于领导者的管理能力,而不取决于他们的技术能力。法约尔的管理经验与管理思想集中体现在他于1916年出版的代表作《工业管理和一般管理》之中,这部著作的出版标志着一般管理理论的形成。法约尔认为他的管理理论虽然是以大企业为研究对象,但也可以适用于政府、慈善机构和军事组织以及其他各种事业团体。人们一般认为法约尔是第一个概括和阐述一般管理理论的管理学家,法约尔因而被誉为"现代经营管理之父"。

法约尔的理论贡献体现在以下三个方面。

(1)将管理活动从经营活动中独立出来。法约尔通过对企业全部活动的分析,将管理活动从经营职能(包括技术、商业、财务、安全和会计等五大职能)中提炼出来,成为经营的第六项职能。区别了经营与管理,法约尔进一步得出了具有普遍意义的管理定义,他认为管理是普遍存在的一种单独活动,有自己的一套知识体系,由各种职能构成,管理是管理者通过完成各种职能来实现目标的一个过程。法约尔对管理职能的认识构成20世纪50年代后发展起来的"管理过程学派"的前身。企业中的每组活动都对应一种专门的能力,如技术能力、商业能力、财务能力、管理能力等。随着企业由小到大,管理者的职位由低到高,管理能力在管理者必要能力中的相对重要性不断增加,而其他诸如技术、商业、财务、安全、会计等方面的能力的重要性则会相对下降。

(2)强调教育的必要性。法约尔认为管理能力对于组织绩效很重要,那么为什么学校和大学忽视管理而只注重传授技术技能?答案就在于缺少管理理论。由于管理者的经验都是局部的,所以不宜向其他管理者和管理专业学生推广。他认为未来的领导应该接受管理方面的训练,随着管理理论的发展和系统化,能够在大学中传授管理知识。人们可以通过学校教育学习系统的管理基本知识,然后在企业实践中验证和完善,从而获得管理能力。

(3)提出管理活动所需的五大管理职能要素和14条管理原则。法约尔认为,管理作为单独的职能本身又包含计划、组织、指挥、协调和控制这五大管理职能要素。针对这五大管理职能要素,法约尔结合自己长期的管理经验分析,归纳出14条管理原则。这些原则大致可以归类如下:强调效率的工作分工原则;处理人际关系的5条原则,即个人利益服从整体利益、公平、人员稳定、首创精神、团结精神;加强行政管理的8条原则:职权与职责、纪律、统一指挥(对下属而言)、统一领导(对活动而言)、报酬、集权、等级链、秩序。他明确地认为这些原则并不是固定不变的,仅仅是显示理论的一些"灯塔"。

2. 马克斯·韦伯的行政组织理论

行政组织理论是由德国人马克斯·韦伯创立的。他毕生从事学术研究,学识渊博,对社会学、宗教、政治学和经济学都有广泛兴趣,是当时德国有影响的学者,其著作《新教伦理和资本主义精神》为中国读者所熟悉。他的管理学贡献主要是提出了所谓理想的行政组织体系理论,其代表作为《社会与经济组织的理论》,韦伯被后人称为"组织理论之父"。

理想的行政组织体系理论的核心是组织活动要通过职务或职位而不是通过个人或世袭地位来管理。韦伯主张,组织是以权力为基础的,通过权力而产生秩序,消除混乱。拥有权力是实现组织目标的前提。组织中有三种类型的权力,即基于先例与惯例神圣不可侵犯的传统权力、基于对某个英雄人物或某个具有模范品格的人崇拜的超凡的权力以及基于法律和理性的权力。只有第三种权力最适合于现代组织,因为它为管理的连续性提供了基础,担任管理职位的人是按照其能力大小而选拔出来的,管理者行使权力具有法律基础,所有的职权都有明确的规定和严格的划分。

韦伯的理想行政组织体系具有以下特征。一是,进行劳动分工,明确规定每位成员的权力与责任,将拥有这些权力和责任的人的职务作为正式任务而合法化。二是,将各种职务或职位组成权力层级,从而形成一种权力链或等级原则。三是,根据通过考试、培训或教育而获得的技术资格来选拔所有组织成员。四是,除了个别需要通过选举产生的公职以外,所有担任公职的人都是任命的。五是,行政管理人员是"专职"的管理人员,领取固定的"薪金",有明文规定的升迁制度。六是,行政管理人员不是他们所管理的组织所有者,只是其中的工作人员。七是,行政管理人员要严格遵守与其官方任务相关的规则、纪律和制度。这些规则和制度是客观的和去个性化的,毫无例外地适用于所有情况。

韦伯认为,运用这种高度结构化、正式的、非人格化的理想行政组织体系是强制性控制的合理手段,是实现目标、提高效率的最有效形式。这种组织形式在精确性、稳定性、纪律性和可靠性等方面都优于其他形式,适用于各种管理工作以及当时日益增多的各种大型组织。韦伯理论是对泰勒、法约尔理论的补充,对后世组织理论产生很大影响。

泰勒、法约尔、韦伯处于同一历史时期,他们从不同的角度对管理进行了考察。泰勒主要关注工厂现场管理,法约尔则更多地从组织整体的角度来思考管理的一般理论,而韦伯则集中研究了管理中的组织问题。他们的理论不仅可以相互补充,而且具有共同的精神实质,即强调管理要用事实、理性、思考和规则来代替随心所欲和个人习惯。

三、现代管理理论阶段(20世纪30年代到20世纪80年代之前)

在20世纪的100年里,企业管理变化巨大,管理思想领域风起云涌。管理思想的时代划界绝不会以某个特定的年份作为起止,相反,各种思想、思潮存在着各种运动的融合,各种主题在不同调式中变换,它们通过各种独立、平行的分支脉络来展示演变中的管理思想。

实践需要永远是理论发展的动力。现代管理理论的发展由于企业劳资关系变化以及社会、经济、政治、军事、科技等发展需要等原因,呈现出若干波次,形成几个平行的理论脉络。按照时间顺序与理论渊源关系,具体介绍如下。

(一)人际关系学说与行为科学

20世纪三四十年代后,科学管理理论完成了使管理从经验上升为科学的转变,从管理方法、管理职能、组织方式等方面研究企业提高效率问题取得巨大的理论成就。但是,它存在的理论缺陷也是不可回避的。虽然,科学管理理论注意到个人素质和积极性对生产的影响,强调劳资合作与报酬的激励作用,但问题是该理论将工人当作功利主义的"经济人"来看待,管理制度是强制性的"硬"要求,工人迫于自身利益的考虑也只能服从这种强制性制度;另外,该理论把组织看成封闭的系统,把企业中各类人员都看作机器的零件或部件,强调人和生产过程的和谐、稳定。这样就忽视人的社会心理需要,无视个人动机差别以及工作群体对个人的影响。

第一次世界大战结束后,工人与工会力量增强,人们不再愿意接受传统的服从模式下的领导与被领导的关系,加之当时企业生产不景气,工人对现实的不满导致出现了更多的怠工和罢工现象。在这种形势下,传统的管理理论与方法已不可能通过有效地控制工人来达到提高效率和利润的目的,资产阶级迫切要求有新的管理理论和方法来有效控制工人。于是20世纪20年代末,一些西方学者开始把心理学和社会学引进企业管理,人际关系学便应运而生。它把人们研究的注意力引向了人的社会性,集中研究人与人之间关系对人的态度和行为所产生的影响,从而揭示了士气对工业生产率的作用。

1. 人际关系学说

人际关系学说起源于霍桑试验。1927年开始,梅奥等人参加了在美国西方电气公司的霍桑工厂进行的一系列试验。试验的初始目的是研究工作条件与生产率之间的关系,他们试图通过改善工作环境中的物质条件(如照明度和疲劳程度等)来提高员工的劳动生产率,试验最初是在科学管理思想指导下进行的,中间由于有了受过哲学和精神病理学方面训练的梅奥的参与,实验结果出乎研究者预料,从而诞生了使企业管理思想发生重大转变的人际关系学说。

梅奥等人通过更深入的研究,提出以下几条原理。

(1)工人是"社会人",而不是单纯的"经济人",即人不是孤立存在的,而是属于某一工作集体并受这一集体的影响。金钱不是刺激员工积极性的唯一动力。影响员工积极性的还有社会与心理因素，如追求友谊、安全感、归属感和受人尊敬等。

(2)企业除了存在"正式组织"之外，还存在着"非正式组织"。非正式组织是组织内部各成员在共同劳动过程中，由于抱有共同的社会感情、惯例和倾向而自然形成的。在正式的法定关系掩盖下，都存在着非正式群体构成的更为复杂的关系体系。它同正式组织相辅相成，对士气和生产效率有很大影响。

(3)工人生产效率的高低不仅受物质条件等因素影响，而且取决于职工的工作态度以及与他周围人的关系。所谓工作态度也就是"士气"，"士气"高低取决于安全感、归属感等社会心理方面的欲望的满足程度。满足程度越高，"士气"越高，生产效率也就越高。员工的满足程度依赖于两个因素，一是员工个人的情况，即由于个人历史、家庭生活、社会生活影响而形成的个人态度；二是工作场所的环境因素，即工人之间、工人与管理层之间的相互关系，也就是人与人之间的关系。

(4)新型的领导能力的体现是正确处理人际关系，善于倾听职工的意见，并通过提高职工的满足程度来提高士气和生产率。这些观点主要反映在该学派的代表作之中，如梅奥的《工业文明的人类问题》《工业文明的社会问题》，罗特利斯伯格的《职工的生产率中的人的因素》等。

这种理论在20世纪三四十年代得到了迅速发展，在1949年美国芝加哥大学召开的一次学术会议上，正式改称为"行为科学"。

2.行为科学

广义的行为科学是一个研究包括人的行为以至动物行为在内的学科群。鉴于此，20世纪60年代，有些专门研究行为科学在企业中应用的学者提出了"组织行为学"这一名称。这一时期的研究大致可分为三个层次。

第一层次是个体行为理论，主要包括两个方面的内容。

(1)有关人的需要、动机和激励的研究。其代表性理论如下。

马斯洛(A. H. Maslow)的人类需要层次论。他的理论有两个基本论点：一是人是有需要的动物，其需要取决于他得到了什么，还缺少什么，只有尚未满足的需要能够影响行为，换言之，已经得到满足的需要不再起激励作用；二是人的需要都有高低层次，某一层次需要得到满足，另一层次需要才出现。1943年发表的《人类动机的理论》一书，把人的需要归纳为五个层次，即生理需要、安全需要、社交需要、自尊需要和自我实现需要。

赫茨伯格(F. Herzberg)的"激励因素—保健因素理论"，即他在1966年出版的《工作与人性》一书中提出的双因素理论。他认为，影响人们行为的因素有两类：保健因素与激励因素。保健因素是那些与人们的不满情绪有关的因素，如公司的政策、管理和监督、人际关系、工作条件等。如果保健因素处理得不好，会引发对工作的不满情绪；如果处理得好，可以预防或消除这种不满情绪。但是这类因素并不能对员工起激励作用，只能起到保持人的积极性、使其维持工作现状的作用。激励因素是指那些与人们的满意情绪有关的、能带来积极态度的因素，这些因素基本上属于工作本身或工作内容的，如取得成就、被赏识，那么就能增加工作中的责任感以及成长和发展的机会。如果这些因素具备了，就能对人们产生更大的激励。

斯金纳(B. F. Skinner)的"激励强化理论"。他认为人的行为是其所获得刺激的函数。如果这种刺激对他有利，则这种行为就会重复出现；若对他不利，这种行为就会减少直至消失。因此，管理要采取各种强化方式，以使人们的行为符合组织的目标。根据强化的性质和目的，强化可以分为两类：一种是正强化，就是奖励那些符合组织目标的行为，以便使得这些行为得到进一步加强，从而有利于组织目标的实现。正强化的刺激物不仅包括奖金等物质奖励，还包括表扬、升职、改善工作关系等精神奖励。另一种是负强化，就是惩罚那些不符合组织目标的行为，以使这些行为减少甚至消失，从而保证组织目标的实现不受干扰。实际上，不进行正强化也是一种负强化。负强化还包括减少奖金或者罚款、批评、降级等。

V. 弗鲁姆(V. H. Vroom)的"期望概率模式理论"，是他在1964年出版的《工作与激励》一书中首先提出的一种激励理论。他认为，人之所以能够从事某项工作并达成组织目标，是因为这些工作和组织目标会帮助他们达成自己的目标，满足自己某方面的需要。弗鲁姆认为，人们采取某项行动的动力或激励力取决于其对行动结果的价值评价和预期取得该结果可能性的估计。换言之，激励力的大小取决于该行动所能达成的目标并能导致某种结果的全部预期价值乘以他认为达成该目标并得到某种结果的期望概率，用公式可以表示为：激发力量＝目标价值×期望概率。显然，只有当人们对某一行动成果的效价和期望值同时处于较高水平时，才有可能产生强大的激励力。弗鲁姆的期望理论辩证地指出了在进行激励时要处理好三方面的关系，这些也是调动人们工作积极性的三个条件：第一，努力与绩效的关系；第二，绩效与奖励的关系；第三，奖励与满足个人需要的关系。

(2)关于企业中人的特性问题的研究。人性如何，不同的假设会导致不同的管理和领导方式。这一方面的代表人物是麦格雷戈(D. Mcgregor)，他在1957年首先提出"X－Y理论"。X理论假设人的本性是天生好逸恶劳；以自我为中心，漠视组织要求；有可能就逃避责任，安于现状，缺乏创造性；只有进行强制监督，迫使劳动，才能提高工作效率。Y理论假设员工自觉勤奋，喜欢工作；有着很强的自我控制能力，每个人不仅能承担责任，而且还主动寻求承担责任；大多数人都具备作出正确决策的能力。麦格雷戈和阿吉里斯(C. Argyris)等人认为，人从不成熟走向成熟是人性的体现，主要对人性作相反假设，即人并非生来就好逸恶劳，只要给予一定的外界条件，积极引导，激发动力，充分发挥人的积极性和创造性，人就能努力为实现组织目标而工作。他主张在管理中采用Y理论，反对采用X理论。因此，他建议让员工参与决策，为员工提供富有挑战性和激发起责任感的工作，建立良好的群体关系，有助于调动员工的工作积极性。

第二层次是群体行为理论。

群体行为是联系个体行为与组织行为的中间层次。组织行为学认为,不能把人看作一群互相孤立的个人,而应该看到人与人之间的相互接触、相互影响与相互作用。社会心理学家认为,当两个或两个以上的人在一起聚集并互相发生作用,每个人至少能辨认出其他每个成员的活动时,便形成群体。群体可以是正式的,也可以是非正式的。通常所说的正式组织与非正式组织就是指这两类群体。有关群体行为的研究包括许多方面的内容,如群体动力研究,群体压力研究,以及群体沟通、群体竞争和冲突的研究等。这些研究经常要采用社会学方法乃至政治学方法。目前对群体行为的研究已出现多学科交叉现象,从而对群体行为有更全面的认识。

第三层次是组织行为理论。这是对组织整体最高层次的行为的研究,主要集中在三个方面。

(1) 关于领导的理论。组织行为学的研究揭示了领导者获得影响力的途径是多样的。除了与职位相关的合法权力、奖赏权力和强制权力外,还包括与个人因素相关的专家权力、感召权力和参考权力等。正式组织中的领导者应该是兼具职位权力和个人权力的领导,这就对领导者的素质提出了特别要求。20世纪60年代后,对领导者研究的重点转向领导者应当如何行为。美国的R.李克特(Rensis Likert)在1961年出版的《管理的新模式》中将管理系统划分为专权的命令式、温和的命令式、协商式和参与式,并认为参与式是一种最有效的领导方式,因为它会促进相互信任和支持关系的发展,使组织变得更富有适应性,组织的绩效变得更好,成员满意度更高,人的能力得到更充分的发挥。他还提出了流行很广泛的"双中心"理论,主张有效的领导者应该以人员为中心,而不宜以生产为中心。与此同时,美国一些学者又提出了体现任务行为的定规面与体现关系行为的体恤面的"双构面"理论。布莱克(Blake)和穆顿(Moutou)在此基础上设计出管理方格图来表示领导者可能采取的各种形态的领导方式。他们认为应该避免在领导工作中采取极端的方法,关心任务和关心人员两个方面并没有必然的冲突,应使它们有效结合。

(2) 关于组织设计的理论。组织行为理论主张组织设计中的"人本"原则,强调职位与机构的设置要有利于调动人的积极性和发挥人的潜能。这种理论主张将组织设计中传统的"以事设人"转变为体现工作任务与工作人员有机结合的"人与事相匹配"设计。

(3) 有关组织变革的理论。组织行为学认为,组织变革是一种组织发展的过程,即运用行为科学的知识与技巧,以一种有计划的努力,在整个组织范围内开展以增进组织效能为目的的活动。其具体内容如下:个体方面的组织发展,如敏感性训练、"T"小组训练;个体之间的组织发展,如交往分析等;群体内部的组织发展,如团队建设、过程咨询;群体之间的组织发展,如组间联席会议;整个组织的组织发展,包括调查反馈法和管理方格法等。组织行为学家将组织发展的过程概括为解冻、变动、再冻结三个阶段,即通常所说的"先破后立"的思想。

从克服古典管理理论对人性的片面认识产生的人际关系学说,到后期正式提出的行为科学,西方管理思想发生了重大转变。这种转变表现在三个方面:一是管理重点的转变,即把重点放在对"事"和"物"的因素管理转变为对人及其行为的管理,并通过人的行为控制实现对"事"和"物"的有效控制,从而实现管理的预期目标。二是管理策略和方法的转变,即从强调自上而下的职权系统和规章制度的作用、强调严格控制与监督转变为强调个人需要和尊重人的个性,强调通过组织目标与个人目标的统一,以及采用激励与诱导的方式来充分发挥人的潜力。三是管理研究角度和方法的转变,运用多学科知识,使用多种方式,对组织中行为的各个方面进行深入研究,形成有自己独特体系的理论框架。

(二)管理科学学派

管理科学学派,又称为数量管理学派。管理科学理论是指以现代自然科学与技术科学的最新成果(如先进的数学方法、信息技术以及系统论、控制论、信息论等)为手段,运用数学模型对管理领域中的人、财、物、信息等资源进行系统的定量分析,并做出最优规划和决策的理论。

在第二次世界大战期间,数学和统计的方法被广泛用来解决军事管理与战略方面的问题,取得满意的效果。"二战"结束后,管理学界认为借用运筹学等学科的知识可以促进管理的科学化,于是这些知识进一步推广到民用领域。从事这一研究的人们自称为"管理科学家",而他们所从事的事业也就获得了"管理科学"的称谓。

从历史渊源来看,管理科学是泰勒科学管理的继续和发展,其主要目标也是探求最有效的工作方法或最优方案,以最短的时间、最少的支出,取得最大的效果。但它的研究对象已远远不是泰勒时代的操作方法和作业研究,而是面向整个组织的所有活动,并且它所采取的现代科技手段也是泰勒时代所无法比拟的。管理科学使得管理从以往的定性描述阶段走向定量预测的阶段。

管理科学的目的之一是为解决管理问题建立数量模型,然后利用数学或统计学及其他学科知识,借助于电子计算机手段求其最优解,以便为管理决策提供最佳方案。解决问题的过程中有 7 个相互联系、相互影响的步骤:观察和分析、确定问题、建立一个代表所研究系统的模型、根据模型得出解决方案、进行验证、编制解决方案、把解决方案付诸实施。该学派有两个特点:一是关注现实管理问题的模型化;二是对运营管理感兴趣。

由于研究角度不同,在 20 世纪 50 年代运筹学与概率统计被广泛运用的基础上,管理科学领域形成了许多不同的数量分析技术与方法,主要有:规划论,根据不同情况又可分为线性规划、非线性规划和动态规划;库存论;盈亏平衡分析;排队论;对策论,又称为博弈论;搜索论;网络分析,常用的有"计划评审技术"(简称 PERT)和"关键线路法"(简称 CPM)。管理科学发展到 20 世纪 60 年代之后,开始同"系统分析"结合起来,产生了一些新的特点。如对管理问题强调要有整体考虑;建立一套严密的过程步骤来对管理问题进行分析和求解；运用多学科知识，而不仅仅是自然科学和技术科学知识；强调定性分析与定量分析结合。由此又发展出许多新方法，如风险分析、决策分析等。进入21世纪以来，随着定量研究方法的进步，管理科学理论也远远跨越了传统的研究领域，大量的企业战略、人力资源管理、市场营销等问题都已经被纳入定量解决范围，在一定程度上促进了管理研究中的定性与定量方法的融合。

管理科学的方法较多应用在计划与控制领域中的决策方面。不过，定量方法对管理的影响程度从来没有行为科学方法那样大。这可能是多种因素造成的，如行为问题涉及面广而直观，管理科学的研究对象却往往在量化领域，面窄且比较抽象，许多管理者又不熟悉数学工具。另外，对管理活动中与决策有关的各种复杂因素全部定量化是不可能实现的。管理科学虽然致力于实现最优化，但它是在一种经过模型简化的世界中寻求最优化，是附加各种假设前提的，在现实中并不见得是真正最优化。在究竟是让模型适合问题还是让问题适合模型上，管理科学也似乎有"削足适履"之嫌。但是，有一点可以肯定，计算机和信息技术的快速发展将为管理科学方法的广泛应用创造更好的条件。

(三) 管理理论的丛林

古典管理理论和组织行为理论是西方管理学界中产生最早、流行最广泛的两大理论流派。它们的观点表面上看是截然对立的，但正是这些不同的理论主张丰富了管理理论的宝库，促进了管理理论的多元化发展。通过研究这两大理论流派以及它们所带来的管理思想的重大转变，会帮助我们明了为什么当代管理理论的发展会出现学派林立、观点纷呈的态势，并迫使当代学者奋力探索如何走出丛林之路。这也正是我们之前着力描述这两个理论流派的良苦用心。

第二次世界大战结束后，科学技术日新月异，生产力迅速发展，生产和组织规模急剧扩大，生产的社会化程度日益提高，管理领域复杂性增加，管理者要求改变孤立的、单因素的、片面的管理方式，而需要全过程、全因素、全方位、全员式的系统化管理。同时，资本主义生产关系出现了一些新变化，要求着重形成针对新型人际关系和人的行为问题的管理。人们对管理表现出了前所未有的重视。在美国和其他许多国家，不仅实际从事管理工作的人和管理学家在研究管理理论，一些心理学家、社会学家、人类学家、经济学家、生物学家、哲学家、数学家等也都根据不同知识背景、从不同角度对管理问题进行研究，促进了管理理论的空前繁荣。在已有的古典管理理论、行为科学理论和管理科学理论的基础上，又出现许多新的理论和学说，促成了一种学派林立的现象，形成管理理论研究的分散化局面。

美国著名管理学家哈罗德·孔茨(Harold Koontz)在1961年12月发表了《管理理论的丛林》一文，在文中他将这种学派林立的现象形容为"热带的丛林"，并将管理流派划分为六个主要学派。他在1980年又发表了《再论管理理论的丛林》，对管理流派再次进行分类，指出管理已由六个学派发展形成为十一个学派。这种划分曾引起争论。人们倾向于从学派划分中来加强对管理理论的认识,但管理学派分野的界限实际上是比较模糊的,这是因为管理本质上就是一门综合吸收有关学科营养而形成的综合知识体系。更何况,有些管理观点目前并不能构成一个有独特知识体系的"学派",而只是一种"思潮"或代表管理学中的某次级"学科",是对已有理论的丰富、补充、完善或综合。这些流派尽管各有自己对管理的看法,各有自己的理论主张,但从内容上来看不超出三大内容:组织、管理方式以及经营。狭义的管理学主要由组织研究和管理方法研究两块内容构成;广义一点的管理学则还要加上经营领域的研究,这一领域的研究与经济学相关。在此,我们仅简要介绍影响较大的几个与管理理论相关的学派。

1. **管理过程学派**

管理过程学派,又称"管理职能学派""经营管理学派"。该学派的代表人物是美国加利福尼亚大学的教授哈罗德·孔茨和西里尔·奥唐奈(Cyril O'Donnell)。这个学派"把管理视为这样一种过程,它通过操纵有组织的群体中的人,使事情得以完成"。研究对象是管理者的管理过程及其职能,并将管理职能作为其理论的概念结构。

该学派认为管理是一种普遍而实际的过程,无论组织的性质和管理者类型、层次有多么不同,他们所履行的基本管理职能却是相同的,即都在履行计划、组织、人事、领导和控制这五项职能。他们深入分析每一项管理职能,如该职能的特点与目的、职能的基本结构、职能过程与技术方法、实施的障碍及排除方法等,以总结出管理的原理、原则、方法与技术,对认识和改进管理工作都能起到一定的说明和启示作用。该学派根据管理者实际工作过程中的管理职能建立了一个管理思想架构,把一些新的管理原则与技术容纳在这个框架之中,从而建立起更加实用的理论体系,在管理理论与实践之间架起一座桥梁。

孔茨的这些理论通常被称作传统观点或普适性观点,他继承了法约尔的理论并使之更加系统化、条理化。管理过程学派是继古典管理学派和行为科学学派之后最具影响力的一个学派。

2. **经验主义学派**

经验主义学派,又称为"经理主义学派",这一学派的代表人物是彼得·F. 德鲁克(Peter F. Drucker),其代表作有《卓有成效的管理者》《管理的实践》等;欧内斯特·戴尔(Earnest Dale),其代表作有《伟大的组织者》《管理:理论和实践》等。这一学派认为管理是"对经验的研究",其基本假设是,对管理者的成败进行考察,可以进一步加深对有效管理的技巧的理解。其以向企业经理提供管理当代企业的成功经验和科学方法为目标。他们采用案例分析或欧内斯特·戴尔的"比较方法"作为管理教学方法。

他们认为成功的组织管理者的经验远比那些纯理论更有价值,主张通过在实际经验研究基础上寻找成功经验中具有的共性的、规律性的东西,进行科学抽象,使之系统化和理论化,以建立一套完整的理论与技术体系。他们提出了目标管理等现代管理方法与技术。

3. 社会系统学派

社会系统学派是从社会学的角度来分析各种组织的。它的特点是将组织看作一种社会系统，是一种人与人相互协作的体系，它是社会大系统中的一部分，受到社会环境中各方面因素的影响。而管理可视为不同的群体之间互动与合作而形成的文化系统。管理者的作用就是充当系统运转的中心，通过信息沟通系统中相互联系的各个中心，协调组织成员的协作活动，以保证组织的协调与目标的实现。管理者的权威来自下级的认可，即下给下属的命令为下属所接受。作为正式的协作系统包括三个基本要素：协作的愿意、共同的目标和成员之间的信息沟通。协作愿意是组织存续的必要条件，共同的目标是协作愿意存在的必要前提，协作愿意与共同目标只有通过信息沟通才能互相联系，形成动态过程。美国的切斯特·巴纳德(Chester. I. Barnard)是这一学派的先驱，他的著作《经理的职能》对该学派有很大的影响，其继承人从社会学理论中汲取了大量内容。

4. 社会技术系统学派

这一学派认为，管理不应只分析社会合作系统，还必须分析技术系统对社会、个人心理的影响。管理的绩效、组织的绩效不仅取决于人们的行为和态度及其相互影响，而且取决于人们所处的技术环境。管理人员的主要任务之一就是确保社会合作系统与技术系统的相互协调。该学派注重研究技术对个人、群体行为方式以及组织方式和管理方式等的影响，尤其注重于工业工程、人—机工程等方面的研究。其主要代表人物是英国的特里斯特(E. L. Trist)等。

5. 决策理论学派

决策理论是从社会协作系统理论中演化和发展起来的，吸收了行为科学、系统理论、运筹学学科思想与方法。其代表人物有获得1979年诺贝尔经济学奖的美国学者赫伯特·西蒙(H. A. Simon)和马奇(F. G. March)等人。该理论的著名观点是管理就是决策。西蒙的决策理论主要集中在四个方面。

(1) 有限理性人与满意决策准则。传统学者假设决策者是完全理性的，并遵循"最优化"决策准则。西蒙认为，现实中决策由于受到许多因素制约而难以实现完全的理性。组织中的决策行为只具备有限理性，它表现在：人们并不能提出所有的备选行动方案；人们对其决策行为产生的结果的认识并不全面，很难对每个方案各自所产生的结果作出准确的预测；人们并不总是能准确地评价每个方案的优劣，因为目标往往是多元化的，评价方案只能根据一定的价值来进行，而价值存在的前提只能从伦理、规范和价值观的角度来论定，并不是基于客观存在的事实判断。由于决策只能实现有限度的理性，因此，他提出"满意化"决策准则代替传统的"最优化"准则。

(2) 决策全过程概念与复合决策网络系统。传统看法认为，决策就是指在几个可供选择的方案中选定一个方案。西蒙认为，这种选择活动只是决策过程中一个阶段的工作，决策应是包括情报活动(信息收集和整理)、设计活动(拟订备选方案)、抉择活动(从备选方案中选定一个方案)和审查活动(对选定方案执行情况进行评价)四个阶段的"全过程"。因此他提出"复合决策"概念,那么组织就是一个由若干决策过程构成的复合决策网络系统。

(3)"管理人"的决策行为模式。西蒙认为不存在绝对理性的"经济人",而只存在有限理性的、以"满意化"为准则的"管理人"。管理人在决策时以学习、记忆和习惯等心理学的要素为基础,谋求决策的程序化。西蒙致力于研究组织中重复出现的常规决策的程序化和惯例化问题,并进而探讨如何借助于计算机技术实现程序性决策的自动化。

(4)程序性决策与非程序性决策。西蒙分析,组织中许多决策呈现出重复和例行状态,因而可以制定出一套处理这些决策的固定程序,每当此类问题出现时,程序可以作出惯例性反应,而不需要重新作决策。当然,组织中也有些决策问题是新颖的,无法实现程序化和惯例化。对此类非程序性决策问题,西蒙提议在研究人类思维过程的基础上,开发和使用探索式问题解决技术,或培训决策制定者,以增进其探索性反应行为的理性程度。

西蒙的理论主要是抽象地讲组织中的决策,更像是一种"决策方法论"。西蒙的管理决策理论是体现逻辑实证主义的描述性管理理论,它描绘了人和组织在实际中是如何做决策的。

6. 权变理论学派

权变理论产生于1967年前后,流行于20世纪70年代,并稳健发展。其代表人物卢桑斯(F. Luthans)在1976年出版的《管理导论:一种权变学》是系统论述权变管理的代表著作。

权变管理理论的产生与一些学者反对通用管理原则有关。自法约尔提出著名的"十四条管理原则"后,后继者便致力于管理原则细分化与系统化研究。随后,许多被认为普遍适用的、"万能"的管理原则被开发出来。但实际上不仅这些原则互有交叉和矛盾,而且在各种现实情况下都普遍适用的、放之四海而皆准的管理原则是根本不存在的。于是就产生了与通用原则的主张相反的经验主义学派,该学派认为经理人员的经验比原则更有助于解决实际问题。经验主义强调管理的艺术性,但忽视了管理还有科学性的成分。权变管理理论试图对这两种极端倾向予以折中,主张在各种组织中,"尽管存在着一般模式,却有着差异;尽管环境有差异,却存在着类似性"。探索在相对有限范围内适用的特定管理模式,并分析不同管理模式各自适用的特定条件,做到"以变应变",这就是权变管理理论的核心。权变管理理论试图将各种学派的理论观点统一起来走出"理论丛林"。

卢桑斯认为过去那些学派没有把管理与环境妥善地联系起来,其管理观念和技术使理论与实践相脱节,所以都不能使管理有效进行。权变管理理论强调考虑环境变数与相应的管理观念和技术之间的关系,在通常情况下,环境是自变量,而管理观念和技术是因变量。这就是说,要针对特定的环境条件,选择特定的管理原理、方法和技术。环境变量与管理(管理观念和技术)变量之间的函数关系就是权变关系,这是权变管理理论的核心内容。

权变管理理论给我们的启示是:作为开放系统的组织,其管理活动中不存在一种一劳永逸的最好的管理方法,管理的效果完全取决于组织与环境之间的适应性。管理的主要任务就是寻找组织与其环境的最佳适应性。要根据不同情况制订不同类型的计划;组织结构的设计要因地、因时而行,没有一成不变的、"最好的"组织设计;同样,也不存在一种普遍适用的"最好的"或"不好的"领导方式。了解组织内部多种因素是选择领导方式的基础,一切行为根据组织的任务、个人或小组的行为特点以及领导者和职工的关系而定。总之,唯一不变的就是变,应根据当前实际情况,顺势而变。权变管理理论为人们分析和处理各种管理问题提供了一个十分有用的视角,使人们对管理的动态性有了新的认识。

7. 全面质量管理

早期质量管理的方法主要是质量检测、统计质量控制以及可靠性工程,可以说是管理科学在质量管理领域的运用。现代质量管理是在20世纪50年代之后发展起来的,当时美国的质量管理专家戴明(W. Edwards Deming)和朱兰(Joseph M. Juran)提出质量管理的新思想。美国通用电气公司工程师阿曼德·V. 费根鲍姆(Armand V. Feigenbaum)在20世纪50年代创造了"全面质量管理"这个术语,拉开了通用电气公司举世闻名的"六西格玛"质量计划的序幕。但是他们的思想在美国没有得到支持和欢迎,戴明将其全面质量管理思想传授给了日本人,在日本却得到欢迎和实践,这对于日本战后全面复兴发挥了积极的作用。日本人依靠这套思想,在朱兰的指导下创造性地实践,用了20年左右的时间使得日本产品在全球成为高质量的代名词。到80年代,在电子、家电、汽车等产业中,日本企业的产品质量和竞争力超过美国。这才引起了美国及欧洲理论界与实践界对戴明和朱兰的全面质量管理思想的高度重视。20世纪八九十年代,西方工商企业界和公共管理部门掀起了一场质量革命——全面质量管理。

戴明被称为"质量管理之父",主要著作有《转危为安》等,在《转危为安》一书中他的主要观点被总结为十四点,称为"戴明十四点",成为全面质量管理的理论基础。戴明改进了休哈特的PDSA循环为PDCA循环,被业界奉为"戴明环",成为最基本的质量管理工具。戴明奖是日本质量管理界最高奖项。朱兰因"朱兰三部曲"(质量策划、质量控制、质量改进)而闻名,其代表作《朱兰质量控制手册》被誉为"质量管理领域的圣经",是一个全球范围内的参考标准。

全面质量管理的本质是顾客需求和期望驱动企业持续不断改善产品或服务质量的管理理念。它包括以下几个要点:①关注顾客,顾客不仅包括购买组织产品或服务的外部顾客,还包括组织内相互联系的内部顾客(如上下游价值活动间的员工)。②注重持续改善。追求"很好"不是终点,质量能够永远被改善和提升。③关注流程。全面质量管理把关注工作流程视为产品或服务质量持续改善的着眼点,不仅仅是产品或服务本身。

④精确测量,一切用数据说话。全面质量管理运用统计方法对组织工作流程的每一关键工序和工作进行测量,把测量的结果与标准或标杆进行比较,识别问题,深究问题产生的根源,消除问题产生的原因。⑤授权于员工。质量管理是全体员工而不仅仅是管理者或质检员的职责和任务。全面质量管理事关组织中的每一位员工,广泛采用工作团队如质量管理小组,将全面质量管理广泛运用于工作之中。

全面质量管理的实质是一种综合的、全面的经营管理方式和理念,其根本目的是让顾客满意,实现组织的长期成功,增进组织全体成员及全社会的利益。全面质量管理其后续发展为丰田生产方式或精益生产方式。

8. 系统管理理论

系统管理学派盛行于20世纪60年代前后。由于当时系统科学与理论比较盛行,倡导系统管理的人士十分广泛,因此对该学派形成影响很大。系统管理学派的管理思想基础是一般系统理论。该学派对管理的定义是:管理是用系统论的原理、范畴和分析方法对组织或企业进行全面分析和动态控制的过程。其主要代表人物是美国人弗里蒙特·卡斯特(Fremont. E. Kast),著名的管理学家。其主要著作有《系统理论与管理》(与约翰逊、罗森茨韦格合著)、《组织与管理:系统与权变方法》(与罗森茨韦格合著)等。另外还有詹姆斯·罗森茨韦格(J. E. Rosenzweig)、理查德·约翰逊(Richard A. Johnson)。其理论的要点主要如下。

(1)企业是由人、物资、机器和其他资源在一定的目标下组成的一体化系统,它的成长和发展同时受到这些组成要素的影响,在这些要素中,人是主体,其他要素则是被动的。管理人员需要保持各要素之间的动态平衡和相对稳定,并使它们保持一定的连续性,以适应情况的变化,实现预期目标。同时,企业还是社会这个大系统中的一个子系统,企业目标的实现不仅取决于内部条件,还取决于外部条件,如资源、市场、社会技术水平、法律、制度等,它只有与外部条件相互影响才能实现动态平衡。

(2)企业是一个由许多子系统组成的、开放的社会技术系统。企业是社会这个大系统中的一个子系统,它受到周围环境因素(顾客、竞争者、供货者、政府等)的影响,同时也影响环境。它只有与周围环境相互影响才能实现动态平衡。企业内部又包含若干子系统:目标和准则子系统,内容包括遵照社会的要求和准则,确定战略目标;技术子系统,内容包括为完成任务所必需的机器、工具、程序、方法和专业知识;社会心理子系统,内容包括个人行为和动机、地位和作用关系、组织成员的智力开发、领导方式以及正式组织与非正式组织等;组织结构子系统,内容包括对组织及其任务进行合理划分和分配,协调它们的活动,并由组织图表、工作流程设计、职位和职责规定、章程与案例来说明,还涉及权力类型、信息沟通方式等问题;外界因素子系统,内容包括各种市场信息、人力与物力资源获得,以及外界环境的反映与影响等。这些子系统还可以继续分为更小的子系统。

(3)运用系统观点来考察管理的基本职能,可以把企业看成一个投入—产出系统,投入的是物资、劳动力和各种信息,产出的是各种产品或服务。用系统的观点来指导,可以使管理人员避免只重视某些与自己有关的特殊职能而忽视了大目标，不至于忽视自己在组织中的地位与作用。

该学派认为其他学派的管理理论都有着"盲人摸象"式的缺点，无法适应经济与社会发展的新要求。系统管理理论则试图运用系统论的整体研究方式来统一各派观点，在对传统管理理论深刻反思的基础上，实现对组织与管理理论的新综合。但是，系统管理理论过于抽象，未能提出具体的管理行为和明晰的管理职能，只是笼统地提出一些原理和观点，让实践中的管理人员难以把握和付诸实践。

四、20世纪90年代之后的管理理论新发展

20世纪90年代以来，由于科技的不断进步和经济的不断发展，全球化信息网络和全球化市场的形成以及技术变革加速，围绕新产品的市场竞争也日趋激烈。技术进步和需求多样化使得产品生命周期不断缩短，企业面临着缩短交货期、提高产品质量、降低成本和改进服务质量的压力。所有这些都要求企业能对不断变化的市场作出快速反应，源源不断地开发出满足用户需求的、定制的"个性化产品"去占领市场以赢得竞争，市场竞争也围绕新产品的竞争展开。这种状况延续到现在，使得企业面临的竞争环境更为严峻。

企业面临的竞争环境的变化给管理提出了许多新问题和新要求，这不仅需要从企业内部而且需要从企业外部来统筹考虑管理的问题。因此，企业界和理论界纷纷尝试探索与之相适应的新管理思路、方法和手段。

（一）管理活动的新变化

1. 从管理科学到管理艺术

"二战"后的20多年里，管理是科学的观点在业界占了上风，促进了管理理论与实践的发展。然而，不管管理科学如何发展，在复杂多变的环境面前，管理科学理论仍然留下大量的空白。成功的管理实践活动，还需要管理者依据管理基本原理去创造。因此，管理活动还是一种在适当时间对适当的对象运用适当的方法和原则进行管理的艺术。将管理科学理论与管理实践艺术有效结合越来越成为时代的潮流。

2. 从"硬管理"到"软管理"

19世纪末20世纪初，管理科学化出现，由于企业规模的扩大和活动内容的复杂、参与要素的增加，传统的管理方式不再适用，于是，人们开始在总结管理经验的基础上，建立更为严格的符合组织活动要求的规章和制度。管理方法的改进，提高了人们对计划、组织、规章等后来被称为"硬件"的重视。

21世纪以来，管理环境日趋复杂，特别是知识经济时代的到来，组织中人的因素越来越突出，管理活动越来越需要从控制和规范参与者行为的层面，深入到精神层面。因此，仅有管理的"硬件"已经不够了，越来越多的人认识到管理"软件"的优越性。"软件"

的优越性可以帮助那些在"硬件"上与竞争对手相差无几的企业取得更好的经营效果。于是,"软管理"方式渐渐得到管理者的推崇。

3. 从"手段人"到"目的人"

西方管理中对人的态度经历了三个阶段、两次转变。早期企业主的经验管理和泰勒倡导的科学管理都是把人看成经济人、理性人。20世纪20年代,梅奥、马斯洛、赫茨伯格等行为科学家将人看成心理人、社会人,完成了管理理论中对人的认识的第一次转变。无论科学管理还是行为科学,研究人的目的都是提高人的工作效率,使其更有效地完成组织任务。这样的理论运用在实践中导致管理者将人仅看作组织管理的一种资源,看作实现目标的一种工具。

这种"手段人"的看法在21世纪受到越来越多的冲击。随着社会经济的发展,越来越多的劳动者把工作看成实现自我社会价值的重要手段,在工作中寻找人生的意义。这些冲击促使组织不得不更加重视对人的管理,不得不注重工作和生活质量的改善,不得不重视员工个人职业生涯的发展,不得不把员工当作"目的"来看待。以人为本的管理观念普遍被人们接受,组织管理目标越来越多地从追求效益最大化,转向对人的全面发展的思考。

4. 从强调个人竞争到重视团队协作

整个西方文化是以个人主义为核心的。在这种文化的熏陶下,传统西方企业在对人的管理中,贯穿着以个人为中心、尊重个人价值、鼓励个人间的竞争、强调个人成功的理念。这种以个人为激励对象的管理方式虽然可以在一定程度上刺激个人的工作热情,但在根本上与现代工业生产的协作要求是相悖的,现代工业生产分工精细,任何产品的制造都要经过许多环节,只有经由许多人的努力才能完成。没有劳动协作,任何产品制造、科研的完成都是不可想象的。另外,以个人为对象的管理和激励机制有可能引起群体内部个人之间的过度竞争,有可能使部门间以及个人间的协作精神消失殆尽,部门、个人之间互相保密、封锁、不合作,这里这种机制运行的必然后果。

20世纪70年代以后,伴随着日本企业的成功和现代组织复杂程度的增加,许多西方企业开始检讨自己在管理上的失误。许多美国学者发现日本企业的职工具有强烈的协作意识,在日本企业中,个人的成功首先归功的不是自己的个人努力,而是团队的协作。认识到协作精神的重要性后,美国企业开始注重团队建设,培养合作精神。

5. 从集权到分权

以职能分工为基础,以统一指挥为核心原则,以集权倾向为主要特征的职责分明、结构严谨的等级制度曾经是、现在仍然是许多西方企业的主要组织形式。这种组织形式的基本运行规则是上层决策、中层传达、基层执行。

然而随着技术进步的加快,环境日趋复杂,信息手段的广泛运用,这就要求组织在管理上内容和方针灵活多变。因此,集权式的组织正逐渐受到挑战,组织内部分权化已成为一种趋势,大规模的高度集中统一的大企业,正渐渐演变成由若干自主经营的小单元组织构成的原子合成型企业。

6. 从外延式管理到内涵式管理

外延式管理是希望通过联合与兼并来扩大经营规模,提高市场占有率;内涵式管理则力求通过充分利用内部条件、加强企业创新、提高内部生产能力来增强企业竞争力。

20 世纪 60 年代,欧美企业盛行外延式管理。但是,人们发现企业经营规模超过某种限度后,带来的不是效益的增加,而是机构臃肿、决策迟缓、信息渠道堵塞、管理困难,从而效益下降。于是,自 20 世纪 70 年代中后期,一些企业提高竞争实力的途径开始从外延式管理转向内涵式管理。一是有选择地扩展业务,只在自己熟悉的业务领域经营,培养自己的核心竞争力。二是强调内部创新。在市场饱和、消费个性化时代,大规模标准化生产已经不能适应时代要求,企业必须注意满足消费者多样化、个性化的消费需求,在不忽视一些小批量甚至是单件产品生产的同时,重视创新,在产品的品种、规格、结构、外观、功能等方面给消费者提供更新、更好的服务。

7. 回归基础管理

就管理实践而言,20 世纪 70 年代以后,"目标管理""多样化""零基础预算""价值分析"等概念层出不穷,但运用在许多企业的实践中却收效甚微,这不能不引起管理实践者的反思。人们认识到,目标的达成不仅在于构建,更取决于组织成员较强的日常执行力;绩效的提高不仅要求规划框架的合理或产品设计的结构合理,更要求组织成员在规划执行或产品生产过程中保证细节的完美。"执行力"或"细节"决定成败。因此,管理必须回归基础,从具体活动、活动单元及其组合的合理性分析开始。

就管理研究而言,流程再造理论提出的再造程序,我们似曾相识。实际上,流程再造的基本逻辑甚至词语早已隐含于泰勒的科学管理原理之中。

(二) 20 世纪 90 年代以来产生的一些体现时代特征的管理理论

1. "学习型组织"理论

当代技术的进步,尤其是以信息技术为代表的技术的进步,正在从根本上改变着人类的生产生活方式。正如管理学大师彼得·德鲁克所言,"当今世界,唯一不变的就是变化"。知识经济时代的到来,使信息与知识成为重要的战略资源。这种环境对组织的反应速度、灵活性和创新提出了更高的要求。在这个新时代,比竞争对手学习得更快,变化得更快,或许是唯一有效的竞争优势。因此,培育组织的学习能力成为企业管理层的最大任务。

"学习型组织"理论是美国麻省理工学院教授彼得·圣吉(Peter M. Senge)博士在其著作《第五项修炼》中提出来的。他认为,企业本身是一个系统。它像人一样可以通过不断学习来提高生存与发展的能力。现实中,有的企业寿命很短,其主要原因就是企业在学习能力上有缺陷,即存在学习障碍,使得企业在环境改变时不能迅速应变。所谓学习型组织就是能够迅速地获取、传播并在整个组织中分享信息,从而不断改进自身以适应组织的环境。

(1)学习型组织管理模式的特点。①精简。并不是像传统企业那样,只是简单地在员工总数上做减法,而是首先在加强企业教育,要求职工积极学习的基础上,一个人可以干几个人的工作,然后再进行减员。只有通过这种学习型的精简,企业才会产生根本性的变化,获得高效率和高效益。②扁平化。学习型组织的结构是扁平的,即中间层次很少,上下级之间可以面对面地对话。这种组织结构不仅有利于提高工作效率,而且能能产生同心协力的巨大能量。③有弹性。弹性是指企业的适应能力,这种能力来自全体员工的不断学习。市场是瞬息万变的,只有时刻准备着才能适应市场变化。④善于不断学习。所谓"善于不断学习"有四层含义:一是强调"终生学习",二是强调"全员学习",三是强调"全过程学习",四是强调"团体学习",即强调组织成员合作学习和群体智力开发。⑤自主管理。自主管理是指员工要根据企业的发展战略和目标主动发现生产中的问题,自己选择伙伴组成团队,自己进行调查与分析,自己制订计划、执行计划并实现目标。

(2)建立学习型组织的方法。建立学习型组织的标准:人们能不能不断检验自己的经验;人们有没有生产知识;人们能否分享组织中的知识;组织中的学习是否和组织的目标息息相关。

培养学习型组织的技能,必须经过"五项修炼",实现心灵的转换,只有这样,才能建立起学习型组织。①自我超越,这是一种建立愿景和实现愿景的过程,一种学习与成长过程中的修炼。只有具有高度自我超越意识的人,才能不断提高实现他们理想的能力。自我超越是建立学习型组织的精神基础。②改善心智模式。心智模式是一种思维方法,它影响着人们对社会和事物的认识以及对此所采取的行动。对事物不同的认知会产生不同的管理方式和管理重点。彼得·圣吉指出:在管理过程中,许多好的构想往往不能付诸实践,这不是源于企图心太弱、意志力不够或缺乏系统思考,而是源于心智模式不成熟。这导致它与人们深植心中的对于周围世界如何运作的看法和行为相抵触。因此,学习如何将心智模式打开,并加以检视和改善,有助于改变心中既有认知。③建立共同愿景。共同愿景是指一个组织所形成的共同目标、共同价值观和使命感。它帮助组织培养成员的奉献和投入意识,而非被动地遵从企业规章制度。它是人们心中一股令人深受感召的力量,是在许多阶层中、互动的人们中激荡出来的。领导人应该努力了解员工个人的心理状态,建立起共同愿景,使个人愿景与共同愿景融为一体。④团队学习,团队的智商远大于个人的智商。团队学习是提高团队成员整体合作实现共同目标能力的过程。团队学习正是要利用集体的优势,通过开放型的交流发现问题、互相学习、取长补短,以达到共同进步的目的。团队学习的修炼必须精于运用深度会谈和讨论。深度会谈是指自由和有创造性地探究复杂而重要的议题,先暂停个人的主观思维,彼此用心聆听。讨论则是提出不同的看法,并加以辩护。⑤系统思考,系统思考是看见整体的一项修炼,它让我们看见与周围环境相关联而非孤立的事件,看见渐渐变化的形态而非瞬间即逝的一幕。系统思考有两个关键点:一是系统的观点,要避免盲人摸象、见木不见林的思考模式;二是动态的观点,找到动态系统中各个因素的互动关系,找到问题的关键所在,使问题迎刃而解。系统思考不仅是一种理论的学习,还是一种应用的学习。系统思考修炼的目的就在于此。

(3)学习型组织与传统型组织的区别。在对待变革的态度上,传统型组织认为,只要还管用就不要改变它;而学习型组织认为,如果不变革那就不管用了。在对待新观点的态度上,传统型组织认为,如果不是产生于此时此刻的事物就拒绝它;而学习型组织认为,如果产生于此时此刻的事物就拒绝它。在关于谁对创新负责上,传统型组织认为,创新是研发部门的事;而学习型组织认为,创新是组织中每个成员的事。传统型组织的主要担心是发生错误,而学习型组织的主要担心是不学习便不能适应。传统型组织认为好的产品质量与服务质量是组织的竞争优势,而学习型组织认为学习能力强、知识丰富和专门技术高是组织的竞争优势。在管理者的职责上,传统型组织认为,管理者的职责是控制别人;而学习型组织认为,管理者的职责是调动别人、授权给别人。

2. 业务流程再造与流程管理理论

业务流程再造(BPR)是 20 世纪 90 年代在美国兴起的"企业再造"热潮中的一个核心内容。1993 年,美国学者米歇尔·哈默(Michael Hammer)和詹姆斯·钱皮(James Champy)合著出版了《企业再造》一书,它的基本思想是:"为了改善成本、质量、服务、速度等重大的现代企业的运营基准,对企业流程进行根本性的重新思考并彻底改革就成为必要。"这一思想的出现引起各国企业界的广泛关注,推动了一大批企业在业务流程和组织结构设计上进行了一场新的革命。

业务流程再造的兴起源于企业的实践。一方面,近些年来,许多工业化国家的管理者和学者看到了不少大型企业存在着"大企业病",如冗员、效率低、机构臃肿、程序僵化,从而引起成本高、浪费大,从接受订货到交货周期长,对市场变动的反应迟缓等弊病。另一方面,企业在竞争过程中面临着来自顾客(Customer)、竞争(Competition)和变化(Change)三个方面的挑战,其统称为"3C"挑战。企业本身的问题与现实的挑战,日益呼唤着企业对原来的业务流程进行根本性的思考和彻底性的再设计,以重新构建企业的核心竞争力。

业务流程再造要经过以下程序。

准备:包括争取管理层的支持;确定目标,即明确客户是谁、工作对象是什么和工作方法是什么等;制定行动计划;找出组织的核心流程;组织 BPR 项目团队;广泛收集信息;进行培训和 BPR 动员。

分析、诊断和重新设计流程:包括给流程的结果下定义;分析并量化现有流程;诊断环境条件;设计流程;提出新流程设计对人员和技术的要求;检验新流程设计。

组织重构:包括新组织形式的设计;给新角色下定义,指导和培训员工;人员结构调整。

试点与切换:包括选定试点流程;组建试点流程团队;约定参加试点流程的顾客和

供应商；启动试点；试点反馈；排定切换次序。

实现远景目标：包括评价流程再造；获得改进业绩的效益；发展流程再造后所得能力的新用途；不断改进。

业务流程再造有以下基本原则：①坚持顾客导向的原则，只有最大限度地提高顾客满意度，才能赢得市场份额。②坚持价值导向原则，流程再造的最终目的是提高整个流程的运行效率，所以流程再造在注重结果的同时，也要注重过程。③坚持以人为本的团队管理原则，流程再造不是某个人的个人行为，而是整个团队共同努力进行整合的结果。坚持以人为本的团队管理原则，就是让员工在追求自我价值实现的过程中实现成本的降低。

所谓业务流程，就是一组共同为顾客创造价值而又相互关联的活动。企业业务流程再造要有针对性地选择一些核心业务流程。流程改造优先顺序的选择有以下三个标准。①功能障碍度。考虑哪些流程是否有改造的必要，改造是否影响企业的经营业绩，或者是否影响到顾客的满意度。对这些存在问题的业务流程加以改造，一旦成功，就可以解决企业面临的危机，从而取得重大改革效果。同此，按照这一标准进行选择，企业需要将"问题"流程列为优先改造对象。②功能重要度。考虑哪些流程对企业和顾客具有最大的重要性和影响力。对于业务活动功能的重要程度，可以根据企业自身所积累的经验进行判断，但更需要借助于流程所服务的客体对其所提供价值作出正确评估。企业中一些流程虽然存在不少明显的问题，但鉴于对全局的影响较弱，可以暂不列为改造的对象，而优先选择其他"问题"不那么明显，但居"核心"地位的流程进行改造。③改造可行性。考虑对某些"问题"流程或"核心"流程进行改造的成功可能性有多大，失败严重性有多大，以及企业承担风险的能力有多大等。初次从事流程改造工作的企业，往往优先选择复杂程度低、涵盖范围小的流程，并采取试验的方式对其进行改造，这样不但有利于减少阻力，还可以凭借已取得的成功经验推动后续流程的改造工作。综合考虑以上三个标准，企业可以对其从事的各项业务活动流程列出改造的顺序。这样，企业就可以选中一个或数个业务流程开始"再造"工作。

现实中，企业除了有面向外部顾客的价值增值过程外，还有面向内部顾客——现场的、促进价值增值过程开展的内部业务活动过程（如现金开支审批过程、财务报账过程、广告策划过程、质量控制过程、工作绩效考评过程等），以及对所有外部和内部业务作业流程的管理决策过程（如战略形成过程、预算编制过程、组织调整过程等）。现场是为价值增值过程服务的内部业务流程的基本落脚点。正如外部业务流程的改造需要树立"顾客第一"的思想一样，面向内部顾客的业务流程的改革与再设计也需要树立"现场第一"的思想，把为外部和内部顾客提供最满意的服务作为业务流程改造作为宗旨。

流程再造是针对传统分工理论将管理重点放在个别作业效率的提高上而忽略整个流程的有效性问题提出的，它主张以首尾相接的、完整连贯的整合性流程来取代以往各职能部门割裂的、不易看见也难以管理的破碎性流程。之所以将业务流程作为企业再造的对象,是因为它们在起止两端连接着顾客,企业正是在与这些顾客的密切联系中进行着能给顾客带来价值同时也能为企业创造利益的活动。换言之,企业再造的对象应该是反映工作任务如何完成的各项活动过程,而不是执行业务活动的、具有明确界限的"部门"。

在流程再造中,人们一般对具体的业务流程关注较多,而常常忽视无形的管理流程的效率、功能以及管理流程是否与业务流程相适应等问题。管理流程对各项具体业务流程具有协调、控制和保障作用,业务流程功能的改善,只有通过合理匹配相应的管理流程管理的目标才能实现。因此,在进行业务流程再设计的同时,必须相应地调整管理流程的组织和运作方式,使管理权力的下放向第一线靠近,实现充分的授权。

在对为外部和内部顾客提供服务的业务流程以及管理决策过程做了全面的重组改造之后,企业将进入一种横向职能界限和纵向层次界限划分模糊的无边界组织状态。经过再造后重塑出来的企业组织,不仅实现了内部纵横向的整合,还以业务活动的有效协调为主题,从而冲破了传统企业的藩篱,进入了整个产业范围业务流程一体化重组的新阶段。此时,许多行业将改写经营和竞争的规则,将供应商、同行、顾客变为合作伙伴。在当今外包与虚拟化的风潮中,此举将促使企业的业务冲出企业围墙,进行全社会、全球范围的大联合,企业再造运动不仅重塑企业内部关系,还重塑各领域方方面面的关系。再造后建立的"无边界"组织是全方位网络化联结的一种崭新的组织。如果将企业经营权从所有者向职业经理人转移视为第一次管理革命,那么企业再造就意味着企业的第二次管理革命。

本章小结

企业是为了满足社会分工发展与资源配置的需要而产生的。从企业资产组织形式的角度来看,企业可分为个人业主制企业、合伙制企业和公司制企业三种基本类型。

任何一种管理活动都必须由管理主体、管理客体、管理目的和管理环境或条件这四个基本要素构成,这四个基本要素的确定与整合必须通过现代企业制度来完成。现代企业制度的总体框架是由现代企业产权制度、现代企业组织制度、现代企业管理制度共同构成的。

从企业经济运行的角度看来,企业是由人、财、物、信息等若干要素组成的人造系统。管理就是将各种要素有目的地、有逻辑地统一和协调于系统之中,使系统成为有机整体。企业管理是现代化大生产的直接产物和客观要素。对生产过程进行管理存在两重性,即既有与生产力相联系的自然属性,又有与生产关系相联系的社会属性。

企业管理的职能是指企业管理人员在管理过程中所从事的活动或发挥的作用,具体表现为计划、组织、领导、控制这四项职能。尽管在理论上各项管理职能之间存在着逻辑上的先后顺序,但是现实中的管理活动并不是严格按照这样的顺序来进行的。这四项管理职能是相互联系、相互制约、相互渗透的统一体,在时间上彼此重叠,在空间上相互交融。

企业管理演变具有时代特征,从而表现出阶段性,因为在特定时代,企业内外部环境变化必然会对企业管理的变革提出要求。企业管理变革需要理论先导,理论无非来源于两个方面,一是由企业管理经验总结上升为理论,二是借鉴其他学科理论,形成新的管理理论。因此,企业管理的发展阶段与企业管理理论的演变阶段大体上是一致的。理论界根据这种一致性,将企业管理理论大致分为四个阶段。

实践需要是理论发展的动力。现代管理理论通过对近代所有管理理论的继承与发展,成为包括现代化的管理思想、管理组织、管理方法和管理手段在内的知识体系。它的基本目标就是要在急剧变化的现代社会面前,建立起一个充满创造活力的自适应系统。

如果对管理的百年发展历程做一个总结,这便是"管理有规律,管理无定式"。因为管理活动有其规律性,所以我们才能够分析、总结、归纳、提炼、借鉴、学习、共享。因为管理无定式,所以我们要改变,活学活用,发挥主观能动性,创新管理。有规律反映了管理的科学性,而无定式则反映了管理的艺术性,正是从这个意义上讲,管理既是一门科学又是一门艺术。

案例研讨

海底捞的精彩世界

四川海底捞餐饮股份有限公司是一家以经营川味火锅为主,集餐饮、火锅底料生产、连锁加盟、原料配送、技术开发为一体的民营企业。自1994年成立以来,该公司以其自然朴实的服务、真诚热情的待客,融合"川人川味、蜀地蜀风"的文化特色,取得了迅猛的发展,在竞争激烈的火锅餐饮行业取得了骄人业绩。目前海底捞在北京地区的年营业额近1亿元,在全国的年营业额近3亿元。

海底捞的成功做法如下。

一、致力于顾客满意的服务

许多人去海底捞就餐,并不是因为它有口味独特的食材,而是冲着它的服务去的。海底捞的服务颇具特色,从以下方面可见一斑。

1. 充满乐趣的等待

排队通常会让就餐的顾客厌烦。一般的餐厅只是让顾客在座位上干等,好点的餐厅只是为顾客送上一杯水而已。而在海底捞等待就餐却充满了乐趣。当你在海底捞等待区等待的时候,热心的服务人员会立即为你送上西瓜、橙子、苹果、花生、炸虾片等各式小吃,还有豆浆、柠檬水、薄荷水等饮料(都是无限量免费提供的)。另外,顾客在这里还可以打牌、下棋、免费上网冲浪,甚至还可以免费修剪指甲、擦皮鞋。排队等位成为海底捞的特色和招牌之一。

2. 节约当道的点菜服务

如果客人点菜的量过多,服务员会及时提醒。服务员还会主动提醒客人,各式食材都可以点半份,以避免浪费。

3. 及时到位的席间服务

服务员在席间会主动为客人更换热毛巾,次数在两次以上;给长头发的女士提供橡皮筋、小发卡;给带手机的客人提供装手机的小塑料袋以防进水;如果戴眼镜的朋友需要,还免费送擦镜布;为进餐者提供的围裙更是一道亮丽的风景。

4. 儿童天地

带孩子上餐馆经常让父母感到为难,有时候淘气的孩子会破坏就餐氛围,会让原本美味的食物陡然间索然无味。对此,海底捞创建了儿童天地,让孩子们可以在这里尽情玩耍;服务员可以带孩子玩,还可以给小孩子喂饭,让父母安心吃饭。

5. 周到服务

一般的餐馆在顾客吃完饭后会送上一个果盘,但在海底捞,如果你给服务员提出再给一个果盘的要求,他们会面带笑容地说没问题,随后立即从冰柜里拿出果盘送给你。

二、致力于员工满意的管理

海底捞这些服务并不难模仿,但其员工的热情和对用户的贴心却不是一朝一夕可以复制的。海底捞的管理层懂得,要支持这样的服务,并不能一味对员工提出要求,而要对员工好,要做好员工工作,让员工愿意在这里工作,觉得在这里工作有意义。

大多数企业认为"顾客"就是最终购买和使用公司产品或服务的人,而海底捞则视其员工为"内部顾客",并且认为让内部顾客满意是让外部顾客满意的前提。为此,海底捞建立了一套完整的有特色的员工管理体系。

(一)轮岗制

餐饮行业大部分岗位的工作都是单调的重复劳动,长时间工作很容易让人产生厌倦感。为最大限度地避免这种情况发生,让员工"快乐工作,微笑服务",海底捞实行轮岗制。员工可以在工作组内比较自由地调换岗位,跨组调换岗位也经常进行,但要经过店面经理同意。轮岗制使员工不局限在一个岗位上,丰富了工作内容,有助于保持工作的新鲜感,并可以让员工学习和掌握更多的技能,成为多面手。员工体会到了工作、学习和成长的快乐,在很大程度上消除了因工作内容单调而产生的枯燥感和厌倦感。

(二)薪酬与福利

海底捞实行薪酬领先战略,员工收入在同类企业中处于领先地位,整体高出平均水平10%~20%。海底捞给员工提供了比较丰厚的福利,主要包括:员工保险、员工集体公寓、免费集体食堂、家政服务、每月带薪假日、重大节日礼品等。

海底捞集体公寓中居住的员工可以享受免费的家政服务。公司有专门的家政服务人员,他们负责员工宿舍的日常清扫以及员工衣服、床单、被褥的清洗等。这项福利成本不高,但效用却很显著。工作一天的员工晚上回到宿舍,不必再为洗衣物而发愁,也不必再为整理宿舍而烦心。这节省了员工的体力和精力,有助于员工第二天工作时有一个好心情。另外,家政服务还让员工享受到被别人服务的感觉,感受到了公司对自己的重视以及自身的价值,这有利于他们以一种平和、平等的心态而非自卑和压抑的心态去服务顾客。

海底捞的高薪酬和高福利策略既有利于吸引优秀人才的加入,也有利于增强现有员工的安全感和稳定感,有利于提高员工的自尊、自信水平,有利于员工"快乐工作,微笑服务"。

(三)考核、奖励与惩罚

1. 考核

海底捞员工考核的指导思路是:正面激励为主,侧面激励为辅;奖励为主,惩罚为辅,惩罚只是一种象征性的手段。海底捞的考核方法主要是关键事件法,主管将员工的平时表现记录下来作为考核依据,记录的内容包括:(1)是否受到顾客的评价,如果受到,评价内容如何;(2)同事的评价;(3)上级的评价。然后主管根据这些内容对员工进行粗线条的、不定期的考核。这种考核思路和方式营造了宽松的管理氛围、和谐的工作环境,是员工能"快乐工作,微笑服务"的一个基础性条件。

2. 奖励

海底捞每个月评选一次先进员工,并给先进员工发放奖金。海底捞的员工多数来自农村,他们普遍有骨气但又比较自卑,而且重视名誉,渴望能得到他人的认可和尊重。"标兵""先进员工""优秀员工"这些称号对他们而言或许比奖金更为重要,有效地满足了他们的精神需要,让他们感受到公司对他们的认可和尊重,有效地激发了他们的工作热情和积极性。同时,优秀员工还具有榜样效应,可以激发其他员工向他们学习、向他们靠拢。

海底捞专门设立了创新奖,奖金10~1000元不等。创新奖主要通过每天一小时的午会来评选。所有员工,包括卫生间的清扫员在内,都平等地坐在一起。会议形式类似于头脑风暴,员工争先恐后地举手发言,把工作中遇到的问题以及自己的解决方法都提出来,如果建议得到认可并且付诸实施,则会获得创新奖。会议的主持人是店面经理,他可以叫出每一个员工的名字,其中既有工作了10年以上的老员工,也有进店不到3个月的新员工。会议气氛热烈,让人感到大家都在齐心协力、全心全意地为海底捞的发展积极地贡献着自己的智慧和力量。

3. 惩罚

员工在工作中出现失误,会受到通报批评。员工如果屡教不改、连续出错,则会被罚款,上交一定数量的象征性罚金。如果该员工之后表现有较大的进步,则会原数加利息返还。因此，海底捞的惩罚更倾向于是一种象征意义上的提醒和警示。海底捞认为，罚款过多不利于激励员工，反而会影响员工的工作积极性。而从轻惩罚既可以起到警示的作用，又能维持一个较为和谐与积极的氛围。

这样的粗放又不遗漏重点的考核，小额象征性的罚款，对员工精神层面的奖励，对创新的推动，领导与员工每天"头脑风暴"式地平等交流，促使海底捞形成了一种宽松的工作氛围和环境。

三、启示与问题

认可公司，快乐工作，用自然的、发自内心的微笑，将顾客当作亲友般对待，这是海底捞实施一系列让员工满意的措施的自然结果。海底捞把使员工满意的目标整合到了整个企业经营管理的系统之中。

然而，海底捞引以为荣的服务也不无隐患。一位客人评价说，海底捞的确有着非常周到的服务，但他其实更想拥有自己的空间。有这种感受的不仅是顾客。在海底捞每月定期的内刊上，一位员工以犀利的笔触指出：有些老员工尽和客人高谈阔论、争辩、手舞足蹈，言谈举止更像一位演说家……

海底捞目前还没有找到比较合适的方式，将自己这种独特的服务制定一个统一的标准，不适当的规章或许反而会扼杀员工的热情。如何在服务的标准化与创新方面取得平衡，海底捞仍在摸索之中。

（资料来源于网络，编者有删改）

复习思考题

1. 为什么说管理职能是研究管理的核心？管理职能之间的关系是什么？
2. 泰勒倡导的差别计件工资制为什么能刺激工人提供更多的劳动？
3. 为什么梅奥认为新型的领导能力在于提高员工的满足度？
4. 何谓管理？管理的基本特征是什么？
5. 权变管理学派的基本观点是什么？
6. 现代管理中出现分权化倾向的原因是什么？这种倾向具体表现在哪些方面？
7. 试述公司制企业在企业法人制度和有限责任制度方面的特性。
8. 试述企业的委托—代理关系。
9. 业务流程再造的现实原因是什么？业务流程再造的基本原则以及顺序是什么？
10. 尝试厘清各个管理理论流派的理论渊源关系。
11. 20世纪90年代之后管理活动的新变化表现在哪些方面？
12. 为什么说管理既是科学又是艺术？
13. 试分析海底捞的各种管理举措所反映出的管理理念。

第二章

企业战略与经营决策

本章目标

学习本章后，应当了解：
◎企业战略及战略管理过程的基本内容。
◎战略环境分析的主要内容。
◎战略分析的主要方法。
◎企业总体战略与竞争战略的主要内容。
◎决策的类型与基本方法。

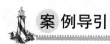

案例导引

合肥美菱集团的战略管理

合肥美菱集团控股有限公司是国内从事家电研发和制造最具有影响力的白色家电公司之一,名列中国制造业500强排行榜,是安徽省20户重点大型企业之一,2007年汇总销售收入达到54亿元。公司具有680万台电冰箱(柜)、200万台洗衣机、50万台太阳能热水器、500多种厨卫、日用小家电及主要配套产品的生产能力。

美菱集团主导产品——美菱冰箱、美菱洗衣机是首批国家免检产品。美菱冰箱为冰箱产品前三强,美菱品牌在中国营销25年,产品保有量在5000万台以上,在消费者中长期享有良好的口碑和声誉。美菱商标是中国驰名商标,美菱品牌是中国名牌,并被商务部评为最具市场竞争力品牌和全国重点保护品牌之一。

美菱集团在20多年的发展进程中,凭借强大的市场开拓能力,在激烈的市场竞争中不断壮大,发展成为一家多元化经营的大型企业集团,在国内各地建立了覆盖全国的营销中心和用户服务机构,拥有庞大的覆盖全国市场的经销商网络。

面对激烈竞争的市场环境,为了提升美菱的核心竞争力,美菱在变革中制定、实施了以下策略。

(1)重组业务流程,改革自身现有的以职能为导向的组织模式。将美菱的组织模式创建成真正充满活力的营销组织模式,创造利润的中心与管理利润的中心,使得整个价值链更完整,合力促进利润的大幅度提升。

(2)重新整合营销战略规划。通过重新审核营销战略定位,确定新的营销战略构想,设定新的营销组合策略、销售策略、传播与推广策略,使战略定位更明晰、更专业,为未来几年的发展确定目标方向,使所有营销工作有章可循。

(3)打造新的品牌形象。全面导入新的CIS体系,提升品牌知名度、美誉度、忠诚度,将"新世纪,新美菱"的美好形象传递给广大群众。

(4)导入培训体系。增强公司管理队伍的市场意识;提高公司整体应对市场各种问题的能力;为目标消费群提供更优质的服务。

针对美菱一直沿用的核心理念"中国人的生活,中国人的美菱"太泛化这一问题,经过反复思考,美菱决定摒弃大而全的战略定位,集中焦点,坚持核心价值,确立了新的战略定位:美菱——新鲜生活的创造者。以新鲜生活为核心概念,不断开发相关性的产品。

根据这一战略定位,美菱确定了品牌核心定位:新鲜的、美菱的。相应的传播、推广的主题也调整为"新鲜的、美菱的",并用此主题去表现美菱公司在产品、管理、服务、生活、科技等领域不断创新的理念,在传播形式上以"新鲜"为"包装",将广告、公关、促销进行有机地组合,以取得最大的宣传效果,推动了消费者对美菱品牌的重新认识,树立了美菱新世纪的新形象,提升了品牌价值。

2009年初,公司按照董事会"正视危机、树立信心、积极应对、快速行动"的要求,制订了"二次创业"行动计划,并高度重视,全力推进,全年5大类55项"二次创业"行动计划全部付诸实施,为公司能够顺利"过冬",实现赵董事长提出的"健康、积膘、蓄势"的目标,打下了坚实的基础。2009年,公司重点加强了运营管控,更加关注资产安全和运营质量,使得公司经营步入良性发展轨道。同时,通过强化预算管理、信用管理和推进战略降本,特别是对长期存货和应收账款的清理,较好地提高了公司整体运营效率和效益。

空调产业相关子公司通过实施"瘦身、增效"等政策,存货大幅下降,库存结构合理,存货已降至低位,存货资产质量进一步提高;积极提高固定资产使用效率,盘活闲置固定资产,生产效率明显提高。及时准确地把握了国家"家电下乡"和"节能惠民"政策,迅速调整产品结构和营销策略,加快了公司高能效节能空调产品的推广,在高能效空调切换中赢得市场先机,明显地提高了公司效益。

第一节 战略与企业战略

一、战略与企业战略的概念

战略一词来源于希腊语"strategos",其意思是"将军"。战略的本意是基于对战争全局的分析而做出的谋划。对于整个战争来说,战略的意义在于可以帮助决策者掌握战争的全局形势,权衡利弊,充分利用天时、地利、人和,从而赢得战争的胜利。"战略"用于企业管理中始于安索夫1976年出版的《从战略规划到战略管理》一书。安索夫认为,企业的战略管理是指将企业的日常业务决策同长期计划决策相结合而形成的一系列经营管理业务。

一般来讲,企业战略可以这样定义:企业确定其使命,根据企业内外环境分析,设定目标,为保证目标的实现进行谋划,并依靠企业的资源与能力把这种谋划付诸实施,对实施过程进行合理和有效控制的动态管理过程。需要说明的是:第一,战略管理不仅涉及战略的制定和规划,而且包含将制定出的战略付诸实施的管理,因此是一个全过程的管理;第二,战略管理不是静态的、一次性的管理,而是循环的、往复性的动态管理。它需要根据外部环境和内部条件的改变,以及战略执行结果的反馈信息等,不断进行新一轮的、不间断的战略管理。

企业战略与企业发展方向、发展目标、实现发展目标的途径和政策的选择或决策有关,是对企业内部条件和外部环境中长期和根本性变化的积极反应。

二、企业战略管理的特征

(一)全局性

企业经营战略以企业全局的发展为研究对象,是指导企业一切活动的总谋划。它与生产、营销、财务等智能管理理论的显著区别就是,后者是从企业局部来讨论管理问题,而企业经营战略是从企业全局来讨论管理问题。战略管理不是强调企业某一部门的局部工作和利益,而是通过规定企业的使命、制定企业的目标和战略来协调企业各部门的活动,从全局实现对局部的指导,使局部取得最优的效果,从而使全局战略目标得到实现。

企业战略的全局性不仅表现在企业自身的全局上,而且表现在与国家的经济、技术、社会发展战略协调一致,与世界技术发展相适应。否则,离开与大环境的协调和适应,企业战略管理就难以取得成功,企业的目标也就难以实现。

(二)长远性

战略管理中的战略决策是指对企业未来较长时间如何生存和发展等问题进行统筹规划,它立足于企业的长期(5年以上)发展,是面向未来的决策。虽然这种决策以企业外部环境和内部条件的当前情况为出发点,并且对企业当前的生产经营活动有指导、约束作用,但是这一切都是为了企业长远的发展。从这一点上来说,战略管理也是面向未来的管理,战略决策要以经理人员所期望或预测将要发生的情况为基础。在迅速变化和竞争激烈的环境中,企业要取得成功,就必须要制订长期性的战略计划。

(三)竞争性

企业经营战略是关于企业在激烈的竞争中如何与竞争对手抗衡的行动方案,同时也是针对来自各方面的冲击、压力、威胁和困难的挑战,是迎接这些挑战的行动方案。企业制定和执行经营战略就是为了在激烈的竞争占据优势地位,最终战胜对手,为自己的生存与发展取得更为广阔的空间。

企业战略管理的核心体现就是要通过战略管理使企业获得竞争优势,否则企业的战略管理就不算成功。因此,没有获得竞争优势的战略管理肯定难以保证企业的长久生存和正常发展。

(四)风险性

战略管理过程中的风险来源于三大方面:一是企业根据自己的发展历史和当前的发展状态所作出的判断和决策正确与否;二是企业未来战略管理期间所面对的环境变

化产生的不确定性因素的多少和影响程度的大小;三是企业面对环境的变化及其自身适应能力的强弱。这三方面的风险直接关系到企业战略管理是否能成功。

（五）社会性

积极地履行社会责任有利于企业最大化长期利益。企业未来的战略目标是要在市场中实现的,市场的形成、存在、巩固和发展是要靠消费者的存在来维系的。企业的社会性目标是通过履行社会责任,树立良好的社会形象,更好地吸引消费者,巩固和提高自己的市场地位。

（六）配置性

企业战略决策一旦作出并付诸实施,必然在相当长的时间内涉及大量企业资源配置问题,包括从企业外部获取必要的资源,对企业内部资源的调整和合理配置等。只有对企业人、财、物、信息和时间等资源进行有效的统筹、规划和合理配置,才能保证企业战略的顺利实施和企业战略目标的实现。

三、企业战略管理过程

战略管理是对一个企业未来发展方向作出决策和实施这些决策的动态管理过程。这一过程可以分为两个不同的阶段,即战略规划阶段和战略实施阶段。

战略规划阶段:规定组织使命,分析战略环境;确定企业的战略任务和战略目标,选择和实施战略的方针,明确战略重点,并提出多种可供选择的战略规划方案;根据战略目标要求,进行方案比较,择优选定一个方案作为企业的战略规划方案,并对其财务预算作出匡算。

战略实施阶段:分析战略实施的环境与条件;制定战略实施的对策计划;调整构建更有利于战略实施的组织与机制;科学地分配资源,确保实施战略所必要的活动能有效地进行;监控战略在实施过程中的有效性,及时进行协调与纠正。

第二节 企业战略规划

对于任何一个企业,在制定企业战略之前,其首先要弄清企业应负担什么样的社会责任,企业的性质是什么,企业将要开展什么样的业务,也就是要弄清企业的使命是什么。

一、企业使命

为了保证企业在整个经济系统中的利益,企业管理者必须决定向社会提供何种产品和服务。为社会提供产品和服务正是企业存在的理由,也是它们的使命。确定企业使命是制定企业战略目标的前提,是制定企业战略方案的依据,是企业各种资源分配的基础。

二、战略环境分析

对企业战略环境进行分析、评价,并预测企业战略环境未来发展的趋势,以及这些趋势可能对企业产生的影响和影响方向,能使企业管理者认识到企业外部环境中存在的机会和风险;通过企业内部条件分析、评价,使企业在竞争中处于比较有利的地位。

战略环境分析包括企业外部环境分析和企业内部环境分析两部分。

(一)企业外部环境分析

1.企业宏观环境分析

企业的宏观环境是指那些给企业提供市场机会或给企业造成环境威胁的主要社会力量,是企业不可控的因素。企业只有加强对这些不可控因素的认识和研究,才能适应环境,不断发展壮大。企业外部宏观环境因素一般包括以下几点:

(1)人口因素。人口因素包括人口的自然构成、地理分部、婚姻状况、出生率、死亡率、密度、流动性、文化程度等因素。人口因素的现状和发展动向,会对企业的经营活动产生重要影响。比如人口的快速增长会带来市场需求的扩大,人口老龄化会形成庞大的"银发"市场,多民族人口构成会对产品的差异性提出更高的要求。目前,人口因素的主要发展动向有:世界人口迅速增长、人口老龄化、家庭人数减少、家庭户数增加、农村人口向城市流动以及教育税提高等。人口因素对企业的生产经营活动有重大影响。通常情况下,人口越多,购买力越强,意味着市场需求越大。对人口因素的分析,还包括对消费者行为、消费者权利和消费者权益保护的研究等。

(2)经济因素。在市场经济背景下,企业作为独立的生产经营者,必然受到经济因素的影响。如:国民收入分配中积累和消费的比例及国家投资的主要方向、国民经济部门结构的调整、国民经济发展水平和速度、市场规模、银行贷款利率和货币市场投放数量、各种税率等。

(3)资源因素。资源因素指企业在生产和经营活动中所需的各种资源可获得性及获取的代价情况。它的变化也会给企业带来威胁和机会。企业经营者必须注意以下几方面的变化:某些自然资源短缺或即将短缺;环境污染日益严重;能源成本不断提高;政府对自然资源管理的干预日益加强。可持续发展理论认为,人类应当摒弃单纯追求经济增长,忽视生态环境保护的传统发展模式,通过产业结构调整与合理布局,发展高新技术,实行清洁生产和文明消费政策,协调环境与发展的关系,使社会的发展既能满足当代人的需求,又不对后人需求的满足构成危害,最终达成社会、经济、资源与环境的协调一致。可持续发展理论的研究,促进了绿色产业、绿色消费、绿色市场营销的蓬勃发展。

(4)技术因素。经济增长率的提高,主要决定于技术进步。技术进步是一把双刃剑,它在给企业提供有利机会的同时，也可能给企业造成威胁。一项新技术的出现，有时会形成一个新的部门，但有时也会摧毁另一个部门。例如，随着高分子行业中高强度纤维生产技术的发展，许多原来以钢铁为原料制造的产品(如钢丝绳、轿车和游艇的外壳、座椅和体育用品等)现在都改为用高强度纤维来生产，显然高分子行业的技术进步对传统的钢铁行业构成了威胁。因此，要认真分析技术变革给企业带来的影响，认清企业在技术上的优势和劣势，这样才能扬长避短，提高竞争力。

(5)政治和法律因素。政治和法律因素主要是反映国家政局、政治体制、经济管理体制以及与其相关的法令、法规、方针政策。这些因素会对企业的经营活动产生一定的影响。国家可以通过行政手段、法律手段维护社会经济秩序，保护和鼓励公平竞争，打击不法经营和市场垄断等行为，保护消费者的权益，对违规企业进行惩处，促进社会经济健康、稳定、持续发展。

(6)社会因素。社会因素包括社会文化、社会习俗、社会道德观念、社会公众的价值观、人们对待工作的态度以及人口特征等，核心是消费者需求变化的分析与预测。社会文化一般由物质文明、社会结构、观念和语言文字等组成。物质文明影响需求水平。社会结构包括家庭、教会、部族和国家的政治结构等，其中家庭是社会的最基本单元，也是影响消费行为的最重要因素。观念包括信仰、价值观和审美观等，它对人们对产品的需求和购买方式影响很大。语言文字是交流和传递信息的工具，无论是在企业的公关谈判和商务交流中，还是在商标名称、使用说明和广告中，都应充分考虑语言表达方面的差异性，尤其在国际市场营销中，要进行准确的语言表达，避免歧义。

2.产业环境分析

产业环境属于外部环境中的微观环境，产业环境分析主要是分析本行业中的企业竞争格局以及本行业和其他行业的关系。按照迈克尔·波特的观点，一个行业中的竞争远不止在原有竞争对手之间进行，而是存在着五种基本的竞争力量，即潜在的竞争对手、现有企业之间的竞争、替代品的威胁、供应商的讨价还价能力和买方的讨价还价能力，如图2-1所示。

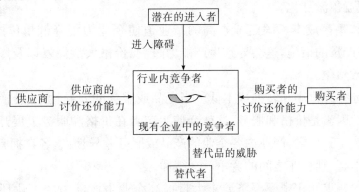

图2-1　企业面临的五种基本竞争力量

这五种基本竞争力量的状况及其综合强度决定了行业的竞争程度，从而决定着行业最终的赢利潜力。不同行业的综合竞争强度是不同的,因此各行业利润的最终赢利潜力也不同。竞争力的综合强度有激烈、缓和之分,在竞争激烈的行业中,不会出现某家企业获得惊人的收益的情况。在竞争相对缓和的行业中,各企业普遍可能获得较高收益。行业环境力量的综合强度也决定着资本的流向。

(1)现有企业间的竞争。现有企业间的竞争是指产业内各企业之间的竞争关系和竞争程度。表 2-1 显示的是目标市场现有企业竞争类型识别及对策分析。竞争类型的判断特征有两个:一是目标市场内厂商数量的多少;二是各厂商供应产品及服务的差异性大小。

表 2-1 目标市场现有企业竞争类型识别及对策分析

市场竞争类型	价格竞争强度	垄断特征	主要对策
完全竞争	激烈	众多中小规模厂商供应同质产品	收集资源,提高产量,率先实现低成
垄断竞争	激烈程度低,产品差异性不同	较多厂商,产品有轻微差异	强调产品创新,市场细分
垄断寡头	竞争定价和妥协定价同期性波动	两家或两家以上企业分享市场份额,控制力较强	利用资本运作手段,优化资源配置
完全垄断	很低,除非受到进入威胁	单个厂商垄断市场	设置进入壁垒,保护垄断市场

竞争者的多寡及力量对比。当一个产业内的企业数目较多时,必然会有一定数量的企业为了占有更大的市场份额和取得更高的利润,而突破本行业规定的一致行动的限制,独立行动,采取打击、排斥其他企业的竞争手段。这势必在现有竞争者之间形成激烈的抗衡。即使在企业为数不多的行业中,若各企业的实力均衡,由于他们都有支持竞争和进行反击的资源,因此这也会使现有竞争者之间的抗衡激烈化。

市场增长率。通常在产业快速增长期,市场增长潜力大,每个企业都可以较容易地在市场中获得自己的份额,企业考虑最多的是如何集中精力更好更快地壮大自己,因而竞争比较缓和。当产业增长缓慢时,现有企业为了寻找出路,势必集中力量争夺现有市场份额,从而使竞争激烈化。

固定成本和库存成本。固定成本高的产业迫使企业为了降低单位产品的固定成本,而采取提高产量的措施,这会导致生产能力过剩、价格大战爆发以及库存增加等,从而使现有竞争激烈化。

产品或服务差异化小和转换成本低。当产品或服务的差异性小、转换成本低时,购买者首先考虑的因素是价格和服务,这就会使生产者在价格和服务上展开竞争,使企业之间的竞争白热化。反之,产业内各企业的产品或服务差异性大,各自拥有不同的用户,用户的转换成本高,则企业之间的竞争就会缓和。

规模经济的要求。在规模经济要求大量提高企业生产能力的产业环境中,新的生产能力不断提高,这就必然经常会打破行业的供需平衡,使行业产品供过于求,迫使企业降价销售产品,提高对现有竞争者的抗衡能力。

退出壁垒。退出壁垒是指经营困难的企业在退出某个产业时需要克服的障碍和付出的代价,主要包括:专业化的固定资产,退出费用高,战略关系密切,感情上的障碍,政府和社会限制等等。

(2)潜在进入者的威胁。潜在进入者是产业的重要竞争力量,它会对本产业造成很大的威胁,这种"威胁"被称为"进入威胁"。进入威胁的状况取决于进入壁垒和现有企业的反击程度。如果进入壁垒高,现有企业反击激烈,则潜在进入者难以进入,对产业内现有企业的威胁就比较小。决定进入壁垒的主要因素有以下几点。

一是,规模经济。规模经济迫使潜在进入者必须以大规模生产的方式来进入,并冒着现有企业强烈反击的风险;或者以小生产规模的方式来进入,但要长期承担产品成本高的代价。这两种情况都会使潜在进入者望而却步。在一些资本密集的传统制造业(如汽车、钢铁、船舶制造、化纤等)中,规模经济都是难以逾越的进入壁垒。

二是,产品差异优势。产品差异优势是指原有企业具有品牌信誉和用户忠诚度等。它是通过以往的广告、用户服务、产品差异、行业悠久历史等的因素而形成的差异优势。它所形成的进入壁垒,迫使潜在进入者要用很大的代价来树立自己的信誉和克服现有用户对原有产品的忠诚,这种投资风险比较大。在保健品和化妆品行业中,产品差异往往是最重要的进入壁垒。

三是,资本需求。资本需求所形成的进入壁垒,是指企业在这种行业经营,不仅需要大量资本,而且面临很大风险,这就迫使企业慎重考虑是否值得进入或应该如何进入,尤其是资本密集型产业,如汽车制造。要建造一个年产十几万辆汽车的整车厂,至少需要100多亿元的资金投入量。因此,资本需求就构成了汽车制造业的主要进入壁垒。

四是,转换成本。转换成本是指购买者变换供应者所付出的一次性成本,包括重新训练业务人员、增加新设备、调整检测工具等引起的成本,甚至还包括中断源供应关系的心理成本等,这一切都会造成购买者对变换供应者的抵制。

五是,销售渠道。一个产业的正常销售渠道已经为原有企业服务,潜在进入者要进入该产业,必须通过让价、广告合作和降低付款条件等办法,来使原销售渠道接受自己的产品,从而形成进入障碍。那些与原企业建立专营关系的销售渠道所形成的进入壁垒更高,潜在进入者很难利用这种销售渠道。

六是,其他因素。除了上述五个方面的因素外,决定进入壁垒的因素还有专利权、资源的独占、占据市场的有利地位、政府补贴、独有的生产经验,以及政府的限制政策等。

(3)替代品威胁。替代品是指那些与本企业产品具有相同或类似功能、可与本企业产品互相替代的产品。替代品投放市场,可能影响本行业的销售额,其价格越有吸引力,则影响越大,因而本行业同生产替代品的其他行业和企业之间存在竞争关系,替代品对本行业造成威胁。对替代品造成的威胁,本行业的企业往往采取集体对付的方法,如提高产品质量、持续开展广告活动、提高供货能力等。但当出现的替代品是有那些实力雄厚、赢利巨大的行业生产,而且替代品本身发展前途良好时,与其采取完全排斥的竞争手段,还不如采取积极引进的措施更为有利。

(4)买方和供应商讨价还价能力。任何行业的买方和供应商都会在各种交易条件(价格、质量、服务等)上尽力迫使对方让步,使自己获得更多收益。在这个过程中,讨价还价的能力起着重要的作用。能力强的就可能得到较多的利益,能力差的就要受到损失。无论作为供应商还是作为买方,其讨价还价能力均取决于以下因素:①行业的集中度。无论买房行业还是供应商行业,如果集中程度比对方高,由几家大公司控制,那就提高了自己的地位,使对方为了成交而不得不接受自己的条件。②交易量的大小。若购买量占供应商供应量的比重大,则买方在讨价还价中占优;若供应量占买方购买量的比重大,则供应商在讨价还价中占优。③产品差异化情况。如果是标准化产品,买方确信还能找到对自己更有利的供应商,那么他们就可以在讨价还价中持强硬态度。如果是差异性产品,供应商知道买方在别处买不到,那么供应商就会在交易中持强硬态度。④转换交易方费用的大小。若买方转换供应商的费用大,转换困难,则买方讨价还价的地位自然就低。反之,若供应商可以轻易地被更换,则其讨价还价地位自然就高。⑤信息掌握程度。谁掌握的信息多,谁就会占主动地位。

(二)企业内部环境分析

企业内部环境分析的目的在于掌握企业内部环境的现状,发现其中影响企业经营成败的关键因素,明确企业的优势和劣势,从而在竞争中占主动地位。通常,企业内部环境分析包括以下内容。

1. 人力资源分析

人力资源包括人员数量、人员素质、人员结构、人员的安排使用、人事制度、人事机制、人员培训等。

2. 物力资源分析

物力资源分析主要是指在企业经营过程中对需要运用的物质条件的拥有数量和利用程度的研究。比如,分析企业拥有多少设备工具、仪表、能源和原材料等,以及它们的利用效率如何。

3. 财力资源分析

财力资源分析主要包括:资产结构、负债和所有权益结构、赢利状况、销售成本、现金流量、融资渠道、投资风险等分析。

4. 技术资源分析

技术资源分析主要是对企业的专利和技术诀窍、新产品、技术储备、环保措施、技术改造和引进等的分析。

5. 信息资源分析

信息资源分析包括对现有信息系统是否满足管理者的需要,是否出现过多的无用信息,是否灵活和安全,所提供的信息是否已经得到充分利用等的分析。此外,还要考察企业是否重视对外界科技和经济信息的收集和整理分析,以及信息检索是否便利。

6. 企业文化建设研究

企业文化是一个企业的全体成员共同拥有的信息、期望和价值观体系,它确定企业行为的标准和方式,规范企业成员的行为。各个企业都有自己的经营思想、伦理道德、精神等,它们都是企业文化的表现。成功的企业都有自己独特的企业文化。企业文化建设研究包括文化建设过程、文化的环境适应性等内容。

三、企业战略分析方法

(一)SWOT矩阵分析法

SWOT矩阵分析法是美国的H.韦里克(H. Weihric)教授于20世纪80年代初提出的。它是一种综合考虑企业内部条件和外部环境的各种因素,进行系统评价,从而选择最佳经营战略的方法。这里S(Strength)代表企业内部优势;W(Weakness)代表企业内部劣势;O(Opportuniy)代表企业外部机会;T(Threat)代表企业外部威胁。SWOT矩阵分析的基本内容见表2-2。

表2-2　SWOT矩阵分析的基本内容

企业内部优势(S)	企业内部劣势(W)
充足的资金来源 良好的竞争技能和公认的市场领导者 优秀的职能支持战略和先进的技术 成本优势 买方的良好反馈 产品的创新能力 竞争优势 超群的经验曲线 其他	模糊不清的战略方向和劣势的竞争地位 脆弱的生产能力和低下的利润水平 缺乏管理深度和人才 没有某些关键技能或能力 严重低下的内部经验能力 落后的研发 过窄的产品线 笨拙的市场营销技能 难以适应战术变动的融资能力 较高的单位成本 其他
企业为外部机会(O)	企业外部威胁(T)
新增的客户集团 进入新市场 相关产品的多样化 增加互补产品 纵向一体化 竞争对手的骄傲自满 长期的市场增长 其他	新竞争者的加入 替代产品销售额的提高 市场增长缓慢 不利的政府政策 竞争压力的增强 可能的经济衰退和经济危机 客户或供应商谈判能力的增强 买主需求和嗜好的改变 不利的地理变动 其他

在详细分析企业内部存在的优势和劣势以及外部机会和威胁的基础上,企业的高

层决策人员应在"优势＋机会"这一项上制定企业战略。

（二）产品组合矩阵分析法（波士顿矩阵法）

波士顿咨询公司是美国一家一流的管理咨询企业。该方法是使用"市场增长率－相对市场占有率矩阵"，对企业产品（业务）组合进行分类和评价，以决定某一特定产品（业务）应当采取何种战略。

图 2-2 中的纵坐标代表市场增长率，表示企业所在行业某产品（业务）前后两年市场销售额增长的百分比。通常以 10% 的平均增长率作为业务增长高低的界线，超过 10% 为高增长业务，低于 10% 为低增长业务。横坐标代表相对市场占有率，表示企业某项产品（业务）的市场占有率与同行业最大的竞争者的市场占有率之比。假定以 1.0 为分界线，可分为高低两类相对市场占有率。矩阵中的 8 个圆圈代表企业的 8 个产品（业务）。圆圈的位置表示各产品（业务）的市场增长率和相对市场占有率的高低；圆圈的面积大小表示产品（业务）的销售额大小。

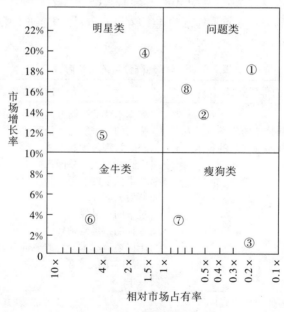

图 2-2　产品组合矩阵分析图

明星类产品（业务）处于增长阶段，具有较大的竞争优势，发展前景良好，但它们是企业资源的主要消费者，企业往往需要投入大量资金以维持其明星产品的地位。短期内企业应供给它们所需要的资金，支持它们的发展。

金牛类产品（业务）处于成熟期，市场占有率很高，因此企业无须增加投资，反而能为企业提供大量资金，用以支持其他产品（业务）的发展。

问题类产品（业务）处于增长期，市场占有率低，但发展前景良好。为保持一定的增长速度，迅速提高市场占有率，提高竞争地位，这类产品（业务）需要吸纳大量资金，成为资金的主要需求者。但它要成为今后的资金供应者，则要打一个大大的问号。因此，问题类产品(业务)常使企业在投资上左右为难。

瘦狗类产品(业务)处于增长停滞阶段,缺乏市场竞争力,很少能担任资金供应者的角色。因此,退出竞争是其主要的经营战略。

(三)通用矩阵分析法

通用电气公司的九象限矩阵,是在波士顿四象限矩阵的基础上改进而来的,如图 2-3 所示。行业吸引力是多种因素作用的结果,包括市场大小、市场增长率、利润率、竞争强度、技术要求和由通货膨胀引起的脆弱性、能源要求、环境影响以及社会、政治、法律等因素;竞争能力包括市场占有率、市场占有率增长、产品质量、品牌信誉、商业网、促销力、生产能力、生产效率、单位成本、原料供应、研究与开发成绩以及管理人员等因素。

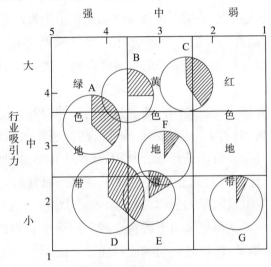

图 2-3 通用电气公司多因素投资组合矩阵

多因素投资组合矩阵图分为以下三个地带:

"绿色地带",由左上角的大强、大中、中强三个区域组成,是状态最好的战略业务单位,应采取增加投资和发展扩展的战略。

"黄色地带",由左下角至右上角这条对角线上的小强、中中、大弱三个区域组成,是中等状态的战略业务单位,应采取维持原来投入水平和市场占有率的战略。

"红色地带",由右下角的小弱、小中、中弱三个区域组成,是行业吸引力偏小和竞争力偏弱的战略业务单位,应采取收割或放弃战略。

四、企业战略类型

在大中型企业中,企业战略一般可以划分为企业总体战略,也称"公司战略";竞争战略,也称"经营单位战略"。

（一）企业总体战略的基本类型

企业总体战略是从全局解决企业经营什么、向何处发展的问题。其重点是解决企业投资的合理组合与有效回报问题。企业总体战略一般包括成长战略、稳定战略和紧缩战略三种。

1. 成长战略

成长战略，又称"发展战略"或"扩张战略"，是一种使企业在现有的战略基础上向高一级目标发展的战略态势。它以发展为主要内容，引导企业不断开发新产品、开拓新市场，采取新的生产和管理方式等，以便扩大企业产销规模，增强企业竞争实力。其主要包括以下具体战略。

（1）单一产品增长战略。它是指不扩展新产品而集中力量增加现有产品的产量与市场份额。这对于现有产品有市场潜力的企业而言，是一种稳妥的选择。实现这一战略，一是要提高产品质量，增加产品品种；二是要加大营销力度，提高原有产品的市场占有率，开拓新市场。

（2）纵向一体化发展战略。它是指企业通过纵向延伸的方式拓展业务领域的一种战略，包括前向一体化战略和后向一体化战略两种。前向一体化战略是指企业对其产品做进一步的深加工，或对相关资源进行综合利用，或从生产延伸到销售、服务，从而扩大业务的范围。后向一体化战略是指企业自己供应其生产原材料，或自己生产其制造及其所有的零部件。例如，组装汽车的公司，自己生产过去由别的企业生产的零部件。一体化战略的好处是：企业可获得原来由下游企业或上游企业获得的利润，获得扩张规模带来的规模效益。其弊端是：规模过大会造成管理复杂化，增加工作难度；对某行业介入过深，退出调整难度大。

（3）多角化战略。它是指企业增加目前业务领域以外的富有吸引力的业务。企业在原有业务框架内无法更好地发展，而业务领域以外出现了极好的发展机会，对此，企业可选择多角化发展战略。多角化发展战略包括以下三种：一是，同心多角化。企业利用原有的技术、特长、经验发展新产品，有计划地增加产品种类，从同一圆心向外扩大业务范围。比如拖拉机厂生产小货车，冰箱厂生产空调。二是，水平多角化。企业利用原有市场，采用不同的技术发展新产品，有计划地增加产品种类。比如农用车生产企业生产化肥、农药。三是，跨行业多角化。企业收购、兼并其他行业的企业，或者在其他行业投资，把业务扩展到其他行业中去。比如传统家电企业进军保健品行业，再进入房地产领域。多角化战略的优点是：可以分散经营风险，获得稳定收益；可以在企业内部进行资源的协调，包括资金的融通；具有规模优势，可以增强整体竞争实力。其弊端是：导致企业规模膨胀，管理复杂化；分散资源，加大了投资规模。

2. 稳定战略

稳定战略是指企业继续生产经营原有的产品，维持原有经营目标，而在管理上采取渐进式改良方式的一种战略。稳定战略主要适用于以下情况：企业目前效益较好，没有发现大的风险与机会；企业的内外环境都非常稳定；企业有一定的竞争优势，但发展空间不大。稳定战略的好处是：可以保持战略的连续性，降低企业的调整成本；明显地减少风险，稳定企业的经营。其弊端是：不利于企业的快速发展；环境变化时难以维持，且转产难度大。稳定性战略主要有四种基本类型：无变化战略、维持利润战略、暂停战略和谨慎实施战略。

3. 紧缩战略

这是一种在特定环境下缩小经营规模的战略。其特点是：企业缩短产品线、减少市场与经营职能，通过缩小规模改善企业的效益。紧缩战略的适应情况是：企业效益欠佳，又无力改善；企业经营已无发展空间，反而面临威胁；发现其他更好的机会，拟经营转向。紧缩战略主要有四种基本类型：转向战略、放弃战略、依附战略和破产或清算战略。

（二）竞争战略的基本类型

竞争战略是企业战略的第二个层次，具有承上启下的作用。竞争战略强调的是如何在现有的经营领域运用公司的资源和能力来获得竞争优势。著名的战略学家迈克尔·波特构建了经营单位战略的理论框架，提出了三大竞争战略：成本领先战略、差异化战略和集中化战略。

1. 成本领先战略

成本领先战略，也称"低成本战略"，是企业提供一种标准化的产品，在行业内确立和保持整体成本领先的地位，进而以行业的最低价格参与市场竞争的战略。成本领先战略建立在规模效应和经验效应的理论基础上，一方面，当生产规模不断扩大时，单位产品成本就会随之不断降低，从而使企业获得规模扩大带来的效益；另一方面，随着生产数量的增加，企业的生产与管理技术及经验积累不断提高，有利于提高劳动效率，从而降低单位产品的成本，为企业带来效益。

实施成本领先战略主要通过以下途径：实现规模经济，这是最重要的措施；产品的再设计，设计出易于制造的产品，广泛采用标准化的部件；更新设备，实现生产设施的现代化；推行价值工程，采用先进的工艺技术，降低能源、原材料消耗，进一步降低成本；建立科学完善的成本控制系统，实现成本的有效控制。

成本领先战略的优点是：产品成本低，可以为企业带来较高的利润，使企业获取竞争的主动权；有效防御来自竞争对手的威胁，特别是在生产过剩，消费者购买力下降，发生价格战时，起到保护企业的作用；为潜在进入者设置了障碍，减少了可能的竞争者；由于成本低，产品有较大的降价空间，因此在应对买方和原材料供应商的价格压力时，有较强的运作能力。其缺点是：由于将精力与资源过多地集中于降低产品成本上，很难形成产品的差异化；生产技术的变化与核心技术的出现，会使企业长期降低成本的努力付之东流。

2. 差异化战略

差异化战略是指企业以形成有别于竞争对手的产品的特殊品质和功能,来构建竞争优势的战略。产品的特殊品质和功能可以带来产品的溢价,而且溢价会超过因差异化所增加的成本。一个企业将其产品或服务差异化的机会几乎是无限的,企业是否利用这些机会,关键在于差异化能否为顾客创造价值,能否为企业增加利润。

企业实施差异化战略的条件是:产品质量和技术领先;有特别强的产品开发和创造能力;有很强的消费者需求研究能力与市场营销能力。差异化战略的基本类型有四种,产品技术的差异化、品牌的差异化、顾客服务的差异化和分销渠道的差异化。

差异化战略的优点是:差异化的产品和服务能够满足某些消费群体的特定需要,使他们建立品牌忠诚;为企业产品带来较高的溢价,增加企业的利润;使企业占据主动地位,降低客户对价格的敏感度,获得更高的售价。其缺点是:由于集中力量研制产品的差异特质,因此可能产品成本会大幅度增加;较大投入形成的产品差异,可能被竞争者模仿,从而丧失优势。

3. 集中化战略

集中化战略,又称为"专一化战略",它是将目标集中在特定顾客或某一特定地理区域上,即在行业的很小竞争范围内建立起独特的竞争优势。集中化战略是中小企业广泛采用的一种战略。它可以在一定范围内为特定客户提供差异化产品和服务,也可以实行成本领先战略,即在细分市场的同时实现低成本和差异化两个目标。

集中化战略的优点是:该战略可以将成本领先战略与差异化战略较好地结合起来,既可以提高企业收益,又可以构建较为可靠的竞争优势。其缺点是:由于这是一种"孤注一掷"的战略,因此一旦市场需求发生变化,或有更好的新产品出现,或有更具优势的竞争者进入,企业经营就会走入末路。

五、战略规划

战略规划是企业对战略指导思想、战略目标、战略重点、战略步骤、战略措施和战略实施过程进行整体性、系统性的安排,用以指导企业未来发展的纲领性文件。它包括综合战略规划、单向战略计划和企业的部门战略计划。战略规划不同于一般的生产经营计划,其追求长期目标,注重企业的长期经济效益、安全与稳定,具有全面性、系统性和长期性的特点。

(一)战略规划的基本内容

战略规划的基本内容包括:目的、重点、手段与步骤、投入资源要素、执行战略的日程安排、战略实施的组织与措施、预期效果等。其基本内容见表2-3。

表 2-3　战略规划的基本内容

项目	基本内容
目的	1. 目的、方针、经营现状和问题、计划目标、战略思想、战略方针。 2. 计划所依据的情报是什么？开展了哪些预测工作？
战略重点	3. 分析企业内部主客观条件,找出影响企业发展的主要矛盾,确定企业战略重点。
手段与步骤	4. 计划:目标是什么？谁来执行？何时完成？分几个步骤？为什么这样做？在哪里进行？用什么方法？有什么备选方案与预备计划？
投入	5. 投入资源,包括人力、物力及时间以及信息的掌握与运用。
日程安排	6. 进度表:投入进度表、产出进度表。
组织与措施	7. 实施的组织与措施:实施的部门和承担的责任,支持部门的责任,管理者的监督责任,为完成计划应采取的保障措施。
预期效果	8. 综合效果,收益率,最坏情况下的损失评估。

（二）战略规划的制定

战略规划的制定一般分三个阶段：战略分析、战略规划设计及战略规划抉择。

（1）战略分析阶段的主要工作是评价企业的实力和弱点，分析战略环境的机遇与风险，形成战略分析报告。

（2）战略规划设计阶段的主要工作是确定企业的战略任务和战略目标，制定战略方针和战略措施，明确战略步骤和战略重点，提出多种可供选择的战略规划方案等。

（3）战略规划抉择阶段的主要工作是根据战略目标的要求，对多个备选方案进行比较，择优选定一个备选方案作为企业战略规划，并对其财务预算作出匡算。选定的企业战略规划一经批准，便可组织实施。

（三）战略规划实施中的组织工作

（1）制定战略实施计划。确定分阶段的目标和实施时间表，并制定相应的措施。

（2）制定战略应变计划。将其作为应对突发事件的备用计划。

（3）调整企业组织、制度及管理方法，使它们适应战略规划推行的要求，并明确各级组织应承担的责任。

（4）分配各项战略资源。按进度确保资源供应。

（5）建立战略规划监控制度。明确监控方式、监控时点和监控标准，并对战略规划执行过程及其结果进行检查、监督与考核。

（6）修正战略规划。依据外部环境和内部条件的变化，适时主动地调整或修订战略规划。

第三节 企业战略执行

一、企业战略执行与组织机构

战略执行者是人或人群,他们为实现一组目标而同心协力地工作。这就要求企业将实现企业目标所必需的活动进行分类,并对每一类活动任命负责人,使其拥有从事这些活动的权力,进而确定各类活动之间的关系。这些内容就构成了企业的组织机构。企业战略与企业组织之间是相互融合、相互渗透、相互适应的动态协调关系,企业组织要与企业战略相适应。企业战略实施能否顺利成功,主要取决于企业是否建立了与企业战略实施要求一致的组织机构。

建立有效的企业战略实施组织机构,要满足以下三个方面的基本要求。

(1)按战略实施的要求,功能要齐全,人员要精干,精神要饱满。

(2)组织机构内部管理层次的划分,各个单位授权的界定、管理幅度的大小等,都必须与上述已经确定的管理体制相呼应。

(3)组织机构内部上下左右的信息沟通要快捷、有效,运作要相互衔接、协调,讲求效率。

战略的变化将导致组织结构的变化。美国著名管理学家钱德勒发现了公司的发展过程和战略改变过程中的一种特定的组织结构演变顺序,如图2-4所示。在数量扩大战略阶段,一般可采用直线-职能制的组织结构;在地域扩散战略阶段,企业要在不同地区形成地区组织结构,各地的业务由公司总部和地区组织结构共同管理;在纵向一体化战略阶段,企业需要建立统一管理产、供、销的一体化组织和多职能部门结构,由其负责对经营活动统筹安排、协调指挥;在多种经营战略阶段,企业大都按产品、业务功能建立事业部体制,实行公司本部和事业部并存的组织结构。

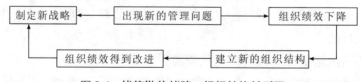

图2-4 钱德勒的战略-组织结构关系图

近年来,由于经济的发展和科技的进步,市场趋向国际化、全球化、信息化,各国从业人员素质普遍提高,企业组织结构也发生了重大变化,变化趋势是减少了管理层次,扩大了管理跨度,组织机构呈现扁平化、软化、网络化等。组织结构扁平化更加方便了上下级之间的信息沟通,减少了层次过多造成的信息传递不及时甚至失真的问题。组织软化要求组织结构小型化、简单化,其核心内容是通过电脑化信息系统技术,在企业内外部建立广泛的联系,同时应用市场机制来糅合一些主要职能,以实现更为广泛的战略目标。组织软化可以使组织成员的活动方式由刻板正规向灵活多变转化。网络型组织结构包含两层组织：一是管理控制中心，它集中了战略管理、人力资源管理和财务管理等功能；二是柔性立体网络，它以合同管理为基础，根据需要聘用市场上的专门公司承担某些企业职能，以提高企业资源的使用效率。

综上所述，企业在战略执行过程中，要分析各类战略组织的优缺点，选择符合战略执行需要的组织结构，并明确相应的义务和权力，配备合适的领导人员，建立各种有效的规章制度。

二、战略控制

(一) 战略控制的目的

企业对其战略活动的控制是一个调节过程，具体而言就是保持企业系统稳定地运行，借以实现企业战略目标的不断调节过程。战略控制的目的主要有两点：一是保证战略方案的正确执行；二是检验、修订、优化原定战略方案。需要注意的是，战略控制不是具体地对计划执行情况进行检查与控制，而是要关心以下一些主要问题：

(1) 现行战略实施的有效性问题；

(2) 制定战略方案的前提，如战略环境及预测等的可靠性问题；

(3) 早期发现战略方案修正的必要性问题和优化的可能性问题；

(4) 确定有无引起对战略方案与战略规划总体进行重新评价的问题。

(二) 战略控制的原则

为了保证战略控制的成功，战略控制应遵循以下原则：

(1) 面向未来原则。战略控制的重点是企业的目标和方向，不同于日常的控制。因此，战略控制不能纠结于眼前的局部得失，只要在允许范围内，就要坚定不移地实施既定战略，面向未来。

(2) 保持弹性原则。企业战略的实施方法应多种多样，战略控制也要具有多样性，并在时间进度、数量要求等方面留有一定的回旋余地。因此，战略控制应具有弹性，只要能保持方向的正确性，具有弹性的控制往往比没有弹性的控制效果好。

(3) 战略重点原则。在战略控制中，有时要优先控制对实施战略有重要意义的事件及超出预先确定的允许范围的意外事件，即抓住战略实施的重点，而不是事无巨细、面面俱到。

(4) 自我控制原则。在战略控制中，企业要鼓励内部各单位和各部门发现战略实施的偏差并及时采取纠正措施。

(5) 经济合理原则。不同于技术、工艺质量的控制要求准确无误，战略控制主要追求经济合理。过度追求完美会导致控制费用的急剧增加，得不偿失。

(三)战略控制的程序

管理学家孔茨指出:控制职能意味着确立标准、执行情况和纠正偏差等。战略控制尽管有其自身的特点,但基本原理都一样,一般包括如下程序。

1. 确立战略控制的标准

确定战略控制的标准就是要明确而具体地指出企业战略总体目标和阶段目标,并通过指标的形式层层落实到企业各管理层。一般高层次的战略控制指标有:企业产值、利润、销售总额、税后净利润率、重点产品的销售额占全部产品销售额的比重、市场占有率、每股收益、债务/权益比率、流动比率等。中层次的战略控制指标有:新产品开发数、新增生产能力指标、某产品的市场占有率、职工培训数、成本降低率、专利权的获得数等。低层次的战略控制指标有:产品工时、项目建设速度、工作效率、废品数、优质品率、用户意见、库存量等。

2. 根据标准衡量执行结果

根据标准衡量执行结果也就是进行战略评价,即对收集到的信息资料与既定的企业评价标准和企业战略目标进行比较和评价,找出实际活动成效与评价标准的差距及这种差距产生的原因。这是发现战略执行过程中是否存在问题和存在什么问题,以及为什么存在这些问题的重要途径。

3. 寻找偏差标准的原因及纠正相应的偏差

通过对结果的审查,企业可及时决定是否应采取纠正措施。企业在控制过程中,必须以一种不间断的方式来审查结果和采取纠正措施。由此可见,战略控制是一项周而复始的管理工作。

(四)战略控制的方法

战略控制的方法有很多,常用的方法主要有预算、审计及个人现场观察等。

1. 预算

预算是一种以财务指标或数量指标表示的有关预期成果或要求的文件。预算一方面起着在企业内部各单位之间分配资源的作用,另一方面作为企业战略控制的一种方法。预算准备完成以后,企业内部的会计部门就要保存各项开支记录,定期作出报表,表明预算、实际支出以及二者之间的差额。做好报表之后,通常要将报表送到该项预算所涉及的不同层次的负责人手中,由他们分析偏差产生的原因,并采取必要的纠正措施。

2. 审计

审计是客观地获取有关经济活动和事项论断的论据,通过评价弄清所得论断与标准之间的符合程度,并将结果报知有关方面的过程。审计着重于注意一个企业作出的财务论断,以及这些论断是否符合实际。我国执行审计的人员有两类:一类是独立的审计人员或注册会计师,他们的主要职责是检查委托人的财务报表,不过他们还执行其经济工作,如会计服务、税务会计、管理咨询以及为委托人编制财务报表等;另一类是企业内部审计人员,他们的主要职责是确定企业的方针和程序是否被正确地执行,并保护企业的资产。此外,他们还经常评估企业各单位的效率以及控制系统的效率。

3. 个人现场观察

个人现场观察是指企业的各层管理人员(尤其是高层管理人员)深入各种生产经营现场进行直接观察,从中发现问题,并采取相应的解决措施。

第四节 经营决策及其分类

一、经营决策的概念

关于决策的定义,不同的学者对其的理解不尽一致。西蒙对决策的解释较为宽泛,他的名言是"管理就是决策"。有人认为,决策就是进行判断和作出决定,即对两个以上的方案进行考虑、权衡与选择;行为是实现决策目标的途径,人们逼近目标靠的是不断进行决策和实现决策。还有人认为,决策有狭义和广义两种理解:从狭义方面说,决策就是在几种行为方案中作出抉择;从广义方面说,决策还包括在作出最后抉择前所必须开展的一切活动。

现在一般认为,决策是借助于一定的科学手段和方法,从两个以上的可行方案中,选择最优方案并付诸实施的过程。从本质上讲,决策是一个系统的过程,是人们在改造世界的过程中,寻求并实现某种最优化预定目标的活动。

企业经营决策是指企业为实现某一特定目标,在掌握市场信息和经验的基础上,根据客观条件,拟定几种备选方案,并实施最优方案,控制实施情况等一系列活动过程。

经营决策是企业在分析经营环境的基础上,对企业总体发展和各种重要活动的目标、方针和策略所作出抉择的工作,也是企业对其整个经营活动中一系列工作作出的决定。经营决策的正确与否直接影响到企业各环节的工作效率、企业的竞争能力和经济效益,乃至企业的生存发展。

二、经营决策的类型

经营决策贯穿于企业生产经营活动的全过程,比如战略与目标决策、市场营销决策、新产品开发决策、人事决策等。为了便于决策者从不同层次上把握各类决策的特点,一般可把经营决策分为以下几种不同的类型。

(一)按决策的重要性和作用分类

按决策的重要性和作用分类,决策可分为战略性决策、管理决策和业务决策三种。

1. 战略性决策

战略性决策是指与确定组织发展方向和远景有关的重大问题的决策,如企业的长远规划、企业的经营总目标、企业经营方针的确定等。它是企业最重要的决策,实施的时间较长,对企业的影响较为深远,所解决的问题较为复杂,对决策者的洞察力和判断力有很高的要求。

2. 管理决策

管理决策是指战略决策执行过程中的战术性决策,旨在实现企业内部各环节活动的高度协调和资源的合理使用,以提高经济效益和管理效果。管理决策具有指令化、定量化的特点,虽然不直接决定企业的命运,但关系到战略决策的实施和工作效率。战术性决策比战略决策更具体,涉及的时期也较短。

3. 业务决策

业务决策是指日常生产活动中旨在提高生产效率和工作效率所进行的决策。这种决策大部分属于影响范围较小的局部性、常规性、技术性的决策,如生产方案决策、库存决策等。

(二)按决策问题所处的条件分类

按决策问题所处的条件分类,决策可分为确定型决策、风险型决策和非确定型决策三种。

1. 确定型决策

确定型决策是指选中的方案在执行后有一个确定结果的决策。这种决策一般可用数学模型得到最优解,如库存决策、设备更新改造决策等。

2. 风险型决策

风险型决策是指选中的方案在执行后可能会出现的几种结果,这些结果的出现只能按其概率实现,所以不管哪个决策方案都有一定的风险。这种决策可采用决策收益表、决策树等方法来作出。在企业经营活动中,大多数决策都属于这种决策。例如,能源和材料的供应、产品市场的需求量、市场占有率、产品销售价格等方面的决策都属于风险型决策。

3. 非确定型决策

非确定型决策是指选中的方案执行后会有多种结果,但这些结果出现的概率是不确定的,只能靠决策者的经验和心理因素来确定一个主观概率或准则。

(三)按决策问题出现的重复性分类

按决策问题出现的重复性分类,决策可分为程序化决策和非程序化决策两种。

1. 程序化决策

程序化决策是指在管理活动中重复出现的、例行的决策,一般是为解决当前具体的重复性的问题而采取的决策,用来确定决策方案的资料和背景大部分是已知的,如生产方案决策、库存决策、设备选择决策等。这类决策主要适用于企业内部日常业务或管理工作,所以也称日常经营管理决策。企业往往把日常的业务和管理工作经过数据处理,编为程序,输入计算机进行运算,以获得所需的决策。程序化决策工作,主要由中、下层管理人员来处理。

2. 非程序化决策

非程序化决策是指对不重复或很少重复发生的事件所作的决策,一般具有随机性的特点,决策的问题常常无先例可循,也缺乏较可靠的数据和情报,决策难度较大。如开辟新市场、引进新技术等决策。这类决策尤其要依靠决策体制,遵循决策的科学程序,充分运用现代化决策手段。只有如此,才有可能成功。非程序化决策往往是对企业重大战略问题的决策,通常由高层管理人员来作出。

（四）按决策者所处的管理层分类

按决策者所处的管理层分类,决策可分为高层决策、中层决策和基层决策三种。

1. 高层决策

高层决策是指企业最高层领导所作的决策,这类决策大多是为了解决有关全局性的以及与外界有密切联系的重大问题。

2. 中层决策

中层决策是指企业中层管理人员所作的决策,大多属于安排一定时期的任务,解决工作或生产过程中的问题,主要解决管理决策的问题。

3. 基层决策

基层决策是指企业基层管理人员所作的业务决策,主要包括两个方面:一是经常性的安排,如每日每班的任务安排和设备使用等;二是解决生产过程中的一些偶发事件,如设备故障、原料供应不足等。

（五）按决策的时间跨度分类

按决策的时间跨度分类,决策可分为长期决策和短期决策两种。

1. 长期决策

长期决策是指为制定企业长远目标,中、长期计划及有关联合经营、资金投向、市场开发、产品转换、扩大规模等战略性的决策。

2. 短期决策

短期决策一般是指一年内要执行的解决有关问题的决策。

第五节　经营决策的原则与程序

一、经营决策的原则

经营决策的原则是指决策必须遵循的指导原理和行为准则。它是科学决策指导思想的反映,也是决策实践经验的概括,主要包括以下几种。

(一)系统性原则

系统性原则也称"整体性原则",它要求把决策对象视为一个系统,以系统整体目标的优化为准绳,协调系统中各分系统的关系,使系统完整、平衡。因此,在决策时,应该将各分系统的特性放到系统的整体中去权衡,以整体系统的总目标来协调各分系统的目标。

(二)预测性原则

预测是决策的前提和依据。预测是由过去和现在的已知,运用各种知识和科学手段来推测未来的未知。科学决策,必须有科学根据,克服没有科学根据的主观臆测,防止盲目决策。决策的正确与否,取决于对未来后果判断的是否正确。不知道行动后果如何,常常造成决策失误,所以领导决策必须遵循预测性原则。

(三)可行性原则

决策的成功与否,与主客观条件密切相关。一个决策是否成功不仅要考虑到是否有需要,还应考虑到是否切实可行。在分析方案时,要注意权衡利弊,以便最后抉择。可行性分析是决策活动的重要环节。只有经过可行性分析后选定的决策方案,才是有较大的把握实现的方案。掌握可行性原则必须认真研究分析制约因素,包括自然条件的制约因素和决策本身目标系统的制约因素。可行性原则的具体要求,就是在研究分析制约因素的基础上,作出全面性、选优性、合法性的决策。

(四)民主性原则

决策的民主性原则,是指决策者要充分发扬民主作风,调动决策参与者甚至决策执行者的积极性和创造性,让他们共同参与决策,并善于集中和依靠集体的智慧与力量进行决策。在决策之前,进行充分的民主讨论,集思广益,是科学决策的重要保证。不同意见的发表,实际上等于提出了更多的可供选择的方案,并且彼此互相启发,使方案进一步得到完善,从而得出最优决策。

二、经营决策的程序

决策活动不是一件偶然地、孤立地为了解决某个问题而进行的活动。决策也不是限于从几个可供选择的方案中选定一个最优方案的简单行动,更不能误认为只有选定最优方案才是决策。决策是遵循一定的认识规律,从提出问题开始,经分析问题,最终确定所要解决问题的一个系统分析过程。如图2-5所示。

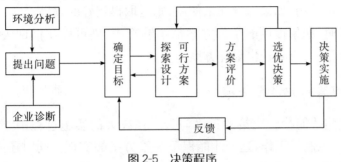

图2-5　决策程序

(一)确定目标

确定目标是企业决策的起点,决策就是为了实现既定的目标。目标的确定,需要从企业的实际情况出发,因需要的不同而异。有的企业需要解决扭亏为盈问题,有的企业需要解决微利问题,而有的企业需要解决产品质量下降带来的问题等。这些问题,都可以作为决策的目标。应当指出,企业的经营决策是十分复杂的,目标往往不止一个,即多目标决策。这些目标相互制约,有时相互矛盾。这就对决策的制定造成困难。所以,如何妥善处理多目标的问题,是决策者常常遇到的一个课题。一般的处理原则是,尽量减少目标个数,放弃那些根本达不到的目标,将某些次要的目标合并为一个目标。

(二)制订可行方案

将目标确定下来以后,就要着手制定多个可行方案,以便择优。这是一项比较复杂的创新工作,应鼓励大胆设想,提倡创新精神,又不失踏实的作风。

在制定可行方案时,要求具备两个条件:一是整体的详尽性,即所指定的方案应当包括所有可能的方案,如果漏掉了某个方案,最终方案就有可能不是最优的;二是互相排斥性,不同方案之间必须是互相排斥的。如果遇到下列某种情况,方案都是违反互相排斥原则的:第一,方案A的行动或措施全部包括在方案B之中,即方案A仅仅是方案B的一个组成部分;第二,两个方案是解决同一个问题的两个因素,因而可以同时采用;第三,两个方案是从两个不同的角度区分的,彼此无法对比。

(三)选定最优方案

选定最优方案是对若干个可行方案进行综合比较评价,从中选定一个最佳方案。

这是决策程序中的关键一环。做好方案优选,需要满足两个条件:一是要有合理的选择标准;二是要有科学的选择方法。

关于方案的选择标准,决策理论学派的创始人西蒙提出用"令人满意"原则来代替最优原则,从而使决策过程大为简化,这是一种从现实出发的决策评价标准,已被人们广泛接受。

评价与选择经营方案的方法包括经验判断法、数学分析法、试验法。这些方法一般情况下不能孤立地使用,如果综合起来使用,则能取得较好的效果。

在选择方案时,如果提供的全部方案都不够理想,则可以反馈回去,重新制定方案后再做出方案选择,一直到选出最优方案为止。

(四)决策的实施和信息反馈

只有通过实施才能检验决策的正确与否。在决策的实施过程中要做大量的组织、计划、协调、调整、控制等工作,这样才能保证决策方案的实现。同时还必须建立实施过程中的信息反馈制度,以做好追踪检查,发现偏差后及时予以纠正,保证决策目标的实现。

第六节 经营决策的方法

企业经常使用的经营决策方法可以归纳为两类,即定性决策方法和定量决策方法。前者侧重于决策者本人的经验和思维能力,后者侧重于决策问题各因素之间客观存在的数量关系。在具体使用中,两者不能分开,必须紧密结合,相辅相成。下面仅介绍定量决策方法中的确定型决策方法、风险型决策方法和非确定型决策方法。

一、确定型决策方法

确定型决策的每一个决策方案都只有一种确定无疑的结果。这类决策并不复杂,只要比较各个方案的结果孰优,即可作出决策。比如,某厂所需的原材料可以从甲、乙、丙三地购买,假定三地到该厂的运输距离相等,运费也相同,只是原材料价格不同,这就很容易作出决策,确定选择哪家的原材料。但在实际工作中,决策者面对的情况往往复杂得多,虽然条件明确、结果肯定,但不进行计算也很难决策。

确定型决策的方法主要有直观判断法、盈亏平衡分析法、ABC 分析法、线性规划法、经济批量法、投资效果分析法等。其中盈亏平衡分析法是企业常用的也是较有效的方法。

(一)盈亏平衡分析的基本原理

盈亏平衡分析法根据产品销售量、成本、利润的关系,对方案作出评价和选择。其基本原理如下:将总成本划分为固定成本和变动成本。固定成本是指不随产量变化而变化的成本,如固定资产折旧费、管理人员的工资等。变动成本是随着产量的变化而变化的成本,如产品成本中的原材料费、燃料动力费、计件工资等。企业产品销售收入与产品销售成本构成比例关系。当取得的销售收入与产生的总成本相等时,即实现盈亏平衡。盈亏平衡时,利润为零。

假设固定成本为 F,变动成本为 V,总成本为 T_C,单位产品变动成本为 C_V,销售量为 Q 销售收入为 R,产品单价为 P,利润 E,则其数学模型为:

$$E = R - T_C = R - V - F \\
= P \times Q - C_V \times Q - F \\
= (P - C_V) \times Q - F$$

当利润为零时,即 $E=0$ 时,则有:

$$Q_0 = \frac{F}{P - C_V}$$

其中,Q_0 为盈亏平衡时的销售量。

将成本、产品销售量和利润之间的关系反映在坐标系中,所形成的图形就是盈亏平衡分析图,如图 2-6。

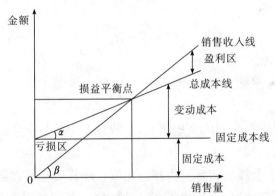

图 2-6 盈亏平衡分析图

[例 2-1] 某企业生产某产品,年固定费用为 20 万元,单位产品变动费用为 30 万元,单位产品价格为 50 元,企业欲实现年利润 5 万元,试决策企业生产该产品的产量。

解:$Q = \dfrac{E + F}{P - C_V} = \dfrac{50\,000 + 200\,000}{50 - 30} = 12\,500$(件)

通过计算,可以得知企业要实现利润 5 万元,必须生产该产品 12 500 件。

[例 2-2] 某工厂为生产某种产品有 3 种生产方案可供选择,而各生产方案的产量与成本之间的关系如图 2-7 所示。

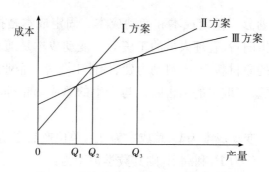

图 2-7 生产方案的产量与成本间的关系

若产量要求每年生产 X 单位,那么最小成本的决策就是:

若 $0 \leqslant X \leqslant Q_1$,选用 I 方案;

若 $Q_1 \leqslant X \leqslant Q_3$,选用 II 方案;

若 $Q_3 < X$,选用 III 方案。

(二) 经营安全率

利用盈亏平衡分析可以对企业的经营安全状况进行分析。企业的经营安全状况可以用安全余额和经营安全率来表示。安全余额是实际(或预计)销售额与盈亏平衡点销售额的差额,其计算公式为:

$$L = R - R_0$$

式中　R——实际销售额

　　　R_0——盈亏平衡点销售额

　　　L——安全余额

安全余额越大,销售额紧缩的余地越大,经营越安全。安全余额越小,实际销售额越低,企业就越可能亏损。

经营安全率是安全余额与实际销售额的比值。经营安全率在 0 和 1 之间,越接近于 0,越不安全,赢利的可能性越小;越接近于 1,越安全,赢利的可能性越大。判断经营安全状况的标准如表 2-4 所示。

表 2-4　判断经营安全状况的标准

经营安全率	经营状况	经营安全率	经营状况
30%以上	安全	10%~15%	要警惕
25%~30%	比较安全	10%以下	很不安全
15%~25%	不太好		

当经营安全率低于 20% 时,企业就要作出提高经营安全率的决策。提高经营安全率有两个途径:一是增加销售额,二是将盈亏平衡点下移。盈亏平衡点下移的方法有三种:降低固定成本;降低变动成本;提高固定成本,降低变动成本,使总成本下降。

二、风险型决策方法

风险型决策是一种随机决策,一般具备五个条件:有一个明确的目标;存在着两个以上可供选择的行动方案;存在着两个以上不以决策者的意志为转移的自然状态;各行动方案在各自然状态下的损益值可以计算出来;只能估算各自然状态出现的概率,而不能肯定什么时候会出现什么状态。风险型决策的方法有损益期望值法、决策树法两种。

(一)损益期望值法

损益期望值就是某方案实施后在各种自然状态下可能得到的损益值的"期望"。这里的"期望"表示若干随机数值的概率平均值。

损益期望值的计算方法是将每一个备选方案在不同状态下的损益值与对应的状态概率相乘之后再相加。计算出损益期望值后,选择收益值最大或损失值最小的方案作为最优方案。一般采取表格的形式进行计算方。

[例 2-3] 某冷饮加工厂去年 6~9 月份的产品日销售量统计资料如表 2-5 所示。设每箱利润 40 元,如果当天售不出去,每剩一箱需支付冷藏保管费 20 元,预计今年与去年同期需求量没有变化。试决策该厂日计划销售多少可获利最大。

表 2-5 销售量统计资料表

日销售量(箱)	销售天数	概率
120	24	0.2
140	48	0.4
160	36	0.3
180	12	0.1
600	120	1.0

解:根据条件计算决策收益期望值,如表 2-6 所示。

表 2-6 决策收益期望值

自然状态 方案	日销售量(箱)				期望利润(元)
	120	140	160	180	
	0.2	0.4	0.3	0.1	
120	4800	4800	4800	4800	4800
140	4400	5600	5600	5600	5360
160	4000	5200	6400	6400	5440
180	3600	4800	6000	7200	5160

从计算结果看,日销售量 160 箱时,期望利润 5440 元,大于其他方案,应按日销售量 160 箱决策。

由于各个方案的期望利润都是将方案在各种自然状态下的收益与损失按统计概率

进行加权计算,掩盖了偶然情况下的损失,所以选择哪一个方案都有一定的风险。

(二)决策树法

决策树法是将可行方案及其影响因素用树状图表示出来,并以图解方式,分别计算各个方案在不同自然状态下的损益值,最后通过比较损益值作出决策的方法。

[例 2-4] 某企业为生产某产品而设计了两个建设方案,一个是建设大车间,另一个是建设小车间。大车间需要投资 300 万元,小车间需要投资 160 万元,两者的使用期都是 10 年。预测在此期间,前 3 年产品销路好的概率为 0.7;而如果前 3 年销路好,则后 7 年销路好的概率为 0.9;如果前 3 年销路差,则后 7 年销路肯定差。

两个方案的损益值如表 2-7 所示,决策树如图 2-8 所示。

表 2-7 两个方案的损益值

自然状态	概率	大车间	小车间
销路好	0.7	100	40
销路差	0.3	−20	10

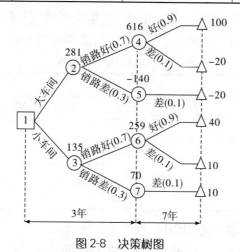

图 2-8 决策树图

计算各点的损益期望值:

点 4:0.9×100×7+0.1×(−20)×7=616(万元)

点 5:1.0×(−20)×7=−140(万元)

点 2:0.7×100×3+0.7×616+0.3×(−20)×3+0.3×(−140)−300=281(万元)

点 6:0.9×40×7+0.1×10×7=259(万元)

点 7:1.0×10×7=70(万元)

点 3:0.7×40×3+0.7×259+0.3×10×3+0.3×70−160=135(万元)

比较可知,大车间方案损益期望值 281 万元,大于小车间方案损益期望值 135 万元,故决策者应选用大车间方案。

三、非确定型决策方法

如果在风险型决策中去掉第五个条件,也就是无法估算各自然状态的概率,那就成为非确定型决策问题。非确定型决策,很难借助于准确的数学分析,决策者可以选择不同的原则进行思考判断。非确定型决策常用的原则如下:

(1) 乐观原则,也称"大中取大原则"。先从各方案中分别取一个最大收益值,再从各最大收益值中取最大值,所对应的方案即为最佳方案。

(2) 悲观原则,也称"小中取大原则"。先从各方案中分别取一个最小收益值,再从各最小收益值中取最大值,所对应的方案即为最佳方案。

(3) 折中原则。先根据历史数据或经验估计一个乐观系数口($0 \leqslant \alpha \leqslant 1$),方案的折衷损益值=$\alpha \times$方案的最大收益值+$(1-\alpha) \times$方案的最小损益值,折衷收益值最大的方案即为最佳方案。

(4) 最小后悔原则,也称"大中取小原则"。当某一自然状态出现时,将会明确哪个方案最优。如果没有选择这一方案,必定感到后悔。最小后悔原则的决策过程是先确定方案中的最大后悔值,然后选择这些最大后悔值中的最小后悔值,所对应的方案即为最佳方案。

[例 2-5] 某企业要投产一种新产品,有三个可供选择的方案 A、B、C。估计产品投放市场的有销路好、销路一般和销路差三种自然状态,各方案在各自然状态下的收益值见表 2-8。

表 2-8 各方案在各自然状态下的收益值

方案	自然状态下的收益值		
	销路好	销路一般	销路差
A	120	50	−20
B	85	60	10
C	40	30	20

乐观原则决策:max{120,80,40}=120,选择方案 A;

悲观原则决策:max{−20,10,20}=20,选择方案 C;

最小后悔原则决策:先计算后悔值,如表 2-9:min{40,35,80}=35,选择方案 B。

表 2-9 方案在自然状态下的后悔值

方案	自然状态下的后悔值		
	销路好	销路一般	销路差
A	0	10	40
B	35	0	10
C	80	30	0

从以上几种非确定型决策原则中可以看出,遵循不同的原则会得到不同的结果。

由于没有统一的标准,孰优孰劣也难以定论。只能依据决策者的实际经验和判断能力作出选择。

本章小结

企业战略管理就是企业面对千变万化的市场,根据企业的内部环境和外部环境设定企业的战略目标,并为保证目标的落实和实现而进行谋划和过程控制。企业战略可以分为三种基本的类型:企业总体战略、竞争战略和职能战略。企业战略管理的主要特征是:具有全局性、长远性,注重整体效果最优,主体是企业的高层管理人员,通常受到企业外部环境的影响。

做好企业经营管理,必须充分研究企业的经营环境,其中包括直接或间接影响企业经营的各种力量。市场调查和市场预测是企业一项经常性的基础工作,是企业管理的重要手段之一。决策贯穿于企业生产经营活动的全过程,弄清决策的基本内容、掌握决策的基本方法将直接影响到经营管理的效率。市场细分、目标市场选择和市场定位是企业目标市场战略不可分的三个组成部分。产品策略、价格策略、分销策略和促销策略是市场营销组合的重要内容。

案例研讨

某食品企业有三种产品主要在北京地区生产和销售。该企业最近有以下几件事需要处理:

1. 聘请专家对企业存在的问题进行诊断,专家发现企业内部的生产流程不合理,造成成本居高不下,隐性成本无法核算,于是筹划对生产流程进行改造。

2. 目前三种产品的销售情况不错。市场需求旺盛,订单较多。由于工作人员的疏忽,出现了一些订单漏登,个别送货时间、品种与数量出现差错现象,一些客户有怨言。

3. 食品属于时限性很强的产品,各销售点的订货量相对较少,订货次数频繁,销售周期短。该企业的物流配送一直是一个大问题。有一家专业的物流企业希望能利用自身的专业化优势来承担企业的物流配送任务。

4. 企业目前的产品目标顾客是老少皆宜,即全方位的顾客。有人提议企业应专门开发针对儿童和白领阶层的高档次的营养食品。

请你就上述几个事件,根据企业战略管理的理论进行分析,判断哪些事件是与战略有关的问题,哪些不是,并说明你的理由。

复习思考题

1. 什么是战略管理？战略管理过程分为哪几个阶段？
2. 战略管理有哪些基本特征？
3. 企业营销有哪些微观环境和宏观环境？
4. 什么是环境威胁和市场机会矩阵分析？
5. 市场调查有哪些基本方法？
6. 什么是市场预测？市场预测的方法有哪些？
7. 什么是经营决策？经营决策有哪些主要类型？
8. 经营决策的原则和基本方法有哪些？
9. 目标市场战略由哪几部分组成？
10. 什么是市场细分？市场细分的原则有哪些？
11. 什么是市场定位？市场定位有哪三种主要形式？
12. 怎样理解产品的整体概念？产品组合策略有哪些？
13. 品牌策略的主要内容有哪些？
14. 定价的方法和策略有哪些？
15. 渠道管理的主要内容是什么？

第三章

市场营销

本章目标

学习本章后，应当了解：
◎ 市场调查的内容、步骤。
◎ 市场预测定性和定量分析的方法。
◎ 目标市场营销策略的基本内容。
◎ 市场营销的基本概念和营销观念的演变。
◎ 4P&4C的基本内容。

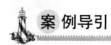

新燕藤器厂

李新燕先生原是湖北省山区的一个农民,家传一手编织藤器的好手艺。其家乡到处都是细竹、野藤,李先生将其采集来经过梳理和软化后,就可以编织成各种家庭用具,如竹椅、藤椅、竹桌、沙发、花架、花篮等。过去编织藤器是凭兴致,高兴的话就做,不高兴的话就不做。做出来的产品要么自用,要么送人,没有销售赚钱的念头。改革开放以后,政府鼓励农民发展多元化经营,发家致富,于是,李先生就有办藤器编织厂的主意。

刚创立时的藤器厂人员仅有李先生一家人,工人就是他的妻子和两个刚成年的孩子。李先生既是经理,也是工人。他白天在外跑业务,是经理;晚上回到家里,当工人。由于技艺精湛,李先生工厂编织的藤器人人称赞。

刚开始,李先生在自家门口开了个小店,后来又请乡里的小商店代销他的产品。但是销售量十分小,出现了产品积压问题。一出现积压问题,工厂就得放假几天。当时李先生面临的最大问题是如何将"批量生产"的产品卖出去。根据过去的经验,李先生知道很多城里人喜欢藤器制品,于是他说服城里的亲戚帮助他销售藤器。城里的亲戚开始找到县土产公司的经理,软磨硬泡,好不容易让县土产公司的经理答应为李先生这家无名企业代销产品。县土产公司有五个门市部,分布在县城各个街道。李先生每次将产品送到县土产公司的仓库,再由公司销售部发往各个门市部销售,货款则由总部财务部统一结算。

看到前几批货很好销,县土产公司经理提出改代销为经销。原先是李先生供货和定价,县土产公司帮助销售,货款扣除代销劳务费后全部返还给李先生。现在,县土产公司要从李先生手上把藤器全部收购过来,由县土产公司定价和销售,当然货款和利润都归县土产公司。县土产公司还提出要大量订货,转卖给其他地方的土产公司。这对李先生来说,并不是坏消息,县土产公司的收购价格虽然比市场零售价低一些,但是李先生基本上没有损失。更重要的是,李先生现在可以扩大工厂规模,大量生产。

扩大工厂规模对李先生而言,不是什么困难的事情。周围山区的农民像李先生那样会编织藤器的人还真不少,虽然技术水平参差不齐,但统一标准后就没有这个问题了。李先生的工厂实行计件工资制,即根据工人完成的合格产品的数量给工人计算和发放工资。对于山区农民来说,他们过去没机会挣钱,现在有了挣钱的机会,所以都愿意跟随李先生大干一番。这样一来,无论县土产公司需要多少货,生产上都没有问题。工厂也有了名字——新燕藤器厂。为了更好地满足市场需要,李先生还请城里的亲戚进行市场调查,了解消费者的需要,收集行情信息。正当新燕藤器厂生意如日中天时,市场上传来了一些不利的消息:附近山区又冒出了不少藤器厂,甚至别的地方也建立了藤器厂。竞争激烈起来,藤器的出厂价被压到了一个很低的水平,县土产公司的订货数量也越来越少。面对严峻的市场形势,李先生不得不寻找新的销售出路。

思考
1. 什么是分销?
2. 分销与一般的销售活动有何不同?

第一节 市场调查与预测

一、市场调查

市场调查是指为了实现特定的市场营销目标,通过科学的方法有目的地收集和分析有关企业外部环境和经营管理方面的各种资料,为制定适当的市场策略提供依据。

市场调查是科学决策的重要前提,在千变万化的市场环境中,一切经营活动的出发点都是充分了解市场的基本竞争状况,了解市场的需求特点,在掌握足够多的资料的基础上,进行分析、评价,然后作出决策。市场调查的作用渗透在企业经营活动的每一个方面。它可以帮助预测产品的潜在销量,了解市场的大小与性质;可以通过消费差异性的调查,对新旧产品不断提出营销策略建议,以适应市场的变动情况;可以对日益复杂的分销方法和策略,提出分析意见与建议;可以为广告策划提供依据;可以为企业进入国际市场,提供相关环境信息,为企业参与国际竞争提供参考。

21世纪被称为信息时代,信息的重要性体现在企业经营活动的各个方面,所以有人就此提出"信息营销"的概念。信息时代的企业管理和市场营销,必然更加重视经济信息的收集、掌握和运用。

二、市场调查的步骤

(一)确定调查问题

一般来说,围绕企业迫切需要解决的问题做好以下两方面的工作:一是初步情况分析,即通过各种内部资料,如各种记录、销售日报、历年统计资料、年度报告、财务决算以及一定的外部资料,如政府统计资料、公开出版的期刊与文献等,来分析、探索问题所在;二是非正式调查,即在初步情况分析的基础上,请专家、用户进行调查,对初步分析出的问题进行确认。

(二)现场调查的准备工作

1. 决定调查方法

市场调查的方法有很多种,常用的有询问法、观察法和实验法。

(1)询问法。询问法是指调查人员通过询问的方式向被调查者提出问题,获得所需资料的方法。询问法有走访询问、信访询问和电话询问三种。

(2)观察法。观察法是指调查人员在现场通过观察被调查者的行动获得所需资料的方法。观察法的优点是真实性强、准确率高,缺点是观察不到内在因素。观察法主要有三种:顾客动作观察,如电视机厂的员工观看用户选择电视机;店铺观察,如通过站柜台、参加订货会、展销会等观察商品选购的情况;实际痕迹观察,如在不同的报纸上登广告,观察返回率。

(3)实验法。实验法是指通过一定范围内给定或非给定条件下的试验来取得资料的调查法。例如,把产品在一个较小的市场范围内进行试销,了解消费者的需求状况,从而测算出产品在大范围内的销售量或销售额所需要的时间。也可以从影响调查问题的许多因素中选一两个因素,把它们置于一定条件下进行小规模实验,来测验某种产品或某项营销措施的效果,作为在大范围内销售产品调整因素的依据。实验法较为科学,应用范围也相当广泛,但是容易受到其他因素的干扰,调查费用也较高。

2. 选择调查表

设计好回答问题的类型,包括自由回答式、选择式、序列式和评判式等。

设计调查表要满足一定的要求:无关紧要的问题不要列入;被调查者难以回答的问题不要列入;所调查的问题要准确,不要一般化;不要诱导调查者去回答问题;调查表的设计要有一定的艺术性。

3. 选择抽样方法

进行市场调查,一般可选择两种方式:一是普遍调查,也就是通常所说的普查;二是抽样调查,即抽查。普查的优点是资料准确,缺点是费时费钱。所以多数企业采用抽样调查的方式。采用抽样调查的方式必须进行抽样设计。抽样设计分为随机抽样和非随机抽样两种。

(三)现场调查

市场调查除了做好以上三项准备工作以外,还要挑选好的调查人员进行现场调查。调查人员要懂调查理论与技术;文明礼貌,善交际;反应快,口齿流利。

(四)整理、分析调查资料

先将调查所得的资料进行分类。分类是研究问题的基础,没有分类就不能看出问题的特性。分类时保证同一类资料应尽可能是相似的,各类别间应有显著的差异,分类应详细;在分类的基础上进行核校。如发现资料有错,则要及时进行澄清,以保证资料的准确性;然后进行编号,编号的目的在于方便整理;最后列表,列表有利于分析问题,列表分单栏表和多栏表。单栏表只列举调查事物的某一特征,而多栏表列举调查事物两个及两个以上的特征。

(五)编写调查报告

调查报告分为专门报告和综合报告两类。调查报告中要列举以下内容:
(1)调查过程概述。
(2)调查目的。
(3)调查结果。
(4)结论。
(5)附录,包括调查方法、结果的详细资料。

三、市场预测

(一)市场预测的概念

预测是人们对未来不确定的事物进行推断和预见的一种活动,也就是对客观事物未来发展变化的趋势所做的预先分析和估计。

市场预测,是预测的一个重要组成部分。所谓市场预测是在市场调查的基础上,借助于一定的历史资料,采用科学的预测技术,对未来一定时期内市场供需变化及其发展趋势进行估计、分析和推断的过程。

(二)市场预测的内容

市场预测的范围很广,从企业角度讲,主要包括以下内容。

1. 市场需求量预测

市场需求量预测主要是预测未来市场对本企业产品的需求量大小及其发展趋势,包括对现实需求量和潜在需求量的预测。通过对需求量的预测,掌握本企业产品的销售量及其在不同时期销售量的变化趋势。

2. 市场占有率预测

市场占有率预测即预测本企业产品在市场上的竞争能力和对市场的吸引能力。市场占有率是指企业某种产品的销售量或销售额与市场上该种产品的销售总量或销售总额之间的比率。影响市场占有率的因素很多,如品种、花色、规格、质量、价格、交货期、包装、营销手段等。在市场需求总量不变的情况下,一个企业产品市场占有率的提高,必然导致其他企业同类产品市场占有率的下降。因而市场占有率预测,实际上是对企业产品竞争能力的预测。

3. 相关科技发展预测

现代科技突飞猛进,新产品、新工艺、新材料、新能源不断涌现,企业因此必须十分注意本行业产品的技术现状及发展趋势,了解和掌握可能运用新技术的领域、范围及发展速度、企业所能运用的最新科学技术,以生产最新产品来满足消费者目前和未来对产品的需求,提高产品竞争力。对于技术密集型企业来说,相关科技发展预测尤为重要。

4. 资源预测

资源是企业不间断地进行生产的重要条件。资源预测,主要是预测本企业增产老产品和发展新产品的各种原料、材料的保证程度及其变化趋势,也就是对企业的生产经营条件进行预测。

四、市场预测的方法

市场预测的方法分为定性预测方法和定量预测方法两类。定性预测方法主要以市场调查为基础进行经验判断,常用的方法有销售人员综合意见法、头脑风暴法、德尔菲法等。定量预测方法主要以统计资料为基础进行定量分析,常用的方法有时间序列预测法、因果分析法等。

(一)定性预测方法

1. 销售人员综合意见法

企业的销售人员根据市场调查的资料,对今后一定时期内的商品销售情况进行估计,提出预测值,然后将不同人员提出的预测值进行综合,得出预测结果。这种方法的优点是简单易行,能吸收各方意见,并且由于销售人员对自己负责的产品及销售区域的市场情况较为熟悉,因而预测的准确性高;缺点是由于销售人员所处岗位的局限性、对宏观经济发展趋势不甚了解以及个人的认识水平低和偏见等原因,预测带有一定的主观片面性,也容易受外界气氛的影响。这种方法多在一些资料缺乏或不全的情况下采用。

2. 头脑风暴法

头脑风暴法,是在组织专家会议的基础上进行预测,遵循以下两个规定:一是谁也不反对谁的意见;二是谁提出新的建议都要得到赞扬。这种方法的优点是会议气氛轻松,参加会议的专家思维活跃,而且比一般的组织专家会议效率高;缺点是对主持人要求比较高,如果组织不当,那么可能会使会议偏离主题。

3. 德尔菲法

德尔菲法也称"专家意见法",是按照规定的程序,背靠背地征询专家对某一事物发展趋势的意见,然后进行预测的方法。德尔菲法遵循的程序如下。

(1)预测组织者要根据实际情况提出预测问题。

(2)选择若干个对预测对象熟悉的专家组成一个预测小组,要求专家具有代表性,来自与预测项目有关的各个方面。同时要求专家具有丰富的知识和经验,这是确保专家意见法预测准确性的基础。

(3)预测组织者要根据预测问题设计预测咨询表。

(4)将预测咨询表用信函的方式寄给所选择的专家,各专家在预测完成后将预测结果反馈给预测组织者,预测组织者根据专家第一轮的预测结果,整理后将一定形式的信息再反馈给专家,各专家在获得新的信息的基础上进行第二轮预测,如此反复,逐轮咨询,直至预测结果趋于一致。

(5)将预测结果以一定的方式进行定量处理,并作为最终的预测结果。预测结果的处理一般有两种方法:一是中位值法,即用中位值和上下四分点进行定量处理;二是直方图法,即用分组的方法将数据画成直方图来进行定量处理。

例如,一家公司将对某一新产品进行预测,聘请 A、B、C、D、E、F、G 共七位专家预测新产品投放市场一年的销售额。公司把新产品的详细介绍资料和同类产品的价格、销售情况资料,分发给专家们参考。经过四轮论证之后,专家的意见大体接近,如表 3-1 所示。从表中可以看出,专家不断修正自己的结论,差距越来越小,对第 3 次预测满意,所以可将第 4 次结果作为最后预测数字。

表 3-1 专家预测数据

次数\专家	A	B	C	D	E	F	G	中位数	改变意见人数	差距
1	110	70	66	70	110	66	64	70	—	46
2	90	70	82	70	82	68	64	70	4	26
3	90	76	82	70	82	68	76	76	2	22
4	90	76	82	70	82	68	76	76	0	22

德尔菲法具有以下特点。

(1)匿名性。由于预测时采用信函的形式,并且专家不需署名,使专家消除了顾虑,提高了预测的真实性。

(2)反馈性。预测要求专家逐轮咨询并进行信息反馈,提高了预测的可靠性。

(3)数理性。预测整理分析时要采用一定的数理统计方法。专家意见法的优点是节约了预测费用,缺点是预测的时间太长。

(二)定量预测方法

1.时间序列预测法

(1)简单平均法。

简单平均法是对按时间顺序发生的历史数据求简单平均值,以简单平均值作为预测值。其优点是简单易行,可以消除偶然因素的影响;缺点是当时间序列有变化趋势时,预测的可靠性就会降低。用公式表示:

$$\overline{X} = \frac{X_1 + X_2 + \cdots + X_n}{N} = \frac{\sum X}{N}$$

式中：$\overline{X}$——平均销量；

$X_1, X_2, \cdots, X_n$——各时期销量；

N——时期数。

(2) 加权平均法

加权平均法是对距预测期远近不同的历史数据赋予不同的权数，然后求加权平均值，以加权平均值作为预测值。加权平均法的优点是能够考虑距预测期远近不同的历史数据的影响，使预测结果更符合实际；缺点是当时间序列有趋势时，预测的可靠性就会降低。

(3) 移动平均法

移动平均法是将按时间顺序发生的历史数据先分段再移动求每一段的平均值，以移动平均值作为预测值。这种方法的优点是当所给的历史数据含有季节性、周期性或随机性的特点时，采用移动平均法可以消除这些变动因素的影响，使数据的变动平稳化。

(4) 指数平滑法

指数平滑法是利用过去的资料（包括预测值和实际值）进行预测的一种方法，实质上是以特殊的等比数列为权数的加权移动平均法。用公式表示为：

$$F_t = \alpha D_t + (1-\alpha) F_{t-1}$$

式中：F_t——第 t 期的指数平滑值，即 $t+1$ 期的预测值；

D_t——第 t 期的实际值（实际销量、销售额）；

F_{t-1}——第 $t-1$ 期的指数平滑值，即 t 期的预测值；

α——平滑系数，取值范围为 $0<\alpha<1$。

例如，某商场第一季度销售额为 60 万元，预测值为 64 万元，用指数平滑法预测该商场第二季度销售额。

取 $\alpha=0.1$，则第二季度销售额为：
$$0.1 \times 60 + (1-0.1) \times 64 = 63.6$$

取 $\alpha=0.3$，则第二季度销售额为：
$$0.3 \times 60 + (1-0.3) \times 64 = 62.8$$

取 $\alpha=0.5$，则第二季度销售额为：
$$0.5 \times 60 + (1-0.5) \times 64 = 62$$

取 $\alpha=0.7$，则第二季度销售额为：
$$0.7 \times 60 + (1-0.7) \times 64 = 61.2$$

由上述计算结果可以看出，平滑系数取值不同，所得预测值就不同。平滑系数越小，则预测值趋向越平滑；反之，则变化越大。一般情况下，对于呈水平变动趋势且变动幅度不大的数据，α 值宜取小些；对于呈缓慢的线性上升或下降趋势且变动幅度较大的数据，

α 值宜取大些。还可以根据趋势变动情况采用再平滑法。

2. 因果分析法

因果分析法是建立在大量实际数据基础上，寻求随机现象的统计规律的一种方法。通过对预测对象的数据分析，可以找出变量之间的相互依存关系，并建立数学模型进行预测。运用因果分析法进行市场预测，主要采用回归分析法。回归分析法可分为一元回归、二元回归、多元回归、线性回归和非线性回归等分析方法。这里仅介绍一元线性回归分析法。

一元线性回归分析法确定的是一个自变量与一个因变量之间关系。设预测模型是：

$$y = a + bx$$

式中：a, b ——回归系数（截距和斜率）；

x ——自变量（引起事物变化的某个因素）；

y ——因变量（预测值）。

求 a, b 的公式分别为：

$$a = \bar{y} - b\bar{x}$$

$$b = \frac{\sum xy - \bar{x} \sum y}{\sum x^2 - \bar{x} \sum x}$$

[例 3-1] 某企业经过观察，发现某种商品的销售额与某地区的人均年收入有密切关系，统计资料如表 3-2 所示。

由表中数据计算得：

$$\bar{x} = 550$$

$$\bar{y} = 10.24$$

表 3-2 商品销售额与人均年收入统计表

期数	人均年收入（元）x	商品销售额（万元）y	xy	x^2
1	350	8.4	2940	122500
2	400	8.6	3440	160000
3	460	9.1	4186	211600
4	540	10.1	5454	291600
5	600	10.5	6300	360000
6	650	10.7	6955	422500
7	690	12.0	8280	476100
8	710	12.5	8875	504100
$n=8$	$\sum x = 4400$	$\sum y = 81.9$	$\sum xy = 46430$	$\sum x^2 = 2548400$

$$b = \frac{46430 - 550 \times 81.9}{2548400 - 550 \times 4400} = 0.0108$$

$$a = 10.24 - 0.0108 \times 550 = 4.3$$

将 a,b 值代入直线方程得：
$$y=4.3+0.0108x$$
当人均年收入达到预期 820 元时，商品销售额预测值为：
$$y=4.3+0.0108\times820=13.16(万元)$$

第二节　市场营销

一、市场及市场营销概念

(一)市场概念

市场是商品经济中生产者与消费者之间实现产品(服务)价值，满足需求的交换关系、交换条件和交换过程。现实市场的存在有三个基本条件：
(1)存在消费者(用户)一方，有某种需要或欲望，并拥有可供交换的资源(货币)；
(2)存在生产者(供给者)一方，能提供消费者需要的产品或服务；
(3)要有促成交换双方达成交易的各种条件，如双方接受的价格、时间(交易时间)、空间(交易地点)、信息或服务方式等。

(二)市场营销概念

对市场营销概念，理论界和企业界有不同的论述，本书定义为：市场营销是个人和群体通过创造并同他人交换产品和价值以满足需求和欲望的一种社会过程和管理过程。
这一定义有以下三个要点：
(1)市场营销的最终目标是"满足需求和欲望"，这一最终目标是市场交换活动的基本动力，也给营销人员提供了一种观察市场活动的新视角。
(2)"交换"是市场营销的核心，交换过程是一个主动、积极寻找机会，满足双方需求和欲望的社会过程和管理过程。
(3)交换能否顺利进行，取决于营销者创造的产品和价值满足顾客需求和欲望的程度和交换过程管理的水平。

二、市场营销观念

市场营销是一种有意识的经营活动，是在一定的经营思想指导下进行的，这种经营思想就是我们所讲的市场营销观念。市场营销观念是随着社会经济和市场的发展而不断变化的，主要经历了以下演变过程。

(一)生产观念

生产观念产生于19世纪末。该观念认为消费者欢迎可以买得到和买得起的产品,企业的任务就是组织所有的资源,降低成本、增加产量。这是一种典型的重生产、轻市场营销的观念,一般在卖方市场下产生。由于商品供不应求,企业生产的产品不愁没有销路,因此生产什么就卖什么,以产定销。

(二)产品观念

产品观念产生于20世纪20年代以前。该观念认为消费者喜欢那些质量好、价格低的产品,企业的任务就是要提高质量,只要价廉物美,顾客就会盈门。这种观念过分注重产品本身,导致"市场营销近视症"。它是在卖方市场出现竞争现象的条件下产生的。

(三)推销观念

推销观念产生于第二次世界大战之前。该观念认为消费者一般不会购买非必需的东西,但是企业如果采取一定的促销措施,那么消费者就会购买它们。企业的任务就是加强促销工作。这种观念的实质是认为市场营销就是推销。它是在卖方市场向买方市场过渡时期产生的。

(四)市场营销观念

市场营销观念产生于第二次世界大战之后。该观念认为随着生活水平的提高,消费者一般都喜欢赶时髦、求新奇,需求多变。企业的任务是了解市场需求,并且满足消费者的需求。这是一种以顾客的需求为导向的营销观念,是在完全的买方市场下产生的。

(五)社会市场营销观念

社会市场营销观念产生于20世纪70年代之后。该观念认为市场营销观念忽视了消费者需要与消费者利益和社会长远利益之间的矛盾,从而造成资源浪费和环境污染。如吃汉堡包虽然能满足消费者的需要,但是对老年人的健康不利,并且浪费大量纸;吸烟虽然能满足消费者的需要,但是容易使他们患肺癌,且污染环境。因此企业的任务是不仅要满足消费者的需求和欲望,并由此获得利润,而且要符合消费者自身和整个社会的长远利益。该观念提倡兼顾消费者需要和消费者利益与社会利益。它是在西方资本主义国家出现能源短缺、通货膨胀、环境污染、消费者保护行动的条件下产生的。

(六)大市场营销观念

大市场营销观念产生于20世纪80年代,由美国的菲利普·科特勒教授首先提出。该观念认为面对保护型的市场,企业的市场营销组合除了产品策略、价格策略、销售渠道策略和促销策略之外,还必须使用一定的政治权利和公共关系,从而形成大市场营销观念。

三、目标市场营销战略

在激烈的市场竞争中,企业要在其中赢得有利地位,就必须在市场调研的基础上,区分消费的不同需求特点,确定经营活动的方向。目标市场营销战略主要由三个部分组成:市场细分、目标市场选择和市场定位。

(一)市场细分

市场细分就是根据消费者需求的差异性,把一个整体市场划分为若干个消费者群或称子市场,以确定目标市场的过程。其中任何一个子市场都是一个有相似需求特征的消费者群,而不同子市场的消费者对同一种产品的需求有明显的差异性。

消费者需求的差异性是市场细分的内在依据,而企业资源的限制和进行有效竞争是市场细分的外在强制条件。

1. 有效市场细分的原则

(1)可衡量性原则。可衡量性原则指细分的市场必须是可以衡量的,也就是细分出的市场的大小和需求特征是明晰的。这就要求企业进行市场调查、收集相关信息时应当有明确、可测量的指标或依据。例如,男女人数、各年龄组的人数、各个收入组的家庭户数,都是可以测量的。

(2)需求足量性原则。需求足量性原则指细分出的市场规模必须足以使企业实现它的利润目标。如果细分后的市场顾客数量、购买力以及产品的使用频率等指标不高,那就难以形成充足的市场需求补偿企业为之付出的生产与销售成本,更谈不上获取利润。

(3)可进入性原则。可进入性原则指经过细分并选出的目标市场,应该是企业有足够能力去进入并占领的。在这个子市场上,能充分发挥企业的人力、物力和生产、技术、营销能力的作用。

(4)反应差异性原则。反应差异性原则指细分出的市场,对企业市场营销组合中任何一项因素的变动能迅速作出差异性反应。例如,有的市场对价格敏感,有的市场对质量敏感,这就说明市场需求有一定的差异性。因此,企业应当针对不同的消费者群制定不同的产品、价格、渠道、促销等营销组合策略。

2. 市场细分的标准

(1)社会经济标准,包括物产资源分布情况、生产分工情况、生产技术情况、收入水平、商品紧缺情况等细分因素。

(2)地理标准,指不同地区、气候、交通运输条件及人口密度等。

(3)人口标准,包括年龄、性别、职业、婚姻状况、家庭结构、教育程度、民族、宗教等细分因素。

(4)购买行为标准,包括消费者的兴趣爱好、购买动机、使用频率,对商品、商标的信赖程度,对价格、服务和广告的反应等细分因素。

企业运用上述标准时必须注意,市场细分标准不是一成不变的,而应随市场而改变,这样才能适应企业对目标市场的需求。另外,企业进行市场细分时,还可以采用一项标准,也可以采用多项标准。

3. 市场细分的程序

市场细分是企业决定目标市场和设计市场营销组合的重要前提。参照美国密歇根大学教授 E. 杰罗姆·麦卡锡(E. Jerome McCarthy)的市场细分程序,其可分为七个步骤:

(1)依据需求选定产品市场范围。
(2)列举潜在顾客的基本需求。
(3)分析潜在顾客的不同需求。
(4)移去潜在顾客的共同需求。
(5)为分市场暂时取名。
(6)进一步认识各分市场的特点。
(7)测量各分市场的大小。

(二)目标市场选择

目标市场是指通过市场细分,被企业选定的、准备以相应的产品和服务去满足现实的或潜在的消费需求的一个或几个细分市场。它必须同企业的战略目标一致,同企业资源相适应,能使企业在竞争中取得绝对或相对优势,获得较高利润。

企业选择目标市场的基本策略有以下三种。

1. 无差异性目标市场营销策略

无差异性目标市场营销策略是指将整体市场作为企业的目标市场,推出一种商品、实施一种营销组合,以满足整体市场的共同需要。在无差异性目标市场营销策略下,企业把市场看作一个整体,认为所有的消费者对某种商品有共同的需求,因而不考虑消费者实际存在的需求差异。其优点是成本低。大批量生产、储运、销售,必然降低单位产品的成本的营销组合方案便于企业统一计划、组织、实施和监督,营销管理费用也会大大降低。其缺点是适用的范围十分有限,只适用于那些具有同质性的产品,以及消费者的需求变化不大的产品。

2. 差异性目标市场营销策略

差异性目标市场营销策略是指企业针对各细分市场中的需求差异,设计生产出满足不同目标顾客需要的多种产品,并制定相应的营销策略,去满足整个市场中不同顾客的需要。这种营销策略的基础是根据消费者需求的差异性,捕捉更多的市场营销机遇。这种策略的优点是体现了以消费者为中心的经营思想,通过满足不同消费者的需要以提高市场销售额,同时企业可能在几个细分市场上占优势,有利于提高企业声誉,树立良好形象,提高市场占有率。但此种策略也有局限性:由于企业资源分散于各细分市场,不易赢得竞争优势,且产品生产成本和经营成本较高,促销费用较高,对争取更多的顾客不利。

3. 集中性目标市场营销策略

集中性目标市场营销策略,也称密集性目标市场营销策略,它与前两种策略不同之处是不把整个市场作为自己的服务对象,而只是以一个或少数几个细分市场或一个细分市场中的部分作为目标市场,集中企业营销力量,实行专门化生产和营销。采取这种目标市场营销策略的企业,追求的不是在较大的市场上占有较少的份额,而是在较小的市场上占有较大的份额。

影响企业目标市场策略选择的因素主要有以下几点:

(1)企业资源。企业资源包括企业的人力、物力、财力、信息、技术等方面。当企业资源多,实力雄厚时,可运用无差异性或差异性目标市场营销策略;当企业资源少,实力不足时,最好采用集中性目标市场营销策略。

(2)产品特性。对同质性强的产品,如农副产品、石油、煤炭等,可采用无差异性目标市场营销策略。对差异性较大的产品,宜采用差异性或集中性目标市场营销策略。

(3)产品所处的生命周期阶段。在产品的投入期,竞争者少,品种单一,企业可采用无差异性目标市场营销策略;当产品进入成长期或成熟期,竞争者增多时,企业应及时调整而采用差异性目标市场营销策略;当进入衰退期时,为保持原有市场,延长产品生命周期,全力对付竞争对手,宜采用集中性目标市场营销策略。

(4)市场特性。如果消费者的需求和购买行为基本相同,对营销方案也基本一样,那么可以采用无差异性目标市场营销策略。如果消费者的需求偏好有较多差异性,则宜采用差异性目标市场营销和集中性目标市场营销策略。

(5)竞争对手目标市场策略。如果竞争对手采用无差异性目标市场营销策略,则企业可采用差异性或集中性目标市场营销策略;如果竞争对手采用差异性策略或集中性目标市场营销策略,则企业应进一步细分市场,寻找新的市场机会,实行更有效的差异性或集中性目标市场营销策略。当竞争对手的竞争力较弱时,也可采用无差异性目标市场营销策略。

(三)市场定位

市场定位是指企业为自己进入目标市场的产品创立鲜明的特色或个性,塑造一定的市场形象,并把这种形象传递给消费者,以确定其产品在市场上的位置。市场定位要考虑两点:一是竞争对手的产品有什么特色、市场形象是什么;二是消费者对这种产品的各种属性的重视程度。将二者结合起来进行分析,为企业和产品塑造一定的特色形象,然后将这种形象传递给消费者,使他们成为具有特殊偏爱的目标消费者。

1. 市场定位的步骤

市场定位的关键是企业要设法在自己的产品上找到比竞争者的产品更具竞争优势的特性。

(1)确认本企业的竞争优势是什么。

(2)准确选择相对竞争优势。所谓相对竞争优势,是指企业能够胜过竞争者的能力。

(3)明确显示独特的竞争优势。在这一步骤,企业要通过一系列宣传促销活动,将其独特竞争优势准确传达给潜在顾客,并使顾客在心目中对本企业的产品留下深刻印象。

2. 市场定位的主要方式

(1)避强定位。避强定位是指避开强有力的竞争对手的市场定位。这种市场定位方式往往选择市场中的空白地带,避免了激烈的竞争压力,因此,能够使产品迅速在市场上站稳脚跟,塑造出明显不同于竞争对手的市场形象。当年"七喜汽水"将饮料市场分为可乐市场和非可乐市场,将自己定位在非可乐市场,获得成功,就是运用了这种市场定位方式。避强定位的市场风险较小,成功率较高,常常为许多企业所采用。

(2)迎头定位。迎头定位是指与市场上占据支配地位的强大竞争对手"对着干"的市场定位。这种市场定位方式风险很大,但是一旦赢得机会会带来巨大利益。正是由于这种极具挑战性的行为,这些企业家常常被冠以"挑战者""勇敢者"的称号。"百事可乐"向"可口可乐"发起挑战,形成可乐市场二雄相争局面,就是"百事可乐"长期运用这种市场定位方式的结果。

(3)重新定位。重新定位是指改变原有定位,重塑产品形象。这种市场定位方式通常是针对销售少、市场反应差的产品实行二次定位。重新定位的原因是多方面的,可能是初次定位失败,也可能是竞争格局发生变化或消费偏好发生变化,还有可能是原有产品发现有新的潜在市场。

第三节　4P&4C 策略

一、4P 策略

美国密歇根大学教授 E. 杰罗姆·麦卡锡(E. Jerome McCarthy)于 1960 年在其《基础营销》(Basic Marketing)一书中第一次将企业的营销要素归结为四个基本策略的组合,即著名的"4P"策略理论:产品(Product)、价格(Price)、渠道(Place)、促销(Promotion)。由于这四个英文单词的首字母都是 P,所以它们简称为"4P"策略。

(一)产品策略

1. 产品的整体概念

狭义的产品是指人们通过劳动创造出来的具有一定物质形态、物质属性的物品;广义的产品是指向市场提供的、能满足人们某种需要的一切物品和劳务。广义的产品不仅指物品的有形实体,还指物品通过提供效能、服务使消费者得到满足感的无形实质。因此产品的整体概念包括三个层次:产品的核心层、产品的形式层和产品的附加层。

(1)产品的核心层。产品的核心层是指整体产品提供给消费者的实际利益和效用。从某种利益上讲,消费者购买的并不是某种产品的实体,而是需求的满足。比如消费者购买手表是因为手表能显示时间,可以满足消费者查看时间的需求。

(2)产品的形式层。产品的形式层是指产品在市场上出现时的物质实体外形,包括产品的品种、花色、款式、规格、装潢、包装、商标、信誉与声望等。产品的形式层是产品核心的表现形式。

(3)产品的附加层。产品的附加层是指有形产品的全部附加服务和利益,包括产品咨询、技术培训、产品的检修、退还和运送、提供信贷便利、提供售前、售后服务等。

2. 产品组合策略

产品组合是指一个企业提供给市场的全部产品线和产品项目的组合或结构。产品线是满足同类需求的一组产品,产品项目是产品线中的个别产品。如某企业生产冰箱、空调、洗衣机,则该企业有三条产品线,在冰箱产品线内有双开门、三开门、分体、一体、181L、230L等各种产品项目。

衡量一个企业的产品组合状况有三个重要指标:宽度、深度和关联度。宽度是指企业拥有的产品线的数量。深度是指企业产品线上的每个产品项目可供顾客选择的种类即花色品种的多少。关联度是指不同产品线在最终使用、生产条件、销售渠道或其他方面的相关程度。关联度越大,生产成本或营销成本就越低。就汽车制造厂来说,如果生产轿车、卡车和大客车3类产品,而每类产品又分别有3种、5种、7种型号,那么这个厂的产品线有3条,即宽度为3,轿车、卡车和大客车的深度分别为3、5、7,这三条产品线关联度大。

产品组合策略就是企业根据市场需求和企业目标,对其产品组合的宽度、深度和关联度作出决策,以提高企业赢利水平。具体策略如下:

(1)扩大产品组合策略。扩大产品组合包括拓展产品组合的宽度和加强产品组合的深度。企业在分析评价现有产品经营状况和市场预测的基础上,为充分挖掘其潜力,可以扩大经营范围,增加新的产品线或生产更多品种的产品,以满足不同细分市场的需求。

(2)缩减产品组合策略。缩减产品组合就是取消一些产品大类或产品项目,集中企业力量发展获利多的产品大类或产品项目。在市场疲软或资源紧缺的情况下,缩减产品组合更有利于企业利润的增长。

(3)产品线延伸策略。产品线延伸是指企业全部或部分地改变原有产品的市场定位,从而扩大经营范围。产品线延伸有三种形式:向下延伸、向上延伸和双向延伸。这种策略不增加产品线,只是向产品线的深度发展,增加产品项目,拓展产品线的长度。其中向上延伸是指在原来定位于低档产品的产品线中增加高档产品;反之为向下延伸。双向延伸是指在原来定位于中档产品的产品线中增加高档产品和低档产品。

(4)产品线削减策略。产品线削减是指在现有产品线的范围内删减一些产品项目,缩短产品线。其有两种情况:一是产品线中有利润拖累项目;二是企业缺乏使所有项目都达到期望数量的生产能力,必须集中生产利润较高的项目。

(5)产品线更新策略。有时候产品线的长度还算适中,但其中的产品项目却需要更新。更新的方式有两种:逐项更新和全部更新。逐项更新的缺点是,容易让竞争者看到企业产品组合策略的改变,从而有足够的时间作出应对策略。全部更新虽然可能造成对方措手不及,但风险性较大。

(6)产品线特色策略。产品线特色是指企业选择具有代表性的一个或几个产品项目作为特别号召,以引起顾客对该产品线的兴趣。有时候,企业会促销产品线上一些低档产品,招徕大宗生意。又如,西尔斯公司推出低价的缝纫机来吸引顾客。有时候,企业会以较高级的产品项目来提高整个产品线的水平。例如,奥迪马·皮盖公司促销一种单价为 2.5 万美元的手表,事实上很少有人会去买它,但它却如"旗舰"似地提高了整个产品线的身价。

3. 品牌、商标与包装策略

品牌是制造商或销售商赋予产品的名称和标志。它是一个名称、符号、标记、图案或它们的组合,用以区别不同企业的同类产品。其中品牌名称是品牌中可以用语言称呼的部分,品牌标志是品牌中可以被认出但不能用语言称呼的部分。

商标是已获注册的品牌名称或品牌标志,它受法律保护,享有专用权。在我国,国家知识产权局商标局主管全国商标注册和管理工作,商标一经商标局核准即为注册商标,商标注册人享有商标专用权,受法律保护。

品牌策略主要有以下几种:

(1)品牌有无策略。有品牌的好处是:有利于订单处理和对产品的跟踪;保护产品的某些独特特征,防止被竞争者模仿;为吸引忠诚顾客提供了机会;有助于市场细分;有助于树立产品和企业形象。无品牌产品能节省注册、包装、广告等费用,可以取得价格优势。所以对于一些难以形成特色的产品和原材料,可以实行无品牌销售。

(2)品牌使用者策略。品牌策略的第二个选择就是使用谁的品牌,是选择生产企业还是销售企业。使用生产企业品牌的优点是:品牌一经注册便受法律的保护,是生产企业的无形资产;同时生产企业以自己的商标树立自己企业的形象与信誉。使用销售企业品牌的优点是:生产企业节省了使用品牌的费用;同时生产企业可以借助于销售企业的声誉打开生产企业产品的销路。

(3)统一品牌和个别品牌策略。统一品牌策略是指企业的所有产品都使用同一种品牌,形成一个品牌系列。这样做可以充分利用其品牌效应,使企业所有产品畅销。同时企业宣传介绍新产品的费用开支也相对较低,有利于新产品进入市场。如美国通用电气公司的所有产品都用 GE 作为品牌名称。个别品牌策略是指企业对各种产品分别采用不同的品牌。这样做有利于增加销售额和对抗竞争对手,还可以分散风险,使企业的声誉不致因某种产品表现不佳而受到影响。如宝洁公司的洗衣粉使用了"汰渍""碧浪"等品牌;洗发水使用了"海飞丝""潘婷""飘柔"等品牌。

包装是指产品的容器或包扎物,主要起到保护商品、便于储运、促进销售、增加利润的作用。包装策略主要有以下几种:

(1)类似包装策略。企业对其生产的产品采用相同的图案、近似的色彩、相同的包装材料和相同的造型进行包装,便于顾客识别出本企业产品。类似包装策略具有促销的作用,可以节省包装的设计、制作费用。但它一般适用于质量相似的产品,对于品种差异大、质量悬殊的产品则不宜采用。

(2)组合包装策略。按消费者的消费习惯,将数种有关联的产品组合配套,包装在一起同时出售,如工具箱、救急箱。这样,便于消费者购买、使用和携带,同时还可促进产品的销售,有利于新产品上市和普及。

(3)再使用包装。再使用包装是指包装内的产品使用完以后,包装物还有其他的用途。如印有游览图的包装纸、杯形容器。这种包装策略可使消费者感到一物多用而引起其购买欲望,而且包装物的重复使用也起到了对产品的宣传作用。

(4)附赠包装策略。附赠包装是指商品包装物中附有赠奖券或实物,或包装本身可以换取礼品,吸引顾客的惠顾效应,导致顾客重复购买,如酒类的包装。

(5)改变包装策略。改变包装即改变或放弃原有的产品包装,改用新的包装。采用这一策略,应注意内在质量与外在包装相适应,同时还应向消费者作一些宣传以免消费者产生误解。

(二)价格策略

1.影响价格的因素

价格是营销组合中的重要因素之一,它灵活又难以控制。价格水平的高低直接决定着企业市场份额的大小和赢利率的高低。随着营销环境的日益复杂,制定价格策略的难度越来越大,企业不仅要考虑成本补偿问题,还要考虑消费者接受能力和市场竞争状况。

影响价格的因素主要有以下几点:

(1)产品成本。成本是决定商品价格的主要因素。商品成本包括生产成本、销售成本和储存成本。企业一般通过增加产量降低来商品成本,从而降低商品价格。

(2)市场需求。市场供求关系是决定企业产品价格的基本因素。当供大于求时,价格会下降,反之价格则会上升。衡量需求变动对价格变动的灵敏度的指标是需求价格弹性系数,人们往往通过测算需求价格弹性系数来确定价格对市场需求的影响程度,进而确定产品价格。

(3)竞争者行为。定价是一种挑战行为,特别是在竞争者众多的领域,更容易引起竞争者的连锁反应。在这种价格对抗中,实力强的企业拥有较大的定价自由,而实力较弱的企业的定价自主权就小,通常做法是追随领先者进行定价。

(4)其他因素。除了产品成本、市场需求以及竞争者行为以外,还有一些影响商品价格的因素,如商品的市场特点:消费者购买频率,产品的易腐蚀性、易毁性和季节性;产品需求弹性;社会经济形式、市场范围;等等。

2. 定价方法

(1)成本导向定价法。成本导向定价法是以商品成本作为制定基本价格的依据,是企业定价首先需要考虑使用的方法。成本是企业生产经营过程中所发生的实际耗费,客观上要求通过商品的销售得到补偿并在此基础上获利。以产品单位成本为基本依据,加上预期利润来确定价格的成本导向定价法,是中外企业最常用、最基本的定价方法之一。成本导向定价法还包括总成本加成定价法、目标收益定价法、边际成本定价法、盈亏平衡定价法等几种具体的定价方法。

(2)需求导向定价法。需求导向定价法是指企业在制定价格时,主要根据消费者对产品价值的理解和需求强度来制定价格的方法。需求强度是指消费者想获得某种商品的强烈程度或迫切程度。这种定价法的原则是:市场需求强度大时,制定高价;反之,则制定低价。企业可以有效地利用价格差异,开展促进销售活动。当然这种价格差异要根据需求价格弹性的变化及顾客心理、产品改良、地域差别和时间差别综合考虑。

(3)竞争导向定价法。竞争导向定价法是企业通过研究竞争对手的生产条件、服务状况、价格水平等因素,并以此作为确定商品价格的主要依据。其特点是价格与商品成本和需求不发生直接关系,而是随着竞争者的价格变动而变动。采用这种方法,要及时研究、把握竞争者产品的情况,对照本企业的实际情况,通过分析比较来确定价格。

3. 定价策略

(1)新产品定价策略。常见的新产品定价策略有以下三种:

①撇脂定价。新产品上市之初,将新产品价格定得较高,在短期内获取厚利,以便尽快收回投资。对于全新产品、受专利保护的产品、需求的价格弹性小的产品、流行的产品、未来市场形势难以预测的产品等,可以采用撇脂定价策略。

②渗透定价。在新产品上市之初将价格定得较低,吸引大量的购买者,提高市场占有率。渗透定价策略特别适用于需求价格弹性较大和存在规模经济效益的产品。

③满意定价。这是一种较温和的定价策略,它把价格定于高低之间。满意定价既能保证企业获得初期利润,又能为消费者所接受。

(2)心理定价策略。心理定价策略是指根据不同消费者购买心理动机和预期利益来制定产品价格。常用的心理定价策略有整数定价、尾数定价、声望定价、拍卖定价、幸运数字定价等。

(3)折扣定价策略。折扣定价策略是指对基本价格作出一定的让步,直接或间接地降低价格,以争取顾客,提高销量。常用的折扣定价策略主要有以下几种:

①数量折扣。数量折扣是指按购买数量的多少,分别给予不同的折扣,购买数量愈多,折扣愈大。其目的是鼓励大量购买,或集中购买。数量折扣包括累计数量折扣和一次性数量折扣两种形式。

②现金折扣。现金折扣是对在规定的时间内提前付款或用现金付款者所给予的一种价格折扣。其目的是鼓励顾客尽早付款,加速资金周转,降低销售费用,减少财务风险。

③功能折扣。中间商在产品分销过程中所处的环节不同,其所承担的功能、责任和风险也不同,企业据此给予不同的折扣称为"功能折扣"或"业务折扣"。功能折扣的结果是形成购销差价和批零差价。

④季节折扣。季节折扣是指对在淡季购买商品的顾客给予一定的优惠。其目的是调节供需矛盾,使企业的生产和销售在一年四季都能保持相对稳定。

(4)差别定价策略。差别定价策略是指对不同地区、不同时间、不同对象实行不同的价格。常用的差别定价策略主要有以顾客为基础的差别定价、以产品为基础的差别定价、以地理位置为基础的差别定价、以实践为基础的差别定价等。

(三)分销渠道策略

分销渠道是指某种产品和服务在从生产者向消费者的转移中,取得这种产品和服务的所有权以及帮助所有权转移的所有组织和个人。分销渠道的起点是生产者,终点是消费者或用户,经过若干中间商将商品和服务的所有权或实体进行转移。

1. 分销渠道的特征

(1)分销渠道处于企业外部,反映某一特定产品或服务价值实现的全过程。分销渠道一端连接生产,另一端连接消费,是联系生产企业与用户的桥梁。因此,它必然介于生产企业与用户之间,处在企业的外部。

(2)分销渠道是由一系列相互依存的组织按一定目标结合起来的网络系统。其组织成员通常包括生产者、批发商、零售商和消费者,以及一些支持营销的机构如运输公司、独立仓库、银行、市场研究公司和广告公司等。这些组织为实现共同目标而发挥各自的营销功能,因追求共同利益而合作,也会因存在不同利益和其他原因发生矛盾和冲突,因此需要协调和管理。

(3)分销渠道是一个多功能系统。它不仅要发挥调研、购销、融资、储运等多种职能,在适当的地点,以适当的质量、数量和价格供应产品和服务,满足目标市场需求,还要通过各渠道成员的营销,开拓市场,刺激需求。在系统之间,面对竞争渠道,营销系统还需要有自我调节与创新功能,以便建立与细分市场之间更精确、更有效的联系。

图 3-1 表示的是被联想兼并前 IBM 的计算机分销渠道系统。在这里，IBM 根据自己的特点，针对不同用户对计算机产品及服务的不同要求，采用了多渠道网络系统，以便充分发挥渠道功能。IBM 销售公司主要面向大、中型企业用户；直销公司则主要负责向小型企业和个人用户如律师、会计师等，销售计算机及其配件，销售方式是电话订购和邮购。这两条分销渠道由 IBM 所属并直接管理。IBM 的第三条分销渠道由一些独立的中间商组成。这些中间商包括计算机专营商店、代理商和各类经销商，负责向数据处理、保险、会计、审计、石油等行业的用户销售 IBM 计算机及相关软件、配件。各机构均要根据渠道目标的要求发挥相应的功能。

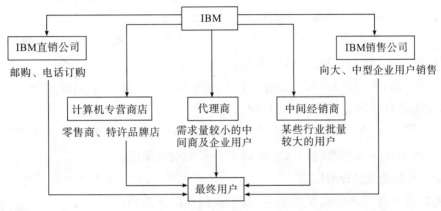

图 3-1　IBM 的计算机分销渠道系统

2. 分销渠道的类型

分销渠道的结构类型有以下两种：

(1)渠道的长短。分销渠道可以根据渠道层次的数目多少来判断渠道的长短。图 3-2 所示的就是从渠道层次来看消费品市场和工业品市场的基本渠道模式。中间环节越多，渠道越长，反之则越短。

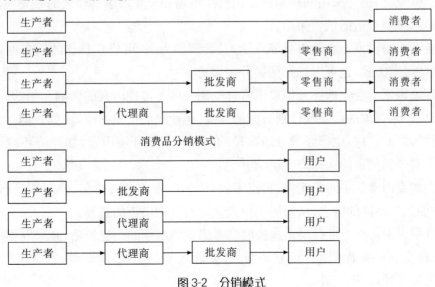

图 3-2　分销模式

(2)渠道的宽窄。分销渠道可以根据每个层次使用同种类型中间商的数目多少来判断渠道的宽窄。每一层次上中间商越多,渠道越宽,反之则越窄。根据同一层次上中间商数目的多少,分销又可分为密集分销、选择分销和独家分销。

因此,分销渠道可以归纳为两种类型:直接分销渠道和间接分销渠道。

(1)直接分销渠道是生产者直接将商品销售给消费者,没有任何中间环节的商品所有权的转移。其主要方式有人员推销、邮寄销售、开设自销门市部、通过订货会或展销会与用户直接签约供货等。

(2)间接分销渠道是指生产者通过中间环节把商品给予消费者的一种销售渠道。根据中间环节的多少,可将间接分销渠道分为三个层次:

①一层渠道,生产者与顾客之间只有一个中间环节,一般在消费品市场是零售商,在工业品市场是代理商、经纪人或批发商;

②二层渠道,生产者与顾客之间经过两个中间环节,一般在消费品市场是批发商和零售商,在工业品市场是代理商和零售商;

③三层渠道,在生产者和批发商之间再加一个中转商(代理商),由其负责向批发商供货,一般企业在不太熟悉的地区和市场上会采用这种渠道。

3.影响分销渠道选择的因素

分销渠道选择受多种因素的影响,其主要包括以下几种:

(1)产品因素。一般来说,产品单价较高,体积大或质量大,有效期短,储存条件要求高或不易多次搬运,以及技术性很高的产品,非标准化产品等,都应注意减少流通环节,尽可能地选择最短的分销渠道。反之,则可考虑采取间接分销渠道。

(2)市场因素。渠道设计深受顾客人数、地理分布、购买频率、平均购买数量,以及对不同市场营销方式的敏感度等因素的影响。购买批量大,消费地区分布比较集中,多采用直接销售,反之,适合采用间接销售。消费品市场和产业市场有较大的差异性,应注意研究其特点,选择合适的销售渠道。

(3)企业自身因素。企业自身经营能力、管理能力强,可建立自己的销售网点,采用产销合一的经营方式,也可以选择间接分销渠道。

(4)环境因素。企业选择分销渠道常常受到一些不可控因素的影响和制约。某些按国家政策应严格管理的商品或计划分配的商品,企业只能按章行事,比如香烟。另外,如税收、价格等商业法规,也都影响分销途径的选择。其他环境因素,如经济环境、自然环境等,都会对分销渠道的选择产生影响。

(5)中间商因素。中间商实力、特点不同,诸如广告、运输、储存、信用、人员训练、送货频率方面具有不同的特点,从而影响生产企业对分销渠道的选择。

(6)竞争因素。企业进行渠道选择时应考虑竞争对手的渠道策略,并采取相应对策。有时可以在竞争对手渠道附近设立销售点,贴近竞争对手,以优取胜;有时可以避开竞争对手,另辟蹊径,以退为进。

(7)政策因素。包括政府政策和法律影响。例如税收法、商品检验规定等,都影响产品的分销途径。

4.渠道设计的原则

(1)畅通高效的原则。所谓畅通,是指分销渠道结构到达目标市场的程度。高效即渠道效率较高,这是对企业产品的流通速度和流通费用的要求。畅通高效原则不仅要让目标顾客在适当的地点、恰当的时间,以合理的价格买到满意的产品,而且应努力提高企业产品的流转速度,降低渠道费用。畅通高效的渠道,可以在满足顾客便利购买需要的同时,降低企业的渠道费用,从而提高企业的赢利水平和竞争优势。

(2)稳定性原则。分销渠道对企业来说是一项战略性资源,它一经建立,就对企业的整体运作和长远利益产生重要的影响。因此,应从战略的眼光出发,考虑分销渠道的构建问题。分销渠道建立之后,不可轻易改变,尤其要注意分销渠道应具有一定的稳定性。此外,分销渠道还需具有可以进行小幅度调整以适应经营环境变化的弹性。调整时,应综合考虑各个因素的协调一致,使分销渠道始终在可控制的范围内基本保持稳定。

(3)发挥优势原则。企业的竞争优势可以体现在许多方面,如成本、技术、财务、管理、渠道等。在设计分销渠道时,要注意考虑是否有利于企业利用其竞争优势。从营销方面看,设计渠道时还应将渠道与产品、价格、促销结合起来,以增强营销组合的整体优势。

(4)协调平衡原则。在设计渠道时,企业不能单纯追求自身利益的最大化,而忽视甚至危害了其他渠道成员的利益。保障其他渠道成员的利益是渠道成功的前提,渠道成员之间的合作、冲突、竞争关系也需要进行协调。

5.分销渠道管理

(1)选择渠道成员。着重考虑中间商的行业位置、地理位置,以及中间商的能力和信誉。

(2)激励渠道成员。调动中间商经销企业产品的积极性,并与中间商建立一种良好关系。如作必要的让步、提供优质产品、给予各种权力、共同进行广告宣传、提供人员培训等。

(3)评估渠道成员。这是为了及时了解渠道成员的工作绩效,主要方法有两种:将每个中间商的销售情况与上期销售情况进行比较分析,并以整个群体的升降百分比作为评价标准;将各中间商的实际销售情况与该地区的潜在销售量进行比较,看其占整个潜在销售量的比率,并将各中间商按先后顺序进行排列。

(4)调整渠道成员。根据每个中间商的具体表现、市场变化和企业营销目标的改变,对分销渠道进行调整。调整的方式主要有部分调整渠道成员和全面调整分销渠道两种。

(四)促销策略

促销是市场营销组合中的又一重要因素。企业运用各种方式、手段,向消费者传递企业及其产品信息,实现双向沟通,使消费者对企业及其产品产生兴趣、好感与信任,进而作出购买决策。

促销组合是指企业对各种促销方式的灵活选择、巧妙组合和综合运用,即在促销活动中,把公共关系、广告、销售促进和人员促销有机结合,以便取得更好的整体促销效果。下面仅对人员推销和广告进行介绍。

1. 人员推销

人员推销是指企业的销售人员为达到促销的目的,以面对面交流的方式直接与顾客或潜在顾客接触,传递信息,促进销售。人员推销与广告、公关、营业推广的本质区别在于:人员推销是买卖双方面对面接触,这样便于观察对方,及时作出策略调整。

人员推销的优势是:直接接触顾客,针对性强,成交率高;以综合服务促进销售,有助于同顾客建立稳固的联系;及时反馈市场信息。但人员推销对推销人员的素质要求较高,主要包括:品格素质,推销人员要有良好的道德品质和正确的推销思想,要有强烈的事业心、热忱的服务态度和吃苦耐劳的敬业精神;业务素质,推销人员要有全面的产品知识、推销知识和礼仪风度,善于沟通、应变、协调;身体素质,推销人员常常"住无定所、食无定规、睡无定时",只有身体强健才能适应这样的工作。

人员推销的策略主要有以下三种:

(1)试探性策略。试探性策略也称为"刺激—反应"策略,即在不了解顾客的情况下,推销人员运用刺激性手段引发顾客产生购买行为的策略。推销人员事先设计好能引起顾客兴趣、刺激顾客购买欲望的推销语言,通过渗透性交谈对顾客进行刺激,在交谈中观察顾客的反应;然后根据其反应采取相应的对策,并通过得体的语言,再对顾客进行刺激,进一步观察顾客的反应,以了解顾客的真实需要,诱发顾客的购买动机,引导顾客产生购买行为。

(2)针对性策略。针对性策略也称为"配方—成交"策略,是指推销人员在基本了解顾客某些情况的前提下,有针对性地对顾客进行宣传、介绍,以引起顾客的兴趣和好感,从而达到成交的目的。这种策略适用于推销人员已基本掌握顾客需求的情况。

(3)诱导性策略。诱导性策略也可称为"诱发—满足"策略,是指推销人员运用能激起顾客某种需求的说服方法,诱发、引导顾客产生购买行为。这种策略是一种创造性推销策略,它对推销人员要求较高,要求推销人员能因势利导诱发、唤起顾客的需求,并能不失时机地宣传介绍和推荐所推销的产品,以满足顾客对产品的需求。

2. 广告促销

广告是以付费的方式,借助于各种传播媒体向目标市场的受众传递商品或劳务的信息。广告的最终目的是促进产品的销售。从企业营销的角度看,广告应具备以下五个要素:

(1)传播者,即广告主,主要指企业。

(2)传播媒体,即广告媒体,如互联网、杂志、报纸、电视、广播等。

(3)传播内容,即向社会大众传播的内容,如商品、劳务、企业观念、企业宗旨等。

(4)受众,即广告传播的对象,如中间商、消费者、用户等。

(5)传播目的,主要是促进企业的商品销售,树立企业的形象。

因此,广告是指广告主通过特定的广告媒体,向传播对象传播商品、劳务、观念等方面的信息,以期达到一定目的的一种信息传播活动。

广告具有最快、最广泛的信息传递,激发和诱导消费,介绍产品知识,指导消费,以及促进新产品、新技术的发展等作用。

广告决策包括广告目标的确定,广告预算的编制,广告信息、媒体的选择等。

(1)广告目标的确定。广告目标是刺激用户的兴趣和购买欲望,促进销售,增加赢利。任何一个广告都必须有具体的目标,广告的具体目标很多,例如以介绍为目标、以提高产品和企业信誉为目标、以提醒为目标。

(2)广告预算的编制。投放广告需要支付一定的费用,由于广告的促销效果很难计算,因而无法直接定量计算出合理的广告费用。通常本着扩大销售、提高经济效益、节约费用开支的原则,在编制广告预算时,采用力所能及法、销售额比例法、竞争对等法和目标任务法等。

(3)广告信息的选择。广告信息的选择即广告内容的选择,与广告效果有密切关系,是广告宣传中极为重要的方面。选择信息,即广告要向目标对象推荐什么商品和劳务,这取决于商品本身的特征以及企业在竞争中确定的目标。为了提高广告效果,在选择信息时必须注意信息的真实性、针对性、生动性、独特性、理解性与激励性。

(4)广告媒体的选择。广告媒体的选择应根据广告目标的要求、广告费用和广告商品进行,在选择广告媒体时应考虑商品的性质与特征、媒体的性质、广告目标、商品购买者的特征和媒体的费用等因素。

二、4C策略

随着市场竞争日趋激烈,媒介传播速度越来越快,4P策略越来越受到挑战。1990年,美国学者罗伯特·劳特朋(Robert Lauteerborn)提出了与传统营销的4P策略相对应的4C策略,强化了以消费者需求为中心的营销组合。其主要内容如下:

(一)顾客(Customer)

顾客主要指顾客的需求和欲望。企业必须首先了解和研究顾客,根据顾客的需求来提供产品。同时,企业提供的不仅仅是产品和服务,更重要的是由此产生的客户价值(Customer Value)。

(二)成本(Cost)

成本不单是企业的生产成本,或者说 4P 中的 Price(价格),它还包括顾客的购买成本,同时也意味着产品定价的理想情况,应该是既低于顾客的心理价格,又能够让企业有所赢利。此外,这中间的顾客购买成本不仅包括其货币支出,还包括其为此耗费的时间、体力和精力,以及承担的购买风险。企业要想在顾客支持的价格限度内增加利润,就必须降低成本。

(三)便利(Convenience)

便利指购买的方便性。4C理论强调企业在制定分销策略时,要更多地考虑顾客的方便,而不是企业自己的方便。为此,企业要深入了解顾客有哪些不同的购买方式和偏好,把便利策略贯穿于营销活动的全过程,售前做好服务,向顾客及时提供关于产品的性能、质量、价格、使用方法和效果的准确信息;售后重视信息反馈和追踪调查,及时处理和答复顾客意见,对有问题的商品主动退换,对使用故障积极提供维修方便,大件商品甚至提供终身保修服务。便利是客户价值不可或缺的一部分。

(四)沟通(Communication)

沟通被用于取代4P中的Promotion(促销),是指与顾客沟通。4C策略认为,企业应通过同顾客进行积极有效的双向沟通,建立基于共同利益的新型企业—顾客关系。这不再是企业单向的促销和劝导顾客,而是在双方的沟通中找到能同时实现各自目标的通途。

"4C"营销理论从其出现的那一天起就普遍受到企业的关注,许多企业运用"4C"营销理论创造了一个又一个奇迹。但是"4C"营销理论过于强调顾客的地位,而顾客需求的多变化与个性化,导致企业不断调整产品结构、工艺流程,不断采购和增加设备,其中的许多设备专属性强,从而使专属成本不断上升,利润空间大幅缩小。另外,企业的宗旨是"生产能卖的东西",在市场制度尚不健全的国家或地区,就极易产生假、冒、伪、劣的恶性竞争行为以及"造势大于造实"的推销型企业,从而严重损害消费者的利益。当然这并不是由"4C"营销理论本身引发的。

本章小结

市场调查是为了实现特定的市场营销目标,通过科学的方法有目的地收集和分析有关企业外部环境和经营管理方面的各种资料,为制定适当的市场策略提供依据。市场预测是在市场调查的基础上,借助历史资料,采用科学的预测技术,对未来一定时期内市场供需变化及其发展趋势进行估计、分析和推断的过程。采用市场调查和市场预测能为企业的决策提供依据,因而它们是企业一项经常性的基础工作,是企业管理的重要手段之一。

在企业营销管理中,市场细分、目标市场选择和市场定位是企业目标市场营销战略不可分割的三个组成部分;产品策略、价格策略、分销策略和促销策略构成了市场营销组合的重要内容;为了企业更好地满足顾客的需求,4C策略应运而生。

案例研讨

山东九阳股份有限公司是一家新兴的小家电专业企业。九阳公司成立于1994年10月,为山东省高新技术企业、国家大豆行动计划示范企业。其拳头产品九阳豆浆机被列为省级星火计划项目,九阳商标被认定为山东省著名商标。九阳公司的拳头产品九阳牌系列家用豆浆机拥有23项国家专利,为豆浆机行业第一品牌。九阳公司目前已成为全球最大的豆浆机制造商。

九阳豆浆机一经面市即受到广大消费者的喜爱和欢迎,畅销全国,并远销日本、美国、新加坡、印尼、泰国等20多个国家和地区,年销量突破百万台,年产值几亿元。目前,九阳已在全国地市级以上城市建立了200多个服务网点,做到了凡是有九阳产品销售的地区均有九阳的服务机构,并在行业内率先在全国大部分城市实行上门服务。现在,九阳公司主要致力于新型家用小电器的研制、开发、生产与销售,主导产品有九阳全自动家用豆浆机、电磁炉、开水煲、果汁机、电火锅等系列小家电。2000年4月,"国家大豆行动计划"领导小组将九阳公司列为行业内唯一"国家大豆行动计划示范企业"。2001—2003年,九阳豆浆机连续被国家统计局中国行业企业信息发布中心认定为"全国市场同类产品销量第一名"。2004年5月,九阳公司荣获中国最具发展潜力的中小企业"未来之星"称号。

1994年,工程师王旭宁发明了集磨浆、滤浆、煮浆等功能于一身的九阳全自动豆浆机。这一年王旭宁创建九阳公司,追随他的是和他一样年轻的北京交通大学的师兄弟们。该年被九阳人自豪地称之为:九阳元年。不起眼的九阳公司最初选择的同样是一个不起眼的产品——豆浆机。齐鲁大地这块沃土是九阳豆浆机的诞生地,它的出现是豆浆制作方法的一次革命,结束了中国人过去一直用石磨做豆浆的时代。

新产品的生产者必须耗费大量力气去培养消费者的消费习惯。1994年第一批2000台豆浆机生产出来,当时很多商场别说认同你的产品,就是见也没见过,想进去卖要费很多周折,讲解、演示,还要找关系托人。这批豆浆机堆在仓库里无人问津,九阳人心急如焚。由此发生了一件事,这件事被九阳的创业者们称作九阳公司的第一个标志性事件。1994年11月,在《齐鲁晚报》上紧贴在通档广告上方出现一则1厘米高的宣传九阳豆浆机的正反白长条补缝广告,广告花钱不多,效果却出奇的好。补了几次缝下来,到1995年春节前,2000台豆浆机便销售一空。1995年,九阳豆浆机的销售量突破了一万台。自此年轻的九阳人深深感知到宣传的重要性。要想让消费者真正认同豆浆机,必须从宣传大豆及豆浆对人体的益处做起。自那以后，九阳宣传大豆与豆浆营养知识的广告开始席卷全国媒体，前后与其合作的媒体有 500 家之多。从与报刊共同推出专栏，宣传豆浆的健康功效，到参与央视《夕阳红》栏目活动，再到"国家大豆行动计划"的推广，继而在央视《东方时空》和《开心辞典》节目上投入品牌广告，九阳豆浆机的市场宣传策略已从"引导消费豆浆"转移到"引导消费九阳豆浆机"，九阳不但在市场中活了下来，而且带动发展起了一个新兴的豆浆机行业。

每年占销售收入 20%～30%的研发投入，强大的营销网络，支撑起了九阳行业内第一品牌的地位。刚问世时，九阳豆浆机缺点一点不比优点少：一煮就糊，粘机且清洗困难，电机工作不稳，返修率高，等等。不突破技术障碍，九阳豆浆机必被淘汰出局。要生存下去，九阳就必须不断完善技术，进行技术革新。九阳的发展壮大过程也是九阳的技术创新过程。1994 年，九阳创新地将电机上置式安装；1996 年，九阳发明了"外加豆"技术；1998 年，针对消费者对豆浆机清洗困难的反馈新创了"智能不粘"技术；2001 年，"浓香技术"产品在九阳研发成功并投入规模化生产。2001 年 8 月，九阳豆浆机荣获中国首届外观设计专利大赛二等奖。2001 年 10 月，九阳豆浆机荣获首届中国企业"产品创新设计奖"优秀奖。2003 年 12 月，九阳豆浆机 JYDZ—17 和电磁炉 JYC—24E、JYC—21D 三款产品荣获中国工业设计"奥斯卡奖"。2001 年 4 月，九阳公司荣获"中国专利山东明星企业称号"。2001 年 8 月，九阳公司荣获山东省第六届专利奖金奖。到今天，九阳牌系列家用豆浆机拥有 23 项国家专利。

到 1997 年底，九阳公司山东省内外的办事处已达 10 家，有 200 多家经销商，由于销售采取总经销制，加之总部的宣传支持，公司年销售收入逾千万元，完成了最初的资本原始积累。1998～1999 年，九阳优化了自己的销售网络，对经销商加以筛选，同时加大了管理力度。销售网络优化效果很好，利润增长明显。

进入 1998 年，九阳度过了最艰难的创业开拓期，实力渐强。九阳豆浆机一机风行，诱发了投资者效仿的热潮。一时间全国各地如雨后春笋般新生了 100 余家豆浆机生产企业，有规模、成气候的如福建的迪康，广东的科顺、雄风，河南的田山等。2001 年 6 月 18 日，荣事达在沈阳宣布全面进入小家电市场，并声称要在 2 年内成为豆浆机的主导品牌。10 天之后，美的公司也宣布斥资 3000 万元进入豆浆机领域，豆浆机公司随即成立，并计划年内生产能力达到 150 万台，进入行业前 2 名。其他曾进入豆浆机行业的大家电企业还有海尔、澳柯玛等。

作为豆浆机行业的主导品牌，九阳面对纷至沓来的激烈竞争，并未显得手忙脚乱。他们在 2001 年投入大量科研经费，研发了全新的专利"浓香技术"；推出九阳小海豚浓香豆浆机，此产品迅速畅销全国。在品质管理方面，除进行常规的各项生产检验外，九阳还单独成立了多个实验室，如电机实验室、成品实验室等，对关键配件和整机进行全面实验检测。2001 年，九阳豆浆机销量达到 160 万台。九阳通过在技术方面不断推陈出新,远远甩开了竞争对手,这是九阳在豆浆机行业市场占有率始终维持在80%以上、销量年年第一的"法宝"。在保持技术创新的同时,九阳公司根据形势作出战略调整,为了在新技术、新材料、新工艺等方面赶上潮流,同时降低制造成本,在北方驻守了近十年后的九阳决定将公司的研发和制造重心南移,利用当地丰富的OEM资源,将研发、制造和销售三个重点减为两个重点,其中的制造环节将慢慢淡出。2003年,九阳营业额近3亿元,其中2亿来自豆浆机。

豆浆机毕竟是小家电的边缘产品,即使占有80%的市场,也觉得自己的那一块蛋糕太小,全国大约只有3亿元的市场。固守着豆浆机这一单一产品,很难让企业利润实现持续的快速增长。九阳人想做的是"小家电第一品牌",于是继豆浆机之后,九阳2001年进入电磁炉行业,九阳人想通过电磁炉再现成功的一跃。九阳电磁炉自上市以来,也取得了不凡业绩。2003年3月,九阳电磁炉荣列"全国市场同类产品六大畅销品牌"。2003年,九阳位居全国电磁炉行业前两名,成为电磁炉行业主导品牌。

(资料来源于网络,编者有删改)

复习思考题

1. 什么叫市场营销?市场营销有哪些观念?
2. 市场调查的方法有哪些?简述市场调查的步骤。
3. 德尔菲法的特点是什么?
4. 什么是市场细分?市场细分的原则有哪些?
5. 有哪些目标市场的策略?什么是市场定位?
6. 什么是市场预测?市场预测的方法有哪些?
7. 产品的整体概念包括哪些内容?品牌的策略有哪些?
8. 定价的方法和策略有哪些?
9. 分销渠道主要内容是什么?
10. 促销策略基本内容是什么?
11. 4C策略内容是什么?
12. 结合案例讨论下列问题:
    (1)九阳豆浆机长时间占据市场领导地位的原因是什么?
    (2)九阳公司针对大量的市场挑战者和市场追随者,采取了何种竞争策略?

第四章

产品开发与项目管理

本章目标

学习本章后，应当了解：
◎产品寿命周期的概念及其各阶段的特点。
◎产品选择要经过的各个阶段。
◎产品开发系统。
◎标准化的概念及其优缺点。
◎价值工程的概念。
◎项目的可行性研究。
◎大型项目管理的三个阶段。
◎PERT的分析计算。

案例导引

奇瑞公司的机器人研发项目

工业机器人及机器人集成应用技术是先进制造装备中自动化水平的重要体现,也是衡量一个国家工业发展水平的重要标志。在国际上,工业机器人已经成为一种标准设备而得到广泛应用,而我国一直没有真正形成规模的工业机器人产业,产品依靠从国外大量引进,在维护、更新、改造方面对国外的依赖度较大,乘用车领域表现尤为突出。采购昂贵、维护成本,备件成本昂贵,提高了我国汽车制造业的成本,一定程度上也制约了我国民族汽车工业的发展。

为了满足日益增长的需求,打破国外产品对我国汽车工业发展的制约和垄断,奇瑞公司于2007年开始联合国内机器人科研单位进行工业机器人及关键部件开发,在发展自主品牌汽车之外探索自主工业机器人产业化之路,并形成中国的工业机器人品牌。这对于提升奇瑞的生产装备技术、产品质量,实现企业转型起到了重要的推动作用。

奇瑞公司相关负责人表示,自公司机器人项目确立以来,经过产品开发、批量应用、不断改进和再推广应用持续反复的产品化过程,目前已进入规模化应用阶段,产品多项指标都达到国外同类产品先进水平。

奇瑞机器人焊装线

(资料来源于网络,作者有删改)

第一节　新产品的选择

一、确定新产品的市场前景

产品决策是生产运作的基础，在生产运作的整个过程中有着重要意义。管理层在产品的选择、定义和设计等方面有许多选择。产品选择就是选择提供给顾客的产品或服务。如快餐店专门为顾客提供各种各样的快餐。一家快餐店的管理层可以决定它是西式快餐店、中式快餐店，还是综合式的快餐店。当投资者决定要建立什么类型的快餐店时，他们就要进行产品选择。

一个企业如果不开发新产品就无法生存。旧的产品正在进入成熟期，而处于下降期的其他产品必须更换。这就要求企业不断开发新产品。成功的企业应该学会如何把握机会推出成功的产品。影响市场机会的因素包括经济、社会和人口的变化、技术变革和政治变革。此外，市场惯例、专业标准、供应商和分销商也会带来其他的改变和机会。我们必须了解这些因素，并能够预测在产品、产品数量和产品组合等方面的变化。

二、产品的生命周期

产品从研制成功投放市场开始到被市场淘汰为止所经历的时间，称为产品的生命周期。产品的生命周期可以划分为四个阶段，即投入期、成长期、成熟期和衰退期。当一种产品首次推向市场时，它可能被当作新奇的事物对待。由于潜在购买的顾客对它并不了解，因此此时对它的需求通常很低。许多潜在顾客认为该产品还不完善，而且在投入期过后产品价格会下降。随着时间的推移，生产和设计的发送通常使产品选择性更高，成本更低。在生命周期的下一个阶段，产品达到成熟，设计变化很少，需求停止增长，市场趋于饱和。最后，需求开始下降，产品进入衰退期。如图 4-1 以几种产品为例，对这四个阶段作了说明。当然也有些产品没有明显的生命周期，如木质铅笔、剪刀、钉子、饮水杯类产品。但是，大多数新产品都有生命周期。图 4-2 显示了产品生命周期的四个阶段，以及在产品生命周期内产品销售额、成本和利润之间的关系。产品的生命周期可以只有几个小时，或几个月，或几年，长的甚至可以几十年。不管生命周期的长短如何，项目经理的任务是一样的：设计一个能成功开发新产品的系统。否则，产品不能有效地制造出来，公司就会遭受失败。

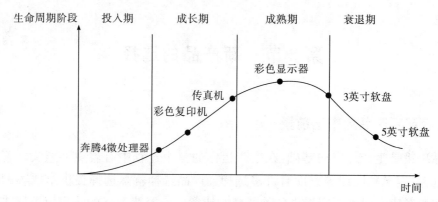

图 4-1　各生命周期阶段的产品

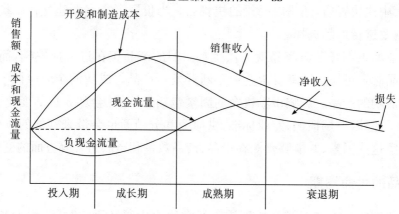

图 4-2　产品生命周期、销售额、成本和利润

在新产品开发中,有许多产品没有成功。所以,产品选择、定义和设计频繁地进行。而更多的产品经过产品开发、最终产品设计和初级生产阶段,却被认定为几乎无利可图,不宜进一步投资,所以这些产品没有引入。有时要进行评估的产品可能很多,每推出一个经济上成功的产品也许要研究 500 多个产品。图 4-3 所示的是一些特定开发阶段生存下来的产品的相对数量。

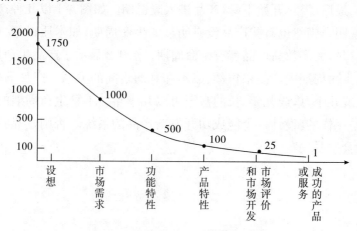

图 4-3　产品开发中只有少数获得成功

在准备开发新产品的同时,还需要为新产品和现有产品制定战略。因为这些战略将随着产品在生命周期中的移动而变化,所以必须定期检查产品以判断它们在生命周期中所处的阶段。产品在其生命周期各阶段应采取的战略如下:

(1)投入期。处于开发阶段的产品仍在"微调"以适应市场,产品的生产技术也如此。我们在以下方面值得做出大量的投资:研究;产品开发;流程模拟和改进;供应商的发展。

(2)成长期。在成长阶段,产品设计开始定下来,这时就有必要准确地预测生产能力:可能要增加新的生产能力或提高现有的生产能力来满足产品需求的增加。

(3)成熟期。产品进入成熟阶段,竞争更加激烈,这就有可能要求企业大大提高产量。革新生产技术,加强成本控制,减少选择和削减产品,这些对获利和占领市场份额都可能是有效的或必不可少的措施。

(4)衰退期。管理层必须下决心放弃那些生命周期即将结束的产品。垂死的产品是不值得投入资源和管理人才的,除非这些产品能对公司的名誉或其产品系列作出独特的贡献,或者能以特别高的价格销售出去,否则,应终止这些产品的生产。但有些公司采取防守性的研究态度,试图通过提高产品或服务的可靠性、降低生产成本、重新设计或更换包装来延长产品的生命周期。

第二节 产品开发过程

对产品开发流程的管理不仅决定着产品是否能够成功,还决定着公司的未来前景如何。

一、产品开发系统和开发方法

图 4-4 展示了产品开发系统。在这个系统里,产品选择要经过八个阶段,始于来自内部或外部的设想,终于对新产品的评估。这一系列评估是在有关各方高度参与的情况下完成的,其目的是使失败的风险降至最低。成功的新产品开发在初始阶段应强调外部因素(市场导向)或内部因素(技术和革新指导),或给予二者同样的关注。

产品开发工作一般由生产开发系统和有关部门选派一个生产经理来运作。但产品开发工作最好由一个正式的小组来运作,如生产开发小组、设计和制造小组、或价值工程小组。成立"小组"是为开发工作提供必要的沟通和协调的途径,这对于那些按职能部门化的组织来说尤为重要。产品开发小组担负着从了解某一产品的市场需求到获得产品成功的整个过程的重大责任。其目标是研究产品的市场性、可制造性和可维护性,以便成功地制造产品或提供服务。这些小组成员通常包括市场营销、设计、制造、采购、质量检验及一线服务人员,有时也包括客户、经销商和供货商代表。研究表明,在一个开放的、小组成员高度参与、人尽其才的环境里,产品开发更易获得成功。

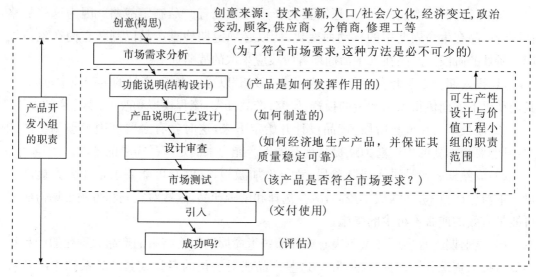

图 4-4 产品开发系统

二、价值工程

价值工程(Value Engineering,简称 VE)是提高产品功能、降低生产成本的有效方法,对老产品的改进具有重要作用。价值工程的含义可用公式表示：

$$V = \frac{F}{C}$$

式中：V——价值；

F——功能；

C——成本。

价值是消耗单位成本所取得的功能；功能是指产品所具有的特定用途和使用价值；成本是指产品从开发、设计、制造到使用的整个期间的总成本,也称寿命周期成本。表 4-1 表示的是价值工程的工作程序。

表 4-1 价值工程的工作程序

构思过程	基本步骤	详细步骤
分析	1. 功能定义	(1)选择价值工程对象
		(2)收集情报
		(3)功能定义
		(4)功能整理
	2. 功能评价	(5)功能成本分析
		(6)功能评价
		(7)确定改进对象
综合		(8)创造

续表

构思过程	基本步骤	详细步骤
评价	3.制定改善方案	(9)概略评价
		(10)具体调查与实验
		(11)详细评价
		(12)提案

设计和制造小组、价值工程小组的职责就是以尽可能低的成本开发出功能尽可能全面的产品。他们的责任是在产品的研究、开发、设计和生产等各阶段改进设计和规格。设计制造和价值工程除了立竿见影地、显而易见地降低成本外,还具有以下优点:减少产品的复杂性;进一步使产品标准化;改善产品的功能;改进工作设计和工作安全;改善产品的可维护性(可服务性)。

成立生产开发小组、设计和制造小组和价值工程小组对作业管理层来说可能是控制成本的最好方法。这些方法对产品的必要功能进行定义,在不降低产品质量的前提下达到了这一功能。如果高效率地执行价值工程方案,就可把成本削减 15%～70%,而质量没有降低。一些研究表明,在价值工程上每花 1 元,就能节省 10～25 元。

三、根据价值分析选择产品

价值工程的重点是生产之前的设计改进,而与之相关的价值分析,则是在确认一个新产品成功后进行生产过程中作出的。价值分析小组的责任是作出改进,以便生产更好的产品或者更加经济地生产产品。根据价值分析选择产品是按每种产品各自对公司创造的赢利,从高至低的顺序来排列产品;也可以按每种产品的年销售额来排列。即使某种产品每单件创造的赢利不高,但如果该产品在公司的销售额中占一个大的比例,那该产品也应另眼相待。

根据价值选择产品的报告给管理者评估对每个产品所采取的战略提供了依据。这些战略包括增加现金流量(如:提高价格或降低成本以增加创造的价值)、增加市场的突破口(如:提高质量和降低成本或价格)、降低成本(如改进生产流程)。这种报告也会告诉管理者哪种产品应该取消,哪种产品不宜在研究、开发或设备上再投资。它使管理者的注意力集中在每一种产品的战略方向上。

第三节 产品的定义和设计

在选择了要推出的产品或服务后,就要对它们进行定义。一种产品或服务是根据其功能(即它有什么用)来定义的,而产品设计则决定了如何实现这些功能。

为保证生产的高效率,企业必须对产品开发进行严格的规定。只有在定义、设计和建档后,才能对设备、布局和人力资源作出决定。所以,每个部门都要建立档案以给产品下定义。例如,许多产品都有书面的规定或等级标准,这些规定和等级标准给产品下了定义。大多数的成品以及它们的零件都通过画图来定义,这类图通常是指工程图。一张工程图显示了一个零件的尺寸、精度、材料和装配工艺。图 4-5 显示的是一张工程图。物料清单列出了零件及其描述和制造一个单元产品所需的每一个零件的数量。图 4-6 显示了一个成品的物料清单。工程图是物料单上的一个项目,它显示的是如何制造物料清单上的一个产品。

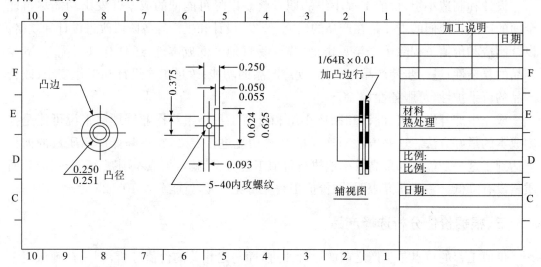

图 4-5 工程图(图中标明了尺寸、公差、衬格与加工方法)

断面焊接的物料清单			汉堡包成分控制标准	
编号	品名	数量	品名:多汁汉堡	
A 60-71	断面焊接	1	原料	数量
A 60-7	装配下滚筒	1	小面包	1个
R 60-17	套筒	1	奶酪	1片
R 60-428	销钉	1	肉饼	2个
R 60-2	螺帽	1	酸菜片	2片
A 60-72	后导轨	1	脱水洋葱	1包
R 60、57-1	支持角铁	1	调味酱	1份
A 60-4	装配磙筒	1	莴苣	1棵
02-02-1150	螺钉	1	(b)	
A 60-73	前导轨	1		
A 60-74	底座	1		
R 60-99	铭牌	1		
02-50-1150	螺钉	3		
(a)				

物料清单在工厂(a)和快餐店(b)在样式上是不同的 但是,在这两个场合,产品都必须定义清楚。

图 4-6 成品物料清单

一、标准化

产品设计中经常涉及的一个问题是标准化程度。标准化指同一种产品、服务或流程下的不同个体之间是没有差异的。同一项目下的标准化产品,如计算器、电脑等,是大批量生产的。标准化服务指每一个顾客或项目流程接受的是本质一样的服务。汽车的自动清洗就是如此,每辆车,无论是干净的还是肮脏的,都接受同样的服务。

标准化的产品意味着产品零件可更换,在提高生产能力的同时极大地降低了生产成本;与定制零件相比,其设计成本更低,维修或更换更加方便;产品的质量与可靠性也提高了;还可以减少培训员工的时间和费用,并减少设计工作岗位的时间;在工作安排、存货处理,以及采购和财务活动都更加常规化。

标准化也有不利之处,其中一个就在于产品多样性程度的降低。这会限制一种产品或服务所能吸引的顾客的范围,从而造成风险。另一个不利之处是制造商可能在设计不成熟时就将它固定(标准化),而一旦固定,就会有种种强制因素使设计难以修改。例如打字机和电脑键盘的按键排列,研究表明另外一种按键排列顺序会更有效,但更换所有现存设备和再培训数百万打字员及字码程序员的费用远大于它所带来的效益。

二、设计方法

为了提高产品设计的速度和质量,应根据产品结构的特点和产品设计的性质,采用不同的设计方法。常用的设计方法有三种。

(一)模块化设计

模块化设计是指以企业的标准件、通用件和过去生产过的零部件为基础,用组合方式或称为堆积木方式来设计新产品,或者是在试验研究的基础上,设计出一系列可以互换的模块,然后根据需要选用不同的模块与其他部件组合成不同的新产品。采用这种方法的前提是必须使零部件标准化、通用化,并加强对这些零部件的管理。

模块化设计与非模块化设计相比,其优点是由于所需检查的零件减少,因此设备故障常常更容易诊断和排除。其在维修和更换的难易上也有类似优点,有缺陷的组件能够很方便地拆开并用一个好的组件更换。模块组件的制造和装配通常较简单,所包括的零件更少,因此采购和存货控制更加常规化,制造和装配运作更加标准化,更容易实现产品设计自动化,也更容易利用计算机进行辅助设计。

模块化设计的主要缺陷在于产品种类减少;有时为了更换损坏部件,会遇到模块组件不能拆卸的情况,此时必须将整个组件拆卸,不过,这样做费用更高。

(二)内插式设计

内插式设计是一种生产经验与试验研究相结合的半经验性的设计方法,主要用于新产品规格处于两种既有产品规格之间的产品设计上。采用内插式设计时,对新产品不必进行大量的科研和技术开发工作,只需选用相邻产品的原理、结构以至计算公式等,根据需要进行小量的研究试验。采用这种设计方法的关键是选择适当的相邻产品。

(三)外推式设计

外推式设计是利用现有产品的设计、生产经验,将实践和技术知识外推,设计比它规格大的类似产品。

外推式设计与内插式设计有本质区别。后者是在已知领域内设计新产品,而前者是在未知领域内设计新产品。在现有设计基础上作外推时,需运用基础理论和技术知识,对过去的实践经验进行分析。对有关质量、可靠性等重要环节,应进行试验,把经验总结与试验研究成果结合起来进行新产品设计。

三、成组技术

成组技术(Group Technology,简称 GT)是建立在工艺工序相似性基础上的,合理组织生产技术准备以及生产过程的先进管理方法。成组技术要求用编码的方法来区分零件,而编码的方法则表明了加工的方法(如钻孔)和加工的参数(如批量)。机器能以分组的方式加工同类零部件,减少设备调整、发送和材料处理等工作。图 4-7 显示了零部件是如何分类的。

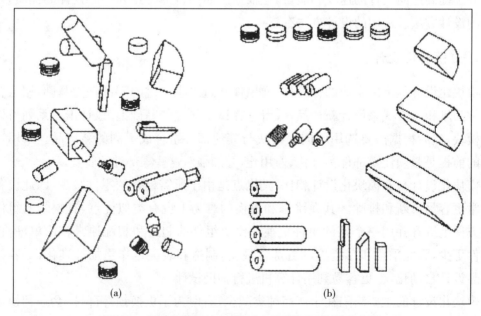

图 4-7 各类零部件从未成组(a)到成组(b)的编码方案

在产品设计中应用成组技术,首先要通过将企业中已设计、制造过的零件编码成组,建立起设计图纸和资料的检索系统。当为新产品设计零件图纸时,设计人员将设计零件的构思,如结构形状、尺寸大小等,转化为相应的分类代码,然后按该代码对其所属零件组的零件设计图纸和资料进行检索,从中选择可直接采用或稍加修改后便可采用的零件图纸。只有当原有的零件图纸均不能利用时,才重新设计新的零件图纸。图4-8简要概括了成组技术应用于产品设计的过程。

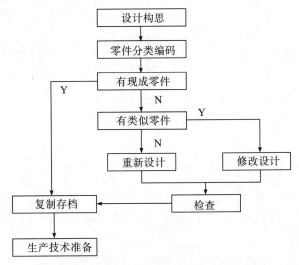

图4-8 成组技术在产品设计中的应用过程

成组技术提供了一个系统的方法,即用查看零部件所属的类别的方式,便可了解某个现有的零部件是否可用于一个新产品。使用现有的零部件免除了设计和开发一个新零部件的所有费用,这样就大大降低了成本。因此,成功应用成组技术可带来以下好处:

(1)改善设计。
(2)减少原材料和采购量。
(3)简化生产计划和控制。
(4)优化流程和降低机器负荷。
(5)减少设备调整、工序和生产时间。

四、并行工程

为了达到从产品设计到生产的顺畅传递并减少产品开发时间,许多公司开始采用并行工程(Concurrent Engineering,简称CE)方法。并行工程是相对于传统的"串行工程"而言的,它是指在设计阶段的早期将设计和制造工程的人员召集起来,同时进行产品和产品的生产流程的开发。它要求产品开发者在设计阶段就考虑到包括设计、工艺、制造、装配、检验、维护、可靠性、成本、质量等在内的产品生命周期中的所有因素。而传统的方法是,设计者在没有从制造方面获得任何信息的情况下就设计开发一种新产品,然后将该设计传达到制造部门,接着制造部门不得不为这种新产品开发生产流程。这不但使部门之间易产生冲突,而且大量增加了成功开发一种新产品所需的时间。图4-9和图4-10简要概括了串行工程与并行工程的特征。

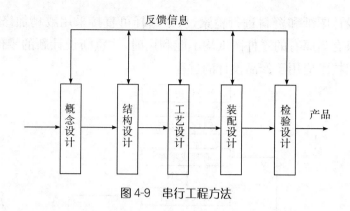

图 4-9 串行工程方法

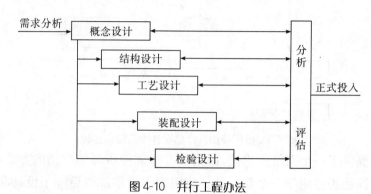

图 4-10 并行工程办法

采用并行工程的主要优点如下：

(1)缩短产品开发至投放市场的时间,而这正是一个关键的竞争优势。
(2)提高产品质量,降低生产成本。
(3)能较早考虑一种特殊设计或设计中某些部分的技术可行性。
(4)可以将重点放在解决问题上而不是解决矛盾上,以确保用户满意。

但是,采用这种开发方式仍存一些难点,如,设计和制造之间长期存在的矛盾很难马上克服,单纯将一群人召集在一起,以为他们能够高效合作的想法是不切实际的;要使该流程发挥作用,必须有充分的沟通,而这一点却很难做到。因此,企业要采用这种方法,应做好充分的准备。

五、计算机辅助设计

使用计算机辅助设计(Computer-Aided Design,简称 CAD)可大大提高产品设计的效率。产品越来越多地通过 CAD 来设计和建档。

在用 CAD 时,设计者首先画一张草图,或者只是创意。然后,设计者使用显示器作为一块画板来构筑设计的几何图形。设计者可以在屏幕上移动、旋转甚至劈开图形,以便从不同角度观察图形的外观和内部结构。当几何定义完成之后,完善的 CAD 系统将允许设计者决定使用各种各样的工程数据,例如强度数据或热传递数据。CAD 也能使设计者确保各种零件能很好地吻合,确保在随后的装配中不会出现问题。所以,如果设计者为一辆汽车挡板画草图,当挡板改变时,托架和有关的控制板也随之改变。这样就可以方便地、经济地分析现有的设计。

CAD 的主要优点是提高了设计者的设计效率。生产者不再为准备产品或零件机械图而费时费力,也不再为修改错误或吸收新观点而重复地修改机械图。CAD 的另一个优点是它所建立的数据库能为制造部门提供产品图形和尺寸、材料规格等必要信息,这样工具设计人员和数控机器的程序员也能受益。但是,应当注意到,CAD 只有这种数据库才能发挥其功能,而制作这个数据库需要投入大量的时间和精力。

六、服务产品的特殊情况

服务产品包括无形产品,如银行、金融、保险、运输、通信、医疗程序等。服务产品的特点如下:

(1)与有形产品相比,它通常是无形的。例如,购买两个城市之间航班座位的服务。航班座位可以通过座位的位置、航班号、日期和级别来定义。

(2)服务的生产与消费通常是同时进行的。例如,医生给病人做手术的同时,病人也消费了这一服务。这种情况下,抢在顾客之前发现和改正服务中的错误更加困难。因此,员工培训、流程设计及与顾客的关系就显得特别重要。

(3)服务没有"库存",这限制了它的柔性,并使生产能力设计显得非常重要。

(4)许多产品是标准化的或者有标准的零件,而许多服务是独特的,这是因为服务过程中顾客的高度参与,使得每次服务过程都各不相同。所以服务产品的标准化、自动化很难。在许多情况下,顾客购买这种服务就是因为这种服务是独一无二的。因此,服务产品的设计更要强调其独特性。

(5)产品定义的不一致性。服务产品的定义可以是严格的,如保险单。服务产品的定义也可以是松散的,如理发服务。不仅理发的定义对每个顾客各不相同,还每次理发对同一个顾客来说,定义也可以不同。

(6)考虑到便利性,选址对服务也有重要作用。因此,服务设计和位置的选择经常是紧密联系的。

服务业开发产品的意义与制造业相同,都是为了保持自己的竞争优势,也都是为了扩大市场或开拓新的经营领域,寻找新的经济增长点。但服务业的产品开发与制造业又有许多不同的地方。服务业的产品开发投资风险小,开发的主要方式是依靠人的创造性思维。服务业以手工操作为主,所以开发一个新产品一般不涉及设备投资问题,企业可以大胆地设想和尝试。

第四节 项目管理基本理论

项目是指在规定的时间内,由专门组织起来的人员共同完成的、有明确目标的一次性工作。项目在其投入建设之前一般必须进行可行性研究。可行性研究是对欲实施的工程项目有关的技术、经济及社会各方面的因素,进行全面而综合的调查、分析和研究,以此对各种方案进行比较,从而得出实施项目的技术经济效果和社会效果的预测意见。

一、可行性研究

可行性研究可分为四个阶段。

(一)机会研究

机会研究主要是指提出工程项目投资方向的建议,并对自然资源和市场需求进行调查及预测。机会研究要求准确有效地确定投资方向,要科学估计投资需要量和生产成本,预测精确度误差要求在±30%以内。

(二)预可行性研究

预可行性研究是指确定机会研究的结论,投资机会是否有希望,对关键问题做辅助研究,较精确地估计出经济指标,作出经济效益评价。这一阶段对投资和成本计算的精确度误差要在±20%以内。

(三)可行性研究

可行性研究是投资研究的关键环节,要求对项目进行深入、详细的技术经济论证,为项目决策提供科学可靠的依据。可行性研究要求估算准确度误差要在±10%以内。

(四)项目评估

项目评估要对可行性研究报告进行审查,提出结论性意见,并作出最终投资决策。

可行性研究的工作程序是:筹划准备—调查研究—方案选择和优化—财务分析和经济评价—编制可行性研究报告。

联合国工业发展组织(UNIDO)《工业可行性研究编制手册》规定的工业项目可行性研究报告的内容如下:

(1)实施纲要:叙述研究报告中各部分的主要内容和得出的结论,并对项目的可行与否提出最终建议。一般以表格形式将研究报告中各部分的主要技术经济指标汇总,对报告中提出的主要问题进行说明,并提出解决的方案。

(2)项目的背景和历史,包括:项目发起人的姓名和通信地址;项目发起过程和提出的理由;支持该项目的经济政策和工业政策;项目已进行的前期工作;重要问题的决策和决策过程等。其应说明投资的必要性,以及本项目是否符合本国的经济情况和工业发展情况。

(3)市场和工业生产能力,包括:市场需求调查与预测(包括现有生产能力,现行的产量和销量,可能出现的替代产品等);销售和推销方式;销售收入预测;生产系统规划;生产能力规划。

(4)投入物:着重说明制造产品所需的原材料及其他投入物供应来源和供应方式的选择,原材料与其他投入物成本的估算。

(5)厂区和厂址,包括:建厂区域的选择和分析论证;厂址的选择(地形、地貌和地质情况、占用土地量和需拆迁的情况的比较分析);自然人文环境和建设施工条件分析;厂址推荐方案的主要技术经济指标。

(6)工程设计,包括:本项目采用的生产工艺、工艺流程及主要生产设备;主要车间组成及产区总平面布置;厂内外的交通运输方案;土建工程规划设计;其他工程,如给排水工程等;项目的主要污染源和污染物;环境保护措施及投资估算。

(7)工厂组织及管理费用,包括:企业的组织机构;企业工作制度;企业管理费用估算。

(8)员工,包括:本项目所需的劳力及管理人员;人员的构成及所需的培训。

(9)项目建设,包括:项目实施前各阶段的进度安排;工厂施工建设及设备安装的进度;生产试运行及正式投产安排;项目实施过程各种费用的估算。

(10)财务及经济评估,包括:项目的总投资支出(固定资产和流动资金);生产成本;项目的赢利率水平;资金筹措方案;项目的财务评估;项目的国民经济效益评估。

二、项目管理

对于管理人员来说,大型工程是一项艰难的任务,经常是一次性的,风险很大。如果工程规划不妥,将使成本超过预算,浪费巨额资金。如果调度不当,将导致延误工程进程。另外,管理不善也将使企业破产。

大型项目的管理由三个阶段组成,如图4-11。

(1)组织。此阶段包括设定目标、明确项目和组织团队。有时在项目开始之前此阶段就已完成。

(2)计划。此阶段包括具体活动所需的人员、资金和供给以及各具体活动之间的关系。

(3)控制。在这一阶段,企业监控资源、成本、产品质量和预算,也可修订或更改计划,更换各种资源,以满足时间和成本的需求。

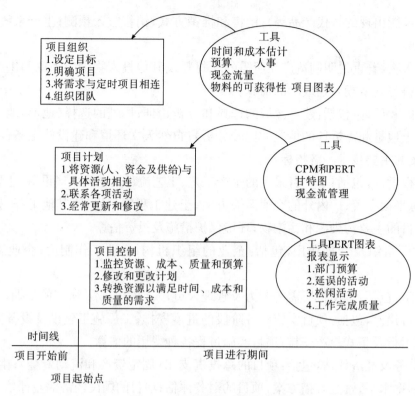

图 4-11 项目组织、计划和控制

（一）项目组织

项目通常是指一系列产出一致、相互关联的任务。那些需要花费几个月甚至几年完成的特殊项目往往在正常的生产系统之外进行开发。企业内部设立项目组来处理这类工作，项目组可以有效地集中在规定时间内完成具体项目所需的人力和物力资源的准备。项目完成后，该组织即解散。它是一个临时性的组织机构，旨在利用企业的专家以达到一定的目的。

在下列情况下，项目组的工作可以取得最佳效果：

（1）工作有具体的目标和期限。

（2）工作独特或对现行组织很熟悉。

（3）工作由一些需要特殊技术、相互关联的复杂任务组成。

（4）项目是临时性的，但对机构组织来说很关键。

图 4-12 表示的是一家企业简化后的项目组织。项目小组成员都是临时指定的，并向项目经理负责。项目经理要做好与其他部门的协调工作，并直接向企业的最高管理机构——通常是总经理负责。项目经理在企业的地位显著，是规划和控制项目活动的关键因素。

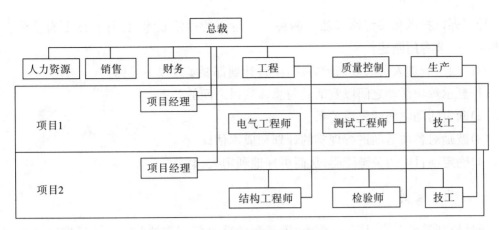

图 4-12 项目组织示例

在项目启动之前,项目管理小组就开始工作以便制订计划。首先是详细地设定项目目标,然后明确项目内容,并将其分成一系列活动和相关的成本。在规划阶段还应估计人力、供给和设备的总需求。

(二)项目计划

项目计划是指安排所有项目活动的先后次序并确定相应的完成时间。在这一阶段,管理人员决定完成每项活动所需的时间,计算各个生产阶段所需的人力与物力。他们还根据技术种类(如管理、工程或生产)单独列出所需人员的时程,也可为物料安排绘制图表。

甘特图是项目计划常用的一种方法。这种方法成本低,能帮助管理人员弄清楚这几个方面:

(1)所有的活动都已经过计划。
(2)生产次序已作说明。
(3)活动时间估计已作记录。
(4)总的项目时间已经形成。

如图 4-13 所示,甘特图易于理解,但不易更新,它不能恰当地说明活动与资源之间的内在关系。

活动代号	活动内容	月　份											
		1	2	3	4	5	6	7	8	9	10	11	12
A	产品设计												
B	工艺编制												
C	原材料外购作采购												
D	工艺装备制造												
E	零件加工												
F	产品装配												

图 4-13 甘特图示例

计划评审技术和关键路径法是两种广泛运用的网络技术,比甘特图更有优势。本书将在下一节专门阐述。

不论项目管理人员采取何种方法,项目计划都要实现以下目标:

(1)显示每项活动之间以及活动与总体项目之间的关系。

(2)确定活动之间的先后关系。

(3)鼓励对各项活动进行现实的计划和成本估计。

(4)确定项目中的关键障碍,从而更好地利用人、财、物。

(三)项目控制

项目控制是指企业对资源、成本、质量和预算进行仔细的监控。项目控制还指利用反馈信息循环修改项目计划,以及将资源调剂到最需要的地方。一些流行的程序如微软公司开发的 Project、苹果公司开发的 MacProject,以及国内一些公司开发的项目管理软件等均能作出 PERT/CPM 报告和图表,并提供各种范围广泛的报表,具体包括:每项任务详细的成本分析、总体人力计划曲线、成本分布表、功能成本和耗时总结、原材料和经费预算、方差报表、时间分析报表、工作状况报表。

第五节 项目管理技术:PERT

计划评审技术(Program Evaluation and Review Technique,简称 PERT)和关键路径法(Critical Path Method,简称 CPM)起源 20 世纪 50 年代的美国,用以帮助管理人员对大型复杂项目进行计划、监管和控制。两者的目标一致,所使用的分析方法也很相似。两者的主要区别在于 PERT 对每项活动进行三次时间估计,每次估计得出相关的概率,可以利用该概率计算出活动时间的预计值和标准差。CPM 假设活动时间已明确知道,因此每项活动只需一个时间系数。PERT 和 CPM 统称为网络计划技术。

一、网络图

PERT 的一个显著特点就是,借助于网络图对项目的经过及其内在逻辑关系进行综合描述。网络图是由事件、活动及路线组成的。事件表示某项活动的开始或结束,它由节点表示。活动是指两个事件之间的任务或子项目,用箭头线表示。路线是指从网络始点开始,顺箭头方向连续不断地到终点为止的通道。图 4-14 显示了用以表示它们的符号。

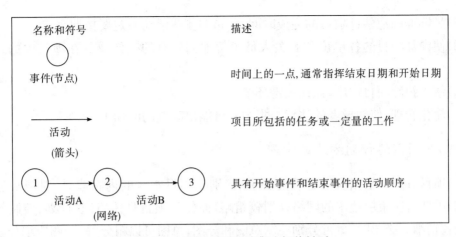

图 4-14 事件、活动及它们之间的关系

（一）网络图的绘制规则

(1) 网络图中不允许出现循环线路。
(2) 网络图中任意两个节点之间只允许画一条箭线。
(3) 网络图只能有唯一的开始节点和结束节点。
(4) 网络图中的任何一项活动，只能用唯一的箭线来代表。
(5) 网络图中的箭线应尽量指向右方或向右倾斜，并避免交叉。

（二）虚活动和事件

网络中可能有两项起止事件相同的活动。处理这类问题时，可以在网络图中插入虚活动和事件。虚活动是指不占用时间，但插入网络图中可以维持网络图逻辑结构的活动。当计算机程序用以确定关键路线和项目完成时间时，虚活动和事件的使用尤为重要。如图 4-15，C、D 是 E 的紧前活动，F 的紧前活动是 D。

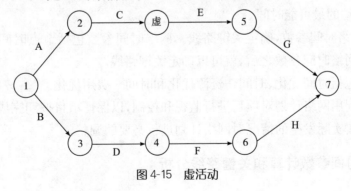

图 4-15 虚活动

（三）网络计划方法的优点

将甘特图与网络图进行比较，可以看出网络图有以下优点：
(1) 使整个项目及其各组成部分一目了然。

(2)足够准确地估计项目的完成时间,并指明哪些活动一定要按期完成。

(3)使参加项目的各单位和有关人员了解他们各自的工作及其在项目中的地位和作用。

(4)便于跟踪项目进度,抓住关键环节。

(5)简化管理,使领导者的注意力集中到可能出问题的活动上。

(四)应用网络计划方法的步骤

(1)项目分解。根据项目管理的要求、级别和项目本身的内在联系,对项目进行分解,一般供项目决策层使用的网络计划较粗略,而作为项目具体组织、计划、控制的网络计划则较精细。必要时,也可分别绘制总图和分图,总图可以粗分解,分图应细分解。

(2)确定各种活动之间的先后关系,绘制网络图。

(3)估计作业时间。作业时间是指完成一项作业需要的时间,有两种估计方法:

①单一时间估计法:为每一项作业的时间,仅确定一个时间值。这种方法适用于不可知因素较少,或有较多的经验和资料可供借鉴的情况。

②三种时间估计法:适用于不可知因素较多,缺乏相关的经验和资料可供借鉴的情况。它是为每一项作业估计出三个时间值,即乐观时间(a)、最可能时间(m)和悲观时间(b)。假设活动时间遵循 β 概率分布,我们就可用这三个时间估计每项活动的完成时间 t 和方差 σ。

$$t=\frac{a+4m+b}{6}$$

$$\sigma=\left(\frac{b-a}{6}\right)^2$$

式中:a——活动的乐观时间;

b——活动的悲观时间;

m——活动的最可能时间。

(4)计算网络时间参数,确定关键路线。网络时间参数包括节点时间参数和活动时间参数。求出网络时间参数之后,就可以确定关键路线。

(5)优化:包括时间优化、时间—资源优化和时间—费用优化。

(6)监控:利用网络计划对项目进行监视和控制,以保证项目按期完成。

(7)调整:按实际发生的情况对网络计划进行必要的调整。

二、网络时间参数计算和关键路线分析

当一个项目的网络图绘制好之后,如何确定整个项目的工期、每项作业何时开始又于何时结束、哪些作业对项目工期的影响最大等一系列内容,都需要通过网络时间参数的计算才能确定。

(一)节点时间参数

节点时间是一个瞬时概念,它表示终止在该节点的箭线所代表的活动完成和从该节点出发的箭线所代表的活动开始,包括节点最早开始时间和节点最迟结束时间。

(1)节点最早开始时间(ET)是指从该节点出发的各项作业最早能够开始的时间。通常将开始节点的最早开始时间规定为零,然后依节点编号顺序顺次计算各节点的最早开始时间。计算公式为:

$$ET_j = \max\{ET_i + T_{i,j}\}$$

(2)节点最迟结束时间(LT)是指箭头指向该节点的各项作业最迟必须完成的时间。通常将结束节点的最迟结束时间规定为其本身的最早开始时间,然后依节点编号逆序反方向计算各节点的最迟结束时间。计算公式为:

$$LT_i = \min\{LT_j - t_{i,j}\}$$

(二)活动时间参数

活动时间是一个时段概念,活动需要持续一段时间才能完成。活动有四个时间值:

(1)活动最早开始时间($ES_{i,j}$):该活动最早可能开始的时间。它等于该活动对应的箭线的箭尾节点的最早开始时间,即

$$ES_{i,j} = ET_i$$

(2)活动最早结束时间($EF_{i,j}$):该活动最早可能结束的时间。它等于该活动的最早开始时间与活动的作业时间之和,即

$$EF_{i,j} = ES_{i,j} + t_{i,j}$$

(3)活动最迟结束时间($LF_{i,j}$):该活动最迟必须完成的时间。它等于代表该活动的箭线的箭头节点的最迟结束时间,即

$$LF_{i,j} = LT_j$$

(4)活动最迟开始时间($LS_{i,j}$):该项活动最迟必须开始的时间,它等于该活动的最迟结束时间与该活动的作业时间之差,即

$$LS_{i,j} = LF_{i,j} - t_{i,j}$$

(三)活动的时差

活动的时差是指在不影响整个项目工期的条件下,某些活动在开工时间安排上可以机动使用的一段时间,又称宽裕时间或缓冲时间。

活动的总时差($ST_{i,j}$)表示该活动在开工时间安排上机动时间的幅度,它等于活动的最迟开始时间与最早开始时间之差,即

$$ST_{i,j} = LS_{i,j} - ES_{i,j}$$

活动的单时差($S_{i,j}$)是指在不影响后续活动在最早开始时间开工的条件下,某项活

动所具备的时差。只有总时差不为0的活动才可能具有单时差。单时差只能在本项活动中利用,如果不用也不能让给后续作业使用,而总时差可以部分让给后续作业使用。单时差的计算公式为:

$$S_{i,j} = ET_j - ET_i - t_{i,j}$$

一旦我们知道每项活动的这些值,我们就能分析整个项目的以下内容:

(1)关键路线工程中总时差为0的一组活动所构成的线路。由于关键路线上活动的延误将造成整个项目的延误,因此,该路线即为关键。

(2)T 工程周期,关键路线上各项活动的预计时间值(t)相加而成。

(3)V——关键路线的完成时间方差,由关键路线上单项活动的完成时间方差(σ)相加而成。

[**例 4-1**] 某产品开发项目由14件工作组成,有关信息见明细表4-2,根据明细表绘制的网络图见图4-16,网络时间参数计算结果见表4-3。

表 4-2 产品开发项目的工作明细表

工作名称	工作代号	紧前工作	工作时间(周)	工作名称	工作代号	紧前工作	工作时间(周)
市场调查	A		6	设备计划	H	E,G	5
产品研制	B		12	器材筹备	I	C,E,G	12
资金筹备	C		13	设备筹备	J	C,H	10
需求分析	D	A	3	人事计划	K	C,H	9
产品计划	E	B	6	设备布置	L	J	8
成本计划	F	D	4	人员安排	M	K	4
生产计划	G	F	2	生产	N	I,L,M	11

表 4-3 时间参数计算表

(i,j)	t(i,j)	ES(i,j)	EF(i,j)	LS(i,j)	LF(i,j)	S(i,j)
(1,2)	6	0	6	3	9	3
(1,3)	12	0	12	0	12	0
(1,4)	13	0	13	10	23	10
(2,5)	3	6	9	9	12	3
(3,7)	6	12	18	12	18	0
(4,8)	0	13	13	23	23	10
(4,9)	0	13	13	29	29	16
(5,6)	4	9	13	12	16	3
(6,7)	2	13	15	16	18	3
(7,8)	5	18	23	18	23	0
(7,9)	0	18	18	29	29	11

续表

(8,10)	9	23	32	28	37	5
(8,11)	10	23	33	23	33	0
(9,12)	12	18	30	29	41	11
(10,12)	4	32	36	37	41	5
(11,12)	8	33	41	33	41	0
(12,13)	11	41	52	41	52	0

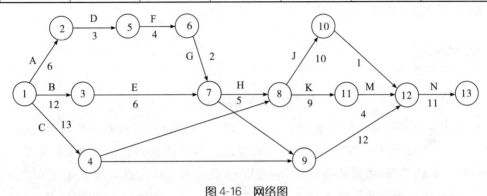

图 4-16　网络图

三、网络的优化

网络图在确定了关键路线和工期之后,基本上就形成了一个初始计划方案。在这个初始计划方案中,只要根据活动时间之间的相对位置为每一个活动规定开始和结束的时间,就没有考虑人员、费用、时间、设备等条件的限制。

PERT 的最终目的是综合考虑各种因素,实施对项目的优化计划。因此,应该在初始方案的基础上,根据要求对其进行调整和改善,直至得到最优方案。一般 PERT 优化的主要方法有以下几种:

(一)时间优化

时间优化是指通过对关键路线进行分析、调整,寻求最短工期。时间优化的主要途径有:提高关键活动的平行程度;提高关键活动的工作效率;利用非关键活动的时差,从中抽调部分人力、物力,集中于关键活动,缩短关键活动的工作时间。

(二)资源优化

资源优化是指在保证项目工期的前提下,通过工期调整、资源配置等方式,使项目费用最低,或资源使用效果最好等。资源优化的方法主要有:时间、费用优化和时间、资源优化等。

本章小结

产品如何经历投入、成长、成熟和衰退的生命周期,影响着经理对战略的采用。产品的选择、定义和设计对随后的决策都有影响。生产管理人员在产品开发过程中必须有想象力、足智多谋。成组技术、并行工程、CAD和价值工程都是很有用的产品设计技术。一旦产品投入生产,价值分析对于质量和产品检验都是有帮助的。项目投资前须做可行性研究。PERT是控制大型复杂项目的重要方法。

案例研讨

美菱产品开发

美菱集团在坚持以科技创新领先同行业一步的同时,不断创新产品开发,提出并实施"科技驱动型产品"战略,促进企业经济效益稳步提高。1998年,在全国家电行业平均利润下降30%的情况下,美菱销售额增长12%,利润增长4.2%。1999年,美菱又进一步拓宽了成本降低空间,平均单台制造成本比1998年下降5.4%,管理费用比1998年下降3.4%。产品开发创造了企业竞争优势。

近年来,冰箱市场趋于饱和。目前国内冰箱需求与供给之比由几年前的1∶2变为现在的1∶3。生产能力的过剩导致各生产企业竞相降价促销,冰箱行业平均利润率也由1994年以前的10%以上降到现在的4%左右,明显进入了"微利"时代。因此企业几乎不可能依靠高价格获取利润,只有依靠科技进步来拓展利润空间,只有开发出新型产品才能为企业提供利润空间。1997年,美菱集团从科技创新战略的角度出发,进行企业新产品开发,为企业的发展提供了有力保障。

传统产品开发只是注重现有产品的节能降耗,成本下降空间极为有限,成本和利润之间的矛盾比较突出,问题常常是老产品亏本促销、新产品高价难销,两方面都不利于企业持续健康发展。科技驱动型产品,重点是通过新产品的开发、成熟产品的优化设计、新材料的运用、工艺技术的创新、设备技术的改进、员工素质的提高和计算机管理的采用等措施,实现管理手段与方法的科技化,增强产品竞争力,提高产品附加值,进而降低成本,扩展利润空间。

企业产品创新有减利因素,也有增利因素。减利因素主要有新产品开发费用、新产品市场风险、技术改造投入等。这些因素无疑会在一定时期内增加成本。增利因素主要有:创新产品可适当提高售价;创新产品会增加销量,提高市场占有率;应用新的科技成果,可以提高效率,节能降耗,减少废品损失。通过适当增加投入来提高产品科技含量和附加值,这种支出短期来看似乎增加了企业当期的费用,但对于企业的可持续发展来说是十分必要的,有利于企业获得竞争主动权。

科技驱动型成本管理成功的关键在于增利因素必须大于减利因素，即在提高产品市场占有率的同时，创新所带来的产出必须大于对创新的投入。为此，美菱集团在实施成本管理时，特别强调在产品开发过程中，以市场为导向，实行科学的产品开发规划和预算制度，通过优化企业资源配置，运用现代科技方法和手段，建立以科技驱动为核心的产品开发体系。

运用现代科技方法和手段，采取有效措施，对所有的产品开发项目进行控制和改进，是美菱集团实施科技驱动型产品开发的重要内容。在具体实施过程中，综合运用优化设计、工艺改进、设备技术革新、先进检测技术、计算机网络和信息技术等技术和管理方法，不断提高产品技术含量，降低产品材料成本，提高产品生产效率，最终达到增强企业竞争实力，提高企业经济效益的目的。其具体包括五个方面。一是通过产品创新，扩大产品的利润空间。如美菱集团开发的智能变容电冰箱投放市场后，单台毛利额达到了其他产品的1.7倍。二是优化产品设计，降低材料成本。系列化产品设计，使零件具有较强的通用性。既节约了模具制作费用，又缩短了产品开发周期。1999年，美菱集团技术中心通过产品优化设计共降低成本537万元。三是革新工艺技术，提高生产效率。对冰箱制造中吸塑和发泡核心技术进行革新，使吸塑板材利用率达到95%，每年节约材料成本1000万元以上；发泡生产线日产量平均提高了12%。四是更新技术设备，降低单位产品成本。目前美菱集团在全国电冰箱行业率先实行多品种混线生产，可同时生产20多个品种。五是采用科学的标准化技术和先进的检测技术减少质量损失。重点抓新产品一次投产质量水平，配套件入厂质量水平，控制制造环节质量水平；采用最可靠的试制工艺，保证设计环节的质量；采用高科技的检测设备和先进的检测技术来保证制造环节的质量；采用先进的统计技术，建立用户满意度指标，有效地实施产品质量改进策略。

美菱集团运用现代产品开发系统，通过建立成本目标体系、核算控制体系、责任考核体系、信息反馈体系来实现科技驱动型产品开发体系，使美菱能够在安徽省保持着很高的市场占有率。

（资料来源于网络，编者有删改）

复习思考题

1. 什么是成组技术？当我们努力改进产品时，为什么它能发挥作用？
2. 如何在新产品设计中应用价值工程方法？
3. CAD是如何帮助CAM(计算机辅助制造)的？
4. 产品生命周期的四个阶段是什么？各阶段的特点是什么？
5. 表4-4中列出了三个产品在它们生命周期中所处的阶段及其在该阶段所作的贡献，给每个产品设计一个合理的生产战略。

表 4-4

产品	产品贡献 （占销售价格的百分比）	对公司的贡献 （年度总贡献占年度销售的百分比）	生命周期中的阶段
便携式电脑	30%	40%	成长期
膝上电脑	30%	50%	投入期
计算器	50%	10%	衰退期

6. 大型项目管理的三个阶段是什么？

7. 可行性研究有什么重要作用？其工作程序包括哪几个步骤？

8. 一般工业项目可行性研究的主要内容有哪些？

9. PERT 和 CPM 可以解决哪些问题？它们的基本区别是什么？

10. 关键路线分析的意义有哪些？什么是关键活动？它们为什么很重要？

11. 按表 4-5 提供的资料：(1)绘制网络图；(2)在网络图上计算节点时间参数；(3)计算活动的最早开始时间和最迟开始时间，求出关键路线。

表 4-5

活动代号	A	B	C	D	E	F	G	H	I	J
活动时间(周)	4	6	5	9	8	2	5	6	4	5
紧前活动	—	A	A	A	B	B,C	E	F,I	D	G,H

12. 结合案例讨论以下问题：

(1)美菱产品获得较高市场占有率的法宝是什么？

(2)美菱在产品开发过程中，是什么起了重要的作用？

第五章

生产系统的组织与管理

本章目标

学习本章后,应当了解:
◎生产系统的功能与构成要素。
◎生产过程与生产类型的概念。
◎生产过程组织的几种形式。
◎综合计划的策略。
◎MRP的基本原理。
◎生产作业控制的程序。
◎库存的作用及库存控制模型。
◎生产系统维护的内容与改善的工具。

案例导引

航空公司与自行车厂的运作方式

一提到"生产"这个词，很多人会想起工厂和装配线。过去生产管理领域几乎完全集中在制造管理方面，强调的是工厂使用的方法和技术。近年来，生产管理的范围大大地拓宽了。生产观念及方法被应用到制造业以外的许多活动和场景中，诸如医疗、饮食、娱乐、银行、酒店管理、零售、教育、运输及政府服务等方面。为适应这一变化，我们采用"生产与运作管理"，或更简单的"运作管理"这一术语。

我们可用航空公司来说明生产运作系统。该系统由飞机、机场设施、维修设施组成，有时还扩展到领空。管理部门和雇员所从事的大部分活动属于运作管理之列。

(1)对诸如天气和着陆条件、座位需求及空中旅行的发展势头等问题作出预测。

(2)飞行能力计划是该公司保持现金流量和获得合理的赢利所必需的(飞机的数量太少或太多，或飞机数量适中但未合理使用，都将减少公司的赢利)。

(3)对飞行和日常维修人员、驾驶员、随从及地勤人员、柜台人员和行李管理人员分别作出的安排。

(4)对诸如食品及饮料、急救设备、旅行读物、靠垫和地毯以及救生工具等物件的库存管理。

(5)质量保证体现在：飞行和维修方面要做到安全至上；在售票台、登记处和电话预订受理点，要讲究工作效率，要礼貌对待旅客。

(6)雇员激励和培训贯穿于运作的各个阶段。

(7)按照运作部经理关于为哪些城市提供服务、在哪里设置维修设施以及将哪些地方定位主要和次要中心所做的决策进行机场设施选择。

现在我们考虑一家自行车厂。该厂可能主要从事装配运作，从供应商那里购买零件，如车架、轮胎、车轮、齿轮及其他物件，然后装配成自行车。该厂也可做一些制造工作，如制造车架、齿轮及链子，而主要购买原料和油漆、螺母、螺栓及轮胎这样的小零件。无论在哪种情况下，该厂都要做好以下的重要工作：

生产进度安排、决定哪些零件自制和哪些零件外购、订购零件和原料、决定生产的车型及数量、购买新设备更换掉旧设备或报废设备、维修设备、激励工人以及确保达到质量标准。

显然，航空公司与自行车厂的运作方式完全不同。一个主要是提供服务，而另一个则是生产产品。不过，这两类运作也有许多共同点：两者都涉及工作进度安排、激励员工、订购及管理存货、选择及维修设备、达到质量标准和让顾客满意，而其中最重要的都是让顾客满意。在这两个系统中，企业的成功均依赖于短期和长期计划。

第一节　生产系统功能与结构

生产系统是企业大系统中的一个子系统，工业企业生产系统的主要功能是制造产品。制造什么样的产品，决定了需要什么样的生产系统。因此，研究生产系统的功能与结构是从分析用户对产品的要求入手的。

一、用户对产品的要求

用户对产品的要求可归纳为七个方面：品种、质量、数量、价格、服务、交货期和环保与安全。实际上用户对产品的要求是多样的。虽然上述七个方面较全面地概括了用户对产品的基本要求，但是不同的用户对同一种产品的要求往往有很大的差异。例如，有的用户追求款式新颖；有的希望产品经久耐用，并有良好的服务；有的注重价格是否便宜；有的则不惜高价，只要求迅速交货。

二、企业经营战略对构造生产系统的影响

在现实生活中，尤其是在竞争激烈的市场条件下，企业为了争夺市场份额，常常根据不同用户的不同需求，采用市场细分化的经营战略，此时企业要求自己的产品不仅能够满足用户对上述七个方面的基本要求，而且要求它具有一定的特色，能满足目标市场中用户提出的特殊需求。例如，高速开发某种新产品；按用户提出的期限快速供货；与其他企业同类产品相比，要求成本更低。这就要求企业生产系统在创新、交货期以及产品成本方面都具有更强的竞争力。因此，一个有效的生产系统的功能目标是：它制造的产品不仅能满足用户对产品七项基本要求的基准水平，而且要适应企业经营战略的要求，使企业能够在价格竞争、质量竞争、时间竞争以及其他方面的竞争中取得和保持优势。

用户的需求和企业竞争战略对产品的要求都是依靠生产系统制造出相应的产品来实现的。产品把用户对它的要求和企业竞争战略的要求转化为对生产系统的要求。用户对产品的要求和产品对生产系统的要求之间有很强的对应关系，即产品对应于用户对产品提出的七个方面要求，产品对生产系统提出了创新、质量、弹性(应变能力)、成本、继承性(刚性)、按期交货和环保与安全七项要求。用户对产品的要求在转化为产品对生产系统的要求过程中受到企业竞争战略的影响，使上述七项要求中的某些要求得到强化，并产生优先顺序。

三、生产系统各项功能之间的相互影响

生产系统的七项功能可分为两组。一组指创新、弹性、继承性和环保与安全，是由外

部环境提出的,是使系统适应环境要求的功能,它决定生产系统的服务方向。另一组指质量、成本、按期交货,是按照生产过程规律,合理组织生产过程所体现的与生产效率有关的功能,它是对产品竞争力的支持和保证。一个设计合理和有效的生产系统中,这两组功能应该相辅相成,共同为实现企业的经营战略目标服务。

在实际生活中,生产系统的这七项功能相互之间常常是相悖的。当系统的七项功能达到一定水平之后,某些功能水平的提高会导致另一些功能水平的下降,或某些功能水平的提高需要以其他功能水平的下降为代价。例如,要迅速提高系统的创新功能,则会对系统的继承性提出挑战,还会因产品的标准化、通用化、系列化水平的下降和生产达不到规模经济等原因出现成本指标的劣化。又如强化系统的弹性功能后,会由于降低了生产过程的稳定性而带来商品质量和成本方面的问题。生产系统各项功能之间的矛盾关系是由生产系统的结构特性决定的,因此,如何正确设计生产系统的功能与结构是企业实行经营战略和生产战略必须要解决的重要问题。

四、生产系统的构成要素

生产系统的功能取决于生产系统的结构形式,即生产系统的构成要素及其组合关系的表现形式。生产系统的构成要素分两类:结构化要素和非结构化要素。

结构化要素是指构成生产系统主体框架的要素,主要包括生产技术、生产设施、生产能力和生产系统的集成度等。结构化要素是形成生产系统框架结构的物质基础,如果投资规模大,那么建成后若要改变和调整都相当困难。设计一个生产系统,就是指采用何种工艺和设备,要求达到什么样的技术水平,生产线和设备如何布局,形成多大规模的生产能力,生产过程集成的程度如何等,这些因素对形成系统的功能起决定性作用。在产品更新换代频繁的现代社会,生产系统的不断改建和重建是必然的和不可避免的。因此,正确选择生产系统的结构化要素,并进行合理组合,十分重要。

非结构化要素是指在生产系统中支持和控制系统运行的软件性要素,主要包括人员组织、生产计划、库存管理和质量管理等。非结构化要素一般投资规模较小,建成后对它的改变和调整也较容易,但它容易受其他因素的影响,对其掌握和控制比较复杂。

生产系统投入运行后,外部环境的变化,会对系统提出改变原有功能或增加新功能的要求。此时,需改变系统的结构化要素与非结构化要素及其组合关系。

第二节 生产过程组织

一、生产过程的构成

任何一种产品从原材料到成品都要经过一定的生产过程。生产过程是生产系统的运行过程，包括劳动过程和自然过程两个部分。前者是劳动者使用劳动工具，按一定的方法、步骤作用于劳动对象，使之具有使用价值和价值的过程；后者是劳动对象借助于自然力的作用，产生某种性质变化的过程。企业的生产过程就是指从生产技术准备开始，直到把产品制造出来为止的全过程，一般由以下四个部分组成。

(1) 生产技术准备过程。生产技术准备过程是指产品投产前的各种技术准备工作，如产品设计、工艺设计、材料和劳动定额的制定、设备布置等。

(2) 基本生产过程。基本生产过程是由为完成产品所进行的生产活动构成的，该过程形成了产品的功能、质量和成本。

(3) 辅助生产过程。辅助生产过程是保证基本生产过程正常进行所必需的辅助性生产活动，如供电供气、工具模具制造、设备维修等。

(4) 生产服务过程。生产服务过程为生产提供各种服务性活动，如物资供应、运输服务、检验试验、仓库保管等。

二、合理组织生产过程的要求

合理组织生产过程应考虑以下要求。

(一) 生产过程的连续性

生产过程的连续性包括空间上和时间上的连续性。空间上的连续性是指生产过程的各个环节在空间布置上应该合理紧凑，使物料的流程尽可能短，没有迂回往返的现象。时间上的连续性是指物料在生产过程的各个环节的安排上紧密衔接，消除生产中断和不应有的停顿、等待现象。

提高生产过程的连续性，可以缩短产品的生产周期、降低在制品库存量、加快资金的周转速度、提高资金利用率。要提高生产过程的连续性，就必须合理布置企业的各个生产单位，使物料流程合理；科学地编制生产作业计划，加强生产过程的衔接协调；加强生产准备和生产服务工作，使生产中的停顿和等待时间减少。

(二) 生产过程的平行性

例如，生产过程的平行性就是指加工对象在生产过程中实现平行交叉作业。

当一批零件投产时，零件在工序间移动有三种典型方式，即顺序移动、平行移动和平行顺序移动。采用不同的移动方式，生产的平行程度就不同。生产平行程度越高，成批等待时间就越少，生产周期也就越短。

顺序移动方式指一批零件在前一道工序全部加工完成以后，才能整批地转移到后一道工序加工。由于每一批零件的加工是不连续的，大多数零件都有成批等待时间，所以生产周期最长。

平行移动方式指在一批零件中，每一个零件在前一道工序加工完毕后立即转移到后一道工序继续加工,整批零件在各道工序上都平行作业,因而生产周期最短。但是运输工作频繁,当各道工序的生产率不等时,会出现等待加工或设备停歇现象,影响设备的利用率。

平行顺序移动方式是综合上述两种移动方式优点的一种移动方式。其有两种情况:一是当前一道工序的单件作业时间大于后一道工序的单件作业时间时,则前一道工序完工的零件并不立即移到后一道工序上,而是积存到一定的数量以保证后一道工序能连续加工时,才将完工零件转移到后一道工序去。这样可以避免间断性的设备停歇时间。二是当前一道工序的单件作业时间比后一道工序的单件作业时间短或相当时,则前一道工序上完工的每一个零件应立即转移到后一道工序去加工,即按平行移动方式转移。

(三)生产过程的比例性

比例性是指生产过程中基本生产过程和辅助生产过程之间,基本生产过程中各车间、工段和各工序之间以及各种设备之间,在生产能力上保持适合产品制造数量和质量要求的比例关系。这是连续性和平行性的保证。

(四)生产过程的均衡性

均衡性是指产品在生产过程的各个阶段,从投料到完工入库,都能保证按计划有节奏地进行,要求在相同的时间间隔内生产大致相同数量或递增数量的产品,避免出现前松后紧、时松时紧等不良现象。组织均衡生产是生产管理的一项重要任务。

(五)生产过程的适应性

适应性要求生产过程具有较强的应变能力,以满足多变的市场环境。要提高生产过程的适应性,可以通过采用有较强应变能力的数控设备和加工中心,以及成组生产单元、柔性制造系统等先进的生产组织技术和系统来实现。

三、生产类型

企业的生产类型是产品产量、品种和专业化程度在企业技术、组织和经济上的综合反映和表现。它在很大程度上决定了企业和车间的生产结构、工艺流程和工艺装备的特点,以及生产过程的组织形式、工人劳动分工以及生产管理方法。依据成组技术原理,把不同生产过程按相似性进行分类,针对每一类生产过程的特征及其运行规律来设计与之相适应的生产管理系统,这就是研究生产类型的目的和意义。

按照不同的分类标准,生产可以分成不同的类型。按照生产工艺特征,生产可以分成连续性生产(也叫流程式生产)和离散型生产(也叫加工装配式生产);按照企业组织生产的特点,生产可以分为备货型生产和订货型生产;按照生产的稳定性和重复性程度,生产可以分为单件小批生产、大量生产和成批生产。

(一)单件小批生产类型

这是一种适合于生产数量少、品种多的产品生产类型,重复性低。这种类型的生产单位在设备、布局和控制方面都是以工艺流程为中心的,这种原则称为工艺专业化原则。它们提供了高度的产品灵活性,可以满足各种品种变化的要求。

(二)大量生产类型

这是一种适合于生产数量多、品种少的产品生产类型。这里的设备、布局和控制是以生产的产品为中心进行组织的,这种原则称为产品专业化原则。以产品为中心的设备由于大多是专用的,所以能够长时间、持续地生产作业,生产的连续性和效率都很高。

(三)成批生产类型

这是一种适合于生产产品的数量和品种介于单件生产和大量生产之间,生产具有一定的稳定性和重复性的生产类型。通常可以采用模块化的方式,把用大量生产方式生产出来的零件和组件模块,按照顾客的要求组合起来,提高了定制程度,同时也降低了单位产品成本。

表 5-1 三种生产类型的主要特点

比较项目	单件生产	成批生产	大量生产
产品品种和产量	产品品种多,同种产品或工件数量少	产品品种多,同种产品或工件数量中等	产品品种少,同种产品或工件数量多
工作地专业化程度	生产重复性低,工作地生产的品种经常变换	有一定的重复性,生产有一定的稳定性	产品重复生产,工作地完成极少数工序的加工
设备和工艺装备	多采用通用性强的设备和工装	部分采用专用设备和工艺装备	广泛采用高效率专用、自动化设备和工装
工人技术和熟练要求	技术水平要求高,熟练程度较低	要求有一定的技术水平和一定的操作熟练程度	技术水平要求较低,但熟练程度要求很高
设备布置	按设备类型及尺寸布置或采用机群式布置	基本上按工件制造流程进行布置	按工艺路线布置,采用流水线或自动线
工艺规程形式	简单,一般用过程卡片	比较详细,用过程卡片和工艺卡片	详细编制,多采用工艺和工序卡片

四、生产过程组织形式

(一)基本组织形式

企业生产组织系统中最基层的生产单位是工作地。工作地由工人、加工设备、工位器具及一定的生产面积和某些专用设施组成,它们在生产中按照专业分工的原则承担一定的加工任务。以什么方式把这些工作地组织起来,使产品生产过程能有效地运行,是研究生产过程组织面临的主要问题。一般地讲,生产单位的专业化分工原则有两种:工艺专业化原则和产品专业化原则。

1. 工艺专业化原则

工艺专业化原则就是按工艺阶段或工艺设备相同性原则来建立生产单位。同类机器设备集中布置,形成机群式排列。产品则按照生产顺序的要求从一个生产部门转移到另一个生产部门。如前所述,它是一种典型的小批量、高度多样性生产中使用的原则。工厂里的车工组、磨工组、热处理车间,医院里的挂号室、手术室、X光室等都是按工艺专业化原则组织的。

工艺专业化生产单位的突出优点是设备和人员安排方面灵活性较高。比如,一台机器出现故障,则不需要使整个生产停下来,可以转移到另一台机器上进行。其在处理小批量零件的生产,以及不同大小和型号零件的生产方面均具有优势。

工艺专业化生产单位的缺陷来自设备使用的通用性。计划、生产准备和材料处理方面的困难,会导致该系统的运行花费更多的时间和资金;由于生产工序有较大的不平衡性,劳动力熟练程度的要求和工作过程中的创新要求会更高。提高劳动技能需要增强培训和积累经验,而较多的在制品中也增加了资金占用量。

2. 产品专业化原则

产品专业化原则是以加工对象作为划分生产单位的原则。这里集中了不同种类和型号的机器设备以及相应的不同工种的工人,能够相对独立地完成某几种产品(或零件、部件)的全部或大部分工艺过程。重复生产和连续生产都要遵循产品专业化原则来组织,如工厂里的齿轮车间、标准件车间、底盘车间等。

产品专业化生产单位的一个主要优点在于大批量、标准化的产品降低了单位产品的可变成本,同时也降低了材料处理成本,减少了生产过程中的存货,使培训和管理更容易。其缺点主要是投资大,所以只有产量高才能保证专用设备的利用率并收回成本进而获得赢利。另外,生产过程中的任何一处停下来都会使整个生产陷于瘫痪,在处理不同的产品或改变生产率方面也缺乏灵活性。

(二)流水生产组织

流水生产组织是产品专业化组织形式的进一步发展,是劳动分工较细、生产效率较高的一种组织形式。流水生产也称流水线,它是指劳动对象按照一定的工艺路线和生产速度,连续不断地通过各个工作地,按照顺序进行产品加工的一种生产组织形式。

流水生产的组织条件:产品的产量要足够大,使得设备的利用率高;产品结构和工艺要相对稳定,以使专用设备和工艺装备能充分发挥作用;工艺过程应能划分为简单的工序,通过对某些工序进行适当分解和合并,使各工序的加工时间相差不太大,有利于提高流水线的连续性。

组织流水生产的中心问题是平衡流水线上各道工序的产出,在数量上是否趋于相等。管理者的目标就是使流水线保持一种平稳、连续流动的生产状态,并减少每道工序的闲暇时间。一条平衡性好的流水线的优点是人员和设备利用率高,工人之间工作流量相等。

流水线的平衡可以通过机械和工程上的改变来达到,也可以通过调整分配给个人或工序的任务来确定。下面以装配流水线为例来讨论其平衡问题。

(三) 装配流水线的平衡

装配流水线的平衡是将人员之间或机器之间的不平衡程度降低到最小,使装配线的出产达到要求的水平。为了使装配流水线达到平衡,管理者必须了解工具设备的使用方法和工作方法,确定每项装配任务的工作时间和它们之间的先后关系。然后可以将一组工作任务分配到各个工序,以达到具体的生产率要求。这一过程包括三个步骤。

(1) 计算装配流水线的节拍。节拍是指流水线上连续出产两件制品的时间间隔。它表明了流水线的生产率,是流水线最重要的工作参数。

$$节拍 = \frac{计划期有效工作时间}{计划期制品产量}$$

(2) 计算理论上工序的最小数目,等于总任务完成所需的时间除以节拍。分数则取下一个整数。

$$工序的最小数目 = \frac{\sum_{i=1}^{m} 完成任务\ i\ 所需的时间}{节拍}$$

式中,m 为装配任务的数目。

(3) 将具体的装配任务分配到各工序,并保证装配线的平衡。分配任务时要遵循工序时间不超过节拍、不违反工序间先后顺序、同时使工序数目尽可能少的原则。

装配线平衡的效率:

$$效率 = \sum 完成任务所花时间 / (工序数目 \times 节拍)$$

[例 5-1] 一条组装线(其生产活动见表 5-2)的总装配时间为 66 min。工厂确定每天的工作时间为 480 min,出产量为 40 件。画出顺序图并找出工序的最小数目,然后安排工序以平衡组装线。这条组装线平衡的效率是多少?

解:节拍 $=\dfrac{480 \text{ min}}{40 \text{ 件}}=12 \text{ min /件}$

最小工序数目 $=\dfrac{\text{总任务时间}}{\text{节拍}}=\dfrac{66}{12}=5.5$ 或 6 个工序

效率 $=66 \text{ min}/(6 \text{ 个工序}\times 12 \text{ min})=66/72=91.7\%$

图 5-1 展示的是顺序图以及在不破坏工作顺序前提下的一种平衡方案。

表 5-2　生产活动关系表

任务	生产时间(min)	前项任务
A	10	—
B	11	A
C	5	B
D	4	B
E	12	A
F	3	C,D
G	7	E
H	11	E
I	3	G,H
总时间	66	

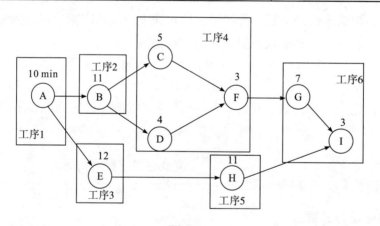

图 5-1

装配流水线的平衡问题实质上是一种组合问题,从理论上讲,应该可以求得最优解。但是,由于随着工作任务的增加,组合数量会急剧增大,计算量也会变得相当大,因此实际中能找到有效可行的近似解即可。大型的装配线平衡问题,一般使用计算机来解决。

(四)成组生产组织

正如第四章中所述,成组技术主要是通过建立零件的分类编码系统,实现零件按相似程度进行分类分组的目标,为广泛存在于工业企业中的相似零件的设计和制造提供有效的方法和工具。成组技术在企业中有很高的应用价值,除了用于产品设计外,在工艺准备、工装设计与制造,以及零件的加工制造等许多方面均可应用。

成组生产的组织形式主要有三种:成组工艺中心、成组生产单元和成组流水线。其中成组生产单元应用最广泛。它是按零件组共同的工艺路线配备和布置设备,以完成相似零件全部工序的成组加工生产组织形式(见图 5-2)。

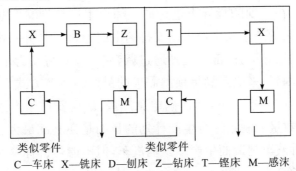

C—车床 X—铣床 D—刨床 Z—钻床 T—镗床 M—磨床

图 5-2 成组生产单元

组织成组生产单元时应考虑以下几个方面:一是在同一个成组生产单元内加工的零件应当具有相同或相似的被加工表面,零件的定位、夹紧面也应相同或相似;二是成组生产单元内的设备能满足所有零件的加工要求,但同时也应允许个别工序跨单元加工;三是要进行各成组单元内部之间的生产能力平衡。

(五)柔性制造系统

柔性制造系统(Flexible Manufacturing System,简称 FMS)是由计算机控制的以数控机床(NC)和加工中心(MC)为基础,适应多品种、中小批量生产的自动化制造系统。它可以同时加工多种不同的工件,一台机床在加工完一种零件后可以在不停机调整的条件下,按计算机指令自动转换加工另一种零件。

FMS 由三个部分组成:

(1)数控加工系统。它的功能是以任意顺序自动加工各种工件,并能自动更换工件和刀具。

(2)物料储运系统。它的功能主要是通过自动输送小车、辊道传送系统、带式传送系统以及机器人等来完成材料及工件的输送、存储和装卸等工作。

(3)计算机控制信息系统。它包括过程控制和过程监视两部分,分别完成加工系统与物流系统的自动控制和在线状态数据采集、处理与分析,保证系统的安全运行。

采用 FMS 可以提高生产系统的柔性,适宜于多品种生产;可以缩短制造周期、减少在制品量、能使资金周转加速;可以提高设备利用率,加快投资回收;可以减少直接劳动,保持质量的一致性。

第三节　综合生产计划及其分解

一、综合计划的性质

企业生产活动是在计划的指导下进行的。综合生产计划又叫总体生产计划、年度生产大纲,它是对未来的产量和生产做出安排的中期计划。中期一般指 1 年的时间。它是在企业长期计划的指导下,由部门经理通过调整生产率、劳动力水平、库存水平、超时工作、转包率等可控因素,来决定满足预测需求的最好的生产方式。综合生产计划要解决的问题是在既定的市场条件下,如何确定总产量,如何安排生产进度,如何调整人力资源,如何决定库存数量。制定综合生产计划的目的是使利润最大、生产成本最小。综合生产计划可以告诉汽车制造商生产多少辆汽车,但不能告诉你两个门的与四个门的,或红色的与绿色的各自生产多少辆。综合生产计划可以进一步细分,如主生产计划或短期计划。长期、中期、短期计划的任务及时间划分如表 5-3 所示。

表 5-3　基于时间范围的生产计划

时间范围	长期(战略层)	中期(战术层)	短期(控制层)
计划期	1 年～10 年	1 周～1 年	1 小时～1 周
计划的时间单位	粗(年)	中(月、季度)	细(工作日、班次、小时)
空间范围	企业	工厂	车间、工段、班组
详细程度	高度综合	综合	详细
不确定性	高	中	低
特点	涉及资源获取	涉及资源利用	涉及日常活动处理
典型决策	财务决策 营销战略 产品设计 工艺技术决策 能力决策 设施选址 供应商的契约 人力资源发展规划 工厂控制策略 质量保证策略	工作安排 员工任务分配 预防性维护 销售促销 采购决策	物流控制 工人分配 机器设置决策 过程控制 质量条例决策 紧急情况设备维修

二、综合计划的主要目标及制定策略

综合计划的主要目标有以下几个方面:成本最小或利润最大;顾客服务最大化(最大限度地满足顾客要求);最小库存投资;生产速率的稳定性(变动最小);人员水平变动最小;设施、设备的充分利用。这些目标之间有时存在相悖性,如当产品需求随季节波动时,稳定的产出速率与较大的库存之间、最快速度满足顾客需求与按时交货的服务要求之间存在矛盾。因此,在制订综合计划时,需要权衡上述这些目标因素,进行适当折中,并同时考虑到一些非定量因素。

影响综合计划的因素包括:需求预测或订单、劳动力水平、库存水平、生产能力决策、原材料的可获得性、外厂生产能力(转包)的利用等。在管理这些因素时要有一定的灵活性,生产计划人员可以采用一种生产计划策略或几种生产计划策略的组合。

综合计划策略主要有三种:

(1)追赶策略。在计划期内通过改变劳动力数量或产出率与需求相适应。这种策略有时称为能力策略,它运用雇佣和解聘手段来保持劳动力在正常工作时间里的生产能力与需求量相等。追赶策略具有以下优点:没有库存投资、没有加班或空闲工时。但是,它也有一些缺陷,其中包括不断调整劳动力数量的费用、员工对企业潜在的疏远感以及劳动力的经常性变动导致的生产率和质量方面的损失。

通过调整产出率与需求相适应,应用的是与改变劳动力数量不同的另一种反应型方案。这种策略有时称为利用率策略。劳动力利用的程度在加班、空闲工时以及休假时都不相同。转包,包括高峰期的短期求助,是适应需求变化的另一条途径。

(2)平稳策略。在计划期内保持稳定的劳动力数量或稳定的产出率,可以用浮动的库存、订单的积压和销售的减少的方法来消化缺货与剩余产品。这种策略有时也被称为"库存策略"。

(3)混合策略。运用单一的追赶策略或平稳策略不大可能得到满意的综合计划。若将两种策略结合,则有可能对综合计划有所改进。此时劳动力数量(或产出率)既不十分稳定又不与需求严格匹配。换言之,一个流程的最佳策略是混合策略。无论管理层选择单纯的策略还是某种程度的混合策略,都应该对组织的环境和计划目标作出反应。

三、综合计划方法

(一)图表法

将预测的每个时期需求量及平均需求量绘制在一张坐标图上,表示它们之间的差异。按照所选择的满足预测需求的策略,核算各种计划方案的总成本(包括用工成本、库存持有成本、转包成本、新聘或暂时解雇成本等),并作出决策。图5-3中,计划一:公司将平均需求量作为一个稳定的生产率,然后将过剩需求转包或通过超时工作加以解决。

计划二:保持一定的能满足(3月份)最低需求的劳动力水平,通过转包来满足超过此水平的需求。计划三:通过新雇或暂时解雇一些员工,以满足各月的实际需求。图表法易于理解和使用,但解法较多,一般不可能找到最优解,只能在几次试错后,找出一个比较理想的计划。

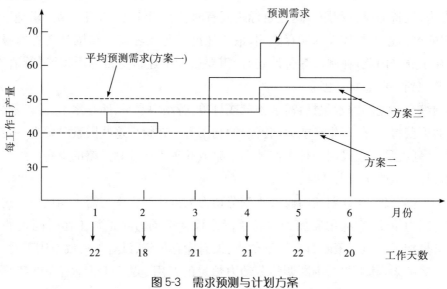

图 5-3　需求预测与计划方案

(二)线性规划——运输模型法

这种方法可以提供一个使成本最小化的最优计划,在确定各时期的正常与超时工作产量、转包生产产量、额外轮班及各时期库存的累积量方面有一定的变动幅度。用线性规划的运输模型分析综合计划问题,特别是分析持有库存、超时工作和转包的效率很有作用。但如果引用因素较多,则该方法收效不大。加上模型的复杂性,因而这种方法在企业中未能广泛地运用。

第四节　MRP 与 ERP

物料需求计划(Materials Requirement Planning,简称 MRP)是指在产品生产中对构成产品的各种物料的需要量与需要的时间所做的计划。当主生产计划(MPS)确定后,生产管理部门的下一步工作就是保证生产 MPS 规定的最终产品所需的全部物料(原材料、零部件、组件等)以及其他资源能的供应。

MRP 是 20 世纪 60 年代初在美国出现的,以后又有了较大的发展。最初,MRP 只是一种需求计算器,它是开环的,没有信息反馈,也谈不上控制。后来,研究者从供应商和生产现场取得了信息反馈,形成了闭环 MRP 系统——生产计划与控制系统。20 世纪

80年代发展起来的制造资源计划(Manufacturing Resource Planning,简称MRPII),不仅涉及物料,还涉及生产能力和一切制造资源,是一种广泛的资源协调系统。它代表了一种新的生产管理思想、一种新的组织生产的方式。20世纪90年代初,美国加特纳公司(Gartner Group Inc.)首先提出企业资源计划(Enterprise Resourced Planning,简称ERP)的概念。ERP已经超出单个企业的范围,涉及供应链和客户关系管理。ERP的概念现在仍在不断发展中。

一、MRP 的基本原理

MRP系统的基本组成如图5-4所示。MRP系统的输入要素主要是由主生产计划、物料清单和库存记录文件这三部分组成,输出的是主报告和辅助报告。

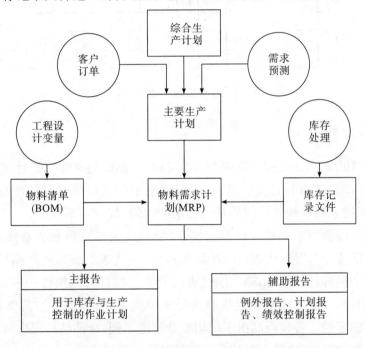

图5-4　MRP系统的基本组成

(一)主生产计划(MPS)

主生产计划是分时段的独立需求计划,是确定每一个具体的最终产品在每一个具体时间周期内的出产数量和出产时间的计划。它详细规定了生产什么、什么时候生产、生产多少。主生产计划根据客户合同和市场预测,把经营计划或生产大纲中的产品系列具体化,使之成为实施物料需求计划的主要依据,起到了从综合计划向具体计划过渡的承上启下的作用。图5-5是某汽车厂综合计划和与其相应的主生产计划的一个例子,从该例子中可以明显地看出这两种计划之间的区别与关系。MPS是外部需求与内部制造之间的接口,MRP系统所产生的各种计划都要依据主生产计划来制定,它在MRP系统中起着"主控"的作用,故称它为"主生产计划"。由于主生产计划一方面代表了对客户的承诺,另一方面不同的最终产品所需要的生产运作能力也各不相同,所以主生产计划的制定必须综合考虑营销、生产和采购等多方面的相关因素,并经常更新。

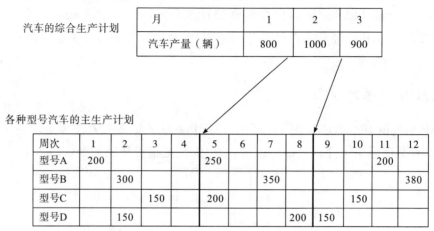

图5-5 某汽车厂综合计划与主生产计划

(二)物料清单

物料清单(Bill of Materials,简称BOM)又称"产品结构文件",是对完整的最终产品的描述,表明了产品结构的有关信息,它不仅列出了构成最终产品的所有原材料、零部件和组件,还描述了这些构件之间的从属关系和时间、数量关系。

产品结构一般会以不同层次的形式展开,分别反映原材料和各部件之间的层次关系。一般最高层称为"0"层,代表最终产品项;第一层代表组成最终产品项的部件;第二层代表组成第一层部件的组件,第三层代表组成第二层部件的组件……以此类推,最底层为零件或原材料。上下相邻两层物料为母子项关系,子项物料的需要量是根据母项物料的需要量确定的。各种产品由于结构复杂程度不同,产品结构层次数也不相同。产品结构树是一种常用的、比较直观的表示产品结构信息的方法。

图5-6所示为产品A的产品结构树。产品A由1个单位的零件B、2个单位的零件C和2个单位的零件E组成。零件B由2个单位的零件E和3个单位的零件F组成,零件C由1个单位的零件D和3个单位的零件F组成。图5-7中的LT表示零部件的生产周期或提前期,即获取(采购、生产或装配)产品所需的时间。

一种零部件或原材料可能出现在产品结构树的不同层次上。需要注意的是,在产品结构清单中,有些部件、组件和零件是自己生产的,有些可能是外购的。如果是外购件,则不需要按外购件的组成再进一步分解。

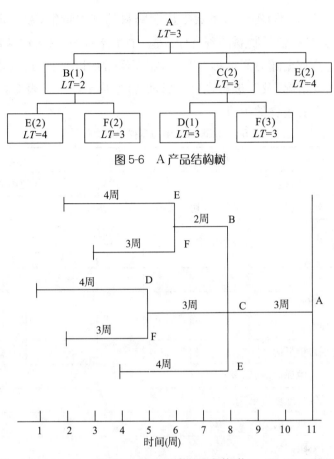

图 5-6　A 产品结构树

图 5-7　产品生产各阶段构成

物料清单是联系和沟通企业各项业务的纽带，是运行 MRP 系统的主要文件。凡用到产品物料数据的各个业务部门都要依据统一的物料清单进行工作，如生产计划、物料供应、成本核算、设计工艺以及销售等部门都要利用物料清单来计划和组织各自的业务活动。正是物料清单的应用体现了企业信息系统的数据共享和信息集成。物料清单是企业共享的管理文件，必须要保证数据和信息的准确性，否则物料需求计划的可靠性和可执行性会极大地降低。

(三) 库存记录文件

库存记录文件就是记录 MRP 系统的所有物料项库存情况的文件，该文件记录了 MRP 系统订什么、订多少、何时发出订单等关键信息。库存记录文件按照时间、区间存储各物料项的状态信息，包括需求总量、预期收货量、期望持有量以及各物料项的其他细节，诸如供应商、生产提前期、订货批量等，还包括由于收发形成的库存变化、订单取消及类似事件。

这种数据资料可分为两类。一类是固定数据，又称主数据，包括物料的代码、名称、材质、单价、供应来源（自制或外购）、供应提前期、批量政策、保险储备量、库存类别（按资金占用量划分的 A、B、C 类)等。这类数据说明物料的基本特征,在一定时期内不会变动。另一类是变动数据,包括物料的现有库存量、最小储备量、最大储备量、预留库存量、预计到货量等。这些数据随时间推移而变动,需要经常加以维护,即要根据最近的出入库数字和报废报失等情况,及时进行账目更新,保持账物卡一致。表 5-4 描述了 MRP 系统中的库存记录文件所包含的项目。

表 5-4 MRP 系统中的库存记录文件

物料主数据	物料号		物料描述		提前期			标准成本		安全库存
	订单数量		准备时间		生产周期			上年使用量		物料类别
	允许废品率		切割数据		指针			其他		
库存状态	储位		控制平衡	时段						合计
				1	2	3	4	5	6 7 8	
	毛需求									
	计划收货									
	现有库存									
	计划订单下达									
辅助数据	订单详情情况									
	等待处理措施									
	盘点人员									
	跟踪情况									

MRP 系统结合库存记录文件,从产品结构树的顶端开始向下分析,逐层计算 BOM 中的各层零部件或原材料的需求。库存记录数据的准确性对 MRP 系统的成功运行有着极为重要的作用。它的准确度是衡量 MRP 系统实施绩效的一项重要指标。因此,必须建立专门的管理制度并严格执行,做好数据的记录和维护更新工作。

(四)MRP 的工作过程

MRP 的工作过程分以下三步。

第一步,确定某层所有制品的毛需求量。它是直接根据主生产计划和产品层次结构关系计算出来的。以图 5-6(P130)的产品为例,MPS 中如果规定第 11 周出产 A 产品 100 件,则 A 产品第 11 周的毛需求量为 100 件;若不考虑当前库存量,则 A 产品第 8 周的计划订货量就为 100 件。按产品结构,部件 B 第 8 周的毛需求量则为 100 件,部件 C 第 8 周的毛需求量为 2×100,即 200 件,零件 E 第 8 周的毛需求量也为 200 件,它们的计划订货量则分别为部件 B 第 6 周 100 件,部件 C 第 5 周 200 件,零件 E 第 4 周 200 件。以下各层以此类推。

第二步,确定该层各制品各周期的净需求量。净需求量是按各周期分别计算的,由

于它是企业实际要生产或订货的数量,因此必须在毛需求量中减去当前库存量和计划入库量,即:

$$净需求量＝毛需求量－当前库存量－计划入库量＋安全库存量$$

如果上式计算出的净需求量为负数,则取零为净需求量的值,即不需要生产或订货。

第三步,确定各制品各周期的计划订货量。计划订货量是指将要下达的生产数量或订货数量,它等于制品的净需求量,但必须按生产周期或提前期提前一段时间下达计划,同时还要考虑批量参数的限制。一般当净需求量大于批量时,按净需求量订货,反之,则按批量订货。

表 5-5 给出了按图 5-6 计算的产品 A、部件 B 和部件 C 及零件 E、F、D 的有关数据。

表 5-5　MRP 工作过程

制品	提前期	项目	周次										
			1	2	3	4	5	6	7	8	9	10	11
A	3周	毛需求量											100
		计划入库量											
		当前库存量											
		净需求量											100
		计划订货量								100			
B	2周	毛需求量								100			
		计划入库量				20							
		当前库存量			20	20	20	20	20				
		净需求量								80			
		计划订货量						80					
C	3周	毛需求量							200				
		计划入库量				40							
		当前库存量				40	加	40	40				
		净需求量							160				
		计划订货量				160							
E	4周	毛需求量					160	200					
		计划入库量											
		当前库存量	30	30	30	30	30	30					
		净需求量					130	200					
		计划订货量		130		200							

续表

制品	提前期	项目	周次										
			1	2	3	4	5	6	7	8	9	10	11
F	3周	毛需求量				伽	240						
		计划入库量			120								
		当前库存量	40	40	40	160	160						
		净需求量				320	240						
		计划订货量		320	240								
D	4周	毛需求量				160							
		计划入库量		40									
		当前库存量	10	10	50	50	50						
		净需求量				110							
		计划订货量	110										

二、MRP Ⅱ 和 ERP

(一)制造资源计划(MRPⅡ系统)

MRP可以将产品出产计划变成零部件投入产出计划和外购件、原材料的需求计划。但是,只知道各种物料的需要量和需要时间是不够的,如果不具备足够的生产能力,那么计划将会落空。考虑生产能力,从内部必然涉及车间层的管理,从外部必然涉及采购。这就从MRP发展到闭环MRP。

闭环MRP的"闭环"有双重含义。一方面,它不单纯考虑物料需求计划,还将与之有关的能力需求、车间生产作业计划和采购等方面考虑进去,使整个问题形成"闭环";另一方面,计划制订与实施之后,需要取得反馈信息,以便修改计划与实行控制,这样又形成"闭环"。

闭环MRP将MRP向前推进了一步。人们成功地应用了闭环MRP,自然也能联想到:既然库存记录足够精确,为什么不可以根据它来计算费用?既然MRP得出的是真正要制造和要购买的元件,为什么不能依据它来作采购方面的预算?既然生产计划已被分解成确定要实现的零部件的投入产出计划,为什么不可以把它转化为货币单位,使经营计划与生产计划保持一致呢?把生产活动与财务活动联系到一起,是从闭环MRP向MRPⅡ迈出的关键一步。MRPⅡ实际上是整个企业的系统,包括整个生产经营活动:销售、生产、库存、生产作业计划与控制等。图5-8显示了MRPⅡ的逻辑结构。

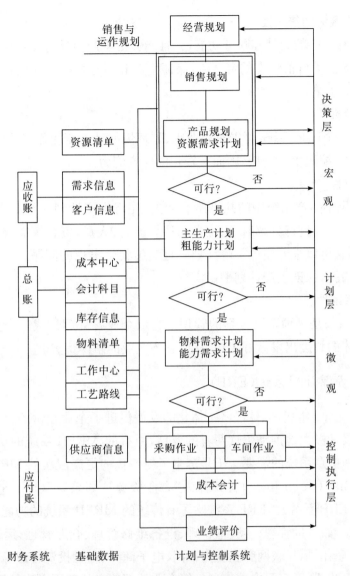

图 5-8　MRPⅡ的逻辑流程图

(二)MRPⅡ的特点

1. 数据的共享性

MRPⅡ系统建立了统一的基础数据管理子系统,将各部门所涉及的公共信息和数据用统一的数据库管理起来,每一种数据的变化,均可以反映给相关部门,基本实现了数据的共享,避免了传统管理系统下信息不畅、数据不统一的混乱局面。

2. 计划的准确性和可行性

MRPⅡ从企业的经营战略角度出发,计划层次由粗到细,逐层细化。计划下达前反复验证负荷与能力平衡,因此,计划可执行性高,物料需求准确、全面。

3. 物流和资金流的统一性

MRPⅡ具有全面的会计和财务功能,并且能够由生产活动直接产生财务数据,将实物形态的物料转换为价值形态的资金流,保证生产和财务数据的一致性,方便了企业的成本控制和财务决策。

4. 动态应变性

MRPⅡ是一个闭环系统,可以对企业内、外环境的动态变化作出响应。它可以保持较低的库存水平,缩短生产周期,因而有较强的应变能力。

5. 模拟预见性

MRPⅡ记录了生产系统中的几乎所有数据,在将生产计划大纲落实到各具体生产环节并将主生产计划进行分解时,系统自动计算能力、人员、资金等需求信息,与企业未来的实际比较,就可以很方便地了解计划一旦实施将会出现的问题。这样,管理人员就可以事先采取措施,保证生产计划平稳实行。

6. 管理的系统性

MRPⅡ提供的是一种系统工程的管理。它把企业各部门连成一个整体,每个部门都要从系统总体的角度出发做好工作,从而发挥企业的整体优势。

(三)企业资源计划系统(ERP)

到了20世纪90年代,全球经济一体化的发展促进了企业经营的全球化,而国际互联网的迅猛发展又极大地推动了这两者的发展,原有的MRPII系统的功能已不能满足企业全范围管理信息系统的需要。于是产生了新一代的更高层次的MRP系统,美国加特纳公司(Gartner Group Inc.)将其称为"企业资源计划系统"(Enterprise Resourced Planning,简称ERP系统)。ERP系统除了有传统的MRPII系统的功能外,还吸收了企业其他管理功能,如质量管理、实验室管理、设备维修管理、仓库管理、运输管理、项目管理、商情信息管理、国际互联网和企业内部网、电子商务、金融投资管理等,成为一种覆盖整个企业的全面的、既管企业内部信息又管企业外部信息的范围更广的管理信息系统。

ERP的核心思想是实现对整个供应链的有效管理,具体表现为以下三个方面。

1. 体现对整个供应链资源进行管理的思想

现代企业的竞争是企业供应链之间的竞争,即企业不但要依靠自己的资源,还必须把经营过程中的有关各方如供应商、制造商、分销网络、客户等纳入一个紧密的供应链中,只有这样,才能在市场上获得竞争优势。

2. 体现精益生产、同步工程(SE)和敏捷制造(AM)的思想

精益生产即企业把客户、销售代理商、供应商、协作单位纳入生产体系,建立起利益共享的合作伙伴关系,进而组成一个紧密的供应链。敏捷制造的核心思想就是当市场出现新的机会,而企业的基本合作伙伴不能满足新产品开发生产的要求时,企业组织一个由特定的供应商和销售渠道组成的短期一次性供应链,形成"虚拟工厂",把供应和协

作单位看成企业的一个组成部分,运用"同步工程"组织生产,用最短的时间将新产品打入市场,保持产品的高质量、多样化和灵活性。

3. 体现事先计划与事中控制的思想

ERP 融合了离散型生产和流程型生产的特点,面向全球市场,包罗了供应链上所有的主导功能和支持功能,协调企业各个管理部门围绕市场导向,更加灵活或"柔性"地开展业务活动,进一步提高企业的竞争力。

MRPⅡ包含了 MRP 的功能,又增加了财务会计和管理会计的功能;而 ERP 的功能除了包括 MRPⅡ(制造、供销、财务)外,还包括工厂管理、质量管理、实验室管理、设备维修管理、仓库管理、运输管理、产品数据管理、电子通信(EDI、电子邮件、互联网)、法规与标准、项目管理、金融投资管理、市场信息管理等,图 5-9 显示了 MRP－MRPⅡ－ERP 的功能扩展。ERP 已超出了企业内部管理功能的范围,它将重新定义各项业务及其相互关系,在管理和组织上采取更灵活的方式,对供应链上供需关系的变动(包括法规、标准和技术发展造成的变动)、同步、敏捷、及时地作出响应;在掌握准确、及时、完整信息的基础上,作出正确决策,尽力能动地采取措施。

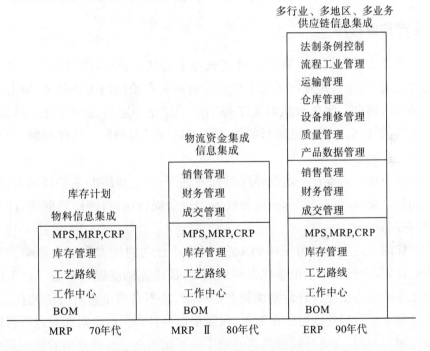

图 5-9 MRP－MRPⅡ－ERP 功能扩展

第五节 生产作业计划与控制

一、生产作业计划工作的内容

生产作业计划是生产计划的具体执行计划,它由两部分组成:生产作业计划编制和生产作业控制。生产作业计划根据年度生产计划规定的产品品种、数量及大致的交货期的要求对每个生产单位(车间、工段、班组等),在每个具体时期(月、旬、班、小时等)内的生产任务作出详细规定,通过 MRP 确定各车间的零部件投入出产计划,将全厂的生产计划转化成车间的生产作业计划,将车间的生产任务变成各个班组、各个工作地的任务。每个工作地生产作业计划的完成,保证了车间生产作业计划的完成,从而保证了全厂生产作业计划的完成;全厂生产作业计划的完成,又保证了全厂生产计划的完成。但是,单靠计划和作业计划并不能保证生产任务的按期完成,还必须实行生产作业控制。

二、生产作业排序

编制生产作业计划就是要确定工件在机器上的加工顺序,以及每个工件的加工开始时间和完成时间,也就是规定了每个工人计划期内所承担的生产任务,只有这样才能指导工人的生产活动。当各台机器上工件的加工顺序确定后,就可以按可能开始时间安排所有工件的计划,这样初始可行的作业计划就可以编制好。排序问题一旦解决,生产作业计划也就确定了。

合理的作业排序需要在一定的排序目标下进行,作业排序的主要目标有以下几个:满足交货期的需要;降低在制品库存,加快流动资金周转速度;缩短提前期;降低设备的准备时间与准备成本。

按什么样的准则来选择可安排的工序,对作业计划的优劣有很大影响。为了得到理想的作业计划,人们提出了很多优先调度规则,按优先调度规则挑选一道工序比随意挑选一道工序的方法更能符合计划编制者的要求,又不必列出所有可能的作业计划,从而使得计算量小。这些规则可能很简单,仅需根据一种数据信息对作业进行排序。这些数据可以是加工时间、交货日期或到达的顺序。下面列出了八种常用的优先调度规则。

(1)FCFS(First Come First Served)规则:按订单送到的先后顺序进行加工。

(2)SPT(Shortest Processing Time)规则:优先选择加工时间最短的工件。

(3)EDD(Earliest Due Date)规则:优先选择完工期限紧的工件,即按交货期顺序加工,将交货期最早的作业放在第一个进行,以此类推。

(4)MWKR(Most Work Remaining)规则:优先选择余下加工时间最长的工件。

(5)LWKR(Least Work Remaining)规则:优先选择余下加工时间最短的工件。

(6) MOPNR(Most Operations Remaining)规则:优先选择余下工序数最多的工件。

(7) SCR(Smallest Critical Ratio):优先选择关键比率最小的工件。关键比率为工件允许停留时间与工件余下加工时间之比。

(8) RANDOM 规则:随机挑一个工件。

在以上几种规则中,FCFS 规则可以实现最公平地对待用户的目的;SPT 规则可以使工件的平均流程时间最短,从而达到缩短生产周期、降低在制品库存数量的目的;EDD 规则可使工件最长的延误时间达到最小程度,提供更低的总库存水平;MWKR 规则可以使不同工作量的工件的完工时间尽量接近;LWKR 规则使工作量最小的工件尽快完成。上述规则的选择是按照企业追求的不同目标来确定的,在具体实践中,要根据具体情况而定。

三、生产作业控制

生产作业控制是在生产作业计划执行过程中进行的。它通过生产调度和生产作业统计、检查计划执行前各项生产准备工作的进行情况、计划进度的完成情况,及时发现和纠正生产作业计划执行过程中可能发生的各种偏差,保证生产作业计划的顺利执行。

要进行有效的生产作业控制,必须具备三个基本条件,即控制的三要素:标准、信息和措施。它们决定了生产作业控制的程序:一是确定控制标准,二是检查执行结果与标准比较的偏差,三是采取措施纠正偏差,如图 5-10 所示。

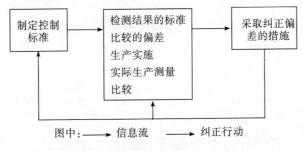

图 5-10 生产作业控制的程度

生产作业控制是一项极其重要又极其复杂的工作,不同性质的企业所采取的方法和手段有所不同,如化工企业对生产实际的测量较多地采用仪表自动测量,而机械加工企业通常采用人工测量。但是无论何种企业,生产控制工作一般是由生产调度通过对生产进度控制及在制品控制来完成。图 5-11、图 5-12 分别为存货生产和订货生产的调度程序。

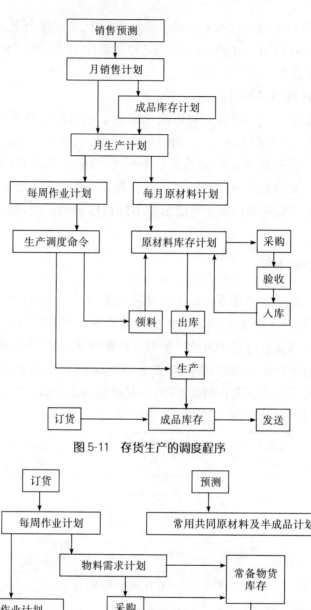

图 5-11 存货生产的调度程序

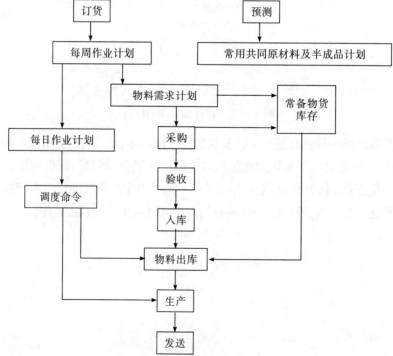

图 5-12 订货生产的调度程序

在存货生产过程中,企业是根据市场预测来决定生产数量和安排作业计划的,接到订单时,一般可从成品库中直接提取产品。原材料及加工装备等是为了配合生产而预先采购及准备的。生产调度发出生产命令后直接向仓库领料,不必等候采购。

订货生产是指生产单位在接到订单后开始安排生产作业计划,并据以制定原材料等的需求计划,再采购原材料投入生产。但是某些常用共同原材料及半成品则根据预测及指令性计划预先准备,以满足需要。

在整个生产作业控制活动中,生产调度是生产作业控制的中心。在生产控制系统中,生产调度起到控制器的作用。它对生产实际信息进行测量、比较,通过调度来修正偏差,使偏差减少并逐步逼近目标。生产调度工作的主要内容可概括为:按计划规定的目标要求,掌握投产前的准备工作并进行当前控制;在计划实施过程中对生产进度进行控制;在生产过程中对生产投入数量、投入时间和生产过程中的在制品数量进行分解,并实施控制,以确保计划实施结果偏差最小,并为修订下一期作业计划提供可靠的信息作为依据。

第六节 库存管理

库存是许多公司最昂贵的资产之一,它有时占到公司全部资产的 40%。因此,许多公司的管理者都意识到良好的库存控制系统是很有必要的。企业可以通过减少库存来降低成本,也可能出现因库存不足而造成某种商品经常脱销的情况。所以,企业必须以最低的成本在库存投资和顾客服务水平之间找到一个平衡点。

一、库存的作用与类型

库存是指为了满足现在和将来需求而储存资源。它对于增强企业运作的灵活性有着重要的作用,但同时它也占用了企业大量资金,形成库存成本。库存的作用包括以下几个方面:

(一)改善服务质量

持有一定量的库存有利于调节供需之间的不平衡,保证企业按时交货、快速交货、能够减少或避免因库存缺货或供货延迟带来的损失,这些对于企业提高顾客服务质量具有重要作用。

(二)节省订货费用

订货费用指订货过程中为处理每份订单和发运每批订货而产生的费用。因此,通过持有一定量的库存来增大订货批量,就可以减少订货次数,从而减少订货费用。

(三)节省作业交换费用

作业交换费用是指生产过程中更换批量时调整设备所产生的费用。作业的频繁更换会耗费设备和工人的大量时间,新作业刚开始时也容易出现较多的产品质量问题,这些都会导致成本增加。而通过持有一定量的在制品库存,可以加大生产批量,从而减少作业交换次数,节省作业交换费用。

(四)提高人员与设备的利用率

持有一定量的库存可以从三个方面提高人员与设备的利用率:减少作业更换时间;防止某个环节零部件供应缺货导致生产中断;当需求波动或季节性变动时,一定量的库存能使生产均衡化。

企业拥有四种类型的库存:原材料库存、在制品库存、维护/维修/作业用品库存和产成品库存。按需求特性分,库存可分为独立需求库存与相关需求库存两类。

独立需求是指各种物品的需求之间没有联系,其库存也与其他种类的库存无关。从库存管理的角度去理解,独立需求就是指那些不确定、具有随机性、企业自身不能控制的需求,如用户对企业产成品、产品零配件、维修备件等的需求都属此类。

相关需求是指产品的需求与其他产品的需求之间有内在的相关性,如对冰箱零部件的需求是与冰箱的生产相关的。对这类库存企业可以采取确定性的控制。

二、库存控制系统

独立需求库存问题的解决取决于两个方面:如何对现有库存量进行监视;如何使补充库存活动达到优化。对独立需求库存的监视可以分为两大类:一类运用连续观测系统,它通过观测库存是否达到再订货点来实现对库存的控制;另一类是运用定期观测系统,它通过有周期性规律的观测实现对库存的补充。

(一)连续观测库存控制系统

连续观测库存控制系统,也称"定量控制法"或"订货点法"。它的工作原理是:连续不断地监视库存余量的变化,当库存余量下降到某个预测数值时,就向供应商发出固定批量的订货请求,经过一段备运时间,在订货到达后,补充库存。其模型如图5-13所示。其中 B 点为库存补充的再订货点;每次订货量为 Q;订货间隔期为 ac=ce;订货提前期为 ab=cd=ef。为了实现这种补充过程,需要为系统事先确定两个参量:订货点 B 和订货量 Q。

$$订货点\ B=日需要量\times 备运时间$$

订货批量 Q 可选择经济订货批量(EOQ)。

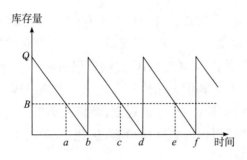

图 5-13 连续观测库存系统模型

（二）定期观测库存控制系统

定期观测库存控制系统，也称"定期检查法"或"订货间隔期法"，它的模型如图 5-14 所示。它是一种以固定订货周期为基础的库存控制法。定期观测库存控制系统不存在固定的订货点，但有固定的订货周期 T。每次订货也没有固定的订货量，需要根据某种规则补充到库存目标量 E。建立该系统之前应确定两个主要参数：目标库存量 E 和订货周期 r。其中 E 的确定主要考虑为库存设定一个控制限额。

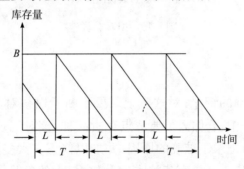

图 5-14 定期观测库存系统模型

确定订货量的规则是，设订货时的实际库存为 I，则：

当 I>E 时，不订货；当 I<E 时，需要订货，订货量 Q=E-I+R，R 为备运时间内预计的消耗量。

这种控制方式可以省去许多库存检查工作，在规定订货的时候检查库存，简化工作。其缺点是如果某时期需求量突然增大，有可能发生缺货问题，所以这种方式主要用于重要性较低的货物。

三、库存管理

（一）ABC 分类法

企业库存物资存在着这样的规律：少数库存占用大部分库存资金，而多数库存仅占用全部库存资金的小部分。根据这一特点,对库存进行分类的方法,即为 ABC 分类法。其中 A 类物资占库存资金的 80% 左右,而其品种仅占库存总数的 15% 左右;B 类物资占库存资金的 15% 左右,品种占 30% 左右;C 类物资仅占库存资金的 5%,却占库存总数的 55%。ABC 分类法的这种规律可以用图 5-15 表示。实施 ABC 分类法意味着 A 类库存需重点管理,如重点投资、准确记录、连续观测、频繁检验等。对 C 类库存无须进行精确控制。利用 ABC 分类法可以保证更好地预测、优化现场控制,能提高供应商的信赖度,还能减少安全库存和库存投资。

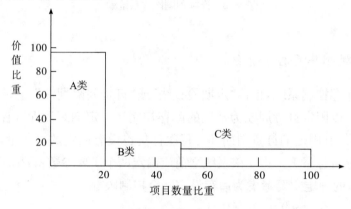

图 5-15　ABC 分类法

（二）循环计数

库存系统要求有准确的记录,对这些记录要不断予以核对,这种核对称为"循环计数"。在循环计数的过程中,仓储人员要清点存货品种,核对记录,并将不准确之处定期记录下来,然后找出导致记录不准确的原因,并加以修正。大多数循环计数能做到每天清点每一级别的一些存货。A 类存货清点次数较多,大约每月一次;B 类存货清点次数少一些,约一个季度一次;C 类存货约半年清点一次。

四、库存控制模型

大多数库存控制模型的目标是使总成本最小化。库存的总成本一般包括三项:产品成本、订货和准备成本、储存成本。产品成本即存货本身的成本,它与产品单价及存货数量成正比。订货成本包括供应、处理订货、出差、文书等方面的成本。当所订产品正在生产时,称为"准备成本",它是为生产一批订货而准备机器或工序的成本。储存成本是与存储有关的成本,如仓储成本、材料处理成本、投资成本、废品成本等。生产管理者可以通过减少准备时间或采用电子订货、电子支付等方法来降低订货成本。

库存控制的模型有许多种,运筹学中的存储论对库存问题作了大量的研究。在此,我们只讨论两种简单实用的库存控制模型。

(一)基本经济订货批量模型

经济订货批量(EOQ)是一种最古老也是一种最通用的库存控制技术。经济订货批量是指总费用为最低时的订货批量。它假定库存需求是连续均匀的;集中到货,补充时间为零;单位货物的存储费用为 H;不允许缺货;每次订货成本为 C;货物单价为 P;每次订购量为 Q;计划期总需求量为 R;单件货物存储费用与货物单价之比为 I。则有:

$$订货次数 = R/Q$$
$$订货费用 = C \times R/Q$$
$$平均库存费用 = H \times Q/2$$
$$库存物品采购费用 = P \times R$$
$$总费用 = 采购费用 + 订货费用 + 平均库存费用 = PR + CR/Q + HQ/2$$

经求解可得经济订货批量为:$Q^* = \sqrt{\dfrac{2CR}{H}} = \sqrt{\dfrac{2CH}{PI}}$

经济订货批量模型如图 5-16 所示。

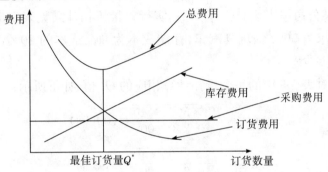

图 5-16 经济批量模型

[例 5-2] 假设某企业全年对某物资需求量为 1800 吨,每吨物资每年的存储费为 18 元,每次订货费为 200 元,求最佳订购量。

解: 由题意得

$R = 1800$ 吨/年,$H = 200$ 元/次,$C = 18$ 元/吨·年

由式

$$Q^* = \sqrt{\dfrac{2CR}{H}}$$

得

$$Q^* = \sqrt{\dfrac{2 \times 1800 \times 200}{18}} = 200(吨/次)$$

(二)数量折扣模型

为了增加销售量,许多企业给顾客提供数量折扣。而当顾客购买的产品数量较多

时,企业会以较低的价格把产品卖给他们。常见的数量折扣计划见表5-6。

表5-6 数量折扣计划

序号	折扣数量	折扣(%)	折扣价格(元)
1	0—999	0	5.00
2	1000—1999	4	4.80
3	2000以上	5	4.75

当顾客争取数量折扣时,一方面产品成本下降,订货成本、缺货损失减少,抵御涨价的能力增强;另一方面存储成本增加,流动资金周转速度减慢。因此,当考虑提供给顾客数量折扣时,就需要权衡减少的产品成本和增加的存储成本。

总成本＝产品成本＋订货成本＋存储成本
$$= PR + CR/Q + HQ/2$$

式中符号含义同前。

现在,我们通过实例来计算使每年库存总成本最小化的产品数量。

[**例 5-3**] 某公司销售玩具汽车,对其实行数量折扣计划见表5-6。若每次订货成本为49元,年需求为5000辆玩具汽车,存储成本为商品成本的20%,则总库存成本最小的订货数量是多少?

解:第一步,对表5-6中的每个折扣计算相应的 Q^* 值,如下所示:

$$Q_1^* = \sqrt{\frac{2 \times 5000 \times 40}{0.2 \times 5.00}} = 700(辆)$$

$$Q_2^* = \sqrt{\frac{2 \times 5000 \times 40}{0.2 \times 4.80}} = 714(辆)$$

$$Q_3^* = \sqrt{\frac{2 \times 5000 \times 40}{0.2 \times 5.75}} = 718(辆)$$

第二步,将在允许折扣范围以下的 Q^* 值向上调整。因为 Q_1^* 在0~999之间,它不需调整。Q_2^* 低于允许范围1 000~1 999,所以它必须调整到1000。同理,Q_3^* 也要调整到2000。

第三步,将调整后的订货数量代入总成本公式,计算每个订货数量的总成本。见表5-7。

表5-7 总成本计算

折扣数目	单价	订货数量	年产品成本	年订货成本	年存储成本	总计
1	5.00元	700	25,000元	350元	350元	25,700元
2	4.80元	1,000	24,000元	245元	480元	24,725元
3	4.75元	2,000	23,750元	122.5元	950元	24,882.5元

第四步,选择总成本最低的那个订货数量。从表5-7中可以看出,当订货数量为1,000辆时,可使总成本最小。但是,我们还应看到订货2,000辆的总成本只比定购1,000辆大

一点。因此,若第三个折扣成本再降一点,那么这一订货数量也许会使总库存成本最小。

第七节 生产系统的维护与改进

生产系统一旦建立并正常运行,则必须对其进行维护,以避免出现系统故障。故障指的是产品或系统从正常工作状态到低于标准状态的转变。故障无论大小,都会给生产带来不便,造成一定的浪费,对企业经营和赢利造成影响。在结构复杂、高度机械化的工厂里,过多的机械故障或生产出现问题,可能导致工人闲散、设备闲置、客户流失、声誉降低以及变赢为亏。在服务业,电路故障、空调或计算机的停机都可能使正常工作中断。

当生产系统运行的环境发生变化之后,如顾客需求的改变、生产技术的发展等,都可能引起生产系统运行效率的降低,诸如产品老化、设备老化、成本上升、员工积极性不高等。这时,管理者首先要做的就是对系统进行改进,以使系统适应环境。而工作研究是改进生产系统的主要途径。

一、实施预防性维护

维护是指所有使系统设备正常工作的活动。它有两种类型,即预防性维护和故障维护。预防性维护包括检查运行程序、为设备提供服务并使设备处于良好状态。这些活动的目的是形成一个以发现潜在故障、更改或修补以防止故障出现的系统。故障维护是指设备出现故障时必须进行的紧急或优先维修。

实施预防性维护要求我们能判定系统何时需要服务或维修。图 5-17 显示了在产品寿命周期内的故障发生分布。产品在早期故障期的故障率较高,这也是许多电子公司在交付产品之前要进行"烤机"的原因所在。这也就是说,许多公司在交付产品之前对产品进行各种各样的测试以发现初期问题。初期故障可能是设计上疏忽、制造上不良造成的,但更多的是使用不当造成的。因此,建立包括培训和人员选拔在内的维护体系很重要。

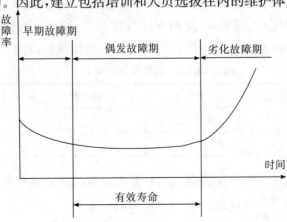

图 5-17 产品寿命周期内的故障曲线

在偶发故障期,产品已进入正常运行阶段,一般情况下大部分故障属于系统维护不好和操作失误引起的。因此要做好维护和保养工作。

在劣化故障期,其故障大多数是由零件严重磨损或老化造成的。在这个阶段,要做好预防检查和计划修理工作,事前更换磨损零件,以延长设备的有效寿命。

故障发生率的统计描述是决定设备寿命和设备维修策略的依据之一。此外,我们还可以进行平均无故障时间(Mean Time Between Failures,简称 MTBF)分布研究。如果 MTBF 分布偏离标准,那就应该进行预防性维护。平均无故障时间的计算公式如下:

平均无故障时间＝运转时间/故障数

各种在线检测、良好的历史记录等,都可以作为确定预防性维护需求的依据。是否进行预防性维护,还需要进行费用分析,根据分析的结果作出决定。如果发生故障时进行维修的费用不大于预防性维护的费用,则可以考虑等故障发生后再进行修理。当然,发生故障的后果需仔细分析,如故障对工人信心产生的不良现象,对交货计划、与客户的关系的影响等。如果明确了所有与故障有关成本,作业人员就可以从理论上计算维护活动的最佳水平并作出决策。当然,这种分析还需要有关维护成本、故障概率和修理时间的准确历史数据。

[例 5-4] 某公司的计算机系统常出现故障,在过去的 20 个月里,故障情况及其出现的频率分别见表 5-8、表 5-9。

表 5-8 故障情况

故障数/个	发生故障月数/个
0	4
1	8
2	6
3	2

该公司估计每次计算机出现故障,公司的平均损失为 500 元。公司也可以接受一项预防性维护的服务合同,这样一来,他们预计每月平均只有一台计算机出现故障。这项服务的费用为每月 400 元。该公司是否应该签订预防性维护合同?

表 5-9 故障发生的频率

故障次数	频率	故障次数	频率
0	4/20=0.2	2	6/20=0.3
1	8/20=0.4	3	2/20=0.1

解:第一步:计算在不签订服务合同时计算机发生故障的预计每月次数。

预计故障次数＝$\sum$[(故障次数)×(相应的频率)]

＝(0)(0.2)+(1)(0.4)+(2)(0.3)+(3)(0.1)

$$=0+0.4+0.6+0.3$$
$$=1.3(次故障/月)$$

第二步:计算在不签订服务合同时计算机发生故障导致的预期每月成本。

预计故障成本=(预计故障次数)×(每次故障的成本)
$$=1.3×500 元$$
$$=650(元/月)$$

第三步:计算预防性维护的成本。

预防性维护成本=签订合同后预计故障成本+服务费
$$=(1 次故障/月)(500 元)+400 元$$
$$=900(元/月)$$

第四步:比较两种可选方案,选择成本较低的一种。由于签订服务合同每月的预防性维护成本为 900 元,而预计故障成本仅为每月 650 元,因而公司将继续现行政策。

二、提高修理能力

当无法保证系统可靠运行或进行预防性维护时,生产管理人员就需要借助于良好的修理设施。新增或改善修理设施,能使系统迅速恢复运行。良好的修理设施具有以下特征:

(1)训练有素的人员。
(2)足够的备用资源。
(3)制定修理计划的能力。
(4)进行物料计划的能力和权力。
(5)鉴别故障起因的能力。
(6)设计延长 MTBF 的能力。

当企业的修理设施不能完成所有的修理工作时,管理人员还必须决定在何处进行修理工作。图 5-18 显示了一些可供选择的方法以及它们在速度、成本和能力方面的对比。不论选择哪种预防性维护策略和技术管理,都应强调机器操作人员负责各自设备和工具的维护工作,这样能较好地排除或避免故障。

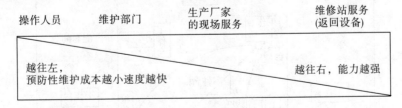

图 5-18 设备维护策略

三、生产系统改进的工具——方法研究

方法研究是工作研究的两大内容之一,工作研究的基本内容见图 5-19。

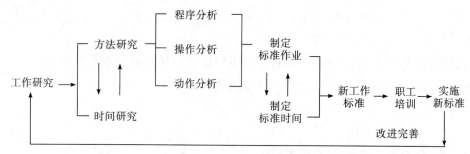

图 5-19　工作研究内容

方法研究着重于研究任务是如何完成的。其目的是在不增加投入的前提下，通过对现行工作方法的分析，寻求最合理、最有效、最经济的工作程序或操作方法。生产系统中的许多环节都可以通过方法研究来进行局部或全面的改进。如工厂、车间和工作地的布置，改进生产过程的组织形式，提高设备、工具、原材料的利用率，缩短产品的生产周期，简化工人的操作方法，减轻工人的劳动强度，提高生产效率等。方法研究包含两部分内容，即生产过程分析和动作分析。前者把物的流动过程和人的作业结合起来作整体分析，后者分析研究由人的基本动作构成的操作是否科学合理。

方法研究的技术主要有线路图、流程图、活动图和作业图，它们在许多环境下都是很有用的。线路图（图 5-20）是以作业现场为对象，对作业现场布置及物料和作业的实际

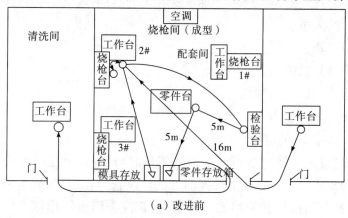

（a）改进前

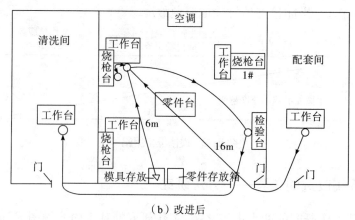

（b）改进后

图 5-20　透镜装配成形线路图

流通路线进行分析，常与流程图配合使用，以达到改进作业现场布置和移动路线、缩短搬运距离的目的。流程图是用符号来帮助我们理解人或材料的运动，从而减少运动和延误，使作业活动效率更高。图 5-21 所示的流程图是用于补充图 5-20 的线路图。活动图用于研究和提高一个作业者和一台机器或一些作业者和一些机器组合的利用效率，即反映人与机器在时间上的协调配合关系。通过观察，分析者记录了现在的方法（见图 5-22）和改进后的方法。作业图也叫左右手分析图，用于分析身体的运动。它显示了运动的"经济性"，指出了无用的动作和空闲时间（见图 5-23）。

流程程序图

工作物名称：电子枪透镜　　研究者：________

工作场地：烧枪间、清洗间　　审阅者：________

研究量：1

统计			
项目	改进前	改进后	节省
操作：	14	11	3
检验：	1	1	0
运送：	14	11	3
距离/m	83	58.7	26.3
时间/min	1.582	0.953	0.629

方法：改进前　时间：1988年11月13日　　方法：改进后　时间：1989年9月15日

说明	距离/m	时间/min	改善要点：简化	取消	合并	重排	○	⇨	D	□	▽	▽	□	D	⇨	○	附记	时间/min	距离/m	说明
配套组送零件到烧枪组零件台	12	0.001						●							●			0.001	12	配套组送零件到烧枪组零件台
将零件从零件台运到工作台	4	0.002	✓					●							●			0.001	4	运零件到工作台
操作者从左到右将零件按G4G3G2G1G0顺序置于工作台		0.002	✓				●									●		0.001		操作者将零件G4G3G2G1G0从左到右按顺序置于工作台上
上模：零件穿入中心针，装入模具固定		0.4	✓			✓	●									●	动作改进	0.3		将零件穿入中心针，装入模具固定
将固定好的模具送到烧枪者身边	0.5	0.1	✓					●							●		工作台改进	0.05	0.3	将固定好的模具送到烧枪者身边
放两根玻杆入玻槽，将装架模装入烧枪机，烧玻杆压制		0.15	✓				●									●	动作改进	0.1		放两根玻杆入玻槽，将装架模装入烧枪机，烧玻杆压制
压制者从烧枪机上取下模具		0.05					●									●		0.05		烧枪工从烧枪取下模具
压制工将压制好的模具放回工作台	0.5	0.1						●							●			0.05	0.4	烧枪工将模具放回工作台
操作者从模具内取出透镜放入盘中		0.2					●									●		0.1		操作者透镜从模具内取出放入盘中
将成型透镜送到检验台待检	7	0.006						●							●			0.006	7	将成型透镜送到检验台待检
从烘箱中取出透镜送到工作台		0.1								●			●					0.2		检验透镜
待检验好的透镜送零件台	5	0.006						●								●	工装改进	0.0417		将透镜送入透镜清洗架
将透镜摆放整齐，装入仓中		0.05		✓		✓	●								●			0.001	14	送透镜清洗架至清洗间
将透镜放入金属干燥箱	5	0.001		✓				●							●			0.0012	5	将透镜送入超声波清洗间
从金属干燥箱中取透镜到清洗间	18	0.0015		✓		✓		●								●		0.0042		挂透镜清洗架
将透镜装入清洗篮		0.0014		✓			●									●		0.0083		清洗透镜
送清洗篮至超声波清洗间	5	0.0083						●								●		0.0042		从清洗槽中取出透镜清洗架
将清洗篮挂在清洗槽上		0.0083					●								●			0.0009	5	送透镜至工作台
清洗透镜		0.0166					●									●		0.0028		对透镜进行风淋
从清洗槽中取出透镜		0.0083					●								●			0.0021	3	将风淋好的透镜送入烘箱
将清洗篮提到过道上	10	0.0042		✓				●								●		0.0194		烘干透镜
对透镜甩水		0.0083		✓			●								●			0.0028	3	从烘干箱中取出透镜
将甩过水的透镜送上工作台	5	0.0018		✓				●							●			0.0028	5	将透镜送往装架间
对透镜进行风淋		0.0057	✓				●													
将风淋好的透镜送入烘箱	3	0.0042						●												
烘干透镜		0.0197					●													
从烘箱中取出透镜送至工作台	3	0.0012						●												
排好透镜并点数		0.0083		✓			●													
将透镜送往装架间	5	0.0033						●												
合计	83	1.582	6	8		3	14	14		1			1		11	11		0.953	58.7	合计

图 5-21　流程程序图

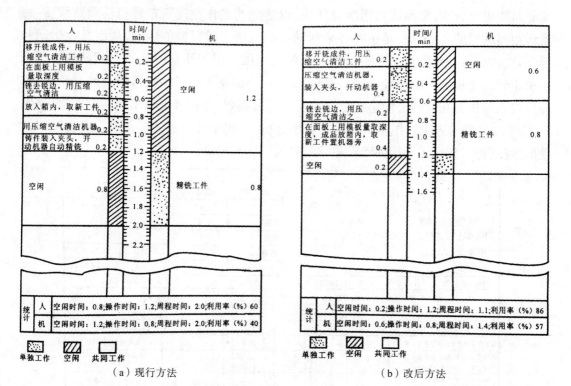

图 5-22 精洗铸件人机操作图

图表号				工作地布置图	
产品名称	长1m直径D3mm的玻璃管			现行的方法 夹具	
作业内容	切成15mm长				
工作地点	总厂三车间			玻璃管 刻记号位置	
操作者	年 龄	技术等级	文化程度		
绘图者		审定者			

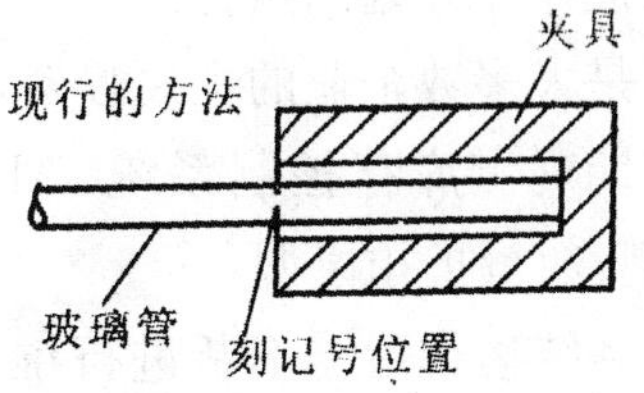

左手说明	时间/min	○ ⇨ D ▽	○ ⇨ D ▽	时间/min	右手说明
握住玻璃管					拿起锉刀
到卡具					握住锉刀
插入卡具					将锉刀移向玻璃管
压向后端					握住锉刀
握住玻璃管					用锉刀在管子上刻槽
稍稍退出玻璃管					握住锉刀
将玻璃管旋转120°~180°					握住锉刀
压向后端					将锉刀移向玻璃管
握住管子					刻玻璃管
退出管子					将锉刀放在桌子上
将管子移给右手					移向管子
把管子折断					弯管子
握住管子					放开切下的一段
在管子上重抓一下					锉

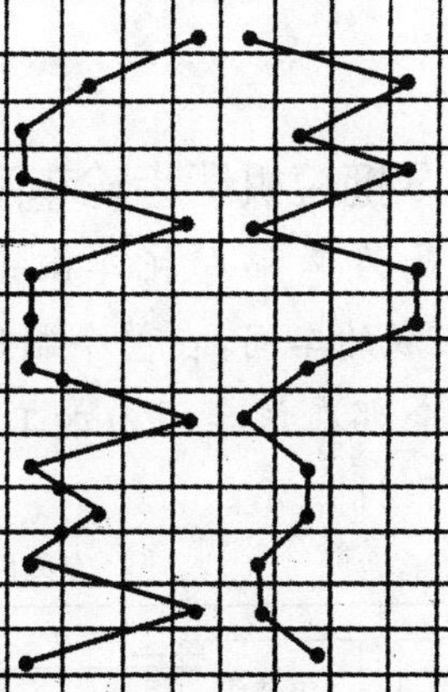

方法	现行的		改进的	
	左手	右手	左手	右手
操作	8	5		
运输	2	5		
等待	—	—		
握持	4	4		
检验				
共计	14	14		

图 5-23 借助于夹具切割玻璃管的左右手分析图

本章小结

产品或服务都是由生产系统提供的,生产系统的结构化要素与非结构化要素及其组合关系决定了生产系统的功能。企业必须按市场(用户)的要求来构造生产系统,同时要合理地组织生产过程。

综合计划制定了中期(通常为3~18个月)范围内的库存、生产、转包及雇员人数水平。综合计划的进一步分解,产生主生产计划和物料需求计划,从而明确了制造产品的各种物料的需要量和时间。通过作业排序实现作业计划,坚持生产作业控制的程序,可以有效保证作业计划的执行。

库存是大多数企业的主要投资,它有四种类型。本章中讨论了独立需求库存、连续观测和定期观测库存控制系统、ABC分析法以及用来管理独立库存的库存模型——EOQ模型、数量折扣模型。

生产系统运行后需不断进行维护和改善,以保证系统的可靠性。可以利用预防性维护和出色的修理设施来提高系统运行的可靠性。方法研究是生产系统改善的工具之一,流程图、线路图、活动图和作业图都有助于我们进行方法研究。

案例研讨

S拖拉机厂齿轮车间布局

S拖拉机厂齿轮车间是为幸福摩托车配套生产齿轮而建立的,车间面积3000 m², 它是按对象原则组成的车间,在整个制造流程中,除热处理工艺在热处理车间内完成外,其余的工艺全部在该车间内加工。该车间的内部平面原来是按工艺专业化原则布置的,如图5-24所示。

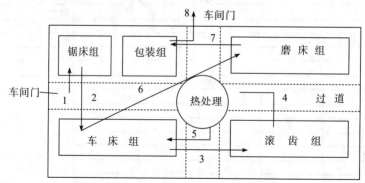

图5-24 工艺专业化盘的齿轮车间

当时该车间共有职工190人,设备96台,月产量仅2000套。车间辅助部分和办公部分在车间附近。图中间的虚线圆圈表示热处理工艺在其他地方完成。生产中的主要问题是:在制品在车间内各班组之间运输频繁;为了减少运输,采用一天运一次的成批运输方式,这样又导致每天需要进库、出库,上下班时刻在制品库十分拥挤。

一年后,随着需求量的增加,原布置方式已不能适应需要,遂将它改成产品专业化布置形式。同时更新部分设备,新设备的效率较高,设备数量增加到110台,职工人数增加到216人。新的布置形式如图5-25所示。按产品专业化原则布置后,生产效率得到提高,月产量达到12000套,成本也降低了。

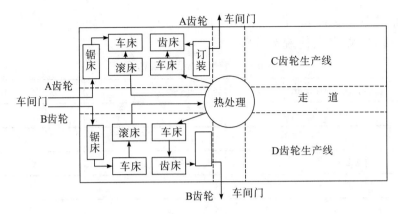

图 5-25　产品专业化布置的齿轮车间

（资料来源于网络，编者有删改）

复习思考题

1. 什么是生产系统？产品对生产系统的功能提出了哪些要求？
2. 如何设计企业生产系统的结构？系统的结构化要素和非结构化要素各有什么特点？
3. 如何合理地组织生产过程？
4. 各种生产类型的主要特点是什么？
5. 企业生产单位组成的专业化原则有哪些？其各有什么优缺点？
6. 编制综合计划的主要策略有哪些？
7. 如何调节生产能力以应对需求的波动？
8. MRP 的基本输入有哪些？
9. 简述 MRP 的工作过程。
10. 试述 MRP Ⅱ 的主要功能。
11. 什么叫作业排序？调度工作的优先规则有哪些？
12. 试比较存货生产与订货生产的调度程序，它们有何不同？
13. 如何认识库存的作用？何谓 ABC 分类法？
14. 何谓独立需求库存和相关需求库存？这种划分对库存管理有何意义？
15. 试比较连续库存观测系统与定期库存观测系统的特点。
16. 方法研究的工具有哪些？其各有何作用？
17. 一装配线计划每小时装配 300 件产品，每小时用于生产的时间是 50min。表 5-10 是装配任务、各项任务的作业时间及紧前任务等信息。请：

　　(1) 画出装配任务先后顺序图；
　　(2) 计算该装配线的节拍是多少；

(3) 计算每小时装配 300 件产品的最小工序数；

(4) 进行装配线平衡，使效率最高。

表 5-10　装配工序及作业时间

任务	作业时间(min)	紧前任务
A	0.69	—
B	0.55	A
C	0.21	B
D	0.59	B
E	0.70	B
F	1.10	B
G	0.75	C,D,E
H	0.43	G,F
I	0.29	H

18. 四达设备公司每年要按单价 4 元购入 54 000 套轴承组合件。单位维持库存费用为每年每套轴承 9 元，每次订货费用为 20 元。试求经济订货批量和年订货次数。

19. 某冰淇淋厂推出新款奶油雪糕，此款雪糕由两根冰糕棍、牛奶和橙味香精做成，并且每个雪糕在包装时需要包装纸一张；在出厂时，需要用纸盒再次包装，且每盒装 12 个包装过的雪糕。试画出产品结构树。

20. 结合案例分析：

(1) S 拖拉机厂齿轮车间提高效率的原因是什么？

(2) 该车间可以节省哪些成本？

第六章

现代制造管理模式

本章目标

学习本章后,应当了解:
◎JIT的基本思想。
◎拉动式生产与推动式生产的区别。
◎看板的作用。
◎精益生产的主要内容。
◎OPT的基本思想及九条原则。
◎大量定制的含义及主要策略。
◎CIMS的含义及其构成。
◎CIMS中"集成"的含义。

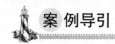

安徽叉车集团公司生产模式之变

当今时代,制造业面临的市场环境具有追求更快的交货速度、价格竞争激烈、个性化定制需求日益增加等特征。安徽叉车集团公司(以下简称"合力叉车")也面临着这样一个环境,国内市场云集了数十家独资或合资的国际公司以及机制灵活的民营企业,市场竞争异常激烈。为了适应飞速变化的市场环境,合力叉车较早地进行了生产模式向 ATO(按照订单组装)的转变。

从 1985 年引进国外技术起,合力叉车的变化大致可以分为两个阶段:1985-1994 年是一种面向存货的制造方式(MTS);1995-2006 年,开始逐步实现面向订单装配的生产模式(ATO)。1995 年不仅是合力叉车生产方式的分水岭,而且是合力叉车信息化建设的开端。过去,合力叉车几年设计一个产品,一个产品卖上几年,如此循环往复,客户的选择面很小。而如今的合力叉车,每月要生产几千台车,几百个品种,客户可以根据自己的实际需要定制,这在过去是无法想象的。1985 年,合力叉车从国外引进了当时非常先进的产品,这种产品是用模块化的思想进行设计的,几千个零部件可以灵活组合成几十种车型。这种设计思想的引入,让合力叉车的工程师们大开眼界。

当时,合力叉车采取的是面向存货的制造方式(MTS),即技术部门根据市场部门提供的市场调研报告,设计几种"可能"满足市场要求的车型,生产部门按照一年的计划进行生产,然后销售部门再将这些产品推销给客户。而引进技术的核心,是模块化设计、模块化生产,之所以要模块化,是因为国外采用的是面向订单的生产方式,即根据客户的要求(订单)来组织生产(ATO)。这种生产方式在 20 世纪 80 年代末,几乎是不可想象的。然而,随着市场的多元化,叉车行业有了越来越多的竞争者,客户的选择也越来越多了。这时候如果合力叉车仍然延续传统的生产模式,那么客户可能会重新考量合力。

面对越来越个性化的客户需求,合力叉车感觉这个系统已经不能全面满足公司的发展要求,无法从根本上解决合力叉车面临的现实问题。于是,合力叉车决心重新研究基于模块化的配置产品,吸取引进产品的优点,对现有产品进行模块化划分,将合力叉车的服务模式定位成按客户订单装配(ATO)。这个模式确定了以后,生产组织也对应地分成四大块:动力系统、工作装置、起重系统和车身系统。叉车产品分为平台、内外饰和控制系统三个组成部分。

当今中国的企业,唯一不变的是永远在变。对于合力叉车而言,市场的变化引发了产品模式的变化,产品模式的变化引发了生产模式的变化,生产模式的变化又为生产计划的制定带来了便利。综合计划科的计划员在谈起自己工作方式的变化时不禁露出轻松的笑容。"以前下计划的时间多花在跑腿上了,订单来了,要先到采购部门了解原料情况,再到生产部门下达生产计划,还要到各车间了解生产进度,现在是信息跑起来了,只要打开电脑,这一切都一目了然了"。

其实跑腿的时间少了,这只是表层的变化,而深层次的变革则是生产模式的转变,即由大量生产模式转向大量定制模式。这首先从生产计划的周期可以看得出来,以前一个月下一两次计划就算多,现在有了订单,一天就可能下一两次计划。只要市场有需求,不管产品与标准有怎样的不同,都能很快响应并组织生产。

计划的细分程度也反映了生产模式的变革。以前下计划很粗,分解不细,比如生产一批门架,只能计划到主要部件。如今可以自动把产品分解到基本零件,每个螺钉、螺母的采购都能下达到采购员。另外,对制造过程的跟踪也更及时、更动态化,已经基本能实现随时了解一批产品所处哪个阶段和位于哪个工区,甚至每个零件的使用情况。

在制造企业,计划科一般是个庞大的部门,而合力叉车的综合计划科如今只有四个计划员,他们要处理每年万余台的叉车生产计划。

第一节 准时生产方式(JIT)

汽车是一种结构相当复杂的工业产品,一台汽车由几万个零部件组成,它的生产需要庞大的设备群以及各种各样的技术,同时也需要能够将这些技术与复杂的生产组织有机结合的生产管理技术,形成一个有效的生产系统。在福特时代,美国汽车工业是依靠"单一品种大批量生产→以批量降低成本→成本降低进一步带来批量的扩大"这样的方式发展起来的。20世纪后半期,汽车工业以及整个时代都进入了一个市场需求多样化的新阶段,相应地要求工业生产也向多品种、小批量的方向迈进。日本丰田汽车公司经过近20年的探索和努力,建立起了一种适应时代要求的新的生产方式——准时生产方式(Just In Time,简称JIT)。这一生产方式为日本汽车工业带来了强劲的竞争力,也给世界制造业带来巨大的冲击。

一、JIT生产方式的基本思想

JIT生产方式是由一整套的思想构成的。其基本思想可以用一句话来概括,即"只在需要的时候,按需要的量,生产所需的产品"。其核心是建立一种无库存生产系统。JIT生产方式的目标及实现目标的各种手段、方法之间的内在联系可以用图6-1表示。

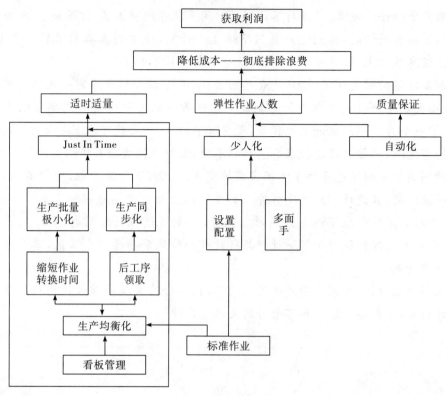

图 6-1 JIT 的构建体系

JIT 生产方式最终目标即企业经营目标是获取利润。为了实现这个最终目标,"降低成本"就成为基本目标。降低成本的目标不是通过加大批量、扩大规模来实现的,而是通过"彻底排除浪费"来实现的。丰田公司认为,凡是不能产生附加价值的一切作业(或诸因素)都是浪费。其中最主要的有生产过剩(即库存)引起的浪费、人员利用上的浪费及不良产品所引起的浪费。为排除这些浪费,就产生了适时适量生产、弹性作业人数及质量保证等手段。

(一)适时适量生产

这是 JIT 的本意——"只在需要的时候,按需要的量,生产所需的产品"。这是企业灵活适应市场需要量变化的表现。否则,生产过剩会引起人员、设备、库存费用等一系列的浪费。JIT 的这种思想与传统的有关生产及库存的观念截然不同。

实现适时适量生产的具体手段如下。

(1)生产同步化,即工序间不设置仓库,前一工序加工结束后,立即转到下一工序,各工序几乎平行进行作业,产品被一件一件地连续生产出来。在铸造、压、冲压等必须成批生产的工序中,则通过尽量缩短作业更换时间来缩小生产批量。生产的同步化通过"后工序领取"的方法来实现,即"后工序只在需要的时候到前工序领取所需的加工品;前工序只按照被领取的数量和品种进行生产"。同步化生产还需要通过采取相应的设备配置方法及人员配置方法来实现。

(2)生产均衡化,即总装配线在向前一工序领取零部件时,应均衡地使用各种零部件,混合生产各种产品。为此,必须科学地确定产品的投产顺序,通过专用设备通用化和制定标准作业来实现制造阶段的均衡化。所谓专用设备通用化,是指在专用设备上增加一些工夹具,使之能够加工多种不同的产品。制定标准作业是指将作业节拍内一个作业人员所应担当的一系列作业内容标准化。

(3)实现适时适量生产的管理工具——看板管理。

(二)弹性配置作业人数

降低劳动费用是降低成本的一个重要方面,达到这一目的的方法是"少人化",即根据生产量的变动,弹性地配置各生产线的作业人数,以及尽量用较少的人力去完成较多的生产。与传统生产系统中的"定员制"相比,"少人化"是一种全新的人员配置方法。为了达到这个目的,可以采取以下两条重要措施。

(1)培养多面手。培养多面手是为了便于随时调整生产线上的作业任务,灵活自如地安排工人实行多机床看管。工人掌握的技能越多,生产线作业越灵活。

(2)设备U形布置。设备U形布置的关键是把生产线的入口和出口布置在同一位置,便于工人进行多机操作,以实现灵活配置作业现场的作业人员,如图6-2所示。图中所示的生产线配有三位工人,生产线的第一道工序和最后一道工序都由工人1负责加工。他加工完最后一道工序,运走一个工件,在入口处投入一个工件开始加工,可以严格控制加工的节奏,也可以使线内在制品保证恒定不变。如果生产任务减少1/3,按少人化的要求,作业人数也应该减少1/3,减为两人,这时工人2的工作可以分配给工人1和工人3,以减少作业人数。在多数情况下,根据产量调整后的任务不大可能正好是整数,丰田公司采用几条生产线设备的联合U形布置,通过在几条生产线上的调整,达到减少作业人数的目的。

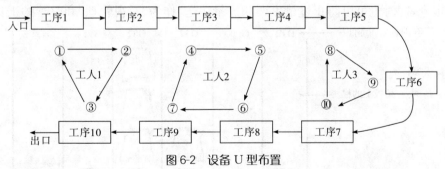

图6-2 设备U型布置

(三)质量保证

质量保证是指通过"自动化"将质量管理贯穿于每一道工序之中,以实现提高质量与降低成本的一致性。这里的"自动化"有两层含义:一是设备或生产线能够自动检测不良产品,一旦发现异常或不良品,可以自动停止运行;二是生产一线的操作工人发现产品或设备有问题时有权自行停止生产。这样一来,不良产品一出现就会被发现。

(四)密切的供应商关系

JIT 系统成功的另一个原因是与供应商保持良好、稳固的关系。要实现准时生产,企业应尽可能减少供应商的数目,并且将其视为企业内部的一个单位来对待,与供应商同舟共济,共同发展。在传统系统中,买方的工作是监督外购商品的质量,检查运输质量与数量,把质量低劣的商品退给卖方去返工。在 JIT 系统中,由于结构紧凑,低质商品会中断平稳的工作流。另外,检查入口的商品被视为无效行为,因为它不增加价值。因此,保证质量的任务就交给了卖方。买方与卖方合作,共同达到所需质量水平。

二、拉式系统与看板管理

"推"和"拉"是用来表示工作经过整个生产过程的两种不同的系统。在传统生产环境下使用的是推式系统:当某个工作岗位的工作完成时,产出就被"推"到下一个工作岗位;或者在最终作业阶段,产出被推进产成品存货。拉式系统则与之相反,对工作转移的控制取决于下一道工序;每个岗位都在自己需要时才把上一道工序的产出拉过来;最终作业产出则由顾客需求或时间计划总表拉出。因此在拉式系统中,工作通过回应下一道工序而前进。而推式系统中的工作则随着自己的结束而前进,不管下道工序是否已经做好准备;这样,工作可能会堆积在由于设备故障或发现质量问题而落后于进度安排的某些岗位上。拉式系统避免了大量在制品积压,对需求变化的适应性更强。

实现拉动式生产的工具是看板。看板用来表示物料的需求,是生产所需物料的"授权书"。它可以是记载各种信息的卡片,也可以是一面旗子或一种有色小球,甚至地板上的一个空位,它们可以表示所需的下一批供货(图 6-3)。看板的主要功能是传递生产和运送的指令,同时也可以防止过量生产和过量运送,作为"目视管理"和改善的工具。

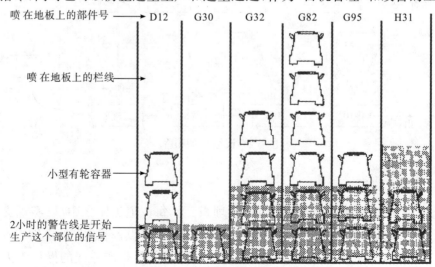

图 6-3 某车间的存货排列图

(从图中显示的位置可以看出,有一栏已被部位 G8S 填满,他们可能正在加工部件 H31,并正在准备部件 G30,但这要取决于牵引信号。)

典型的看板系统是这样的:看板卡片被粘在容器上,当某岗位需要补充零部件时,就有一名工人来到存放零部件的地方拿走一容器的零部件。每个容器内零部件的数量都是事先确定好了的。工人从容器中拿起看板卡片,把它粘在清晰可见的指定位置,再把容器移到工作间。然后,粘好的看板由用另一个容器补充库存的库房工人取下。整条生产线以此类推。零部件需求引发对存货的补充,零部件供应则完全遵照用量的规定。类似的提取与补充(都由看板控制)自始至终发生于生产线上下,从供应商到产成品存货。如果主管因为堆积存货而认为系统太松散,那么主管也可以收缩系统,撤下一些看板。相反,如果认为系统太紧了,也可以增加看板,使系统恢复平衡。

三、JIT 生产方式的发展——精益生产方式(LP)

以丰田公司为代表的日本汽车制造企业在 20 世纪七八十年代的成功,引起了大批欧美企业界和学术界人士的注意,他们对此进行了深入的研究和对比分析。1985 年,美国麻省理工学院筹资 500 万美元,组织了 53 名专家、学者,历时 5 年,对 14 个国家的近 90 个汽车装配厂进行了实地考察、研究,最后出版了《改变世界的机器》一书,书中首次提出了以 JIT 生产方式为基础的精益生产方式(Lean Production,简称 LP)。

LP 生产方式是对 JIT 生产方式的提炼和理论总结,它将原来主要用于生产领域的 JIT 扩展到了市场预测、产品开发、生产制造管理、协作配套、库存管理以及产品销售服务等领域。

LP 生产方式的核心思想就是消"肿"去"瘀",即以整体优化的观点,合理配置和利用企业拥有的生产要素,消除一切不产生附加价值的劳动,追求"尽善尽美",以达到增强企业适应市场多元化要求的应变能力,获得更高的经济效益的目的。其特征和内容可以概括为以下几个方面。

(1)在生产系统方面,一反大量生产方式下的作业组织方法,以作业现场具有高度工作热情的多种技能工人和独特的设备配置为基础,将质量控制融入每一个生产过程中。实施精益生产的企业,其生产系统具有良好的柔性,生产起步迅速,能够灵活敏捷地适应产品的设计变更、产品变换以及多品种产品混合生产的要求。

(2)在零部件供应系统方面,企业采取与大量生产方式截然不同的方法,在运用竞争原理的同时,与零部件供应商保持长期稳定的全面合作关系,包括资金合作关系、技术合作关系以及人员合作(派遣、培训等)关系,形成一种"命运共同体",并注重培养零部件供应商的技术开发能力,使零部件供应系统也能够灵活敏捷地适应产品的设计变更以及产品变换。通过管理信息系统的支持,零部件供应商共享企业的生产管理信息的能力和机会大大增强,从而保证及时、准确地交货。

(3)在产品的研究与开发方面,以并行工程和团队工作方式工作为研究开发队伍的主要组织形式和工作方式,以"主查"负责制为领导方式(主查就是老板,也就是团队负责人,他的任务是进行新产品的设计和工艺准备并使之投产)。在一系列开发过程中,企业强调产品开发、设计、工艺、制造等不同部门之间的信息沟通和并行开发。这种并行开发还扩大至零部件供应商,充分利用它们的开发能力,促使它们从早期开始参加开发,从而大大缩短开发周期并降低开发成本。

(4)在流通方面,企业与用户及零售商、批发商建立一种长期的良好关系,使来自用户和零售商或批发商的订货与工厂生产直接挂钩,使销售成为生产活动的起点;尽量减少流通环节的在制品,并使销售和服务机能紧密结合,以迅速、周到的服务最大限度地满足顾客的需要。

(5)在人力资源的利用上,形成一套劳资互惠的管理体制,并一改大量生产方式中把工人只看作一种"机器的延伸"的机械式管理方法,通过 QC 小组、提案制度、团队工作方式、目标管理等一系列方法,鼓励职工进行"创造性思考",调动他们的主动性、积极性,并注重培养和训练工人以及管理人员的多方面技能,最大限度地利用企业组织中每一个人的潜在能力,由此提高职工的工作热情和工作兴趣。

(6)从管理理念上来看,人们总是把现有的生产方式、管理方式看作改善的对象,不断地追求降低成本、降低费用、质量完美、缺陷为零、产品多样化等目标。虽然这样的极限目标从理论上来说是不可能实现的,但这种无穷逼近的不懈追求却可以产生意想不到的效果,即不仅"白领阶层",而且大部分"蓝领阶层"的职工也提高了对工作的热情和兴趣,在工作中感受到了成功的喜悦。由此带来的效果,则是产品质量和生产率的不断提高。

总之,这是一种在降低成本的同时使质量显著提高,在增加生产系统柔性的同时使工人增加对工作的兴趣和热情的生产经营方式。与大量消耗资源的生产方式相比,这是一种资源节约型、劳动节约型的生产方式。

第二节 最优生产技术(OPT)

最优生产技术(Optimized Production Technology,简称 OPT)是 20 世纪 70 年代由以色列学者 Goldratt 提出的,到 80 年代末,已在世界许多国家和地区得到应用。作为一种新的生产技术,OPT 吸收了 MRP 和 JIT 的长处。其独特之处不仅在于提供了一种新的管理思想,还在于它建立了相应的软件系统。

一、OPT 的基本思想和概念

OPT 的基本思想是以提高生产系统的产出率和降低库存为出发点,通过分析生产系统中的瓶颈环节,并考虑零件装卸时间、生产批量、加工优先及随机因素等对生产的影响,改善生产现场的管理,保证关键资源的充分利用,并将在制品数量降低到最低限度。

瓶颈资源和非瓶颈资源是 OPT 中十分重要的两个概念。瓶颈资源是指那些在生产能力上对生产活动的产出率有直接决定作用的资源,表现在生产能力数值上是小于或等于所承担任务(生产计划)要求的能力。一般来说,一个企业中的瓶颈资源不超过 5 个。非瓶颈资源的实际生产能力比所需要的大,一般表现在产出率上明显大于瓶颈资源。图 6-4 所示的是某企业的家具生产流程,若产出率要求是 12 套/天,则成品组装为瓶颈资源,它直接决定生产系统的产出率,其余皆为非瓶颈资源。

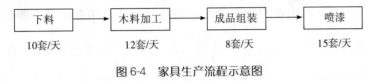

图 6-4　家具生产流程示意图

二、OPT 系统的原则

为了方便 OPT 的推广应用,OPT 的经营者提出了九条原则。这九条原则集中地反映了 OPT 系统的指导思想及运行机理。

(一)追求物流的平衡,而不是生产能力的平衡

与传统的生产管理观念不同,OPT 十分强调物流的平衡,而不是生产能力的平衡。因为企业的生产能力平衡总是相对的,一旦市场需求发生变化,原有的平衡就被打破。与其不断地平衡生产能力,还不如适应市场需求的变化,理顺企业的物流关系,达到物流的平衡,以求生产周期最短、在制品最少。在这一点上,OPT 与 JIT 是相同的。

(二)非瓶颈资源的利用水平不是由其自身潜力而决定的,而是由瓶颈资源能力而决定的

生产系统中的主要约束就是瓶颈资源,非瓶颈资源的使用取决于瓶颈资源的产出率。如果一味追求非瓶颈资源的利用率,那么不但不会增加产出,反而会使在制品不必要地增加。

(三)瓶颈资源上 1 小时的损失是整个系统 1 小时的损失

由于瓶颈资源制约了整个系统的产出率,因此瓶颈资源是整个系统中管理控制的重点,应尽最大的努力使瓶颈资源满负荷工作。为此,OPT 系统中常采取的措施是:在瓶颈工序前设置质量检查站,保证投入瓶颈工序的工件 100% 是合格品;在瓶颈工序前设置缓冲环节,使瓶颈资源不受前面工序生产率波动的影响。适当加大生产批量,以减少瓶颈资源的设备调整次数;减少瓶颈工序中的辅助生产时间以增加设备的基本生产时间。

(四)在非瓶颈资源上节省时间是没有意义的

在非瓶颈资源上节省时间,只能增加设备的空闲时间,并不能增加企业的产出量。

因此采取措施去提高非瓶颈资源的生产率,并不能获得经济效益。相反,还要为此支付不必要的代价。

(五)资源的利用率和使用率不是同义词

在 OPT 中,利用率是指从成本角度来看资源应该被利用的程度,而使用率则是指资源在实际生产中能够被利用的程度。非瓶颈资源作为一种投资,应该最大限度地得到利用,但在实际生产中,因受瓶颈资源的约束,100%地利用非瓶颈资源只能导致浪费。

(六)在瓶颈资源的前导工序和后续工序应采取不同的计划方法

对瓶颈工序之前的工序按拉动方式编制计划,而对瓶颈工序之后的工序则按推动方式编制计划。

(七)运输批量在多数情况下不等于加工批量

通常,生产现场的加工批量大,意味着全部生产时间中,用于加工的时间就长,系统的产出率就高,但如果运输批量也大,则现场在制品的数量和库存在制品的数量就会增加,这是企业不希望看到的。因此,在 OPT 中,加工批量应该大一些,而运输批量则应该小一些。

(八)加工批量和运输批量应该是可变的,而不是固定的

在 OPT 中,加工批量和运输批量分别基于不同的目标,前者主要考虑资源的有效使用,后者则主要考虑减少在制品。因此 OPT 系统不采用固定的加工批量与运输批量。同一种工件在瓶颈资源和非瓶颈资源上加工时可以采用不同的加工批量,在不同的工序间传送时可以采用不同的运输批量。批量的大小可根据实际需要进行动态处理。

(九)安排作业计划应兼顾所有的约束条件,提前期不能预定

安排作计划的一般做法(如 MRP)是在作业计划编制前就确定提前期,而在 OPT 中,作业计划的编制必须考虑瓶颈资源、批量、加工优先级和其他许多因素,经过对各种因素进行综合考虑之后,合理安排零部件的加工顺序。这时,各种零部件的提前期自然也就确定了下来。

三、OPT 的计划与控制——DBR 系统

OPT 的计划与控制是通过 DBR 系统实现的。DBR 系统即"鼓(Drum)""缓冲器(Buffer)"和"绳索(Rope)"系统,如图 6-5 所示。其实施计划与控制主要包括以下步骤:

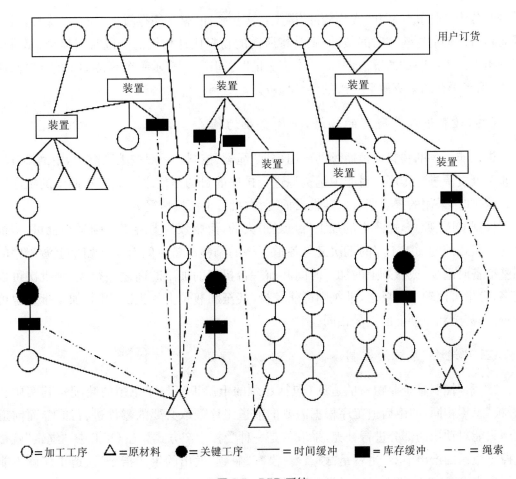

图 6-5　DBR 系统

（一）识别瓶颈

瓶颈控制着企业生产的节奏——"鼓点"，制约着企业的产出能力，因而识别瓶颈是控制物流的关键。一般来说，当需求超过能力时，排队最长的机器就是"瓶颈"。如果我们知道一定时间内生产的产品及其组合，就可以按物料清单计算出要生产的零部件。然后按零部件的加工路线及工时定额，计算出各类机床的任务工时，将任务工时与能力工时比较，负荷最高的机床就是瓶颈。

（二）基于瓶颈的约束，建立产品出产计划（Master Schedule）

一般按有限能力，用排序方法对关键资源进行排序。这样建立的作业计划是切实可行的。

（三）"缓冲"的管理与控制

要对瓶颈进行保护，使其能力得到充分利用，一般要设置一定的"缓冲"（Buffer）。

"缓冲"分为"时间缓冲"和"实物缓冲"两类;"实物缓冲"就是库存缓冲,如安全库存,可以减弱随机波动的影响;"时间缓冲"则是将所需的物料比计划提前一段时间提交,以避免瓶颈出现停工待料的情况。例如,一个三天的"时间缓冲"表示一个等待加工的在制品队列,它相当于在约束资源上三天的生产任务。

(四)控制进入非瓶颈的物料,平衡企业的物流

进入非瓶颈的物料应被瓶颈的产出率即"绳索"控制。一般按无限能力,用倒排方法对非关键资源进行排序。对非关键资源进行排序的目的是使之与关键资源上的工序同步。倒排时,采用的提前期可以随批量而变化,批量也可按情况分解。

根据 OPT 原理,瓶颈上的加工批量是最大的,而瓶颈的上游工序则是小批量、多批次的。瓶颈前的加工工序的批次又与各道工序的调整准备时间有关。如果上游工序的调整准备时间少,或瓶颈上的加工时间和前一台机器的加工时间之差很大,则批次可以较多,批量可以较小。反之,批次则可能较少,甚至和瓶颈上的批次相同,加工批量也可能较少,甚至和瓶颈上的批量相同。

(五)"绳索"系统的控制

"绳索"控制着企业物料的进入(包括瓶颈的上游工序与非瓶颈的装配),其实质和"看板"思想相同,即由后道工序根据需要向前道工序领取必要的零件进行加工,而前道工序只能对动用的部分进行补充,采取的是一种受控生产方式。在 OPT 中,"绳索"就是受控于瓶颈的产出节奏,也就是"鼓点"。没有"瓶颈"发出的生产指令,这道工序就不能进行生产,这个生产指令是通过类似"看板"的东西在工序间传递的。

在 DBR 的实施中,如果说"鼓"的目标是使产出率最大,那么"绳索"的作用则是使库存最小。通过"绳索"系统的控制,能够使得瓶颈前的非瓶颈设备均衡生产,减少加工批量和运输批量,减少提前期以及在制品库存,而同时又不使瓶颈停工待料。所以,"绳索"是瓶颈对其上游机器发出生产指令的媒介,没有它,生产就会产生混乱,要么造成库存过大,要么会使瓶颈出现"饥饿"现象。

四、OPT 软件系统

使用 OPT 软件的难点在于算法,即怎样通过生产工序、物料信息、需求计划以及能力计划来规划出生产计划,从而识别出生产的瓶颈,并给出提示。图 6-6 阐述了 OPT 软件的工作原理。

OPT 软件工作原理主要包括以下六个步骤。

(1)构建工厂模型:主要是通过 BUIIDNET(工程网络)模块将整个工厂的物流过程模型化。OPT 所构建的模型被称为 OPT 产品网络,它包含产品结构文件和加工路线文件两部分内容,能准确地表示一个产品是怎样制造出来的。产品网络存放在

SERVE 模块中。

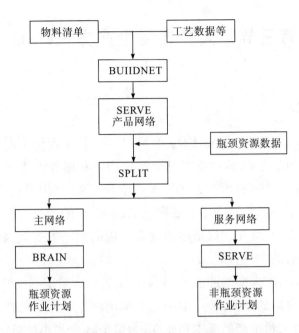

图 6-6 OPT 软件工作原理

(2) 识别瓶颈资源：采取类似 MRP 中粗能力计划的方法，即首先根据工厂模型模拟一个近似日常生产的生产作业计划，然后将所有设备均按其执行该计划的利用率大小排列列表，利用率最接近或超过生产能力的设备就是瓶颈资源。再由人工根据实际情况和经验进行取舍，最后确定工厂的瓶颈资源表，以便于采取转包或其他措施进行调整。

(3) 收集瓶颈数据：准确、详细的瓶颈资源数据对作业计划的编制与调度十分重要。

(4) 产品网络分解：存放在 SERVE 中的产品网络通过 SPLIT 模块被分解成两部分，一部分是主网络，它包含瓶颈资源及后续的工艺过程；另一部分是服务网络，它包含所有非瓶颈资源的物流过程。这种网络的分解对 OPT 作业计划是至关重要的。

(5) 主网络的作业计划及工作参数确定：通过 BRAIN 模块采用有限能力顺排的方法完成瓶颈资源的作业计划，目标是使瓶颈上的空闲时间为零，产销率最大。BRAIN 模块在输出作业计划的同时，也给出了加工和运输批量等参数。

(6) 服务网络作业计划确定：按 BRAIN 模块所确定的完工期限要求，可以倒推非瓶颈资源上的计划。

第三节　大量定制生产方式(MC)

一、MC 的含义

大量定制(Mass Customization,缩写为 MC),也叫"大规模定制"或"大批量定制",即以低成本大量生产的模式,满足顾客对个性化产品和服务的需要。大量定制的特点是将定制生产和大量生产两种生产方式的优势结合起来,采用模块化的产品、柔性的工艺过程和灵活的组织结构,且生产中高效率和低成本;它的产品和服务可以满足个性需要。大量定制是 20 世纪 90 年代以来逐渐成为主流的生产方式,也将会成为 21 世纪极重要的、极具竞争优势的生产方式。

从托夫勒于 1970 在《未来的冲击》一书中首次提到大量定制生产,到 1993 年派恩在《大量定制——企业竞争的新前沿》一书中对大量定制作了完整的描述。根据派恩的描述,大量定制是指,以大量生产的成本和速度,为单个客户和小批量、多品种的市场定制生产任意数量的产品。大量定制不同于大量生产基础上的多样化:多样化是先生产出产品,再等待需要它的客户出现,而定制是应特定客户的要求而生产;多样化只给客户提供更多的选择机会,而定制则可能将生产的末端交给消费者,让消费者与生产者共同参与产品生产。大量定制所面临的挑战是,既要对外展现产品的无限多样化,又不能因产品内部多样化而产生额外的成本和事件的延误。解决这一矛盾的关键是通过产品的模块化来降低内部的多样化,并且为任何特定的顾客提供独特的模块组合。所以,大量定制是一种固定但有柔性而且反应灵敏的生产方式,它提供动态的产品流,使企业得以同时实现低成本和个体定制。

二、MC 的基本思想

MC 的基本思想在于通过产品结构和制造流程的重构,运用现代化的信息技术、新材料技术、柔性制造技术等一系列高新技术,把产品的定制生产全部或者部分转化为批量生产,以大量生产的成本和速度,为单个客户或小批量、多品种市场定制任意数量的产品,从而实现个性化与低成本。

MC 之所以能够实现个性化,是因为它是订单驱动的生产。订单驱动的生产最大的好处是企业对于顾客的需求是事先知道的,避免了生产活动的盲目性,从而消除了预测驱动型生产带来的风险。然而,订单驱动生产的最大问题是对顾客需求的响应性较差,订单交付时间较长。对于不愿意等待的顾客,按单生产没有吸引力。

按订单生产的范围较宽。从标准化产品到个性化产品,都可以采用按订单生产模式。同样购买一台小轿车,顾客可以从现有产品系列中选择一种企业正在生产的型号、规格和颜色的产品,也可以提出特定的要求,这些要求可能牵涉设计和工艺的修改。

MC之所以能够实现低成本,归根结底是因为它能够将多样化的产品生产变成通用化的零部件和模块的生产。由于零部件和模块的通用性,它们可以被提前制造出来,提高了对顾客需求的响应性;由于通用零部件和模块的生产批量大,因此可以获得规模经济性。

按照对产品和零部件的需求性质不同,需求可以划分为独立需求和相关需求、共性需求和个性需求。按照以上划分,可以作出一个四分图,如图6-7所示。产品是提供给顾客的,属于独立需求;零部件是由产品决定的,属于相关需求。例如,普通电视和标准紧固件属于共性产品,锅炉和大型船舶属于个性产品。零部件也有通用零部件和专用零部件之分,通用零部件可用在不同的产品上,具有可重用性;专用零部件只能用在某种产品上,不具有可重用性。

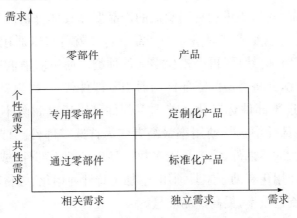

图6-7 产品和零部件分类

标准通用产品是工业经济时代的主角,定制化产品是服务经济时代的主角。随着社会经济向服务经济和体验经济的方向发展,定制化产品将成为时代的主角。标准通用产品由通用零部件组成,由于产量大,因此可以做到标准化和通用化。定制化产品可以由专用零部件单独构成(如手工作坊生产时代贵族的汽车),也可以由专用零部件和通用零部件共同组成。为了减少定制产品制造过程的复杂性,努力方向应该是尽量减少专用零部件,增加通用零部件,形成规模经济,降低定制产品的成本。

过去,在日本组装生产的打印机设备有两种电源和保险丝装置:一种是面向北美市场的110伏电压的,另一种是面向欧洲市场的220伏电压的。由于很难预测在北美和欧洲的需求量,因此很可能出现适用于一个大洲的产品大量积压,适用于另一个大洲的产品脱销的问题。如果重新设计设备,使之具有通用的电源和保险丝装置,那么产品在送达最终客户之前就不需要进行差异化设计。无论什么时候,只要产品出现供需不平衡,就可以由一个大洲运往另一个大洲。这样,在日本的设备产量就是全球所需打印机数量的总和,而不用预测110伏和200伏的设备各自生产多少。以通用零部件为主的产品容易实行大量定制,以专用零部件为主的产品应该重新审查其设计的合理性,尽可能增加通用零部件,减少专用零部件。

三、MC 的策略

要确定 MC 策略,首先要了解顾客的个性化需求是什么。个性化需求不是指每个人对产品的所有属性的要求都不同,而是指个人对产品的某些属性比如性能、附加功能、可靠性、耐久性、维护性、美学性以及感知性等的偏好不一样。鉴于此,要实现大量定制生产,可以采取以下几种策略。

(一)降低零部件多样化

根据订单修改已有设计的方法来实现定制生产,是低效的做法,其结果是越修改,零部件种类越多。要降低零部件的多样化,首先就要对现有产品系列进行分析。保留销售量和利润高的产品,对销售量和利润额低的产品要作具体分析。如果是新产品,则经过一段时间之后,它可能变成销售量高的产品。这样就可将以通用零件为主的产品作为大量定制产品来生产。然后,再来减少零部件种类。通过取消低用量的零部件,将高用量的零部件标准化,并将类似的零部件用通用零部件代替,可以减少零部件种类。零部件通用化是将首选零部件标准化。首选零部件可以通过删除不必要的零部件来确定,也可以从现有零部件中选择使用率最高者作为首选零部件。首选零部件一般是单位时间内总用量最大的零部件,或者是大多数产品用到的零部件,或者是多年持续使用的零部件。零部件通用化有助于工具通用化、加工特性通用化、原材料通用化,能够促进工艺标准化和加工制造效率,提高产品质量。

加工工具、加工工艺、生产计划和产品设计都存在通用性,这种通用性取决于零部件的通用性。正确地利用这种通用性,有助于降低制造系统的复杂性。

(二)模块化

大量定制的关键是变顾客个性化的产品为标准化的模块。模块化使产品的部件如同标准件一样能够高效地制造,而产品的特色可通过模块的组合与修改而形成,由于这些部件或组件是标准的,因此它们能以大量生产方法制造,从而使大量定制产品的成本和质量与大量生产相当。借助于模块化进行产品的开发、设计和生产,在基型产品的基础上发展变型产品,可以以较少品种与规格的零部件组成顾客需求的多种多样的个性化产品。如某一个计算机制造商有 12 种主板、5 种 CPU、3 种机箱、5 种硬盘、20 种显示器、8 种调制解调器、4 种声卡,其基本模块是 57 种,若将这些模块进行组合,则最多可形成 576000 种产品。

功能模块是产品的核心组成部分。功能模块既可以是产品,也可以是零件、装配件或软件模块;既可以是外购件,也可以是外协件或自制件。每个功能模块按照一定的添加和相关的功能模块建立联系,从而满足某个用户或特定设计方案的需要。因此,完整的功能模块定义必须包含该功能模块整个生命周期内的全部信息,包括用户和开发需求、设计和工艺数据、使用和维护指南、采购和质量信息、与其他元件的结构关系及其有效时间和有效条件,当前的发放状态、历史的变更版本、对应的审批流程等。

(三)延迟

延迟的实质是将产品的差异化延迟。产品越接近最终购买目的,差异性越大。在生产过程中,寻找不同产品的差异点,尽可能延迟差异点生产的时间,不仅可以降低制造上的复杂性,还可以减小预测误差,降低需求的不稳定性,提高企业整体效益。

可以说,在产品成型的过程中,投入越多,风险越大,"木已成舟"时风险最大。过早按最终用途提供产品,在急剧变化的时代风险极大。在个性化需求突出的时代,应该等特定顾客的需求完全确定之后,再实施差异化。因而,延迟是为了减小风险、适应需求个性化而采用的一种生产组织技术,它的核心内容是:在整个生产流程中,将不同产品需求中相同的零部件和制造过程尽可能最大化,而尽可能地推迟体现个性化需求的定制的差异化制造过程。延迟策略的基本思想就是:表面上的延迟实质上是为了更快速地对急剧变化的市场需求作出反应,实现供应链的低生产成本、快反应速度和高顾客价值。同时,延迟差异化也是为了提高效率、缩短交货期。延迟差异化意味着产品的共性部分或者通用部分是可以而且需要提前制造的,如果等待顾客的最终需要确定之后再从零开始进行生产,则对顾客的响应时间就很长。

不仅单个企业可以采取延迟策略,一条供应链也可以采取延迟策略。例如,一个汽车制造商可以将小轿车的最终成型推迟到顾客下订单之后,它的发动机供应商同样也可以将发动机的最终成型延迟到制造商下订单之后。

无论是单个企业,还是整条供应链,在实行大量定制过程中,都有一个确定备货订货分离点(Customer Order Decoupling Point,简称 CODP)的问题。在 CODP 的上游是备货型生产,它是可预测和计划驱动的,是推进式的;在 CODP 的下游是订货型生产,它是订单驱动的,是牵引式的。图 6-8 所示为一供应链从推进流程向牵引流程运动过程中,推进与牵引的界线。

成功实施延迟策略需要具备以下七个条件。①产品结构上的约束。产品结构应该是模块化的、具有通用性的零部件,这样可以分模块地组装和调试。②制造工艺上的约束。延迟加工的零部件应该具有工艺上的可行性。工序也应该模块化,如果不进行工序模块化,那么整个工作流程就会作为一个整体来实施,这就导致订货至交货的周期延长,而且对多种最终产品的需求反应不灵敏。③CODP 点后的流程要能够灵活而快速地实施,这对建立有效、快速的客户反应是很重要的。④准确地获得订单是延迟策略成功实施的关键因素。⑤需要多个部门和组织通力协作。例如,需要供应商设计标准化的零部件,配送中心或者是分销伙伴完成一些个性化的步骤。⑥工程师要有供应链管理的意识,在设计时寻求能够带来延迟机会的设计方案。⑦延迟策略往往需要付出很大的代价,所以必须具备量化延迟策略成本和收益的能力。延迟策略可能会导致单位产品的生产成本增加,例如,通用的电源和保险丝装置比专用的要贵。

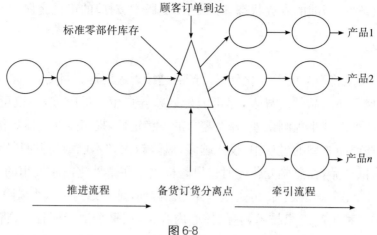

图 6-8

(四)混合模式

从表面上看,生产方式的变革是由顾客需求变化引起的,大量定制的出现是满足顾客个性化需求的结果。大量事实表明,当前市场需求呈现个性化的趋势。但是,顾客个性化需求是否最终会取代通用性需求？这是一个难以得到肯定回答的问题。有一点是明确的,那就是,不管个性化需求最终是否会取代通用性需求,在当前情况下,两种需求共存是不争的事实。因此,需要实行一种混合模式来适应当前的需要。戴尔公司实行大量定制模式,取得了巨大的成功,造就了一家世界著名的跨国公司。但是,是否应该用戴尔模式来取代其他模式？答案是否定的。对于具有通用性需求的产品,顾客对可获得性的需求高,尽管采用模块化和延迟策略,但大量定制仍难以及时地满足顾客的需求。对于标准化产品,最好采用大量生产方式。只有站在企业战略高度看待企业客户化问题及运营效率问题,才能完整把握大量定制的核心思想。企业运作实践中,按照单个客户细分未必是最合理的,因此企业应根据客户的实际需求,结合自身战略考虑成本、财务需求,选择适当的"定制"程度。从这个意义上说,大量定制的任务之一,就是寻找合理的方法解决客户需求差异化问题。

综上所述,大量定制并不一定会带来过多的成本,通过合理而恰当地运用以上策略,可以提高销售收入和顾客满意度,使企业获得真正的竞争优势。

第四节 计算机集成制造系统(CIMS)

如果说计算机集成制造(CIM)体现了一种组织、管理与运行企业的原理,那么计算机集成制造系统(CIMS)则是这种原理的具体实现。CIM 的产生基于两点:一是企业生产的各个环节,即从市场分析、产品设计、加工制造、经营管理到售后服务的全部生产活动是一个不可分割的整体,要紧密连接,统一考虑;二是整个生产过程实质上是一个数据的采集、传递和处理的过程,最终形成的产品可以看作数据的物质表现。这两点表明,CIM是信息技术和生产技术的综合应用,目的是使企业更快、更好、更省地制造出市场所需要的产品。

计算机集成制造系统(CIMS)是指用计算机网络和统一的数据库将企业生产全过程中人、技术、经营管理三要素集成起来,将其信息流与物流有机地集成并优化运行,构造一个基于自动化生产、数据共享的企业综合系统。它既是一个综合性的有关制造企业构建的新理念,也是一个以企业的信息资源管理为核心,把企业管理、产品与工艺、制造计划和控制、工厂自动化等方面的工作有机地联结一起的系统。

一、CIMS的一般结构

CIMS的具体结构在不同的企业有不同的形式,但其一般结构是相似的。

从功能上看,CIMS包含了一个制造企业的设计、制造、经营管理、质量保证四种主要功能,要使它们集成起来,还需要一个支撑环境,即分布式数据库和计算机网络以及指导集成运行的系统技术,如图6-9。

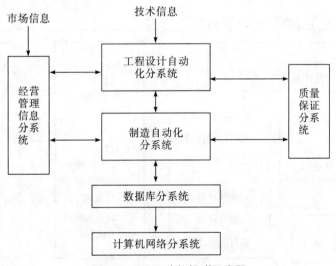

图6-9 CIMS功能组成示意图

CIMS的四个功能分系统是:

(1)管理信息分系统。它是以MRPⅡ为核心,包括预测、经营决策、各级生产计划、生产技术准备、销售、供应、财务、成本、设备、工具、人力资源等管理信息功能,通过信息的集成,达到缩短产品生产周期、减少流动资金占用、提高企业应变能力的目的。

(2)工程设计分系统。它是用计算机来辅助产品设计、制造准备及产品性能测试等阶段的工作,即常说的CAD/CAPP/CAM系统,目的是使产品开发活动更高效、更优质、更自动化。

(3) 制造自动化或柔性制造分系统。它是 CIMS 中信息流和物流的结合点，是 CIMS 最终产生经济效益的集聚地，由数控机床、加工中心、清洗机、测量机、运输小车、立体仓库、多级分布式控制（管理）计算机等设备及相应支持软件组成。它根据产品的工程技术信息、车间层的加工指令，完成对零件毛坯加工的作业调度及制造，使产品制造活动优化、周期短、成本低、柔性高。

(4) 质量保证分系统。它包括质量决策、质量检测与数据采集、质量评价、控制与跟踪等功能。系统保证从产品设计、制造、检验到售后服务的整个过程，以实现产品的高质量、低成本和提高企业的竞争力为目的。

CIMS 的两个支撑分系统如下。

(1) 计算机网络分系统。它是支持 CIMS 各个分系统的开放型网络通信系统。它采用国际标准和工业标准规定的网络协议，可以实现异种机互联，异构局部网络及多种网络互联；以分布为手段，满足各应用分系统对网络支持服务的不同需求，支持资源共享、分布处理、分布数据库、分层递阶和实时控制。

(2) 数据库分系统。它是支持 CIMS 各分系统、覆盖企业全部信息的数据库系统。它在逻辑上是统一的，在实物上可以是全局数据管理系统，能实现企业数据共享和信息集成之目的。

CIMS 的技术结构如图 6-10 所示。

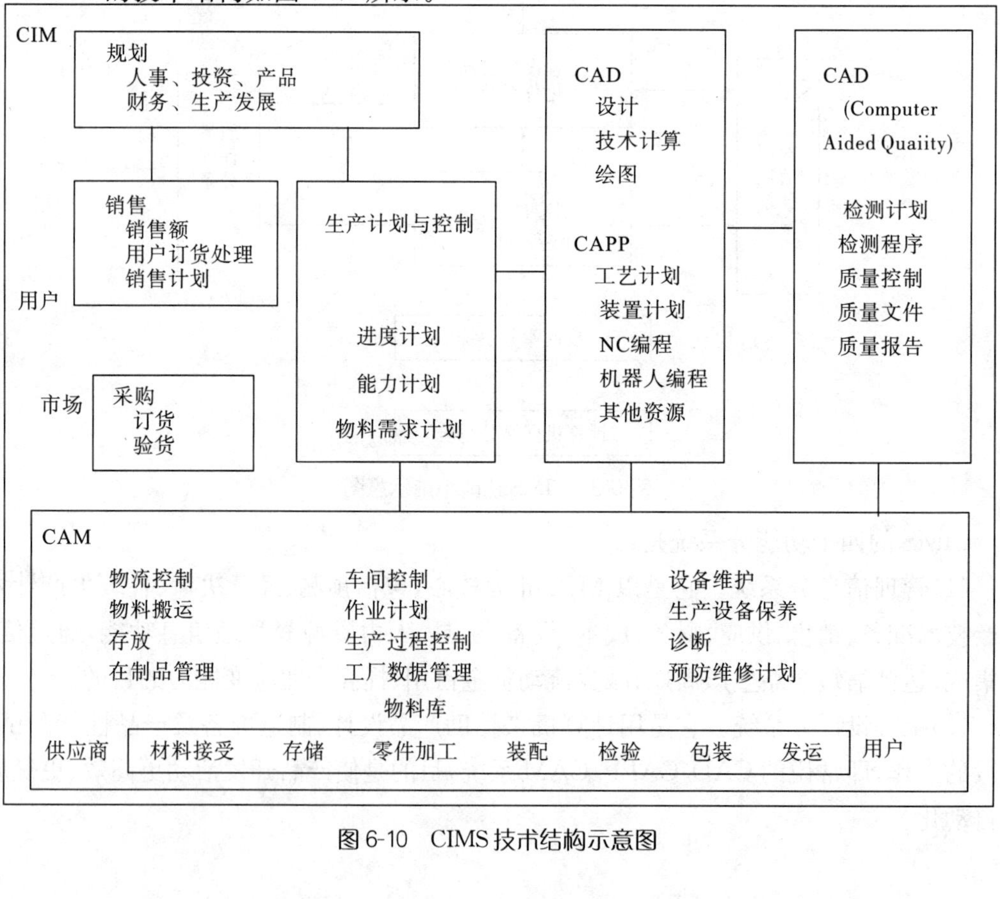

图 6-10　CIMS 技术结构示意图

二、CIMS 集成的内涵

集成和连接不同,集成不是简单地把两个或多个单元连在一起,而是将原来没有联系或联系不紧密的单元组成有一定功能的、紧密联系的新系统。两种或多种功能的集成包含着两种或多种功能之间的相互作用。集成属于系统工程中的系统综合、系统优化范畴。CIMS 的集成,从宏观上看主要包括以下五个方面。

(1)系统运行环境的集成。系统运行环境的集成主要是将不同的硬设备、操作系统、网络操作系统、数据库管理系统、开发工具以及其他系统支撑软件集成为一个系统,形成一个统一的高效协调运行的应用平台,用户可共享系统软件、硬件资源。

(2)信息的集成。信息的集成是指从信息资源管理(IRM)出发,进行全企业的数据分析与总体规划,统一规划、设计、建立数据库系统,使不同部门、不同专业、不同层次的人员在信息资源方面达到高度共享。

(3)应用功能的集成。对工程设计领域而言,应用功能的集成就是将决策支持系统(DSS)、计算机辅助管理(CAM)、计算机辅助工程(CAE)、计算机辅助设计(CAD)等应用系统融为一体,建成计算机集成工程设计系统(CIEDS)。

(4)技术的集成。技术的集成是指开发建设面向行业应用的计算机集成应用系统,它是多种高技术的综合运用。例如,进行系统分析设计时,必然要运用系统工程理论以及某种系统开发方法论(如结构化方法、信息工程方法、面向对象方法等)作为指导。又如网络通信技术、数据库技术、多媒体技术、可视化技术、并行工程与计算机支持的协同工作(CSCW)、人工智能与优化技术以及工程设计理论与技术和管理科学等,需要多方面的高级技术人员参加和有关专家学者的技术咨询。

(5)人和组织的集成。首先,要开发建设集成应用系统,高层必须介入,加强领导,自始至终坚持"管理人员、设计人员、计算机技术人员三结合"的原则。其次,随着集成应用系统规划、分析、设计和实施的逐步完成,必须促进管理机制的变化,使之真正达到管理机构和生产组织的现代化和科学化。最后,集成应用系统的每一个管理者和使用者都要有系统集成的观念,每一个人都将在系统的控制下工作,每个人的工作任务能否正确实时地完成,也将影响系统的维护和运行。

总之,人、组织和系统是不可分割的有机体,从系统的设计开发到系统建成后的应用、运行和维护,起关键作用的仍然是人、组织和管理。

将上述几个方面归纳成一句话,即 CIMS 是以网络为支撑,以数据库为核心,把各类功能分系统和应用软件有机地集合在一起,形成综合性的多功能的计算机集成应用系统。

三、CIMS 的实施和效益评估

企业实施 CIMS 是一项极其复杂的系统工程,其实施过程可分为以下四个阶段。

(1)可行性论证。了解企业的生产经营目标及生产经营特点,分析系统需求,确定系统目标,提出实现方案,指出关键技术和解决问题的途径,制定开发计划,分析投资效益等。

(2)系统设计。细化需求分析,确定系统功能模块、信息模型及运行模型,提出系统集成的内外部接口要求、运行环境和限制条件等,可以分为初步设计和详细设计两个阶段。

(3)分步实施。按系统设计要求,完成系统软硬件的购买、安装、开发、调试。

(4)运行和维护。在应用中完善系统。

企业实施CIMS会提高企业整体效益,具体体现在以下几个方面。

(1)在工程设计自动化方面,采用现代化工程设计手段,如CAD/CAPP/CAM,可提高产品的研制与生产能力,便于开发技术含量高和结构复杂的产品,保证产品设计质量,缩短产品设计与工艺设计周期,从而加快产品更新换代的速度,满足用户需要。

(2)在加工制造方面,柔性制造系统(FMC)、柔性制造单元(FMC)或分布式数控(DNC)的应用可提高制造过程的柔性与质量,提高设备利用率,缩短产品制造周期,提高生产能力。

(3)在经营管理方面,企业实施CIMS能使企业的经营决策与生产管理科学化。在市场竞争中,可保证产品报价的快速、准确、及时;在生产过程中,可有效地解决生产瓶颈,减少在制品的数量;在库存控制方面,可使库存压缩到最低水平,减少制造过程所占用的资金,减小库存面积,从而有效地降低生产成本,加速企业的资金周转。总之,CIMS通过计算机、网络、数据库等硬件和软件将企业产品设计、加工制造、经营管理等方面的所有活动有效地集成起来,有利于信息及时、准确地变换,保证了数据的一次成型,提高了产品质量,缩短了产品开发周期,提高了生产效率,带来了更多的效益。

开发和实施CIMS,已成为现代企业发展的一项重要战略任务。

本 章小结

准时生产方式(JIT)是一项综合的管理技术。它的基本思想是不断消除浪费、降低成本,并通过适时适量生产、弹性设置作业人数和质量保证来实现其目标。JIT实行的是拉动式生产,看板管理是实现JIT的重要手段。精益生产(LP)是JIT方式的新发展。

最优生产技术(OPT)吸收了MRP和JIT的长处,通过确定瓶颈环节,以保证关键资源的充分利用,将拉动式生产与推动式生产相结合,提高了生产系统的产出率。OPI遵循九条原则,并有相应的实施软件包。

大量定制是指以大量生产的效率和成本,提供满足个性需要的产品和服务。它主要通过产品结构和制造流程的重构,运用一系列高新技术和相关策略,把产品的定制生产转化为批量生产。大量定制是21世纪企业参与竞争的新方法。

计算机集成制造系统(CIMS)的关键在于用系统的观点看待企业生产,将企业生产全过程的各种要素集成起来。CIMS包括四个功能分系统和两个支持分系统,它的实施将提高企业的整体效益。

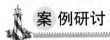
案例研讨

精益生产在广汽丰田汽车有限公司的运用

一、精益生产在广汽丰田有限公司的运用

广汽丰田汽车有限公司成立后,日本丰田公司将精益生产的生产方式带入广汽丰田。精益生产方式引入后,生产过程的主要特点表现在以下几个方面:

(一)JIT部品采购

精益生产引入广汽丰田后,由于日本丰田公司零库存的理念,广汽丰田没有安排专门的仓库储存零部件,所有的零部件货架都是放置在生产线侧。所以,广汽丰田需要严格控制工厂内的在库品。由此,日本丰田公司将很多先进的系统引入广汽丰田,在部品采购上,根据每天的生产计划,以及每天车辆的实际生产状况,根据各供应商的采购周期,在必要时间采购必要数量的必要部品。进行JIT的部品采购,可以避免工厂内积压过多的在库品,并避免因为车型变更、设计变更,造成过多的部品浪费。

(二)平准化生产

目前,很多车辆生产商采用大批量的生产方式,而多个车型与多种颜色的车辆,很难在同一条生产线上同时生产。但是,广汽丰田投产初期生产的Camry,拥有6种颜色、4种发动机、16种型号的车型在同一条生产线上同时生产。而且广汽丰田根据市场的销售订单,采用优先顺序,并根据每天的生产状况,将16种车型的订单平准到每天的工作时间内。根据平准化的车型生产,依次安排生产流程,在准确的时间内将部品集合到生产线侧。

(三)看板管理

每一个部品从订购之日起,广汽丰田就为其建立了"身份证",即看板。看板从进入工厂即开始生效,表明了部品的基本信息,如何时到达工厂、部品的数量、需要运输到哪里等。一方面,广汽丰田的作业人员都通过看板来辨别部品,直到部品被使用到车上时,看板才消失。另一方面,在工厂各个部门设置可视化看板,将整个生产流程、生产状况、工作进度等做成纸版资料贴在看板上进行可视化的管理。将目前的状况、今后的计划,以及在之前的工作中出现的问题呈现在看板上,让工厂的每个成员都了解目前工作的进展情况。这也是一种将问题显现出来的方法。

在广汽丰田的生产线上设置了安灯以及显示屏,对现场的状况进行控制。当现场出现问题时,现场的成员就会通过拉绳把安灯点亮,显示屏会显示什么位置出现了问题。同时,生产线也会立即停止运转,现场的班长、组长就会立即赶赴出现问题的地方,及时采取措施对应,保证生产线顺利运转。

(四)全面质量管理

日本丰田公司强调质量是生产出来的而非检验出来的,质量必须融入生产过程之中。我国的企业都设有专门的质量管理部门,对质量进行相对独立的管理。在广汽丰田,也设有品管部,但日本丰田公司认为,质量是与部品的包装形式、运输过程、加工过程结合在一起的。所以,在包装形态、运输过程中,都会考察它们是否会影响最终车辆的质量。在广汽丰田工厂内,设置许多品质关卡,在这里,生产人员对部品的品质进行全面检查,保证部品安装前的品质;部品送到生产线后,在生产线上也有许多品质关卡,在品质关卡区,作业人员对安装部品的车辆进行质量检测与控制,保证及时发现质量问题。培养每位员工的质量意识,如果发现质量问题,立即停止生产,直至问题解决,从而保证不出现不合格产品。而品管部负责车辆的最终质量。

二、应用推广精益生产的方法措施

精益生产方式是经过50多年的发展,经过几代人的累积形成的先进的管理方式,是经过实际验证而形成的一整套生产、管理理论。企业如果需要应用精益生产,应当从以下几点入手。

(一)开展精益生产深入培训

任何一家企业,都有自己的企业理念、企业文化。运用精益生产最主要的问题就是精益生产的思想与企业的文化传统、理念以及员工多年的工作经验相冲突。比如,传统的观念是,零部件的在库品越多,生产越安全。但是精益生产告诉我们,在库品只会掩盖生产中出现的问题,提高企业的固定成本。此时,精益生产推翻了我们固有的在库品安全的理念,这可能让员工很难理解。所以,只有彻底地改变员工的理念,精益生产才能在企业中进行推广。日本丰田公司强调:造汽车前先造人。在推行精益生产之前,应对企业所有员工进行精益生产的理论培训。同时针对不同的岗位,以不同的方式进行现地现物的导向培训,并针对实际发生的问题进行有针对性的培训。

(二)试验后推广

每家企业都有自己的工作方式,不可能在全公司一次性地进行精益生产的完全应用。日本丰田公司强调:试验(也称试运行),即在推广任何流程、任何方案时,先进行局部试运行。效果很明显而且不会影响生产时,才向整体进行推广。对于精益生产的应用也适合这一点,首先,公司可以在部分岗位、部分区域进行尝试运用,找到适合本公司的管理方式,然后进行全企业的推广。

(三)持续改善是硬道理

持续改善是精益生产理论的基础与条件,推行精益生产首先应从持续改善入手。天津丰田技术中心与天津汽车公司在天津一汽推行精益生产时,就是先从持续改善入手。将生产、管理中的问题暴露在表面,然后对暴露的问题进行改善。通过不断的改善、暴露、再改善,精益生产的理念与管理方式就会慢慢地渗透到企业的每一个角落。

精益生产方式的成功经验是值得许多企业学习的。国内企业应深入学习精益生产的精髓,结合自身的特点以及存在的问题,以理论结合实际的思想考虑问题,从企业自身的角度出发来分析企业存在的问题,走一条适合企业自身发展的精益生产道路。

(资料来源于网络,编者有删改)

复习思考题

1. JIT 生产方式的基本原则有哪些?
2. JIT 生产方式的目标有哪些?
3. 简述拉动式生产的特点。
4. OPT 的基本原则有哪些?
5. 低库存对企业有何意义?
6. LP 的基本思想是什么?
7. 讨论 OPT 与 JIT 在计划过程、控制重点和方式以及基本目标方面的区别。
8. 何谓鼓、缓冲器和绳索? DBR 实施计划与控制的主要步骤有哪些?
9. 大量定制的基本思想是什么?
10. 大量定制有哪些主要策略?
11. 如何理解 CIMS 中"集成"的概念?
12. 结合案例讨论下列问题:
 (1) 精益生产方式的核心是什么?
 (2) 企业应从哪些方面着手推广应用精益生产方式?

第七章

全面质量管理

本章目标

学习本章后，应当了解：
◎有关质量的术语。
◎与质量有关的各种成本。
◎全面质量管理的含义。
◎PDCA循环的工作方法。
◎常用的质量管理工具。
◎质量管理的七大原则。
◎ISO9000族标准的构成。
◎ISO9000质量认证的主要内容。

案例导引

近年来,随着研发制造水平的不断提升,格力对产品品质的追求可谓"百尺竿头,更进一步"。2012年,格力提出"以品质代售后服务,最好的服务就是不需要售后服务"的质量管理方针,并组织公司中高层及质量管理技术人员提炼总结了质量管理体系。通过需求调研、计划制订、执行落实、检验检查、改进优化等五个步骤,对质量管理体系中的研发过程、采购过程、制造过程和售后服务过程进行严格的过程管控,从源头处杜绝质量问题。2015年,格力提出"让世界爱上中国造"的品牌定位,同时,在20多年对品质不懈追求的基础上,"让世界爱上中国造"格力完美质量管理模式最终形成。2018年,珠海格力电器股份有限公司荣膺第三届中国质量奖。

随着中国经济的飞速发展,消费者对产品质量的要求越来越高。格力的发展历程证明,只有重视质量才能受到市场的认可,才能拥有源源不竭的发展动能。唯有越来越多的企业以满足消费者的美好生活需要为己任,以高于国际和行业的质量标准要求自身,中国制造才能真正崛起。

第一节 质量与质量管理的基本概念

一、质量的定义

国际标准化组织(ISO)在"ISO9000:2015"中将"质量"定义为:"客体的一组固有特性满足要求的程度。"这一定义看上去高度抽象而概括,但只要把握住"特性"和"要求"这两个关键词就很容易理解。它从"特性"和"要求"两者之间的关系出发来描述质量,即某种事物的"特性"满足某个群体"要求"的程度,满足的程度越高,质量就越好。也有人认为质量的定义可以分为几类,例如对营销人员和客户来说,质量是以用户为基准的。他们认为质量"在顾客眼中",高质量意味着更优的性能、更好的品质。对生产经理而言,质量是以制造为基准的。他们认为质量就是按照规定的要求去做以及"第一次就做好"。而第三种观点则是,质量是以产品为基准的,它视质量为精确和可测量的变量。

在理解"质量"的定义时,还要注意以下几点。

(1)质量的广义性:质量的载体是实体,实体是"可单独描述和研究的事务"。实体可以是产品(硬件和软件),也可以是组织、体系或人,以及以上各项的任意组合。质量不仅可以指产品质量,还可以指某项活动或过程的工作质量,还可以指涉及人的素质、设备的能力、管理体系运行的效果。

(2)质量的时效性:组织的顾客及其他相关方对组织的产品、过程和体系的需求和期望是不断变化的,组织应根据顾客和相关方需求和期望的变化,不断调整对质量的要求,并争取超越他们的期望。

(3)质量的相对性:组织的顾客和相关方可能对同一产品的功能提出不同的需求,也可能对同一产品的同一功能提出不同的需求。需求不同,质量要求也就不同,但只要满足需求,就应该认为质量是好的。

(4)质量的动态性:随着科学技术的发展、生活水平的提高,人们对产品、过程或质量体系会提出新的质量要求。因此,应定期评价质量要求,修订规范。不同顾客、不同地区因自然条件不同,技术水平不同,消费水平不同,也会对产品提出不同的要求,产品应具有各种环境的适应性,以满足顾客"明示或隐含"的需求。

质量特征首先是通过市场研究得以明确的,市场研究查明什么是消费者想要的(以用户为基准的质量观点);这些特征则被转化为特定产品品质(以产品为基准的质量观点);然后,制造过程确保精确地按规格生产(以制造为基准的质量观点)。忽略了上述步骤中的任何一个生产过程,都将无法生产出能满足或超出顾客预期的产品。

尽管在不同的产品及同一件产品或一项服务的不同方面之间,质量的含义存在一定差别,但它在内涵上具有一些共同的特征或一致性。

性能——产品或服务的主要特征;

美学性——外观、感觉、嗅觉和味觉;

特殊性能——额外特性、特定功能;

一致性——一件产品或一项服务满足顾客要求的程度;

安全性——危险、伤害或有害性;

可靠性——产品所具备性能的稳定性;

寿命——产品或服务正常发挥功能的持续时间;

会意质量——对产品质量的间接评价(如:声誉);

售后服务——顾客抱怨的解决并核实顾客已经满意。

二、质量的重要性

优质产品和服务对企业、对国家都具有战略性的意义,企业产品的质量、价格、供销渠道、售后服务都是该产品需求的决定性因素。质量从以下四个方面影响着企业经营。

(1)成本和市场份额。提高质量能够使产品的信誉、销量、价格提高,从而使企业的市场份额和收益提高;同时,质量的提高也能够使生产率提高,返工和废品成本减少,产品担保成本减少。市场份额提高和成本节约都会影响企业的赢利能力。

(2)公司信誉。企业能够预测到其产品质量的高低会相应带来企业信誉的好坏。质量可以反映出该企业在新产品开发、人员业务素质以及与供应商关系方面的水平。

(3)产品责任。凡设计、生产或分销有缺陷产品及服务的企业都有义务对使用其产品及服务导致的损失或伤害进行赔偿,如由此导致的巨额诉讼费、巨额补偿损失费,并被彻底曝光于众。

(4)国际意义。企业和国家要想在全球经济中有效开展竞争活动,其产品必须达到国际质量和价格标准。劣质产品会影响企业的赢利能力和国家的收支平衡。

三、质量管理的定义

质量管理是指确定质量方针、目标和职责,并在质量体系中通过质量规划、质量控制、质量保证和质量改进等手段来实施的全部管理职能的所有活动。它是一项系统性的活动,涉及企业中的所有成员,同时也是企业的重要管理职能,必须由企业的最高管理者领导,并由各级管理者负责。质量管理有如下内容。

(1)制定质量方针和质量目标。质量方针是由企业最高管理者正式发布的关于质量方面的全部意图和方向,如产品质量达到的水平、对企业质量管理活动的要求等。质量目标是在质量方面所追求的目的。一般是建立在质量方针基础上的具体的、定量的要求,是可测的。如不合格产品下降水平、故障成本占总成本的比重等。

(2)建立质量管理体系。质量管理体系是指在质量方面指挥和控制组织的管理体系。质量管理体系既包括人力资源和物质资源的硬件内容,也包括组织体制、执行程序等软件内容,一般涉及领导职责与质量管理职能,质量机构的设置,各质量机构的质量职能、职责以及它们之间的纵向与横向关系,质量工作网络和质量信息传递与反馈等。建立质量管理体系时,还应形成必要的体系文件,如质量手册、管理性程序文件、技术性程序文件、质量计划文件、质量记录文件等。建立质量管理体系的意义不仅在于建立组织机构,还在于明确组织机构的职责范围和工作方式;不仅在于使企业各方面的质量管理工作有效地开展,还在于工作间的相互协调。

(3)开展质量策划、质量控制和质量保证活动。

质量策划是质量管理的一部分,它致力于制定质量目标,并规定必要的运行过程和相关资源以实现质量目标。企业要在市场竞争中处于优势地位,就必须根据市场信息、用户反馈、国内外发展动向等因素,对老产品的改进和新产品的开发进行策划,这也就是要对什么样的产品、应具有什么样的功能、达到什么样的水平提出明确的目标和要求,并进一步明确如何从技术、组织等方面保证达到这样的目标和要求。例如,为了满足产品的质量要求,企业要改造设备、培训人员,并为此开展一系列的筹划和组织活动,提出明确的目标和要求,以及实施的进度安排等。以上这些筹划活动都属于质量策划。

质量控制是质量管理的一部分,它致力于满足质量要求。质量控制的作用是根据质量标准,监控质量形成的各个环节,使其在受控状态下运行,从而及时发现和解决所产生的问题,保证满足质量要求。质量控制的内容具体包括:确定控制计划与标准、实施控制计划与标准,并在实施过程中进行持续监控和验证、纠正不符合计划与程序的现象、排除质量形成过程中的不良因素与偏离范围现象,使其恢复正常状态。

质量保证是质量管理的一部分,它致力于提供质量要求所要得到的信任和支持。质量保证要求企业就具有满足质量要求的能力提供充分且必要的依据,并接受第三方权威机构客观的、公正的评价。质量保证分为外部质量保证和内部质量保证两类。前者是企业向顾客所作的一种质量担保,使顾客确信产品或服务的质量满足其规定的要求,这是企业取得顾客信任的一种手段。后者是企业为了使企业领导确信本企业提供的产品或服务能够满足质量要求所进行的活动,这是一种管理手段。

(4)进行质量改进。质量改进是质量管理的一部分,它致力于提高企业满足质量要求的能力。质量改进是(全面)质量管理的精髓。任何一个企业都应不断地进行质量改进,提高质量管理水平,实现、保持、提高产品质量,使企业和顾客同时受益。

由此可见,质量管理是企业组织管理活动的一个重要方面,应该由企业的最高管理者来推动,各级管理者也应负有相应的职责,而且需要全体员工共同参与,只有这样才能搞好质量管理。

四、质量成本

要认真地处理质量问题,就必须考虑质量成本。质量成本可分为四类:预防成本、鉴定成本、内部故障成本、外部故障成本。

预防成本是指为保证质量达到预期目标而采取各种预防性措施所需的全部费用。这些费用包括计划和管理系统、采购业务、培训、质量控制过程中所发生的与预防质量问题有关的管理费用,以及为减少出现工艺质量问题而在设计和生产阶段所发生的额外管理费用。

鉴定成本是指为鉴别产品质量是否达到要求而进行试验、检验和检查等所支出的费用。这些费用包括检查人员、试验、测试设备、实验室、质量审计、实地测试等的费用。

内部故障成本,也称"内部损失成本",是指产品在出厂前由于自身质量达不到要求而造成的损失,以及为处理内部故障所发生的费用。这些费用包括加工时间的浪费、修复和返工损失、调查质量事故所发生的费用以及可能发生的设备损坏和操作人员受伤导致的费用。

外部故障成本,也称"外部损失成本",是指出厂后因产品不符合规定的质量要求所发生的全部费用。这些费用包括担保费用,处理抱怨、调换产品或重新给用户提供服务所导致的损失,有关产品质量责任(诉讼赔偿)或者有关残次品的折扣,顾客信任的丧失,与销售量有关的机会成本等的损失。

传统的质量成本观点认为,存在一个理想的质量成本水平。该水平是一个平衡点——由一定的不良质量存在所导致的费用和为达到一定质量水平所发生的费用之间的平衡。现代质量成本观认为,对质量成本进行分析、控制,对提高产品和服务质量,增加企业的经济效益具有极为重要的意义。概括起来,开展质量成本管理的主要意义有几下几点：

（1）有利于质量管理的深化。通过对质量成本进行分析（以货币的形式）可使高层领导意识到加强质量管理、降低质量成本的重要性，意识到不合理的质量成本会给企业带来巨大损失，从而促进高层领导高度重视和积极推进质量改进活动。

（2）有利于强化质量责任。对质量成本进行分析，可以更高效地确定质量活动中的薄弱环节，促使相关部门加强质量管理，解决质量管理中的主要问题。

（3）有利于提高企业的经济效益。对质量成本进行管理，可以为顾客提供"物美价廉"的产品和服务，提高顾客的满意度，增大市场份额，进而提高企业的经济效益。

（4）为评价提供依据。通过质量成本分析，所提供的数据可作为企业质量活动效果的工作依据，有助于发挥员工的主观能动性，提高员工的积极性。

（5）有利于提高企业的管理水平。开展质量成本管理，可使经济工作人员深入了解质量，技术工作人员增加经济性概念。经济与技术的相互结合，可极大地提升企业的管理水平。

五、质量管理及其发展过程

质量管理是随着人类工业生产的发展以及管理科学的发展而发展的，至今已走过了80多年的历程。质量管理的发展大致可以分为以下三个阶段，如图7-1所示。

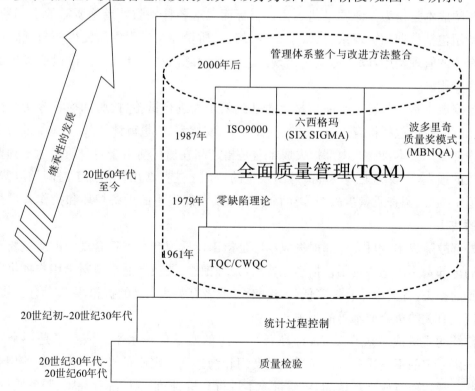

图7-1 质量管理发展的阶段

(1)质量检查阶段(20世纪初—20世纪30年代)。这一阶段质量管理的主要特点是把质量检查作为一项职能,建立专职的质量管理部门,按照技术要求,对已生产的产品进行全数质量检查,区分合格品和不合格品,起到了把关的作用。这一阶段虽然标志着质量管理进入了科学管理阶段,但这仅是初级阶段,因为质量检查只能挑出不合格品,而不能预防不合格品的产生,没有形成较完善的质量管理职能。

(2)统计质量管理阶段(20世纪30年代—20世纪60年代)。这一阶段质量管理的主要特征是强调用数理统计方法与质量管理方法相结合,从单纯依靠产品检验发展到过程控制,通过控制过程来保证产品质量,形成了预防性控制与事后检验相结合的管理模式。统计质量控制是应用数理统计的方法,对产品的生产过程进行控制,即在产品的生产过程中,根据抽样检查的原理,对产品质量进行定期抽查,通过控制图等工具判定生产过程是否出现了不正常情况,以便及时发现和消除出现的影响产品质量的问题,实现了产品质量的控制。同时,在许多场合,用抽样检查的方法取代了全数检查的方法,使检查工作量和检验费用大大降低。但是,过分强调应用统计方法,忽视了组织管理工作,也严重影响了质量管理科学向深度和广度的方向发展。随着科学技术的发展,生产规模日益扩大,产品结构日趋复杂,产品种类日益增多,影响产品质量的因素也越来越多,单纯依靠数理统计方法无法解决一切质量管理问题。随着大规模系统的涌现与系统科学的发展,质量管理走上了系统工程的道路。

(3)全面质量管理阶段(20世纪60年代以后)。美国的费根堡姆认为:搞好质量管理除了可以利用统计方法控制制造过程外,还需要组织管理工作,对生产全过程进行管理;执行质量职能是全体人员的责任,应该使全体人员都具有质量意识,承担质量责任。这种全面质量管理的思想顺应了现代科学技术和现代工业生产发展的要求,为企业提高产品质量指明了前进的方向。这一思想在日本企业大获成功,因此很快被人们普遍接受,并得到了广泛的应用。

需要说明的是,国际标准化组织(ISO)于1979年成立了第176个技术委员会(TC176)TC176负责制定质量管理和质量保证标准,目的是建立在世界范围受到遵守的标准,这一标准将提高作业效率、提高生产效率和降低成本。ISO由来自91个国家的国家标准组织组成,由大约180个技术委员会来履行其工作。ISO9000是质量管理和质量保证委员会制定的系列标准,这些标准对在国际范围内从事生产经营活动至关重要。质量管理体系标准问世以来,在全球范围内得到了广泛的应用,对推动组织的质量管理工作和国际贸易的发展发挥了积极的作用。因此,也有人将20世纪80年代以后的质量管理阶段称为"标准质量管理阶段"。全面质量管理的观念已逐步被世界各国所接受,并在实践中得到创新。各国质量管理专家广泛地吸收各种现代学科理论,将技术管理、经营管理以及标准化管理等方法综合起来,形成了一整套全面质量管理的理论和方法,使质量管理发展到一个新的阶段,即全面质量管理阶段。

六、质量管理的七项原则

质量管理的七项原则是国际标准化组织质量管理和质量保证技术委员会(ISO/TC176)在总结质量管理近百年的实践经验、广泛吸纳国际著名质量管理专家理念的基础上,用高度概括而又易于理解的语言整理出来的。质量管理的七项原则阐述了质量管理最基本、最通用的规律,这些规律可指导质量组织在长期内通过关注顾客及其利益相关方的需求和期望,达到改进总体绩效之目的。质量管理的七项原则适合于所有类型的组织,已成为现代质量管理的理论基础。它是组织有效地实施质量管理工作所必须遵循的原则,也是从事质量相关工作的人员理解、掌握 ISO 9000 族标准的基础。质量管理七项原则的主要内容如下:

(1)以顾客为焦点。以顾客为焦点是质量管理的核心思想。任何组织都依存于顾客,如果没有顾客,那么组织也就失去了其存在和发展的基础。因此,组织应理解、关注顾客当前和未来的需求,以及顾客的满意程度。

市场是发展变化的,顾客的需求和期望也随着时间的变化而变化。要持续赢得顾客的信赖,组织就必须在研究顾客的需求和期望的基础上,快速反应、及时调整自身的策略,满足顾客并力争超越顾客的需求和期望,进而获得顾客的信任,在市场上站稳脚跟,并为组织获取更大的效益。

为了确保组织的目标与顾客的需求和期望相一致,就必须加强组织内部的沟通与协调,处理好组织与顾客关系,兼顾顾客(包括内部顾客和外部顾客)和其他利益相关方的利益。

(2)领导作用。领导是质量管理的关键。作为决策者,领导有责任确立本组织统一的质量宗旨及方向,创造并保持使员工能充分参与实现组织目标的内部环境。

领导的职责在于为组织的未来描绘清晰的愿景,确定组织的方针和目标,在组织内部建立价值共享的道德伦理观念,建立沟通和信任机制;为员工提供所需的资源、教育培训,并赋予其职责范围内的自主权,加强激励机制,为员工营造良好的内部环境和质量文化氛围,使每个员工均能充分参与实现组织目标的活动。任何一个企业,如果领导不将质量放在中心位置来抓,这个企业就不可能生产出高质量的产品,也就不可能让顾客满意。

(3)全员参与。各级人员都是组织之本,只有员工的充分参与,才能使他们的才干为组织带来收益。高质量的产品和优质的服务是组织员工共同劳动的结果,组织的绩效是建立在每位员工绩效的基础之上的。

组织内的各级人员是组织的基础,也是组织各项活动的主体。只有各级人员的充分参与,才能使员工的才干为组织获益。因此,必须充分调动员工的积极性和创造性,赋予员工相应的权限和职责,根据其承担的目标来评价绩效,不断增强员工自身的能力,丰富员工的知识和经验,使他们服务于组织的利益。全员参与是现代质量管理的核心理念之一。

（4）过程方法。任何将输入转化为输出的活动，都可以看作过程。只有通过过程，才能实现价值的增值和转移。组织为了有效地运营，就必须识别和管理众多相互关联的过程。系统地识别和管理组织所应用的过程，特别是这些过程之间的相互作用的方法，被称为"过程方法"。

采用过程方法进行管理，能够充分认识过程之间的内在关系和相互联系。通过过程的控制活动，组织能够获得可预测并具有一致性的结果，进而可使组织关注并掌握按优先次序改进的机会。在过程管理中，要确定关键过程，测量并掌握关键过程的能力，识别和改进影响关键过程的要素，定期评估风险和对顾客、供方和其他相关方的影响。

（5）持续改进。一个组织面对不断变化的环境，不进则退，只有坚持不断改进，才能不断进步。为了改进组织的整体绩效，组织就必须持续不断地改进产品质量，提高质量管理体系和过程的有效性和效率，以满足顾客和其他利益相关方日益增长和不断变化的需求和期望。因此，持续改进总体绩效应当是组织的一个永恒的目标、永恒的追求、永恒的活动。

持续改进是一种管理理念，是组织的价值观和行为准则，是一种持续满足顾客要求、增加组织效益、持续提高过程有效性和效率的活动。为了提高绩效，组织应当运用PDCA循环方法，持续不断地改进产品、过程和体系。只有坚持不断改进，才能不断提高组织的管理水平，组织才能不断进步。

（6）基于事实的决策方法。组织的成功，首先在于正确的决策，比如，市场定位、产品方向、质量管理体系、过程、方法、程序和职责权限等都需要正确的决策。要正确的决策，就需要科学的方法，并以客观事实或正确的数据、信息为基础，再通过合乎逻辑的分析、判断才能得到。有效决策是建立在数据和信息分析的基础之上的。

为了实现基于事实的决策，就应当重视数据信息的准确性、及时性和全面性，并借助于其他辅助手段，如计算机辅助管理信息系统。为了确保获得对决策有用的信息，就应充分调查、收集数据和信息；全面分析，确保数据和信息充分、精确、可靠；科学决策，在基于事实的基础上，权衡经验与直觉，作出决策并采取措施。

（7）互利的关系管理。组织与供方是相互依存、互利的关系。供方提供的产品可能对组织向顾客提供满意的产品产生重要的影响，能否处理好与供方的关系，影响到组织能否持续稳定地提供顾客满意的产品；同时，组织依靠高质量的产品赢得更为广大的市场，也为供方创造了提供更多产品的机会。因此，把供方、协作方、合作方都看作组织经营战略同盟中的合作伙伴，可以优化成本和资源，形成竞争优势，促进组织和供方共同获利。通过互利的关系，可以增强组织及供方创造价值的能力。

第二节　全面质量管理

一、全面质量管理的含义

全面质量管理(Total Quality Management,简称TQM)是指以产品质量为核心,建立起一套科学严密高效的质量体系,以提供满足用户需要的产品或服务的全部活动。这一质量管理方法有两个核心,一个是永无止境地推进质量改进,也就是持续不断地改进质量;另一个是追求用户满意的目标,也就是持续不断地满足或超出用户的需求与期望。

我们可以这样来理解 TQM。

(1)明确用户需要。为此,要采取用户调查的方法,把用户的想法纳入公司的决策过程之中。

(2)开发新产品或提供新服务以便满足或超出用户的需求与期望,使新产品便于使用、易于生产,使新服务项目快捷有效。

(3)设计生产过程,确保一次成功。判断有无差错发生,并努力防止差错发生。当发生差错时,找出并消除原因,以便以后不再发生或很少发生,努力把生产过程设计为"可防止差错"发生的过程。

(4)跟踪记录生产结果,并利用这些结果指导系统的改善,永不停止改善工作。

(5)把以上理念推广到供货和经销环节。

上述内容是 TQM 的精髓,但不是 TQM 的全部内容。TQM 还有一些重要的含义,其中包括:

(1)持续改进。持续改进就是要求投入,产出转换过程中所有因素持续不断地改善。转换过程中的因素包括设备、方法、原材料和人员。

(2)树立榜样(竞争对手)。这包括确认在某一方面做得好的公司或其他组织,并学习与掌握它们的做法来改进自己的经营管理。

(3)授权给员工。这是指让员工承担一定的质量改进责任,并赋予其为完成改进任务而采取必要行动的权力,以此来激发员工在质量改进方面的积极性。这样做就是把决策权力交给一线员工以及那些对问题及其解决方案有深刻认识的员工手中。

(4)发扬团队协作精神。这是指解决问题时发挥团队作用,实现意见及行动的一致,让大家都积极参与质量管理,并发扬团队协作精神,在员工中树立公司的价值观。一种常用的团队建设方法是通过质量小组来关注质量问题。质量小组(Quality Circle,简称QC)是一个由 6~12 人自发组成的小组,其成员经常在一起探讨解决与工作有关的问题。这些来自相同工种的成员接受小组计划、问题处理和统计质量控制方面的培训。他们通常每月开 4 个小时会(一般在下班之后,但有时也在工作时间内)。尽管质量小组成员并未因此获得任何金钱报酬,但他们获得的却是公司对其作用的承认。某个经过专门培训的团队成员,往往帮助培训同组成员并使讨论会议顺利进行。事实证明,质量小组是提高生产率及生产质量的捷径。

(5)依据事实而不是个人主观判断作出决策。

(6)掌握质量管理工具,对职工进行应用质量管理工具的技术培训。

(7)供货商的质量保证。供货商必须建立并实行质量保证制度,努力实现质量改进,以确保能够及时地制造出满足生产厂家要求的零部件和原材料。

二、TQM 的基本工作方法——PDCA 循环

为了达到持续改进质量的目标,需要不断总结已有的成功经验,为以后的工作提供准则,同时也要不断发现新问题,并予以解决,这就需要一种与之相对应的管理方法。PDCA 循环(也称戴明环)就是此类方法,它将企业质量管理工作分成四个阶段,即 P(Plan)——计划阶段、D(Do)——执行阶段、C(Check)——检查阶段和 A(Action)——处理阶段,各阶段一环扣一环,形成了质量工作的永续循环,如图 7-2 所示。这 4 个阶段的具体工作步骤和工作内容见表 7-1。

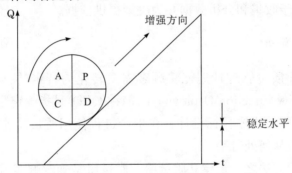

图 7-2 PDCA 循环

表 7-1 PDCA 循环的工作步骤和内容

阶段	步骤	主要方法和内容
P	分析现状,找出问题	调查表、排列图等
	找出产生问题的原因或影响因素	因果图
	找出原因中的主要原因	排列图
	针对主要原因,制订解决问题的措施计划	措施计划要明确 5W 和 1H: 采取该措施的原因(Why) 预期达到的目标(What) 在哪里执行措施(Where) 由谁来执行(Who) 何时开始和完成(When) 如何执行(How)

续表

阶段	步骤	主要方法和内容
D	按制定的计划认真执行	
C	检查计划执行的效果	直方图、控制图等
A	巩固提高,即总结成功经验,制定相应标准	利用成功经验修改或制定工作规程,作为未来工作的标准
	把未解决的问题或新出现的问题转入下一个PDCA循环	为下一循环提供质量问题

通过在公司的其他部门或环节推广成功经验,不断推动 PDCA 循环向前发展。如果没有达到预期目标,即项目失败了,就需要作出进一步的修改,同时重复原来的循环过程。采用这一系列相继的步骤就为持续不断地改进质量提供了一种系统方法。

三、常用的质量管理工具

一些质量管理工具可用来解决质量问题及实现工序的改进。这里介绍其中的八种工具,这些工具有助于收集和分析数据并为决策提供依据。

(一)质量功能展开

一个有效的全面质量管理计划能将顾客需要转化为特定的、可设计的产品特征。质量功能展开(Quality Function Deployment,简称 QFD)是指确定是什么能满足顾客需要,并将这些顾客需要转化成目标设计。在生产过程使用质量功能部署方法有助于明确质量活动的重点应从何处着手。

质量功能展开的方法之一是建立质量屋。质量屋是确定顾客需求和相应产品或服务性能的联系的一种图示技术(见图 7-3)。建立质量屋有以下六个基本步骤:

(1)明确顾客需要。
(2)明确产品或服务特性(考虑该产品或服务特性如何满足顾客需要)。
(3)将顾客需要与产品或服务如何满足这些需要结合起来。
(4)评价与该产品竞争的产品。
(5)就产品或服务如何满足顾客需要制定效能指标。
(6)将产品如何满足顾客需要在产品各性能特点中适当体现出来。

一个完整的质量屋包括六个部分:
(1)顾客需求及其权重,即质量屋的"什么(What)"。
(2)技术需求(最终产品特性),即质量屋的"如何(How)"。
(3)关系矩阵,即顾客需求和技术需求之间的相关程度关系矩阵。
(4)竞争分析,站在顾客的角度,对本企业的产品和市场上其他竞争者的产品在满足顾客需求方面进行评估。

(5)技术需求相关关系矩阵,质量屋的屋顶。

(6)技术评估,对技术需求进行竞争性评估,确定技术需求的重要度和目标值等。

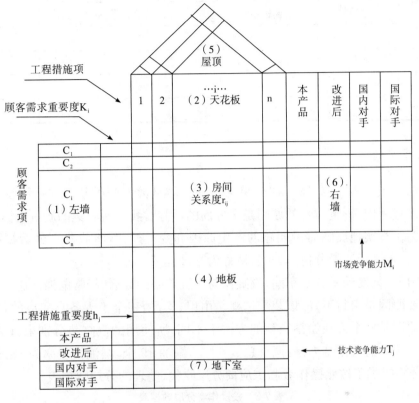

图 7-3 质量功能展开结构图

(二)调查表

调查表是人们经常使用的用来确认问题的一种简单质量管理工具,它给使用者提供一种格式,以便于他们收集、整理、记录和组织数据。调查表种类很多,一般根据使用者通过收集数据想要了解什么问题来设计调查表。其中一种经常用来分析缺陷的类型,还有一种则用来指明缺陷发生的位置。表 7-2 显示了缺陷类型和其各自在每一天中发生时间的记录情况,这有助于我们确认缺陷在什么时候发生,并找到缺陷发生的原因。

表 7-2 一种典型的调查表

时间/日	缺陷类型					总计
	遗漏标签	贴偏标签	油墨污迹	脱落和卷曲	其他	
8~9			///	//		6
9~10				///		3
10~11		/	///	/		5
11~12		//			/	3

续表

时间/日	缺陷类型					总计
	遗漏标签	贴偏标签	油墨污迹	脱落和卷曲	其他	
1～2			/			1
2～3	//	///		/		6
3～4			//	/////	、	8
总计	4	14	10	2	1	32

(三)分层法

分层法也被称为"分类法"或"分组法",是将质量数据归类整理的一种统计分析方法。在生产过程中,影响质量的原因是多方面的,因此,我们所收集的质量数据往往带有综合性。为了真实地反映质量问题的产生原因和变化规律,将收集到的数据按其来源进行分类后,再进行质量分析的方法,被称为"分层法"。

[例 7-1] 某发动机装配车间,汽缸体与汽缸盖装配好后,经常漏油。通过调查发现漏油的主要原因是密封不好,该装配过程是由甲、乙、丙三个工人各自完成的,并发现漏油的主要原因是三个人在涂粘结剂的方法上不同,所使用的汽缸垫分别来自 A 和 B 两个供应商。调查的数据结果是:调查总数 50 个,漏油 19 个,漏油发生率为 38%。表 7-3 和表 7-4 分别提供了按照操作者和供应商分层收集、整理的分层数据表。

表 7-3 按操作者分层数据表

操作者	漏油数/个	不漏油数/个	漏油发生率/%
甲	6	13	32
乙	3	9	25
丙	10	9	53
合计	19	31	38

表 7-4 按供应商分层数据表

供应商	漏油数/个	不漏油数/个	漏油发生率/%
A	9	14	39
B	10	17	27
合计	19	31	38

对表 7-3 和表 7-4 进行分析可以发现,操作者乙的漏油发生率最低,供应商 B 提供的汽缸垫漏油发生率也比较低,因此,建议采用乙的操作方法,选用供应商 B 的产品,结果事与愿违,漏油发生率反而升高了。经过研究发现,其原因是没有考虑操作方法与汽缸垫之间的联系,故应重新进行分层。进一步考虑操作者与汽缸垫之间联系的分层结

果如表 7-5 所示。

表 7-5　操作者与供应商联合分层数据表

			供应商		合计
			A	B	
操作者	甲	漏油	6	0	6
		不漏油	2	1	3
	乙	漏油	0	3	3
		不漏油	5	4	9
	丙	漏油	3	7	10
		不漏油	7	2	9
合计		漏油	9	10	19
		不漏油	14	17	31
总计/个			23	27	50

从表 7-5 可知，在使用 B 提供的气缸垫时应采用甲的操作方法，而在使用 A 提供的气缸垫时应采用乙的操作方法。采用上述对策使该发动机的漏油问题得到圆满解决。

(四) 排列图

排列图是分析和寻找影响质量因素的一种常用的方法。它由 19 世纪意大利经济学家帕累托发明并首先应用于分析社会财富分布状况，故排列图又被称为"帕累托图"。后来，美国质量管理专家朱兰 (J. M. Juran) 将这种方法应用到质量管理中，用以分析影响质量问题的主要因素。帕累托法则，即通常所说的 80/20 原则，大约 80% 的问题是由占总原因数 20% 的原因造成的，例如，80% 的机器故障发生在占机器总数 20% 的零部件上。

一般根据原因发生的次数对其进行分类，并按频数大小重排这些原因，依次来绘制排列图。表 7-6 给出了某企业测量仪器发生故障数据统计表，绘制相应的排列图如图 7-4 所示，测量仪器发生故障的主要因素是早期故障、操作失误和损耗故障，是质量改进考虑的重点因素，应首先解决。

表 7-6　测量仪器故障数据统计表

序号	因素	频数/次	累计频数/次	百分比/%	累计百分比/%
1	早期故障	54	54	41.9	41.9
2	操作失误	35	89	27.1	69.0
3	耗损故障	22	111	17.0	86.0
4	其他	18	129	14.0	100
合计		129		100	

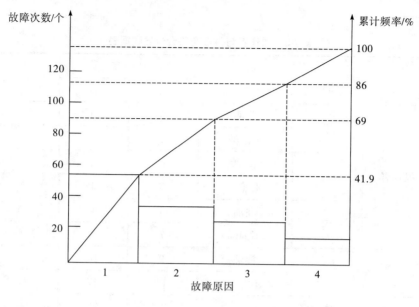

图 7-4 测量仪器故障排列图

（五）因果图

因果图也被为"石川图"或"鱼刺图"，它提供了一种判断导致某一问题原因的系统方法，用来帮助工人找到导致问题的真正原因。这种工具对可能引起问题的原因进行分类，使解决问题变得有条有理。在绘制因果图之前一般召开一些研讨会，会上由专家献计献策，然后分析这些专家的见解，将其归类，以此为依据制作因果图。图 7-5 是因果图的一种形式。

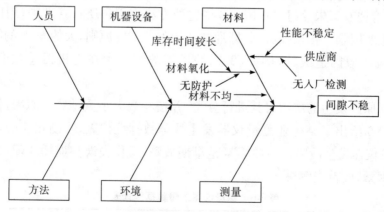

图 7-5 因果图的一种形式

图中的结果是指要分析的质量问题，是我们期望进行改善的对象，如产品的几何尺寸、精度、消耗工时、不合格率等。原因可以分为六类：人员（Man）、机器（Machine）、物料（Material）、方法（Method）、环境（Environment）、测量（Measurement），简称 5M1E。5M1E 为开始分析提供了一个好的框架，当系统地对此深入研究下去时，很容易找出可能的质量问题并设立相应的检验点。

（六）散布图

散布图又被称为"相关图"，是研究分析两种质量特性之间相关性的一种图示方法。在原因分析中，常常遇到一些变量（质量特性）共处一个统一体中的情况，它们相互联系，相互制约。散布图在判别两个变量之间是否存在相关性方面很有用。有相关性可以帮助分析产生某个问题的原因，而且直观、简便，图 7-6 给出了六种典型的散布图。

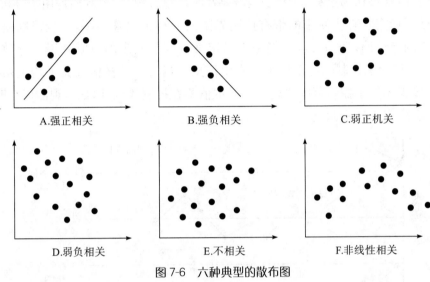

图 7-6 六种典型的散布图

（七）直方图

直方图是研究质量分布所常用的一种工具。通过直方图可以看出分布是否对称，数值的变化范围是什么以及是否有异常的数值。图 7-7 是典型的直方图。注意，图 7-7 中有两个峰值，这表明研究对象中可能存在中心值不同的两个分布，导致这种情况的原因可能是两个不同的工人参与操作或所从事的是两种不同类型的工作。

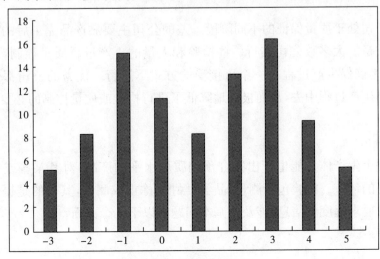

图 7-7 典型的直方图

（八）控制图

控制图都是基于一个相同的原理，即统计学中的小概率事件原理："在一次观测中，小概率事件几乎是不可能发生的，一旦发生就认为系统出现问题。"把这一原理转化为工程技术语言，可描述为"预先假定过程处于某一状态，一旦显示出过程偏离这一状态的极大可能性，就可认为过程失控，于是需要及时调整过程"。控制图是用于分析和判断工序是否处于稳定状态所使用的带有控制界限的一种工序管理图，它能帮助检查出现了可被纠正的导致偏差的原因，还能用来确定某一问题发生的时间并揭示导致问题的原因。图7-8显示了控制图可以提供的有用信息。当每个抽样值及其平均值落在控制线之内时，该工序处于控制范围之内。当样本值落在控制线以外，如至观测值2时，判断过程失控，工序应该进行调整。

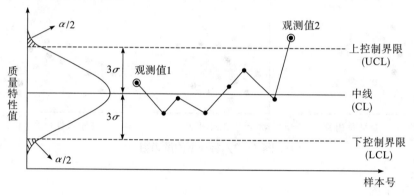

图7-8 控制图基本原理

第三节 统计质量控制

不同的公司处于质量保证的不同阶段。差的公司主要靠产品完工后的检验即抽样验收来保证质量。大多数公司实行一些检验和大量的生产过程质量控制，即统计过程控制，其目的是确保生产过程在一个可接受的方式下进行。优秀的公司都强调要把质量设计贯彻到生产过程中去，从而极大地降低了进行检验或质量控制的必要性。

一、检验

为确保一个生产体系能生产出符合预期质量水平的产品，对其某些或全部项目进行检验是必要的环节。检验包括测量、品尝、触摸、称重或测试，其目的是提供有关检验项目符合质量要求程度的信息，涉及的基本问题有以下几个方面。

(一)检验数量和检验频度

检验数量是由检验费用和预期的漏检不合格品所发生的费用而决定的。增加检验数量,就要增加检验费用,而因漏检不合格品所发生的费用就减少。当作业过程中手工操作占有较高的比例时,就需要增加检验数量。靠机器操作的产品可靠性较高。

检验频度主要依赖于生产过程处于非控制状态的比例或拟检验批量的大小。对一个稳定的生产过程,就不需要重复地进行检验,而对一个非稳定的或近期有质量问题的生产过程,就要加大检验频度。与一些大批量生产过程相比,对小批量的生产过程需要抽取大量样本,因为必须从每批中得到样本数据。

(二)检验点的确定

检验点的确定取决于工序类型和每个工段的增值额,排列图、流程图和因果图都有助于确定检验点。制造业企业中的检验点可在以下六处中的任何一处:

(1)当供应商在生产时在其厂检验。
(2)从供应商处收到货时在你的厂里检验。
(3)在成本高或不可逆转的工序之前检验。
(4)依次在生产工序里检验。
(5)完工产品检验。
(6)装运之前检验。

在服务领域,检验点是采购的材料和物资的入库点、服务人员服务窗口和已完成的服务项目。

(三)是实验室检验,还是现场检验

在决定是进行实验室检验还是现场检验时,要对实验室检验的优缺点进行比较。实验室检验的优点是:实验室里有独特的设备和优良的测试环境,可在实验室里进行特殊检验;缺点是:得到结果的时间长,以及在结果出来之前可能要中断一段时间。而现场检验决策迅速并可避免外来因素的干扰(例如,损坏或样品在带到实验室的过程中所发生的变化)。表 7-7 给出了常见服务行业的质量检验点。

表 7-7 服务行业常见的质量检验点

业务类型	某些检验点	检验项目或标准
银行	出纳员柜台 贷款程序 清账	现金短缺程度,服务态度,速度,精确度 抵押品,信用核对准确度,利率,贷款条件,坏账率,贷款比率 精确度,清账速度,每日清账率

续表

业务类型	某些检验点	检验项目或标准
百货公司	库房	干净,整洁,有秩序,出货水平,供货充足,货物周转率
	陈列区	有吸引力,有秩序,有库存,一览无余,照明充足
	销售柜台	整洁,礼貌,售货员了解有关商品知识,顾客等候时间,会计记账准确度
餐馆	厨房	干净,存货适当,不掺假,遵守卫生规定,有秩序
	收银台	速度,精确度,外观
	就餐区	干净,舒适,侍者服务

二、统计过程控制

统计过程控制(Statistical Process Control,简称 SPC)是广泛用于确保工序符合质量标准的统计技术。在质量领域,过程的概念是明确的,它是指使用资源将输入转化为输出的活动。任何过程都受到两类因素的制约,一类是无法或者难以控制的随机因素,另一类是可以确定或者可以识别的系统因素或可控因素。若过程输出的波动仅由随机因素引起,则被称为"过程处于统计控制状态"或"受控状态"。若过程输出的波动是由系统因素的变异引起的,则被称为"过程处于失控状态"。此时,系统因素也被称为"异常因素(Special Cause)",由于原因是可以查找出来的,因此也被称为"可查明因素(Assignable Cause)"。一旦发生这种情况,就应该尽快查找问题的原因,采取措施加以消除,并纳入标准,保证其不再出现。贝尔实验室沃尔特·休哈特在 20 世纪 20 年代研究工序数据时,区分了波动的正常原因和异常原因,现在人们大多称之为"正常波动和异常波动",他发明了一种简单而有效的工具来将两类变动区分开——控制图。

(一)正常波动和异常波动

正常波动影响每个工序,并且是可以预料的,当某个工序处于统计控制中时,波动都可归为正常波动。统计控制状态下的正常波动就像一个正常体系里的偶发性因素,尽管单个观察值不尽相同,但从总体上看它们形成了一个可用某种统计分布来描述的趋势,当统计分布是正态分布时,分布由两个参数决定:均值 μ(衡量分布的集中趋势,在正态分布下即平均值)和标准差 σ(偏差,少数数值偏离大多数数值的程度)。只要分布(产品的精度)保持在制定的界限内,则工序被称为"在控制中",适度的偏差是允许的。

工序中的异常波动是由某种特定原因导致的。例如,机器磨损、误调设备、疲劳或未经培训的员工及新的一批原材料等都是导致异常波动的原因。

正常波动和异常波动为质量控制区分了两种任务:首先是确保生产过程中只有正常波动,从而操作处于控制之下;其次是查出并消除异常波动以使工序处于控制之下。

(二)波动的控制

由于存在正常波动和异常波动,统计过程控制运用了小样本的均值(通常为五个样本)

而非全体的个别值,因为个别值往往太散乱而不能一眼看出波动趋势。抽样分布是描述样本统计量正常波动的理论分布,抽样分布表现的波动比生产过程分布表现的波动要小。这是平均作用,是由计算样本均值而引起的。样本中的较大数据与较小数据互相抵消,导致了样本间的波动比个体间的波动要小。注意:两个分布具有同样的均值;虽然生产过程分布不是正态分布,样本分布却是一个正态分布。对于这一点,中心极限定理为其提供了理论依据:无论产品质量还是服务质量水平的总体分布如何,其抽样分布都是正态分布或至少近似是正态分布。这个定理还说明了 $\bar{x}$ 分布的均值(称 $\bar{\bar{x}}$)与总体均值 μ 相等;$\bar{x}$ 分布的标准差 $\sigma_{\bar{x}}$ 为总体标准差 σ_x 除以样本容量的算术平方根,即 $\bar{\bar{x}}=\mu$ 和 $\sigma_{\bar{x}}=\dfrac{\sigma_x}{\sqrt{n}}$。

正态分布可用来帮助判断一个生产过程是否处于控制状态之下。如果产品质量只表现正常波动,就可以说生产过程是稳定的(即在控制状态之下)。但是,如果证明存在异常波动,就可断定生产过程是不稳定的(即脱离了控制状态)。利用正态分布进行工序判断有以下结论:如果工序只有正常波动,样本均值落在 $\pm 3\sigma$ 内的概率为 99.7%(即在 $\pm 3\sigma$ 的范围内几乎 100% 地描述了质量特性值的总体分布规律,这就是所谓"3σ"原则);如果工序只有正常波动,样本均值落在 $\pm 2\sigma$ 内的概率为 95.5%(见图 7-9)。这些数值常被用作典型的控制界限。

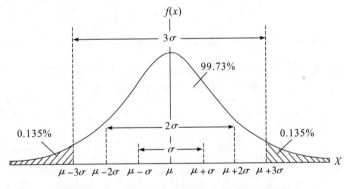

图 7-9　正态分布的 3σ 原理

(三)控制图的分类

按"3σ"原则确定控制界限的控制图如图 7-9 所示。控制图按质量数据特点可以分为两大类。

(1)计量值控制图。计量值是一个连续的量,其分布区间是无限的,例如重量、速度、长度或强度等。均值控制图($\bar{x}$ 图)和极差控制图(R 图)用来检查计量值的变化,$\bar{x}$ 图检查生产过程的中心变动趋势,而 R 图检查生产过程的散差。

(2)计数值控制图。当过程的特性是可计数而不可计量时,我们采用计数特性值控制图。有两种类型的计数特性值控制图:一种用于检测样本中不合格品所占的比例——称为 p 图;另一种用于检测一定计量单位下的缺陷数——称为 c 图。

表 7-8 为常用控制图的控制界限一览表。

表 7-8　常用控制图的控制界限一览表

分类	控制图名称		统计量	控制界限
计量值控制图	$x-R$ 图	x 图	样本平均值 x 样本极差 R	$CL=x(\mu)$ $UCL=x+A_2R$ $LCL=x-A_2R$
		R 图	样本极差 R	$CL=R$ $UCL=D_4R$ $LCL=D_3R$
	$x-\sigma_x$ 图	x 图	样本平均值 x 样本极差 R	$CL=x$ $UCL=x+A_1\sigma_x$ $LCL=x-A_1\sigma_x$
		σ_x 图	样本标准差 σ_x	$CL=\sigma_x$ $UCL=B_4\sigma_x$ $LCL=B_3\sigma_x$
计数值控制图	p 图		不合格品率 p	$CL=p$
	c 图		缺陷数 c	$CL=\bar{c}$ $UCL=\bar{c}+3\sqrt{3}$ $LCL=\bar{c}-3\sqrt{3}$

表 7-9 给出了 $A_1, A_2, B_3, B_4, D_3, D_4$ 为与样本大小有关的系数。

表 7-9　计算 3σ 控制界限参数表

样本大小(n)	平均数控制图用			标准查控制图用				极差控制图用			
	A	A1	A2	B1	B2	B3	B4	D1	D2	D3	D4
2	2.121	3.760	1.880	0	1.843	0	3.267	0	3.686	0	3.267
3	1.732	2.394	1.023	0	1.858	0	2.568	0	4.358	0	2.575
4	1.500	1.880	0.729	0	1.808	0	2.266	0	4.698	0	2.282
5	1.342	1.596	0.577	0	1.756	0	2.089	0	4.918	0	2.115
6	1.225	1.410	0.483	0.026	1.711	0.030	1.970	0	5.078	0	2.004

(四)均值－极差控制图的作法

一般建立和使用 $\bar{x}$ 图和 R 图有以下五个步骤。

(1)从一个生产稳定的工序中收集样本容量为 4 或 5 的 20~25 个样本,计算出各自均值和极差。

(2)计算 $\bar{x}$ 图和 R 图的平均数($\bar{x}$ 和 $\bar{R}$),初步算出上下控制限。如果现在的生产过程不稳定,则以要求达到的 μ 值替代 $\bar{x}$ 进行计算。

(3)在各自相应控制图上画出样本均值和极差,确定它们是否落在可接受界限内。

(4)对那些显示出工序已在控制之外的点或其趋势进行调查。找出波动的异常原因.,恢复正常工序。

(5)继续收集样本,并在必要时用数据画出控制限。

[例 7-2] 某工厂加工 5072 号轴,轴径的尺寸公差为 $\Phi 50^{+0.020}_{-0.009}$ mm,从车床加工工序中按时间顺序随机抽取 $n=4$ 的 25 组样本,其具体测量数据如表 7-10 所示。根据这些资料画出 $\bar{x}-R$ 控制图。

表 7-10 $x-R$ 控制图数据表

组号	x_1	x_2	x_3	x_4	$\bar{x}$	R
1	15	17	13	17	15.5	4
2	17	16	19	15	16.8	4
3	15	17	16	15	15.8	2
4	17	14	17	15	15.8	3
5	15	19	17	15	16.5	4
6	16	14	18	14	15.5	4
7	18	13	17	13	15.3	5
8	16	13	14	17	15.0	4
9	14	13	17	15	14.8	4
10	16	15	17	14	15.5	3
11	13	17	13	13	14.0	4
12	15	19	19	14	16.8	5
13	19	14	14	16	15.8	5
14	18	15	20	14	16.8	6
15	16	13	17	12	14.5	5
16	16	13	13	15	14.3	3
17	17	15	18	16	16.5	3
18	13	17	16	15	15.3	4
19	16	11	17	11	13.8	6
20	18	14	14	17	15.8	4
21	15	17	18	16	16.5	3
22	17	13	12	17	14.8	5
23	15	16	16	13	15.0	3
24	15	15	12	12	13.5	3
25	17	15	16	13	15.3	4
合计					385.2	100

续表

组号	x_1	x_2	x_3	x_4	$\bar{x}$	R
平均					15.41	4.00

注：表中数据 xi=（测量值－50）×1000

解：计算总平均值 $\bar{\bar{x}}$ 和极差平均值 $\bar{R}$。

$$\bar{\bar{x}} = \frac{\sum_{i=1}^{k} \bar{x_i}}{k} = \frac{15.5+16.8+\cdots+15.3}{25} = 15.41$$

$$\bar{R} = \frac{\sum_{i=1}^{k} \bar{R_i}}{k} = \frac{4+4+\cdots+4}{25} = 4.00$$

计算控制中心线及上下界限。

$\bar{x}$ 图：CL＝$\bar{\bar{x}}$＝15.41（即 0.01541 mm）

UCL＝$\bar{\bar{x}}$＋$A_2\bar{R}$＝15.41＋0.729×4≈－18.33

LCL＝$\bar{\bar{x}}$－$A_2\bar{R}$＝15.41－0.729×4≈12.49

R 图：CL＝$\bar{R}$＝4（即 0.0040 mm）

UCL＝$D_4\bar{R}$＝2.282×4≈9.13

LCL＝$D_3\bar{R}$＝（－），无意义

画控制图，记点并记上有关事项，见图 7-10。

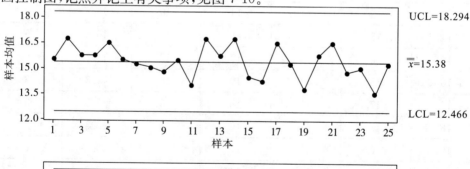

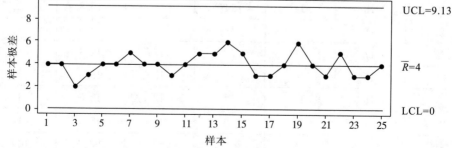

图 7-10　5072 轴的控制图

(五)控制图的使用

从管理的角度来看,使用控制图增加了为得到合格产品所需的费用和时间。因此,在应用控制图时,公司的管理人员必须作出以下决定:

(1)在生产过程的哪些监测点使用控制图?通常应在那些有迹象表明产品已脱离控制的监测点或对成功地制造产品和提供优质服务至关重要的监测点使用控制图。

(2)抽取多大的样本点?可以考虑两个方面:其一,费用和时间是样本大小的函数。样本越大,检查这些样本的费用就越高(如果进行破坏性检查,产品的损失就更大),而为等待抽样结果导致的生产过程中断的时间就越长;其二,小样本比大样本更能反映生产过程的变化。

(3)使用哪种类型的控制图?使用计量值控制图会因测量而导致单位产品所需的费用和时间增加,却可以提供更多的信息。而仅仅计数产品的好坏,所提供的信息有限,所以我们往往抽取小样本来制作均值控制图,除非特殊需要,否则尽量少用 p 控制图。

三、工序能力

工序的差异会严重地影响产品质量。对此,我们可用三个常用的术语——"公差或标准规格"、"控制界限"、"工序差异"来描述工序产品的差异,这些术语相互间的差别不大,但侧重点有所不同。

(1)公差或标准规格。它是根据工程设计或用户需要确定的。公差或标准规格是指产品的某些特性可接受的数值范围,单个产品的量值必须落在这一范围之内。

(2)控制界限。它是指统计界限,这一界限反映了产品某一特性的变化范围。当只有正常原因时,像均值和极差这样的样本统计量也在这一范围内变化。

(3)工序差异。它反映了工序的自然或正常变化,可根据工序标准差来计算。

控制界限和工序差异有直接联系:控制界限是根据样本差异来确定的,样本差异是工序差异的函数。公差和控制界限或工序差异之间没有直接联系。公差特指一件产品或一项服务的品质,不是指相应工序的特性。因而,对于给定的情况,虽然工序在统计质量控制状态之下,但是其生产出的产品或提供的服务可能符合标准规格,也可能不符合标准规格。这就是我们还要考察分析工序能力的原因。

在实际制造过程中,如果过程处于受控状态之下,则过程输出的质量特性 X 通常服从正态分布,即 $X \sim N(\mu, \sigma^2)$。人们总希望制造过程的输出质量特性 X 最大限度地落在设计目标值 T 的附近。过程能力(Process Capability) $PC = 6\sigma$,刻画了生产过程的自然输出能力,σ 值越小,过程能力越强;过程能力与设计目标值 T 无关。从上述讨论中可知,当 σ 值越小时,过程的输出特性值越稳定地分布在设计目标值 T 附件,即当 σ 充分小时,区间 $[\mu - 3\sigma, \mu + 3\sigma]$ 也足够小,此时 99.7% 的样本点都聚集在设计目标值 T 附近,这正是我们所期望的。工序能力分析是指判断工序产品固有差异是否落在可被接受的范围之内。这里的差异是指工序产品的设计规定标准。如果工序固有的差异在所规定的标准差异以内,就可以说工序是可接受的,否则就要采取措施加以纠正。过程能力不足可以考虑以下几种可能的解决方案:重新设计工序以便它能够生产出满足要求的产品;使用备选的工序,来生产规定的产品;保留目前的工序而致力于通过100%的检查,来剔除不合格的产品;检查规定的标准是否必须或在不对用户满意产生负面影响的前提下放宽质量标准。

工序能力一般被指定为偏离工序均值的$\pm 3\sigma$。判断工序是否有能力,常根据标准规格(公差)与工序能力($\pm 3\sigma$)的比值,即工序能力指数G_p。

C_p＝公差带宽度/工序能力＝(标准规格上限－标准规格下限)$/6\sigma$

一般地,C_p值大小可代表工序能力状况,表7-11是C_p值评价标准与改进措施。

表 7-11　C_p 值评价标准与改进措施

工序能力指数	工序能力评价	改进措施
$C_p \geqslant 1.67$	过高	简化质量管理程序,采取降低成本措施;如果质量标准过低,则修正标准
$1.33 \leqslant C_p < 1.67$	充足	对一般零件或产品,可以简化质量管理程序,采取降低成本措施;对于关键工序或关键零件,可以维持现状
$1.00 \leqslant C_p < 1.33$	尚可	严格工序控制,预防不良品产生
$0.67 \leqslant C_p < 1.00$	不足	采取提高工序能力的措施,加强工序质量控制,进行全数检验
$C_p < 0.67$	太低	停止生产,追查原因并加以改进;如果是质量标准过高,则修正标准

第四节　质量管理体系

一、质量管理体系

(一)ISO9000 族标准的构成

ISO9000 族标准是由 ISO/TC176 制定的所有国际标准,是针对组织的管理结构、人员、技术能力、规章制度、技术文件和内部监督机制等一系列体现组织保证产品及服务的管理措施的标准。ISO9000 族标准是由五项标准、技术报告和小册子组成的。技术报告和小册子作为 ISO9000 族标准的支持性文件,属于对质量管理体系建立和运行的指导性文件。ISO9000 族标准的构成如图 7-11 所示。

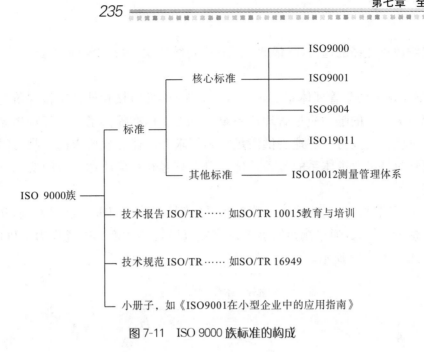

图 7-11　ISO 9000 族标准的构成

(二) ISO9000 族标准的特点

ISO9000 族标准具有以下六个特点：

(1) 具有较强的通用性。ISO9000 族标准适用于所有不同产品类别、不同规模的组织，在满足删减条件的前提下，可根据组织的实际需要，剪裁使用某些质量管理体系要求的条款，调整相应的内容。

(2) 应用过程方法，具有逻辑性和相关性。ISO9000 族标准提倡利用过程方法来建立质量管理体系，并利用过程方法对质量活动进行控制。

(3) 应用系统的管理思想，以提高实现目标的有效性和效率为目的，强调质量管理体系的适宜性和有效性。

(4) 具有兼容性，与环境管理体系、职业健康安全管理体系兼容，遵循 PDCA 运行模式。

(5) 具有继承性，且期望每五年修订一次。最新版的 ISO9000 族标准为 2015 年版 ISO9000 族标准。

(6) 协调一致的成对标准。ISO9001 和 ISO9004 标准协调一致，两个标准使用相同的术语，均遵循质量管理的八项原则，都采用以过程为基础的质量管理体系模式。

(三) ISO9000 核心标准简介

目前 ISO9000 族标准为 2015 版 ISO9000 族标准，其核心标准有以下四个：

(1) ISO9000《质量管理体系基础和术语》。该标准对建立和运行质量管理体系应遵循的 12 个方面的基础知识进行了明确的阐述，对质量管理领域相关的 84 个质量术语的概念进行了解释，并阐明了术语之间的关系图。该标准中还明确指出，质量管理的七项原则是组织改进业绩的框架,能帮助组织获得持续成功,也是 ISO9000 族质量管理体系的基础。

(2) ISO9001《质量管理体系要求》。该标准是内部审核和外部审核评价的依据,也是用于第三方认证的唯一质量管理体系要求标准。标准提供了质量管理体系的要求,在供组织证实其有能力稳定地提供满足顾客要求和法律法规要求的产品时,使用该标准组织可通过持续改进体系的过程及确保符合顾客和相应法律法规的要求,来提高顾客满意度。

标准采用以过程为基础的质量管理体系模型,鼓励组织采用过程方法,建立、实施和改进质量管理体系,通过满足顾客要求来提高顾客满意度。以过程为基础的质量管理体系模式如图 7-12 所示。

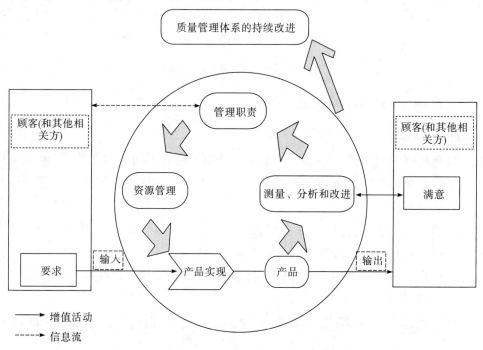

图 7-12　以过程为基础的质量管理体系模式

(3) ISO9004《质量管理体系业绩改进指南》。在该标准中,构建了具有三个层次的质量管理模式:第一层次是产品实现,第二层次为质量管理体系的持续改进,第三层次为质量管理体系的创新。

该标准以质量管理的七项原则为基础,用以改进组织业绩,并增进顾客及与组织的业绩或成就有利益关系的个人或团体,包括顾客、所有者、员工、供方和合作伙伴、社会等的满意度。该标准也应用以过程为基础的质量管理体系模式,提供了考虑质量管理体系的有效性和效率两方面的指南,以及提供了质量管理体系成熟度水平的自我评价方法。虽然该标准提供了超出 ISO9001 要求的指南和建议,但是其不能作为第三方认证的依据及法规、合同目的,也不是 ISO9001 标准的实施指南。

ISO9001 标准和 ISO9004 标准的异同点主要有以下几个方面：两个标准都遵循质量管理的七项原则，采用相同的质量体系基础和术语，具有相似的体系结构；但是 ISO9001 适用的范围只是顾客，用于认证或者合同目的或内部管理，而 ISO9004 适用于所有的相关方，用于持续改进组织的总体业绩和效率，使相关方满意。

（4）ISO19011《质量和（或）环境管理体系审核指南》。该标准为质量和环境管理体系审核的基本原则、审核方案的管理、环境和质量管理体系审核的实施以及对环境和质量管理体系审核员的资格要求提供了指南，可作为内部审核和外部审核评定的依据。

（四）其他管理体系标准

其他管理体系的标准很多，这里仅给出具有代表性的几个标准。

（1）环境管理体系标准。随着环境问题越来越突出，以及可持续发展战略的实施，国际标准化组织为响应联合国实施可持续发展的号召，于 1993 年 6 月成立了第 207 个技术委员会（TC207），专门负责制定环境管理体系标准。环境管理体系标准包括：ISO14001《环境管理体系要求及适用指南》、ISO14004《环境管理体系原则、体系和支持技术通用指南》等。

（2）OHSAS18001《职业健康安全管理体系、规范》。该标准针对职业健康安全，而非产品和服务安全，规定了职业健康安全管理体系的要求。

（3）ISO22000《食品安全管理体系》。该标准是一个国际认证标准，适用于所有组织，可贯穿整个供应链。该标准中规定了食品安全管理体系的要求，结合公认的关键元素，以确保从食品链至最后消费点的食品安全。

（4）ISO/TS16949《汽车生产件维修间组织 ISO9001 特殊要求》。该标准由美、法、德、英四国汽车工业部门联合起草，由 IATF(International Automotive Task Force)组织制定，是国际上共同认可的专门适合于汽车工业的质量体系认证。

二、质量管理体系的建立和实施

建立质量管理体系是组织的战略决策，又是一项复杂且具有相当难度的系统工程。质量管理体系基础中明确指出建立质量管理体系的步骤如下：

（1）确定顾客和其他相关方的需求和期望。

（2）建立组织的质量方针和质量目标。

（3）确定实现质量目标必需的过程和职责。

（4）确定和提供实现质量目标必需的资源。

（5）规定测量每个过程的有效性和效率的方法。

（6）应用这些测量方法确定每个过程的有效性和效率。

（7）确定防止不合格并消除产生原因的措施。

（8）建立和应用持续改进质量管理体系的过程。

根据上述步骤建立质量管理体系时,不仅要考虑标准的要求,而且要考虑组织自身的实际。一般建立质量管理体系的过程包括四个阶段:质量管理体系的策划、质量管理体系文件的编制、质量管理体系的试运行、质量管理体系的审核。

三、质量认证

质量认证包括产品质量认证和质量管理体系认证等。产品质量认证是依据产品标准和相应的技术要求,经认证机构确认并通过颁发认证证书和认证标志来证明某一产品相应标准和相应技术要求的活动。质量管理体系认证通常通过国家或国际认可并授权、具有第三方法人资格的权威认证机构来进行。

要获得认证,就必须通过包括质量管理软件和现场两项评估在内的审核,审核往往要进行6~18个月。获得了质量证书的公司由ISO登记在案,寻求供货商的公司可以从中查阅到一系列通过认证的公司,它们比没有通过认证的公司更容易被用户接受。认证的一个基本要求是公司要对诸如过程控制、检查、采购、培训、包装、交付使用等业务活动进行检查、优化并作出计划。检查程序包括大量的自我评价以及最后的问题确认和改进,通过认证的公司还要受到一系列的检查,并且每三年要进行一次重新认证。

(一)质量管理体系认证的趋势和特点

(1)质量管理体系认证的依据是ISO9000系列标准或同等标准。目前,各国开展质量管理体系认证均趋向采用ISO9000系列标准,以利于国际间质量管理体系认证工作的统一交流与合作。这也正是国际标准化组织所提倡的。

(2)审核的对象是供方的质量管理体系。产品质量认证与质量管理体系审核,主要是产品形成试验加上对工厂质量管理体系的审核。质量管理体系认证范围往往与所申请认证的产品有关。

(3)供方选择资信度高、有权威的认证机构审核。一般选择世界上先进工业国家中历史悠久、有影响力的独立的第三方认证机构,如英国的BSI(英国标准协会)、劳氏船级社、美国的UL(美国安全检定所)、加拿大的CSA(加拿大标准学会)等。

ISO9000系列标准认证有以下个步骤:

(1)对照ISO9001标准,评估现有的质量程序。
(2)确定改进措施,以使现有质量程序符合ISO9000系列标准。
(3)制订质量计划。
(4)确定新的质量程序并形成文件,实施新程序。
(5)制定质量手册。
(6)评估前与注册人员共同分析质量手册。
(7)实施评估。
(8)认证。

（二）质量认证对企业管理的意义

成功企业的经验表明，推行认证制度对于有效促使企业采用先进的技术标准，实现质量保证和安全保证，维护用户利益，提高产品在国内外市场上的竞争能力，以及提高企业经济效益，都有重大意义。

(1)质量认证有利于促使企业建立、完善质量管理体系。企业要通过第三方认证机构的质量管理体系认证，就必须充实、加强质量管理体系的薄弱环节，提高对产品质量的保证能力。另外，通过第三方的认证机构对企业的质量管理体系进行审核，也可以帮助企业影响产品质量的技术问题或管理问题，促使其采取措施加以解决。

(2)质量认证有利于提高企业的信誉，增强企业的竞争能力。企业一旦通过第三方的认证机构对其质量管理体系或产品的质量认证，获得了相应的证书或标志，则相对于其他未通过质量认证的企业，有更大的信誉优势，从而有利于企业在竞争中取得优势地位。特别是对世界级企业来说，由于认证制度已在世界上许多国家，尤其是先进发达国家实行，因此各国的质量认证机构都在努力通过鉴定双边的认证合作协议，取得彼此之间的相互认可。因此，如果企业能够通过国际上有权威的认证机构的产品质量认证或质量管理体系认证（注册），便能够得到各国的承认，这相当于拿到了进入世界市场的通行证，甚至还可以享受免检、优价等优惠待遇。

(3)质量认证可减少企业重复向用户证明自己确有保证产品质量能力的工作，使企业可以集中更多的精力抓好产品开发及制造全过程的质量管理工作。

ISO9000质量证书和认证程序可以为已通过认证、想在国际市场上有所作为的公司带来明显的利益。同时，对那些目前还没有建立质量管理体系的公司来说，这套标准有助于它们建立完善的质量管理体系并使之有效运行。

四、ISO9000系列标准与TQM的关系

ISO9000系列标准是质量管理走向国际化的开端，既适应了国际经济发展的需要，也是对质量管理的科学化、规范化、系列化和国际化的巨大推动。

ISO9000系列标准与TQM在要求、指导思想等方面是一致的。TQM与ISO9000系列标准在全过程质量管理、全员参与质量管理、企业各级承担责任、加强质量教育、工作程序等基本要求上是一致的。二者具有相同的指导思想：全过程控制、预防为主、系统管理、为用户服务、重视统计方法、讲求经济效果、产品符合要求的控制目标等。

ISO9000系列标准是TQM的深化和提高。首先，ISO9000系列标准进一步解释了质量管理、质量保证、质量控制、质量改进等概念，并实现了国际质量术语的统一，为国际质量管理科学的交流和发展奠定了基础。其次，ISO9000系列标准进一步发展和完善了质量体系的概念，使之成为文件化、有形化的质量管理体系。最后，ISO9000系列标准提供了表达、检查和评价质量体系的工具，为企业质量体系的定期审核和评审创造了条

件,也为企业质量管理体系的国际认证提供了可能。

需要指出的是,在质量管理体系范畴,ISO9000只规定了应该做什么,没有规定如何去做,也没有说明为什么要去做。这是因为"如何去做"涉及许多因素,例如工业类别、组织规模以及文化背景等。因此,ISO9000避开了有关"如何去做"这个敏感问题。但是,在质量管理的实践中,困难的问题恰恰是"如何去做",而不是"应该做什么"。实际上,"如何去做"正是TQM关于方法论的研究,而"为什么要去做"则是TQM理论和方法的基础研究问题,这也正是ISO9000和TQM具有同目标又不属于同范畴的显著特点。因此,在实际的质量管理实践中,应该把推行TQM与实施ISO9000系列标准结合起来,在继续深入开展TQM的同时,抓紧实施系列标准,并通过系列标准的实施进一步推动企业TQM的发展。

本章小结

质量可以根据适合用户满意度的内涵来定义。不良质量所带来的后果包括市场份额的下降、产品质量责任、赔偿、成本增加等。

全面质量管理就是涉及公司全员的对良好质量永不停歇地追求过程。其推动力是用户满意程度,基本内涵是质量持续不断地改进。对公司全员进行管理概念、工具和程序方面的培训是这一方法的一个重要方面。TQM的主要方法有质量功能展开、调查表、分层法、排列图、因果图、散布图、直方图、控制图等。

检验和统计过程控制是现场质量管理的主要工具。检验意味着检查生产过程的产品以判断它是否可以接受。质量检验要处理的主要问题包括:在生产过程中哪些观测点需要进行检验、检验的频度有多大以及是进行现场检验还是在实验室集中检验。统计过程控制的控制图有助于我们分辨正常波动和异常波动原因。$\bar{x}$图和R图用于产品质量计量值检验,p图和c图用于计数值检验。

本章还简要介绍了ISO9000族国际质量标准、质量认证及其与TQM的关系。

复习思考题

1. 如何理解质量的含义?全面质量管理的主要特点是什么?
2. 简述全面质量管理常用的主要方法及其特点。
3. 简述全面质量管理的基本工作方法——PDCA循环的特点。
4. 简述质量成本的概念与构成。
5. 检验要处理的主要问题是什么?
6. 控制图的基本原理是什么?
7. 2015版ISO9000族标准由那些标准构成?其中用于第三方认证的是什么标准?

第八章

财务成本管理

本章目标

　　学习本章后，应该了解：
　　◎财务管理的概念、目标和职能；财务管理价值观念时间：时间价值和风险报酬。
　　◎财务分析的作用、内容和方法；财务预测的意义和方法；掌握财务能力分析的常见指标。
　　◎筹资渠道和筹资方式；各类资本成本率的计算；最佳资本成本决策方法，公司价值法。
　　◎投资的概念及意义；科学投资决策的核心环节：投资现金流量分析和投资评价方法。
　　◎企业成本管理的内容；成本管理工具与方法。

案例导引

2019年11月22日,安徽菜菜电子商务有限公司突发资金告急声明:社区生鲜电商平台呆萝卜经营不善、资金吃紧,公司日常经营受到重大影响。而就在2019年9月胡润研究院发布的《2019二季度胡润中国潜力独角兽》中,呆萝卜还被列为新晋的潜力独角兽企业之一。

呆萝卜本是一颗冉冉升起的明星,外界对它这样评价不只是因为对其估值的测评,而且是因为它在融资、投资规模、供应链等各方面的快速成长。

就在2019年7月,呆萝卜宣布完成6.3亿元A轮系列融资后,随即开启了四省19城开设300家新店,并进一步优化供应链的发展计划。而从成果来看,截至2019年9月,呆萝卜已进驻安徽、江苏、河南、湖北四省共19座城市,门店数量超过1000家,月订单超过1000万单;截至2019年10月底,呆萝卜已成功实现了80%的果蔬原产地直供。

但就是这样一家发展势头正劲的企业,在其资金告急后让人充满疑问。6.3亿元的融资被用在了何处?19城300新店的投资决策是否正确?曾经宣称的技术和人才优势是否只是空谈?呆萝卜线上下单、线下自提的商业模式是否只是一个伪命题?让我们拭目以待。

第一节 财务管理基础

一、财务管理概念与目标

(一)财务管理概念

财务管理是组织企业财务活动、处理企业财务关系的一项经济管理工作。

企业财务活动是以现金收支为主的资金收支活动的总称。企业的资金运动从货币资金形态开始,依次经过采购、生产、销售等阶段。企业的生产经营过程一方面表现为物资的购进和售出,另一方面表现为资金的支出与收回,企业资金的收支便是企业的财务活动。企业的财务活动可以分为四个方面:由企业筹资引起的财务活动、由企业投资引起的财务活动、由企业经营引起的财务活动和由企业分配引起的财务活动。

企业在组织各项财务活动的过程中要与各方面发生经济关系,这种关系称为财务关系。它包括企业与其所有者之间的财务关系、企业与其债权人之间的财务关系、企业与其投资者之间的财务关系、企业与其债务人之间的财务关系、企业与其员工之间的财务关系、企业与税务机关之间的财务关系，等等。企业必须在严格遵循国家法律法规和相关制度的前提下，处理好各种财务关系，既要符合国家利益和企业利益，又要保护利益相关者的合法权益，使企业有一个良好的经济环境，以协调各方面的积极因素，促进企业的发展。

财务管理是企业管理的一个重要组成部分，是根据财经法规制度，按照财务管理原则，组织企业财务活动、处理企业财务关系的一项经济管理工作。它是一项综合性管理工作，能够迅速反映企业的生产经营状况。

(二)财务管理的目标

财务管理是指以价值形式对企业的生产经营活动进行的综合管理，反映了企业经济效益的好坏。财务管理中的各项价值指标，为企业提供了全面、系统的经济信息，是企业作出经济决策的重要依据。企业通过加强财务管理，可以做到合理筹集资金、有效使用资金，以尽可能少的消耗取得尽可能多的生产经营成果，提高企业经济效益。

财务管理目标是指企业财务活动希望取得的结果，是评价企业财务活动是否合理的基本标准。科学地设置财务管理目标，对优化理财行为、实现企业财务管理良性循环具有重要意义。明确财务管理目标，是企业搞好财务工作的前提。

财务管理目标会随着社会的变迁和企业发展阶段的不同而有所调整。目前，常见的财务管理目标存在利润最大化、股东财富最大化和企业价值最大化等观点。利润最大化观点认为利润是企业新增加的财富，利润越大，企业财富增加得越多，越接近企业的目标。该观点应用比较广泛，指标易得、评价方便。但是它没有考虑资金时间价值、效率和风险等因素，容易导致企业出现短期行为，不利于企业长远发展。股东财富最大化观点追求股东利益的最大化，认为享有企业剩余权益的股东如果利益达到最大化，则企业其他利益主体的利益必然得到满足，因而保证了所有相关者利益的最大化。该观点充分考虑了资金时间价值、效率和风险等因素，但一般只适用于上市公司，在现实中还存在因为一味追求股东利益最大而损害其他相关者利益的现象。企业价值最大化，是指将企业及其所有利益相关者作为一个整体，考虑企业价值的最大化。理论上这是极其科学的观点，综合考虑了企业的方方面面，保证了企业的长远发展。

二、财务管理的基本职能

财务管理职能是指财务管理所具有的职责和功能，公司经营管理需要财务管理职能。公司财务管理的基本职能主要有财务分析、财务预测、财务决策和财务计划等。

(一)财务分析

财务分析，主要指财务报表分析，是以企业的财务报表资料及其他相关资料为依据,对企业的财务状况、经营成果和现金流量进行分析和评价。财务分析的目的是为公司及其利益相关者了解公司过去、评价公司现状、预测公司未来、作出正确决策提供准确的信息或依据。

财务分析的内容包括偿债能力、营运能力、赢利能力和发展能力等财务能力分析、财务趋势分析以及财务综合分析。

财务分析的方法主要有比率分析法、比较分析法和趋势分析法三种。

(二)财务预测

财务预测是根据企业财务活动的历史资料,考虑现实的要求和条件,对企业未来的财务活动和财务成果作出的科学预计和测算。财务预测的目的是,测算企业筹资、投资各项方案的经济效益,为财务决策提供依据,预计财务收支(现金流量)的发展变化情况,为编制财务计划服务。

财务预测按预测对象不同可分为筹资预测和投资预测两类;按预测时期不同可分为长期预测和短期预测两类;按预测值不同可分为单项预测和多项预测两类。

财务预测的常用方法主要有时间序列预测法、相关因素预测法和概率分析预测法三种。

(三)财务决策

财务决策是指企业为了实现财务目标,对财务方案进行比较,选择最优方案的过程。财务决策的目的在于确定合理而可行的财务方案。在现实中,财务方案主要有筹资方案、投资方案,还有包括筹资和投资的综合方案。

财务决策以财务分析和财务预测为依据,是对财务预测结果的分析与选择。财务决策是一种多标准的综合决策的复杂过程,其决策方案往往是多种因素综合平衡的结果。

(四)财务计划

财务计划是以货币形式协调安排计划期内筹资、投资及财务成果的文件。制定财务计划的目的是为财务管理确定具体量化的目标。

财务计划包括长期计划和短期计划。长期计划是指1年以上的计划,公司通常制定为期5年的长期计划,作为实现公司战略的规划;短期计划是指年度财务预算。

上述财务管理的四项基本职能相互联系,财务分析和财务预测是财务决策和财务计划的条件,财务决策和财务计划是财务分析和财务预测的结果。

三、财务管理价值观念

(一)资金时间价值

当前,在大家的认知中,即使在没有风险、没有通货膨胀的条件下,今天的 1 元钱也比一年后的 1 元钱值钱。股东投资 1 元钱,就失去了当时使用或消费这 1 元钱的机会或权利,按时间计算的这种付出的代价或投资报酬,可以称为时间价值。但是该定义只说明了时间价值的现象,并没有说明时间价值的本质,时间价值产生的前提是资金周转使用。另外,将资金作为资本投入使用所获得的价值增加并不完全是时间价值,投资者承受了风险也要获得相应的报酬,即风险报酬;物价上涨导致货币购买力下降,因此也要有相应的补偿,即通货膨胀贴水。因此,时间价值可以表述为:资金在周转使用过程中仅仅由时间因素导致的增值额。

资金时间价值有两种表现形式:时间价值率和时间价值额。时间价值率是指扣除风险报酬率和通货膨胀贴水后的平均资金利润率或平均报酬率;时间价值额是指资金与时间价值率的乘积。现实中,并不严格区分这两种形式。时间价值的计算一般按照复利计息,因为资金只有在运动中才能增值,理性的投资者总是希望钱生钱,获得合理的报酬。

银行贷款利率、债券利率、项目收益率等都可看作投资报酬率,与资金时间价值有区别。

1. 复利终值和复利现值

终值是未来价值,是当前一笔资金按照复利计息、经历若干期后的本利和。

$$FV_n = PV(1+i)^n = PV \times (F/P, i, n)$$

$(F/P, i, n)$ 称为复利终值系数,见表 8-1:部分复利终值系数表。

表 8-1 部分复利终值系数表

期数	5%	6%	8%	10%	12%	14%	15%	16%
1	1.050	1.060	1.080	1.100	1.120	1.140	1.150	1.160
2	1.103	1.124	1.166	1.210	1.254	1.300	1.323	1.346
3	1.158	1.191	1.260	1.331	1.405	1.482	1.521	1.561
4	1.216	1.262	1.360	1.464	1.574	1.689	1.749	1.811
5	1.276	1.338	1.469	1.611	1.762	1.925	2.011	2.100
6	1.340	1.419	1.587	1.772	1.974	2.195	2.313	2.436
7	1.407	1.504	1.714	1.949	2.211	2.502	2.660	2.826
8	1.477	1.594	1.851	2.144	2.476	2.853	3.059	3.278
9	1.551	1.689	1.999	2.358	2.773	3.252	3.518	3.803

续表

期数	5%	6%	8%	10%	12%	14%	15%	16%
10	1.629	1.791	2.159	2.594	3.106	3.707	4.046	4.411
11	1.710	1.898	2.332	2.853	3.479	4.226	4.652	5.117
12	1.796	2.012	2.518	3.138	3.896	4.818	5.350	5.936
13	1.886	2.133	2.720	3.452	4.363	5.492	6.153	6.886
14	1.980	2.261	2.937	3.797	4.887	6.261	7.077	7.988
15	2.079	2.397	3.172	4.177	5.474	7.138	8.137	9.266
16	2.183	2.540	3.426	4.595	6.130	8.137	9.358	10.748

[例 8-1] 将 10000 元钱存入银行,年利息率为 5%,按复利计息,5 年后的终值为:
$$FV_5 = 10,000 \times (1+5\%)^5 = 10,000 \times (F/P, 5\%, 5)$$

查表计算可得: $FV_5 = 10,000 \times 1.276 = 12760$

由例题结果可知:在没有风险和通货膨胀的情况下,当年利率为 5% 时,今天的 10,000 元相当于 5 年后的 12,760 元。

现值是现在价值,是若干期期末的一笔钱在当前的价值。由终值求现值,称为"折现",折现时使用的利息率称为"折现率"。

$$PV_0 = \frac{FV_n}{(1+i)^n} = FV_n \times (1+i)^{-n} = FV_n \times (P/F, i, n)$$

$(P/F, i, n)$ 称为复利现值系数,见表 8-2:复利现值系数表。

表 8-2 部分复利现值系数表

期数	5%	6%	8%	10%	12%	14%	15%	16%
1	0.952	0.943	0.926	0.909	0.893	0.877	0.870	0.862
2	0.907	0.890	0.857	0.826	0.797	0.769	0.756	0.743
3	0.864	0.840	0.794	0.751	0.712	0.675	0.658	0.641
4	0.823	0.792	0.735	0.683	0.636	0.592	0.572	0.552
5	0.784	0.747	0.681	0.621	0.567	0.519	0.497	0.476
6	0.746	0.705	0.630	0.564	0.507	0.456	0.432	0.410
7	0.711	0.665	0.583	0.513	0.452	0.400	0.376	0.354
8	0.677	0.627	0.540	0.467	0.404	0.351	0.327	0.305
9	0.645	0.592	0.500	0.424	0.361	0.300	0.284	0.263
10	0.614	0.558	0.463	0.386	0.322	0.270	0.247	0.227
11	0.585	0.527	0.429	0.350	0.287	0.237	0.215	0.195
12	0.557	0.497	0.397	0.319	0.257	0.208	0.187	0.168

续表

期数	5%	6%	8%	10%	12%	14%	15%	16%
13	0.530	0.469	0.368	0.290	0.229	0.182	0.163	0.145
14	0.505	0.442	0.340	0.263	0.205	0.160	0.141	0.125
15	0.481	0.417	0.315	0.239	0.183	0.140	0.123	0.108
16	0.458	0.394	0.292	0.218	0.163	0.123	0.107	0.093

[**例 8-2**] 为了在 5 年后从银行取出 10,000 元，年利息率为 5%，复利计息，则现在应一次性存入多少钱？

$$PV_0 = FV_5 \times (1+5\%)^{-5} = FV_5 \times (P/F, 5\%, 5)$$

查表计算可得： $PV_0 = 10{,}000 \times 0.784 = 7{,}840$

由例题结果可知：在没有风险和通货膨胀的情况下，当年利率为 5% 时，5 年后的 10,000 元只相当于今天的 7,840 元。

2. 年金终值和现值

年金是等额、定期的一系列收支款项，一般用 A 或 PMT 表示。利息、租金、分期付款额等一般都表现为年金的形式。按照收付时点和方式的不同，年金可分为后付年金（普通年金）、先付年金（预付年金）、递延年金和永续年金。

后付年金是指各期期末收付的年金。这种年金在现实中最为常见，也称为"普通年金"。后付年金的收付形式如图 8-1 所示，横线代表时间的延续，0 表示第一期的期初，也就是现在，每个数字表示该期的期末、下一期的期初；竖线的位置表示收付的时刻，竖线下方的数字表示收付的金额，向下的箭头一般表示现金流出，向上的箭头一般表示现金流入。

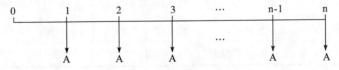

图 8-1 后付年金的收付形式

后付年金终值是指其最后一次收付时的本利之和，是每次收付的复利终值之和，用 FVA_n 表示。后付年金终值计算如图 8-2 所示。

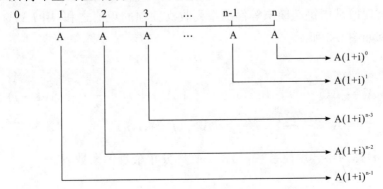

图 8-2 后付年金终值计算图

$$FVA_n = A + A(1+i) + A(1+i)^2 \cdots + A(1+i)^{n-2} + A(1+i)^{n-1}$$
$$= A \times \frac{(1+i)^n - 1}{i} = A \times (F/A, i, n)$$

$(F/A, i, n)$ 称为年金终值系数,见表 8-3:年金终值系数表。

表 8-3 部分年金终值系数表

期数	5%	6%	8%	10%	12%	14%	15%	16%
1	1.000	1.000	1.000	1.000	1.000	1.000	1.000	1.000
2	2.050	2.060	2.080	2.100	2.120	2.140	2.150	2.160
3	3.153	3.184	3.246	3.310	2.374	3.440	3.473	3.506
4	4.310	4.375	4.506	4.641	4.779	4.921	4.993	5.066
5	5.526	5.637	5.867	6.105	6.353	6.610	6.742	6.877
6	6.802	6.975	7.336	7.716	8.115	8.536	8.754	8.977
7	8.142	8.394	8.923	9.487	10.089	10.730	11.067	11.414
8	9.549	9.897	10.637	11.436	12.300	13.233	13.727	14.240
9	11.027	11.491	12.488	13.579	14.776	16.085	16.786	17.519
10	12.578	13.181	14.487	15.937	17.549	19.337	20.304	21.321
11	14.207	14.972	16.645	18.531	20.655	23.045	24.349	25.733
12	15.917	16.870	18.977	21.384	24.133	27.271	29.002	30.850
13	17.713	18.882	21.495	24.523	28.029	32.089	34.352	36.786
14	19.599	21.015	24.215	27.975	32.393	37.581	40.505	43.672
15	21.579	23.276	27.152	31.772	37.280	43.842	47.580	51.660
16	23.657	25.673	30.324	35.950	42.753	50.980	55.717	60.925

[例 8-3] 某人在 5 年中每年年末存入银行 10,000 元,年存款利率为 5%,复利计息,则第五年年末的本利和为:

$$FVA_5 = 10,000 \times (F/A, 5\%, 5) = 10,000 \times 5.526 = 55,260$$

后付年金现值是指每期期末等额的系列收支款项的现值之和,用 PVA_0 表示。后付年金现值计算如图 8-3 所示。

$$PVA_0 = A(1+i)^{-1} + A(1+i)^{-2} + A(1+i)^{-3} + \cdots + A(1+i)^{-n}$$
$$= A \times \frac{1-(1+i)^{-n}}{i} = A \times (P/A, i, n)$$

$(P/A, i, n)$ 称为年金现值系数,见表 8-4:部分年金现值系数表。

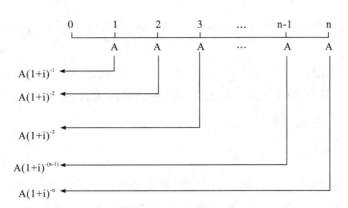

图 8-3 后付年金现值计算图

表 8-4 部分年金现值系数表

期数	5%	6%	8%	10%	12%	14%	15%	16%
1	0.952	0.943	0.926	0.909	0.893	0.877	0.870	0.862
2	1.859	1.833	1.783	1.736	1.690	1.647	1.626	1.605
3	2.723	2.673	2.577	2.487	2.402	2.322	2.283	2.246
4	3.546	3.465	3.312	3.170	3.037	2.914	2.855	2.798
5	4.329	4.212	3.993	3.791	3.605	3.433	3.352	3.274
6	5.076	4.917	4.623	4.355	4.111	3.889	3.784	3.685
7	5.786	5.582	5.206	4.868	4.564	4.288	4.160	4.039
8	6.463	6.210	5.747	5.335	4.968	4.639	4.487	4.344
9	7.108	6.802	6.247	5.759	5.328	4.946	4.472	4.607
10	7.722	7.360	6.710	6.145	5.650	5.216	5.019	4.833
11	8.306	7.887	7.139	6.495	5.938	5.453	5.234	5.029
12	8.863	8.384	7.536	6.814	6.194	5.660	5.421	5.197
13	9.394	8.853	7.904	7.103	6.424	5.842	5.583	5.342
14	9.899	9.295	8.244	7.367	6.628	6.002	5.724	5.468
15	10.380	9.712	8.559	7.606	6.811	6.142	5.847	5.575
16	10.838	10.106	8.851	7.824	6.974	6.265	5.954	5.668

[例 8-4] 某项投资,未来 6 年每年年末获得 10,000 元,投资者要求的收益率为 10%,则该项投资的投资限额为:

$$PVA_0 = 10,000 \times (P/A, 10\%, 6) = 10,000 \times 4.355 = 43,550$$

先付年金是指每期期初收付的年金,又称"预付年金""即付年金",是后付年金的收付行为整体往前移动了一期。

递延年金是第一次收付发生在第二期或第二期以后的年金,又称为"延期年金"。递延期内没有收付行为,支付期往后递延了 m 期。递延年金是后付年金整体往后递延了 m 期的年金。

永续年金是无限期定额支付的年金,没有终点,因而也就没有终值。

先付年金、递延年金的终值,以及这三类年金的现值计算,都是在后付年金终值和现值计算的基础上转化而来的。

(二)风险与报酬

风险是预期结果的不确定性,公司的财务决策几乎都是在包含风险和不确定性的情况下作出的。现实中公司的财务决策基本都是风险性决策,也就是决策者对未来的情况不能完全确定或无法完全估计,但是未来可能出现哪几种情况是决策者可以估计的,且其出现的概率可以预测,即概率分布已知或可以估计。

1. 单项资产投资的风险与报酬

对投资活动而言,风险是与报酬的可能性相联系的。任何一个经济现象或社会现象,其趋势都呈现一定的正态分布,反映集中趋势和离散趋势,其集中趋势可以用平均数指标来衡量,而其离散趋势可以用标准差指标来衡量。

投资活动的预期收益率反映的是本次投资的集中趋势,根据其概率分布,可以计算如下:

预期收益率:$\bar{r} = \sum_{i=1}^{n} r_i p_i$

投资活动的风险反映的是与预期收益之间的偏离程度,可以计算如下:

风险:$\sigma = \sqrt{\sum_{i=1}^{n}(r_i - \bar{r})^2 * p_i}$

对于单项资产投资而言,选择多个方案时,风险相同选择收益高的选项,收益相同选择风险低的选项。但是,当风险和收益都不相同时,要计算出离散系数 CV 才能作出决策。离散系数 CV 表示单位收益的风险,该指标越小,方案越优。

离散系数:$CV = \dfrac{\sigma}{\bar{r}}$

对于投资者而言,面对唯一的方案作出投资决策时,计算出该方案的收益和风险后,是否投资取决于投资者要求的必要报酬率的高低。研究表明,必要报酬率的高低很大程度上取决于投资的风险大小,风险越大投资者要求的风险报酬率越高,从而必要报酬率越高。

投资者投资承担了一定的风险,就要求获得与风险相匹配的报酬,称为"风险报酬"(或风险价值),一般用风险报酬率来表示(RR)。风险报酬率的高低取决于风险的大小和投资者回避风险的程度:风险越大,风险报酬率越大;越回避风险的人,要求的风险报酬率越高。

投资者的必要报酬率由无风险报酬率(RF)和风险报酬率(RR)构成,而无风险报酬率包括时间价值率和通货膨胀贴水,一般用同期国债的利率代替。

2. 投资组合的风险与报酬

投资者在进行投资时,一般并不把所有的资金投于一个投资对象,而是同时投于多种投资对象,特别是在证券投资时。这种同时投于多种投资对象或多种证券的方式,称为"投资组合"或"证券组合"。投资组合理论认为,若干种证券组成的投资组合,其收益是这些单一证券收益的加权平均数,但是其风险不是单一证券风险的加权平均数,因而投资组合能降低风险。

对于理性的投资者而言,投资组合的风险会随着投资种类的增加而逐渐降低。因此,投资组合的风险由可分散风险和不可分散风险组成。可分散风险是由某些随机事件导致的,如个别公司高管被爆出负面新闻、公司面临诉讼等。这种风险一般只影响个别公司,可以通过证券持有多样化来抵消,因此又称为"非系统风险"或"公司特有风险"。不可分散风险则产生于影响大多数公司的因素:经济危机、通货膨胀、经济衰退等。这些因素甚至会对整个经济系统产生负面影响,无法通过分散化投资来抵消,因此又称为"系统风险"或"市场风险"。

投资组合风险与报酬的高低不是取决于风险的大小,而是取决于不可分散风险,即系统风险的大小。系统风险的大小通常用 β 系数来衡量。β_i 反映该证券相对于市场组合(或称充分组合)而言的风险程度,一般将市场组合的系统风险设定为 $\beta=1$,对应的风险报酬率 $R_m = K_m - R_F$。譬如:$\beta_i = 1.5$,表示该证券的系统风险是市场组合系统风险的 1.5 倍,而此时该证券的风险报酬率 $= 1.5 \times (K_m - R_F)$。因此,投资组合的必要报酬率可以按以下公式计算:

$$K_p = R_F + \beta_p \times (K_m - R_F)$$

其中:R_F 表示无风险报酬率;K_m 表示证券市场组合收益率;β_p 表示投资组合的系统风险,由单一证券的 β 系数加权平均所得。

3. 资本资产定价模型

1964 年,威廉·夏普根据投资组合理论,提出了资本资产定价模型(CAPM)。资本资产定价模型,是财务学形成和发展过程中重要的里程碑。它第一次使人们可以量化市场的风险程度,并且能够对风险进行定价。

资本资产定价模型的研究对象,是充分组合情况下风险与必要报酬率之间的均衡关系。它可以解决投资者关心的问题:为了补偿某一程度的风险,投资者应该获得多大的报酬?

资本资产定价模型公式为:

$$K_i = R_F + \beta_i \times (K_m - R_F)$$

其中:K_i 是第 i 个股票的必要报酬率;R_F 表示无风险报酬率;β_i 表示第 i 种证券的系统风险;K_m 表示证券市场组合收益率。

资本资产定价模型最早是建立在一系列基本假设之上的,随后,每一个假设逐步被放开,并在新的基础上进行研究。多年来,资本资产模型经受住了大量实践的证明,尤其是 β 系数。资本资产定价模型,将在资本成本等章节中加以应用。

第二节 财务分析和财务预测

一、财务分析概述

(一)财务分析的作用

财务分析,主要指财务报表分析,是以企业的财务报表资料及其他相关资料为依据,采用专门的方法,对企业的财务状况、经营成果和现金流量进行系统分析和评价的过程。财务分析是对财务报表等资料所提供的会计信息作进一步的加工处理,为股东、债权人和经营管理层等会计信息使用者进行财务预测和财务决策提供依据。在实务中,财务分析可以发挥以下作用:

首先,通过财务分析,可以全面评价企业在一定时期内的各种财务能力,包括偿债能力、营运能力、赢利能力和发展能力等,从而分析企业的经营状况以及存在的问题,总结经验教训,促进企业改进经营活动、提高管理水平。

其次,通过财务分析,可以为股东、债权人及其他外部利益相关者提供更加系统、完整的会计信息,便于他们更加深入地了解企业状况,为其财务决策提供依据。

第三,通过财务分析,可以检查企业内部各职能部门和单位经营计划的完成情况,考核各部门和单位的经营业绩,有利于企业建立和完善业绩评价体系,保证财务目标的顺利实现。

(二)财务分析的内容

1. 财务能力分析

财务能力主要包括:偿债能力、营运能力、赢利能力和发展能力。因此,财务能力分析从这四种能力分析着手。

(1)偿债能力分析。偿债能力是指企业偿还债务的能力,包括短期偿债能力和长期偿债能力。通过对企业财务报表等会计资料的分析,了解企业资产的流动性、负债水平以及偿还债务的能力,从而评价企业的财务状况和财务风险,为管理者、投资者和债权人提供企业偿债能力方面的财务信息。

(2)营运能力分析。营运能力反映了企业的资金周转状况,反映了对企业资产的利用和管理能力。对企业营运能力进行分析,可以了解企业资产的保值和增值情况,分析企业资产的利用效率、资金周转状况和现金流量状况等,从而评价企业的经营管理水平。

(3)赢利能力分析。赢利能力是企业获取利润的能力,而获取利润是企业的主要经营目标之一。投资者和债权人都十分关心企业的赢利能力,因为赢利能力是企业偿还债务的重要保障,是企业提升信誉的关键因素。

(4)发展能力分析。企业的所有利益相关者都十分关注企业的发展能力,这关系到他们的切身利益。通过对企业发展能力的分析,可以判断企业的发展潜力,预测企业的经营前景,从而为管理者和投资者作出经营决策和投融资决策提供重要依据。

2. 财务趋势分析

财务趋势分析是通过对企业连续若干期的会计信息和财务指标进行分析,判断企业未来发展趋势,发现企业的经营活动和财务活动存在的问题,为企业未来决策提供依据。

3. 财务综合分析

财务综合分析是指全面分析和评价企业各方面的财务状况,对企业风险、收益、成本和现金流量等进行分析和判断,为提高企业财务管理水平、改善经营业绩提供依据。

(三)财务分析的方法

财务分析的方法主要包括比率分析法、比较分析法和因素分析法三种。

1. 比率分析法

比率分析法是将企业同一时期的财务报表中的相关项目进行对比,得出一系列的财务比率,以此来揭示企业财务状况的分析方法。偿债能力、营运能力、盈利能力和发展能力,这四大财务能力分析就是通过计算出大量的财务比率来实现的。

2. 比较分析法

比较分析法是将同一企业不同时期的财务状况或不同企业之间的财务状况进行比较,确定其增减变动的方向、数额和幅度,以此来揭示企业财务状况的发展变化趋势的分析方法。财务趋势分析就是要比较连续若干期的数据,从而来确定趋势;同时,财务能力分析也需要进行横向和纵向的比率之间的比较,这样才能分析出企业的财务状况。

3. 因素分析法

因素分析法是依据分析指标与其影响因素之间的关系,从数量上确定各因素对分析指标影响方向和影响程度的一种方法。

(四)财务分析的基础

企业财务报表主要包括:资产负债表、利润表、现金流量表和所有者权益变动表。财务分析以企业的主要财务报表等会计资料为基础,主要根据资产负债表、利润表和现金流量表来分析企业的财务状况、经营成果和现金流量。

1. 资产负债表

资产负债表是反映企业某一特定日期的财务状况的财务报表。它以"资产=负债

＋所有者权益"这一会计恒等式为依据,是企业每期都要对外报送的重要报表之一。它按照一定的分类标准来排列,反映企业在某一特定日期资产、负债和所有者权益的基本状况,如表 8-5 所示。

表 8-5 资产负债表

编制单位：　　　　　　　　　　年　月　日　　　　　　单位：

资　产	期初数	期末数	负债和所有者权益	期初数	期末数
流动资产：			流动负债：		
货币资金			短期借款		
交易性金融资产			应付账款		
应收票据			交易性金融负债		
应收账款			应付票据		
预付账款			预收账款		
应收利息			应付职工薪酬		
应收股利			应交税费		
其他应收款			应付利息		
存货			应付股利		
一年内到期的非流动资产			其他应付款		
其他流动资产			一年内到期的非流动负债		
			其他流动负债		
流动资产合计			流动负债合计		
非流动资产：			非流动负债：		
可供出售金融资产			长期借款		
持有至到期投资			应付债券		
长期股权投资			长期应付款		
固定资产			专项应付款		
在建工程			预计负债		
工程物资			递延所得税负债		
生产性生物资产			其他非流动负债		
投资性房地产			非流动负债合计		
固定资产清理			负债合计		
无形资产			所有者权益：		
开发支出			实收资本		
商誉			资本公积		

续表

资　产	期初数	期末数	负债和所有者权益	期初数	期末数
长期待摊费用			其他综合收益		
递延所得税资产			盈余公积		
其他非流动资产			未分配利润		
非流动资产合计			所有者权益合计		
资产合计			负债和所有者权益合计		

资产负债表是进行财务分析的重要财务报表，它提供了企业的资产结构、资产流动性、资金来源状况、负债水平以及负债结构等财务信息。分析者通过对资产负债表的分析，可以了解企业的偿债能力、营运能力等财务能力，为债权人、投资者及企业管理者提供决策依据。

2. 利润表

利润表是反映企业在一定会计期间内经营成果的财务报表，它以"收入－费用＝利润"这一会计等式为编制依据，是企业每期都要对外报送的重要财务报表之一。通过利润表可以考核企业利润计划的完成情况，分析企业的赢利能力以及利润增减变化的原因，预测企业利润的发展趋势，为投资者及企业管理者等提供与决策有关的财务信息，如表 8-6 所示。

表 8-6　利润表

编制单位：　　　　　　　　　　　年　月　日　　　　　　　　单位：

项目	本期金额	上期金额
一、营业收入		
减：营业成本		
税金及附加		
销售费用		
管理费用		
财务费用		
资产减值损失		
加：公允价值变动收益（损失以"－"填列）		
投资收益（损失以"－"填列）		
资产处置收益（损失以"－"填列）		
其他收益		
二、营业利润（亏损以"－"填列）		
加：营业外收入		

续表

项目	本期金额	上期金额
减:营业外支出		
三、利润总额(亏损总额以"-"填列)		
减:所得税费用		
四、净利润(净亏损以"-"填列)		
五、其他综合收益的税后净额		
六、综合收益总额		
七、每股收益		
(一)基本每股收益(元)		
(二)稀释每股收益(元)		

利润表直观地反映了利润形成的三个层次:营业利润、利润总额(税前利润)和净利润。营业利润的形成具体反映了企业主要利润的形成情况,是企业主要的经营所得;营业利润加上营业外收支净额就是利润总额,是计算所得税的依据;利润总额扣除所得税的净额是净利润,归所有者(股东)所有。

3. 现金流量表

现金流量表是以现金及现金等价物为基础编制的财务状况变动表,是企业对外报送的重要财务报表之一。它为财务报表使用者提供企业一定会计期间现金和现金等价物流入和流出的信息,以便报表使用者了解和评价企业获取现金内和现金等价物的能力,并据以预测企业未来现金流量,如表8-7所示。

表8-7 现金流量表

编制单位:　　　　　　　年　月　日　　　　　　　单位:

项目	本期金额	上期金额
一、经营活动产生的现金流量:		
销售商品、提供劳务收到现金		
收到的税费返还		
收到其他与经营活动有关的现金		
经营活动现金流入小计:		
购买商品、接受劳务支付的现金		
支付给职工以及为职工支付的现金		
支付的各项税费		
支付其他与经营活动有关的现金		
经营活动现金流出小计:		

续表

项　目	本期金额	上期金额
经营活动产生的现金流量净额：		
二、投资活动产生的现金流量		
收回投资收到的现金		
取得投资收益收到的现金		
处置固定资产、无形资产和其他长期资产收回的现金净额		
处置子公司及其他营业单位收到的现金净额		
收到其他与投资活动有关的现金		
投资活动现金流入小计：		
购建固定资产、无形资产和其他长期资产的现金		
投资支付的现金		
取得子公司及其他营业单位支付的现金净额		
支付其他与投资活动有关的现金		
投资活动现金流出小计：		
投资活动产生的现金流量净额：		
三、筹资活动产生的现金流量		
吸收投资收到的现金		
取得借款收到的现金		
收到其他与筹资活动有关的现金		
筹资活动现金流入小计：		
偿还债务支付的现金		
分配股利、利润或偿付利息支付的现金		
支付其他与筹资活动有关的现金		
筹资活动现金流出小计：		
筹资活动产生的现金流量净额：		
四、汇率变动对现金及现金等价物的影响		
五、现金及现金等价物净增加额		
加：期初现金及现金等价物余额		
六、期末现金及现金等价物余额		

　　现金流量表反映企业在一定会计期间内的现金流量状况，将企业的现金流量划分为经营活动产生的现金流量、投资活动产生的现金流量和筹资活动产生的现金流量，按照收付实现制原则编制而成，将权责发生制下的利率信息调整为收付实现制下的现金

流量信息。

二、财务能力分析

企业财务能力主要包括：偿债能力、营运能力、赢利能力和发展能力。因此，财务能力分析要从这四种能力分析着手，从而获取企业经营状况方面的信息。

（一）偿债能力分析

债务一般按到期时间不同可分为短期债务和长期债务两种，因此偿债能力分析也分为短期偿债能力分析和长期偿债能力分析两个部分。

1. 短期偿债能力分析

短期偿债能力是指企业偿还流动负债的能力。流动负债是在一年内或超过一年的一个营业周期内需要偿还的债务。流动负债对企业的财务风险影响很大，如果不能及时偿还，就可能使企业陷入财务困境，面临破产的危险。在资产负债表中，流动负债与流动资产形成一种对应关系，流动资产成为偿还流动负债的一个保障。因此，可以通过分析流动负债与流动资产之间的关系来判断企业的短期偿债能力，通常评价短期偿债能力的财务比率主要有流动比率、速动比率、现金比率和现金流量比率等。

流动比率是企业流动资产与流动负债的比率。其计算公式为：

流动比率＝（流动资产/流动负债）×100%

速动比率是企业的速动资产与流动负债的比率。其计算公式为：

速动比率＝（速动资产/流动负债）＝[（流动资产－存货）/流动负债]×100%

现金比率是企业的现金类资产与流动负债的比率。其计算公式为：

现金比率＝[（现金＋现金等价物）/流动负债]×100%

现金流量比率是企业经营活动产生的现金流量净额与流动负债的比率。其计算公式为：

现金流量比率＝（经营活动产生的现金流量净额/流动负债）×100%

根据西方的经验，一般认为流动比率在2左右、速动比率为1时比较合适。现金比率可以反映企业的偿债能力，现金比率高，说明企业有较好的支付能力。但是，现金比率过高，可能意味着企业拥有过多的赢利能力较低的现金类资产，企业的资产未能得到有效运用。现金流量比率越高，说明企业的财务弹性越好；不同行业由于其经营性质的不同，经营活动产生的现金净流量的差别较大，因此行业性质不同的企业其现金流量比率的变化较大。

2. 长期偿债能力分析

长期偿债能力是指企业偿还长期负债的能力。企业的债权人和所有者不仅关心企业短期偿债能力，还关心企业长期偿债能力。因此，长期偿债能力的分析非常重要。反映企业长期偿债能力的财务比率主要有：资产负债率、所有者权益比率、权益乘数、偿债保障比率和利息保障倍数等。

资产负债率,是企业负债总额与资产总额的比率,它反映在总资产中有多大比例是通过举债来得到的。其计算公式为:

资产负债率＝(负债总额/资产总额)×100％

所有者权益比率是所有者权益总额与资产总额的比率,它反映资产总额中有多大比例是所有者投入的。其计算公式为:

所有者权益比率＝(所有者权益总额/资产总额)×100％

权益乘数是所有者权益比率的倒数,即资产总额是所有者权益总额的多少倍。权益乘数反映了企业财务杠杆的大小。权益乘数越大,说明所有者投入的资本在资产中所占的比重越小,财务杠杆越大。

偿债保障比率也称"债务偿还期",是负债总额与经营活动产生的现金流量净额的比率。其计算公式为:

偿债保障比率＝(负债总额/经营活动产生的现金流量净额)×100％

利息保障倍数是息税前利润与利息费用的比值,反映企业经营所得支付债务利息的能力。其计算公式为:

利息保障倍数＝(息税前利润/利息费用)×100％＝[(税前利润＋利息费用)/利息费用]×100％

(二)营运能力分析

营运能力反映了企业对资产的利用和管理能力。资产是企业生产经营活动的经济资源,对资产的利用和管理能力直接影响企业的收益,体现了企业的经营能力。评价营运能力常用的财务比率有应收账款周转率、存货周转率、流动资产周转率、固定资产周转率和总资产周转率等。

应收账款周转率表明一定时期内应收账款周转的次数,反映应收账款的周转情况。其计算公式为:

应收账款周转率＝(赊销收入净额/应收账款平均余额)×100％

存货周转率表明一定时期内企业存货周转的次数,反映企业存货的变现速度,衡量企业的销售能力及存货是否过量。其计算公式为:

存货周转率＝(销售成本/存货平均余额)×100％

流动资产周转率表明在一定时期内企业流动资产周转的次数,反映流动资产的周转速度,用于分析企业对全部流动资产的利用效率。其计算公式为:

流动资产周转率＝(销售收入/流动资产平均余额)×100％

固定资产周转率表明一定时期内固定资产周转的次数,反映固定资产的周转速度,用于分析企业对厂房、设备等固定资产的利用效率。其计算公式为:

固定资产周转率＝(销售收入/固定资产平均净值)×100％

总资产周转率表明一定时期内全部资产周转次数,反映全部资产的周转速度,用于分析企业全部资产的利用效率。其计算公式为:

总资产周转率＝(销售收入/资产平均余额)×100%

(三)赢利能力分析

赢利能力是企业获取利润的能力,是评价企业经营管理水平的重要依据。赢利能力分析是企业财务分析的重要组成部分,评价赢利能力的财务比率主要有资产净利率、净资产收益率、销售净利率等。对于股份有限公司,还应分析每股收益、每股现金流量、每股股利、股利支付率、市盈率等。

资产净利率(Return on Assets,简称 ROA)通常用于评价企业对股权投资的回报能力。其计算公式为:

资产净利率＝(净利润/资产平均总额)×100%

净资产收益率(Return on Equity,简称 ROE)是评价企业赢利能力的重要比率,反映了企业所有者获取投资报酬的高低。其计算公式为:

净资产收益率＝(净利润/净资产平均总额)×100%＝资产净利率×平均权益乘数

销售净利率说明企业净利润占营业收入的比例,用来评价企业通过销售赚取利润的能力。其计算公式为:

销售净利率＝(净利润/营业收入净额)×100%

对于股份有限公司而言,赢利能力分析的比率除了以上的财务比率外,还要计算每股收益、每股现金流量、每股股利、股利支付率和市盈率等。

每股收益,又称每股利润或每股盈余,是股份有限公司发行在外的普通股每股所获得的收益,是股份有限公司税后利润分析的重要指标。其计算公式为:

每股收益＝(净利润－优先股股利)/发行在外的普通股平均股数

每股收益的高低虽然与股利分配有密切关系,但它不是决定股利分配的唯一因素。如果某公司的每股收益很高,但是缺乏现金,那么该公司也无法分配现金股利。因此,还有必要分析公司的每股现金流量。

每股现金流量是公司普通股每股取得的经营活动的现金流量,其计算公式为:

每股现金流量＝(经营活动产生的现金流量净额－优先股股利)/发行在外的普通股平均股数

注重股利分配的投资者认为,公司赢利能力的好坏会直接表现为现金股利分配的多少。因此每股股利和股利支付率是投资者比较关注的指标。

每股股利反映了普通股每股分得的现金股利的多少。其计算公式为:

每股股利＝(现金股利总额－优先股股利)/普通股总股数

股利支付率,也称股利发放率,表明股份有限公司的净利润中有多少用于现金股利的分配。其计算公式为:

股利支付率＝（每股股利/每股利润）×100％

每股股利和股利支付率的高低不仅取决于公司赢利能力的强弱，还取决于公司的股利政策和现金是否充裕。

（四）发展能力分析

发展能力也称"成长能力"，是指企业在从事经营活动过程中表现出的增长能力，如规模的扩大、赢利的持续增长、市场竞争力的增强等。反映企业发展能力的主要财务比率有销售增长率、资产增长率、净资产增长率和利润增长率等。

销售增长率反映企业营业收入（或销售收入）的变化情况，是评价企业成长性和市场竞争力的重要指标。其计算公式为：

销售增长率＝（本年营业收入增长/上年营业收入总额）×100％

资产增长率反映企业本年度资产规模的增长情况，是从企业资产规模扩张方面来衡量企业发展能力的。其计算公式为：

资产增长率＝（本年总资产增长额/年初资产总额）×100％

净资产增长率，也称股权资本增长率或资本积累率，反映企业当年净资产或所有者权益的变化水平，体现了企业资本的积累能力，是评价企业发展潜力的重要指标。其计算公式为：

净资产增长率＝（本年净资产增长额/年初净资产总额）×100％

利润增长率反映企业赢利能力的变化，利润增长率越高，说明企业的成长性越好，发展能力越强。其计算公式为：

利润增长率＝（本年利润总额增长/上年利润总额）×100％

上述财务比率分别从不同的角度分析了企业的发展能力，但是，在实际分析企业发展能力时，要计算连续若干期的财务比率，这样才能正确评价企业发展能力的持续性。

三、财务趋势分析和综合分析

（一）财务趋势分析

财务趋势分析是指通过比较企业连续几期的财务报表或财务比率，分析企业财务状况变化的趋势，并以此预测企业未来的财务状况和发展前景。财务趋势分析的主要方法有比较财务报表、比较百分比财务报表、比较财务比率和图解法。

1. 比较财务报表

比较财务报表是比较企业连续几期财务报表的数据，分析财务报表中各个项目增减变化的幅度及其原因，以此判断财务状况的发展趋势。采用比较财务报表分析方法时，选择的财务报表期数越多，分析结果的可靠性越高。但是，在比较财务报表时，必须考虑各期数据的可比性。

2. 比较百分比财务报表

比较百分比财务报表是在比较财务报表的基础上发展而来的,即将财务报表中的各项数据用百分比来表示。比较财务报表是比较各期报表中的数据,而比较百分比财务报表则是比较各项目百分比的变化,以此来判断企业财务状况的发展趋势。这种方法相比比较财务报表法更直观。比较百分比财务报表既可用于同一企业不同时期财务状况的纵向比较,又可用于不同企业之间或与同行企业平均数之间的横向比较。

3. 比较财务比率

比较财务比率是将企业连续几期的财务比率进行对比,分析企业财务状况的发展趋势。这种方法是比率分析法和比较分析法的结合。该方法比上述两种方法更加直观地反映了企业各方面财务状况的变动趋势。

4. 图解法

图解法是将企业连续几期的财务数据或财务比率绘制成图,并根据图形走势来判断企业财务状况的变动趋势。这种方法更加简单和直观,使分析者能够发现一些通过比较法不易发现的问题。

(二)财务综合分析

单独分析任何一类财务指标,都不足以全面评价企业的财务状况和经营成果,只有对各种财务指标进行综合分析,才能对企业的财务状况作出全面、合理的评价。因此,必须对企业进行财务综合分析。现实中,杜邦分析法是比较常见的财务综合分析方法。

杜邦分析法,又称"杜邦分析体系",是利用各主要财务比率之间的内在联系,对公司财务状况和经营成果进行综合评价的系统方法。该体系是以净资产收益率为核心,以资产净利率和权益乘数为分解,重点揭示公司赢利能力和杠杆水平对净资产收益率的影响,以及各相关指标间的相互作用关系,再层层分解,从而综合地分析企业财务状况的全貌。杜邦分析法的基本框架可用图8-4表示。

通过杜邦分析法可以看出,企业的赢利能力涉及生产经营活动的方方面面。净资产收益率与企业的资本结构、销售规模、成本水平、资产管理等因素密切相关,这些因素构成一个完整的系统,并且相互作用,使得净资产收益率得到提高,从而实现了企业股东财富最大化的目标。

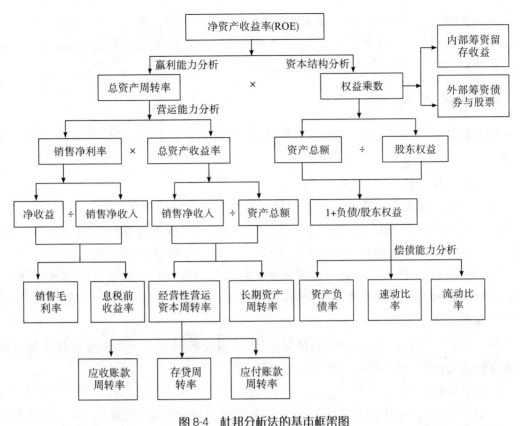

图 8-4 杜邦分析法的基本框架图

四、财务预测

财务预测是指根据财务活动的历史资料,考虑现实的要求和条件,对企业未来的财务活动和财务成果作出科学的预计和测算。财务预测有狭义和广义之分。狭义的财务预测仅指筹资预测,广义的财务预测包括筹资预测、投资预测、利润预测和现金流量预测等。

(一)财务预测的意义

财务预测是制定筹资计划的前提。公司对外提供产品和服务必须有一定的资产,销售增加时要相应增加资产。为取得增加销售所需增加的资产,公司需要筹措资本,一部分来自留存收益,另一部分来自外部筹资,而外部筹资往往需要较长时间。因此,公司需要预先通过财务预测知道自己的财务需求,提前制定筹资计划,否则可能产生资本周转问题。

财务预测有助于改善投资决策。根据销售前景估计的筹资需求不一定总能满足,因此,就需要根据可能筹措到的资金来安排销售增长以及有关的投资项目,使投资决策建立在可行的基础上。

财务预测有助于应变。财务预测给人们展示了未来的各种可能性,促使人们制定出相应的应急计划。财务预测可以提高公司对不确定事件的反应能力,从而减少不利事件带来的损失,增加利用有利机会带来的收益。

(二)财务预测的方法

财务预测的方法主要有:销售百分比法、因素分析法、回归分析法及运用电子系统预测法。

1. 销售百分比法

销售百分比法是根据资产负债表和利润表中有关项目与营业收入之间的依存关系预测资金需要量的一种方法。假设相关资产、负债与营业收入存在稳定的百分比关系,然后根据预计营业收入和相应的百分比预计相关资产、负债,最后确定筹资需求。

应用销售百分比法时,首先根据财务报表数据确定资产和负债项目的销售百分比,然后预计各项经营资产和经营负债,接着预计可动用的金融资产和增加的留存收益,最后预计需要的外部筹资额。

该方法是一种比较简单、粗略的预测方法,其假设各项经营资产和经营负债与营业收入保持稳定的百分比,而这可能与事实不符。

2. 因素分析法

因素分析法又"称分析调整法",是以有关资本项目上年度的实际平均需要量为基础,根据预测年度的经营业务和加速资本周转的要求,进行分析调整,来预测资本需要量的一种方法。

应用因素分析法时,首先应在上年度资本平均占用额的基础上,剔除其中毁损积压等不合理占用部分,然后根据预测期的经营业务和加速资本周转的要求进行测算。因素分析法的基本模型是:

资本需要额=(上年度资本实际平均占用额-不合理平均占用额)×(1+预测年度销售增减百分比)×(1+预测期资本周转速度变动率)

其中,预测年度销售减少百分比用"一"表示;预测期资本周转速度加快用"一"表示。

因素分析法使用起来比较简单,预测结果不太精确。该方法只是对企业资本需要的一种匡算,在进行筹资预算时,还需要采用其他预测方法作出具体的预测;而且该方法只限于对企业经营业务资本需要量的预测,当企业存在新的投资项目时,应根据新投资项目的具体情况单独预测其资本需要量。

3. 回归分析法

回归分析法是基于资本需要量与经营业务量(如销售量、销售收入)之间存在线性关系的假设建立数学模型,然后根据历史有关资料,用回归直线方程确定参数,预测资本需要量的方法。其预测模型为:$Y=a+bX$。

其中:Y 表示资本需要总额;a 表示不变资本总额;b 表示单位业务量所需要的可变

资本额；X 表示经营业务量。

回归分析法是一种较为复杂的方法，预测较为准确。但是，在实际应用时，前提是资本需要量与经营业务量之间的线性关系符合历史情况，并将继续保持下去；在确定 a、b 参数时，应利用连续若干年的历史资料，确保参数的可靠；还应当考虑价格等因素的变动情况，相应调整有关预测参数，以取得比较准确的预测结果。

4. 运用电子系统预测法

现实中，当业务量增大、影响筹资需求的变量逐渐增多时，上述方法逐渐难以胜任这些复杂情况，更多的企业选择运用电子系统来预测资本需要量。

最简单的计算机财务预测，是使用"电子表软件"，如"Excel"。当预测期间是几年或者分月预测时，计算机比手工要快很多；如果改变一个输入参数，软件能自动重新计算所有预测数据。

比较复杂的预测是使用交互式财务规划模型，它比电子表软件功能更强大，能通过"人机对话"进行"反向操作"，不但可以根据既定的销售水平预测筹资需求，还可以根据既定资金限额来预测可取得的销售收入。

最复杂的预测是使用综合数据库财务计划系统。该系统建有企业的历史资料库和模型库，根据大数据来选择适用的模型并预测各项财务数据。它通常是一个联机实时系统，随时更新数据；可以使用概率技术分析预测的可靠性。它还是一个综合的规划系统，用于资金、需求、价格及各项资源的预测和规划。该系统通常也是规划和预测结合的系统，能快速生成预计的财务报表，从而支持财务决策。

财务分析和财务预测是财务决策的条件，财务决策的目的在于确定合理可行的财务方案。在现实中，财务方案主要有投资方案和筹资方案两种。因此，财务决策主要包括筹资决策和投资决策。

第三节 筹资管理

一、筹资渠道和筹资方式

任何企业在创立和发展的过程中都需要筹资。企业筹资是指企业作为筹资主体，根据经营活动、投资活动和资本结构调整等需要，通过一定的金融市场和筹资渠道，采用一定的筹资方式，经济有效地筹措和集中资本的活动。筹资是企业一项重要的财务活动，其相关业务是企业的基本经济业务。

企业筹资可以分为短期筹资和长期筹资两种。长期筹资是指企业通过长期筹资渠道和资本市场，运用长期筹资方式，经济有效地筹资和集中长期资本的活动。长期筹资是企业筹资的主要内容，企业要长期生存与发展，就需要扩大生产经营规模、研制开发新产品、对外开展投资活动、获取投资收益等,这些都需要持有一定规模的长期资本。短期筹资的主要目的是满足企业经营周转的需求,属于营运资本管理的内容。

(一)长期筹资渠道

企业的长期筹资需要通过一定的筹资渠道和资本市场。筹资渠道是指企业筹集资本来源的方向与通道,体现资本的源泉与流量。筹资渠道主要由资本提供者的数量和分布来决定。

企业的长期筹资渠道可以归纳为以下几种:

(1)政府财政资本。政府财政资本是由政府提供的资金,是国有企业筹资的主要来源,政策性强,通常只有国有独资企业或国有控股企业才能利用。

(2)银行信贷资本。银行信贷资本是银行提供的资金,包括商业银行信贷资本和政策性银行信贷资本。银行信贷资本拥有居民储蓄、单位存款等经常性的资本来源,贷款方式灵活多样,适应各类企业长期债务资本筹资的需要。

(3)非银行金融机构资本。非银行金融机构是除银行以外的各种金融机构及金融中介机构,包括租赁公司、保险公司、企业集团的财务公司以及证券公司等。这种机构的财力虽然比银行小,但是方式灵活,具有广阔的发展前景。

(4)其他法人资本。其他法人资本是指公司以外的其他法人提供的资本。在我国,法人包括企业法人、事业单位法人和团体法人等。它们在日常资本运营中,有时能形成部分暂时闲置资本,为企业提供一定的资金来源。

(5)社会公众资本。我国企业和事业单位的职工和广大城乡居民提供的资本,可以对一些企业进行投资,为企业筹资提供来源。

(6)企业内部资本。企业内部资本是企业通过提取盈余公积和未分配利润形成的留存收益,是企业内部形成的资金来源,有赢利的企业都可以利用。

(7)国外和我国港澳台地区资本。在如今的市场环境下,国外以及我国港澳台地区的投资者持有的资本,亦可以吸收,从而形成外商投资企业的筹资渠道。

(二)长期筹资方式

筹资方式是指筹集长期资本时选用的具体筹资形式,一般从金融工具的角度来区分。资金根据其属性不同可分为债务性资本金和股权性资本金两类。因此,长期筹资方式可以分为债务性筹资方式和股权性筹资方式。

1.债务性筹资方式

(1)长期借款。长期借款是指企业向银行等金融机构借入的使用期限超过一年的款项,主要用于构建固定资产和满足长期流动资金占用的需要。长期借款筹资速度快,弹性较好,但是财务风险较大,银行要求的限制条款较多。

(2)发行债券。发行债券是指发行人在满足发行债券的资格与条件的情况下,按照法定程序,发行期限超过一年的公司债券,约定在一定期限内还本付息。根据我国《公司法》和《证券法》,债券可以折价、平价和溢价发行。发行债券可以为企业筹集到比较大额的资金,而且期限可以比较长,具有长期性和稳定性的特点。但是,发行债券相对于长期借款而言,筹资成本较高;需要披露大量信息,信息披露成本较高;限制条件很多,筹资数额会受影响;发行要求比较高,不是所有企业都可以通过这种方式筹资。

企业除了可以发行常见的普通债券外,还可以通过发行特殊债券来筹集资本,例如:永续债券、可转换债券。永续债券,又称无期债券,是不规定到期期限、只需付息而不需还本的债券。永续债券被视为"债券中的股票",是一种兼具债务性和股权性筹资的方式。可转换债券,是指由公司发行并规定债券持有人在一定期限内按约定的条件可将其转换为发行公司普通股的债券。根据国家有关规定,上市公司和重点国有企业在满足发行债券一般条件的基础上,满足发行可转换债券的条件后,可以发行可转换债券。可转换债券在持有人转换之前是债务性资本,转换后的资金是股权性资本。

(3)融资租赁。融资租赁是出租人根据承租人对出卖人、租赁物的选择,向出卖人购买租赁物,提供给承租人使用,承租人支付租赁费的行为。一般而言,在租赁期内,租金负担了租赁物的价值、出租方支付的利息以及出租方要求的手续费等全部费用,而且租赁物的维修和保养归承租人负责。典型的融资租赁是长期的、不可撤销的、完全补偿的净租赁。一般包括直接租赁、杠杆租赁和售后回租三种形式。融资租赁可以为企业直接获得先进的生产设备,能够快速地形成先进的生产能力。但是,融资租赁筹资成本较高,特别是在承租人不能留购租赁物的情况下。

2. 股权性筹资方式

(1)投入资本筹资。投入资本筹资是非股份有限公司以协议形式吸收国家、其他企业、个人和外商等直接投入的资本或非现金类资产,形成企业投入资本的一种长期筹资方式。投入资本筹资不以股票为媒介,是非股份有限公司筹集股权资本的基本方式。

(2)发行普通股筹资。发行普通股筹资是股份有限公司通过发行普通股股票来吸收国家、其他企业、个人和外商等资本,形成企业投入资本的一种长期筹资方式。发行普通股筹资以普通股股票为媒介,适用于股份有限公司,是股份有限公司筹集股权资本的基本方式。发行普通股筹资没有固定的股利负担,股本无须偿还,是公司的永久性资本,筹资风险小;发行普通股筹资能够提升公司的信誉。但是,普通股股东要求的股利高和发行费用高导致资本成本很高;发行新股有可能稀释老股东的权益,导致股价下跌;新股的发行有可能导致公司控制权分散;等等。

严格来讲,以上两种方式是一种筹资方式在不同公司的应用。相对于投入资本筹资而言,发行普通股筹资以股票为媒介,产权清晰。而投入资本筹资除了可以筹集资本以外,还可以筹集到非现金类资产。

股份有限公司除了发行普通股筹资以外,还可以通过发行优先股、发行认股权证等方式来筹集股权资本。

(3)发行优先股筹资。优先股股东优先于普通股股东分配股利和分配公司剩余财产,股份有限公司通过发行优先股获取优先股股东的资金。发行优先股筹资能够保持普通股股东对公司的控制权,股利既有固定性又有一定的灵活性,优先股没有固定到期日、不用偿付本金,因而筹资风险较小;优先股股本属于股权资本,发行优先股能够增强公司的股权资本基础,提高公司举债能力。优先股资本成本虽低于普通股,但一般高于债券,有可能对企业形成较重的财务负担。另外,优先股筹资的制约因素较多,因此目前我国普通公司发行优先股的较少。

(4)发行认股权证。发行认股权证是上市公司的一种特殊筹资手段,其主要功能是辅助公司的股权性筹资,并可直接筹措现金。认股权证是由股份有限公司发行的可认购其股票的一种买入期权。它赋予持有者在一定期限内以事先约定的价格购买发行公司一定股份的权利,可以单独发行,也可以依附于债券、优先股、普通股股票等发行。

总之,无论是公司创立时的初始筹资还是发展过程中的追加筹资,企业决策者都要充分考虑当时的市场环境及企业自身的情况,分析各种筹资方式的优劣,按照一定的价值标准来选择筹资方式,从而形成最佳的资本结构。

二、资本成本

(一)资本成本的概念和资本成本率的种类

1.资本成本的概念

资本成本是企业筹集资本和使用资本而承担的代价,包括用资费用和筹资费用。

用资费用是指占用资金支付的费用,如向债权人支付的利息和向股东支付的股利等。这些费用是经常发生的,并随使用资本数量的多少和时期的长短而变动,属于变动性资本成本。

筹资费用是资金筹集过程中支付的各项费用,如发行股票、债券支付的印刷费、发行费、律师费、资信评估费、公证费、担保费、广告费等。它通常在筹资时一次性发生,在获得资本后的用资过程中不再支付,因而属于固定性资本成本,可视为对筹资额的一项扣除。

资本成本既包括资金的时间价值,又包括投资的风险价值。因此,在有风险的条件下,资本成本也是投资者要求的必要报酬率。

资本成本对于企业筹资管理、投资管理,乃至整个财务管理都有重要的作用。资本成本是选择筹资方式、进行资本结构决策和选择追加筹资方案的依据;资本成本是评价投资项目、比较投资方案和进行投资决策的重要标准;资本成本还可用作衡量企业经营成果的尺度。

2.资本成本率的种类

在实务中,资本成本一般运用其相对数来表示,即资本成本率。资本成本率是企业

用资费用和实际筹资额之间的比率,通常用百分比来表示。资本成本率包括以下三种:

(1)个别资本成本率。个别资本成本率是企业各种长期资本的成本率,例如长期借款资本成本率、债券资本成本率、普通股资本成本率。企业在比较各种筹资方式时,需要使用个别资本成本率。

(2)综合资本成本率。综合资本成本率是企业全部长期资本的成本率,是企业在某个时期的平均资本成本率。企业在进行资本结构决策时,可以利用综合资本成本率。

(3)边际资本成本率。边际资本成本率是企业追加长期资本的成本率,是企业新增加的这部分资金的成本率。

(二)个别资本成本率的测算

一般而言,个别资本成本率是企业用资费用与实际筹资额的比率。
债务性资本的个别资本成本率基本测算公式为:

$$K=\frac{D(1-T)}{P(1-F)}\times 100\%$$

式中:K 表示资本成本率;D 表示年用资费用;T 表示所得税税率;P 表示筹资额;F 表示筹资费用率。

1. 长期借款资本成本率

长期借款成本包括借款利息和筹资费用,其资本成本率可按下列公式计算:

$$K_L=\frac{I_L(1-T)}{L(1-F_L)}\times 100\%$$

式中:K_L 表示长期借款资本成本率;I_L 表示长期借款年利息;T 表示企业所得税率;L 表示长期借款本金;F_L 表示长期借款筹资费用率。

2. 长期债券资本成本率

发行债券的成本主要指债券利息和筹资费用。长期债券资本成本率的计算公式为:

$$K_B=\frac{I_B(1-T)}{B(1-F)_B}\times 100\%$$

式中:K_B 表示长期债券资本成本率;I_B 表示长期债券年利息;T 表示企业所得税率;B 表示长期债券发行价格;F_B 表示长期债券筹资费用率。

长期借款和发行债券属于典型的债务性筹资方式,其资本成本率的计算可以按照以上基本公式。但是使用以上公式时要注意三点:一是没有考虑时间价值;二是只适用于到期还本、分期计息的方式;三是利息计算按照有效利率得到。如果债券每年计息多次,则计算公式为:

$$K_B=\frac{B*\left[\left(1+\frac{i}{m}\right)^m-1\right](1-T)}{B(1-F_B)}$$

式中:K_B 表示长期债券资本成本率;B 表示长期债券发行价格;i 表示银行约定的名

义利率;m 表示一年计息的次数;T 表示企业所得税率;F_B 表示长期债券筹资费用率。

按照资本成本率是投资的必要报酬率的思路,可知:股权资本的资本成本率是所有者投资的必要报酬率。其计算方法常见的有股利折现模型,基本表达式为:

$$筹资净额 = 未来所付出的现金流的现值之和$$

3. 普通股资本成本率

普通股资本成本包括普通股股东的股利和发行普通股的发行费用等。按照基本表达式,其计算公式为:

$$P_S(1-F_S) = \sum_{t=1}^{\infty} \frac{D_t}{(1+K_S)^t}$$

式中:K_S 表示普通股成本率;P_S 表示普通股发行价格;D_t 表示普通股第 t 年的股利;F_S 表示普通股筹资费用率。

如果公司实行固定股利政策,即每年分配现金股利 DS 元,则资本成本率可按下式测算:

$$K_S = \frac{D_S}{P_S(1-F_S)} \times 100\%$$

普通股资本成本率的测算还可以采用资本资产定价模型公式:

$$K_i = R_F + \beta_i \times (K_m - R_F)$$

4. 优先股资本成本率

优先股股利通常是固定的,公司发行优先股筹资需支付发行费用。因此,优先股成本可按下列公式计算:

$$K_P = \frac{D_P}{P_P(1-F_P)} \times 100\%$$

式中:K_P 表示优先股成本率;P_P 表示优先股发行价格;D_P 表示优先股固定股利;F_P 表示优先股筹资费用率。

5. 留存收益资本成本率

留存收益资本成本率的确定方法与普通股成本基本相同,但不考虑筹资费用。

(三)综合资本成本率的测算

综合资本成本率是指企业全部长期资本的成本率,通常是以各种资本占全部资本的比重为权数,对个别资本成本率进行加权平均确定的,故又称加权平均资本成本率。其计算公式为:

$$K_W = \sum_{j=1}^{n} K_j W_j$$

式中:K_W 表示综合资本成本率;K_j 表示第 j 种资本的个别资本成本率;W_j 表示第 j 种个别资本占全部资本的比重(即权数),一般按照市场价值来确定。

[例 8-5] 某公司现有长期资本 1,000 万元,其中,长期借款 200 万元,个别资本成

本率为6％;发行债券300万元,个别资本成本率为9％;发行普通股500万元,个别资本成本率为15％。其综合资本成本率为：

$$K_w = 6\% \times \frac{200}{1,000} + 9\% \times \frac{300}{1,000} + 15\% \times \frac{500}{1,000} = 11.4\%$$

（四）边际资本成本率的测算

边际资本成本率是指企业追加筹资的资本成本率,即企业新增1元资本所需负担的成本。企业追加筹资有时可能只采取一种筹资方式;在筹资数额较大,或在目标资本结构既定的情况下,往往需要通过多种筹资方式的组合来实现筹资目标。这时,资本成本率应该按加权平均法测算,而且资本比例必须以市场价值来确定。

续上例：企业现准备追加筹资600万元,采取组合筹资方式,长期借款300万元,个别资本成本率为7％;发行普通股300万元,个别资本成本率为16％。其边际资本成本率为：

$$K_{边际} = 7\% \times \frac{300}{600} + 16\% \times \frac{300}{600} = 11.5\%$$

本例中,企业本次追加筹资后,长期资本总额达到1600万,各种长期资本的个别资本成本率有可能发生改变,资本比例也可能发生改变,所以筹资后的综合资本成本率也随之改变。

三、资本结构

资本结构是指企业各种长期资本的构成和比例关系,是企业筹资决策的核心问题。短期资金的来源与使用是企业日常经营过程中经常发生的,属于营运资本管理的内容。

企业的长期资本,由债务性资本和股权性资本构成。债务性资本相对而言成本较低,但是财务风险高;债务性资本会引发财务杠杆效应。股权性资本没有到期日,资金安全性高,但是资本成本较高。因此,追求最佳的资本结构是筹资决策的目标所在。

（一）杠杆利益与风险

杠杆利益与风险是企业资本结构决策的基本因素之一。企业的资本结构决策应当在杠杆利益与风险之间进行权衡。

1. 经营杠杆利益与风险

经营杠杆是指企业经营成本中固定成本的存在导致息税前利润变动率大于销售收入(或营业收入)变动率的现象。企业的经营成本按其与销售收入(或营业收入)的依存关系可分为变动成本和固定成本两部分。其中,变动成本是指随着销售收入(或营业收入)的变动而变动的成本;固定成本是指在一定规模内,不随销售收入(或营业收入)的变动而变动的成本。

运用经营杠杆,企业可以获得一定的经营杠杆利益,即销售收入(或营业收入)增加导致息税前利润更大幅度的增加;同时也要承受其相应的经营风险,即销售收入(或营业收入)降低导致息税前利润降低幅度可能更大。经营杠杆利益与风险的大小可以用经营杠杆系数来衡量。

经营杠杆系数(Degree of Operating Leverage,简称DOL)是指企业息税前变动率相当于销售收入(或营业收入)变动率的倍数,反映了经营杠杆的利用程度。其计算公式如下:

$$DOL=\frac{\Delta EBIT/EBIT}{\Delta S/S}$$

式中:$EBIT$表示息税前利润(或称息税前收益);S表示销售净额,即销售收入(或营业收入)扣除销售折让与退回;Δ表示增量。

为了便于计算,上式可以表示成如下形式:

$$DOL=\frac{S-C}{S-C-F}$$

式中:C表示变动成本;F表示固定成本。

2. 财务杠杆利益与风险

财务杠杆是指企业债务资本的成本固定导致股东利益的变动率大于息税前利润变动率的现象。由于债务资本的利息一般是固定的,所以息税前利润变动一定的幅度,会导致普通股股东利益的更大幅度的变动。当息税前利润增加时,股东获得额外的利益;当息税前利润下降时,股东可能面临收益下降得更快的风险。

财务杠杆利益是指企业利用债务筹资这个财务杠杆给股东带来的额外收益。财务风险亦称"筹资风险",是指企业经营活动中与筹资有关的风险,尤其是指在筹资活动中利用财务杠杆可能导致企业股东收益下降的风险,甚至可能导致企业破产的风险。财务杠杆的利益与风险通常可以采用财务杠杆系数来衡量。

财务杠杆系数(Degree of Financial Leverage,简称DFL)是指股东利益的变动率相当于息税前利润变动率的倍数,它反映了财务杠杆的作用程度。对我国一般股份有限公司而言,股东指的是普通股股东,普通股股东的利益用每股收益指标来反映,财务杠杆系数可表述为每股收益变动率相当于息税前利润变动率的倍数。财务杠杆系数的计算公式如下:

$$DFL=\frac{\Delta EPS/EPS}{\Delta EBIT/EBIT}$$

或

$$DFL=\frac{\Delta EAT/EAT}{\Delta EBIT/EBIT}$$

式中:EPS表示每股收益;EAT表示净利润;Δ表示增量。

为了便于计算,上式可以表示成如下形式:

$$DFL=\frac{EBIT}{EBIT-I}$$

式中:I表示企业债务资本的利息费用。

3.联合杠杆利益与风险

从前面的分析中我们知道,经营杠杆是通过销售收入(或营业收入)的变化引起息税前利润的更大幅度的变动,而财务杠杆是通过息税前利润的变化引起每股收益的更大幅度的变化。联合杠杆亦称"总杠杆",是指经营杠杆和财务杠杆的综合。一个企业同时利用经营杠杆和财务杠杆,这种影响作用会更大。当销售收入(或营业收入)增加时,股东获得额外收益;当销售收入(或营业收入)下降时,股东面临风险。联合杠杆的利益与风险可以用联合杠杆系数来衡量。

联合杠杆系数(Degree of Combining Leverage,简称DCL)就是反映经营杠杆和财务杠杆的综合程度,它等于经营杠杆与财务杠杆的乘积,表示销售收入(或营业收入)的变动对每股收益的影响程度,其计算公式如下:

$$DCL = \frac{\Delta EPS/EPS}{\Delta S/S}$$

或

$$DCL = DOL \times DFL$$

联合杠杆的影响作用能超越经营杠杆或财务杠杆的单独影响作用,它不但使我们认识到销售收入(或营业收入)的变动对每股收益的影响,还使我们了解到经营杠杆和财务杠杆之间的相互关系。经营杠杆和财务杠杆可以有许多不同的结合方式,以达到符合企业理财目的要求的联合杠杆系数和总风险水平。企业的资本结构决策要综合地考虑经营杠杆和财务杠杆的作用,运用适当的杠杆系数,在风险和预期收益之间进行权衡,使企业的总风险降低到一个可接受的水平。

(二)最佳资本结构

1.资本结构决策方法

最佳资本结构是指企业在适度财务风险的条件下,预期的综合资本成本率最低,价值最大的资本结构。在资本结构决策中,确定最佳资本结构,可以运用资本成本比较法、每股收益分析法和公司价值比较法等。

(1)资本成本比较法追求的是筹资后企业综合资本成本率最低。因此,决策时比较每种方案下的综合资本成本率,以最低者为最优。该方法原理简单,但是没有考虑财务风险因素,一般适用于资本规模较小、资本结构比较简单的非股份有限公司。

(2)每股收益分析法追求的是每股收益最大。现实中,息税前利润往往难以精确预测。因此,每股收益分析法是利用每股收益无差别点来进行资本结构决策的方法。每股收益无差别点是指每两两筹资方案下普通股每股收益相等时的息税前利润。每股收益分析法主要步骤有两个:一是计算每股收益无差别点;二是根据无差别点构建分析示意图,以息税前利润为横轴,每股收益为纵轴,坐标轴中每个方案用一条直线表示,根据示意图作出决策。本方法一般适用于资本规模不大、资本结构不太复杂的股份有限公司。

2.公司价值比较法

资本成本比较法和每股收益分析法对财务风险考虑较少,其决策目标实际上是利润最大化或股东财富最大化。公司价值比较法追求企业价值(公司价值)最大化,理论上更为合理。

公司价值比较法是在充分反映公司财务风险的前提下,以公司价值的大小为标准,经过测算确定公司最佳资本结构的方法。

(1)公司价值的测算

公司的市场总价值 V 等于其长期债务和股票的现值之和。即:

$$V = B + S$$

式中:V 表示公司的总价值,即公司总的现值;B 表示公司长期债务的现值;S 表示公司股票的现值。

为简化起见,测算时可设长期债务(含长期借款和长期债券)的现值等于其面值;股票的现值按公司未来净利润的现值测算,其测算公式为:

$$S = \frac{(EBIT - I)(1 - T)}{K_s}$$

式中:S 表示公司股票的现值;$EBIT$ 表示息税前利润;I 表示债务年利息额;T 表示所得税税率;K_s 表示股票资本成本率。

(2)公司资本成本率的测算

在公司价值测算的基础上,如果公司的全部长期资本由长期债务和普通股组成,则公司的全部资本成本率即综合资本成本率,可按下列公式计算:

$$K_w = K_B \times \frac{B}{V} \times (1 - T) + K_s \times \frac{S}{V}$$

式中:K_w 表示公司综合资本成本率;K_B 表示公司长期债务税前资本成本率,可按公司长期债务年利率计算;K_s 表示普通股资本成本率;B/V 表示债务资本价值占全部资本价值的比重;S/V 表示股票资本价值占全部资本价值的比重。

在上述计算公式中,为了考虑财务风险因素,普通股资本成本采用资本资产定价模型计算,即:

$$K_s = R_F + \beta \times (K_m - R_F)$$

式中:K_s 表示普通股资本成本率;R_F 表示无风险报酬率;β 表示公司股票的贝他系数;K_m 表示股票市场的平均报酬率。

(3)公司最佳资本结构的确定

运用上述原理计算公司的总价值和综合资本成本率,并用公司价值最大化为标准比较确定公司的最佳资本结构。下面举例说明公司最佳资本结构的应用。

[例8-6] ABC公司现有长期资本10,000万元,其中债务资本1,000万元,普通股9,000万元。公司认为当前资本结构不合理,没有充分发挥财务杠杆作用,准备举借长期债务回购部分普通股予以调整。公司息税前利润为3,000万元,所得税税率为25%。

经测算,目前长期债务年利率和普通股资本成本率如表8-8所示。

表8-8 当前债务年利率和普通股资本成本率表

B(万元)	K_B	β	R_F	K_m	K_s
1,000	10%	1.20	6%	14%	
2,000	11%	1.25	6%	14%	
3,000	12%	1.30	6%	14%	
4,000	14%	1.40	6%	14%	
5,000	16%	1.60	6%	14%	

第一步：计算普通股资本成本率 K_s：$K_s = R_F + \beta \times (K_m - R_F)$

当 $B=1,000$ 万时，$K_s = 6\% + 1.20 \times (14\% - 6\%) = 15.60\%$

$B=2,000$ 万时，$K_s = 6\% + 1.25 \times (14\% - 6\%) = 16.00\%$

$B=3,000$ 万时，$K_s = 6\% + 1.30 \times (14\% - 6\%) = 16.40\%$

$B=4,000$ 万时，$K_s = 6\% + 1.40 \times (14\% - 6\%) = 17.20\%$

$B=5,000$ 万时，$K_s = 6\% + 1.60 \times (14\% - 6\%) = 18.80\%$

第二步：计算股票价值 S 和公司价值 V：

$$S = \frac{(EBIT - I)(1 - T)}{K_s}$$

$$V = B + S$$

当 $B=1,000$ 万时，$S = \dfrac{(3,000 - 1,000 \times 10\%)(1 - 25\%)}{15.60\%} = 13,942.31$ 万

$V = 1,000 + 13,942.31 = 14,942.31$ 万

同理：$B=2,000$ 万时，$S=13,031.25$ 万；$V=15,031.25$ 万

$B=3,000$ 万时，$S=12,073.17$ 万；$V=15,073.17$ 万

$B=4,000$ 万时，$S=10,639.53$ 万；$V=14,639.53$ 万

$B=5,000$ 万时，$S=8,776.60$ 万；$V=13,776.60$ 万

第三步：计算综合资本成本率 K_w

$$K_w = K_B \times \frac{B}{V} \times (1 - T) + K_s \times \frac{S}{V}$$

当 $B=1,000$ 万时，

$K_w = 10\% \times (1,000/14,942.31) \times (1 - 25\%) + 15.60\% \times (13,942.31/14,942.31)$
  $= 15.06\%$

同理：$B=2,000$ 万时，$K_w = 14.97\%$

$B=3,000$ 万时，$K_w = 14.93\%$

$B=4,000$ 万时，$K_w = 15.37\%$

$B=5,000$ 万时，$K_w = 16.33\%$

最后，根据 V 和 K_w 的计算结果，作出决策。

本例中,公司借债 2,000 万元回购普通股是最优方案。当该公司的债务资本为 3,000 万元时,公司价值达到最大、综合资本成本率最低,此时资本结构达到最佳状态。

公司价值比较法追求的目标是企业价值最大化,理论上是科学的,但是目前学者们对于公司价值的计算方式还存在争议。该方法适合于资本规模较大、资本结构复杂的上市公司。

第四节 投资管理

企业投资是指公司对现在所持有资金的运用,形成生产经营类资产或金融资产,或是取得这些资产的权利,其目的是在未来一定时期内获得与风险相匹配的收益。企业的发展离不开投资,投资是企业实现财务管理目标的前提,是公司生产发展的必要手段,是公司降低经营风险的重要方法。

投资能为企业带来收益,但投资是一项具体而复杂的系统工程,包括事前、事中和事后三个阶段。事前阶段也称投资决策阶段,主要包括投资项目的提出、评价与决策;事中阶段的主要工作是实施投资方案并对其进行监督与控制;事后阶段是指在投资项目结束后对投资效果进行审计与评价。

投资决策阶段是整个投资过程的开始阶段,此阶段决定了投资项目的性质、资金的流向和投资项目未来获取收益的能力,极其重要。投资决策不考虑风险情况下的程序主要包括投资现金流量的分析和运用评价方法作出决策;在现实中,投资决策要考虑风险,对项目的不确定性进行分析。

一、投资现金流量分析

长期投资决策中的现金流量是指与长期投资决策有关的现金流入和流出的数量,是评价投资方案是否可行的基础性指标。

(一)投资现金流量的构成

按照现金流动的方向,可将投资活动的现金流量分为现金流入量、现金流出量和净现金流量三类。一个方案的现金流入量是指该方案引起的企业现金收入的增加额;现金流出量是指该方案引起的企业现金收入的减少额;净现金流量(Net Cash Flow,简称 NCF)是指一定时间内现金流入量与现金流出量的差额。现金流入量大于现金流出量,净现金流量为正值;反之,净现金流量为负值。

按照现金流量的发生时间,投资活动的现金流量又可以分为初始现金流量、经营现金流量和终结现金流量三类。

1. 初始现金流量

初始现金流量指的是在项目投资期(或建设期)内发生的现金流入量和现金流出

量。初始现金流量一般包括投资前费用、设备购置费用、设备安装费用、建筑工程费用、营运资本的垫支、原有固定资产变价收入扣除相关税费后的净收益,以及不可预见费用等。

其中营运资本的垫支指的是项目建成后投入运营垫支的营运资本,这部分垫支的营运资本一般要到项目终结时才能收回,因此应视作长期投资。

2. 经营现金流量

经营现金流量指的是项目建成后整个经营期间所发生的现金流入量和现金流出量。经营现金流量一般以年为单位计算。对于固定资产投资而言,经营现金流量表现为选择该项目后营业现金收入、营业现金支出及缴纳的税金等变化量。就现实而言,企业一年的营业现金收入与其一年的营业收入相比差距较小,而付现成本(指当年支出现金的成本费用)等于营业现金支出,因此,年经营净现金流量(NCF_i)可用下列公式计算:

年经营净现金流量(NCF_i)＝年营业收入－年付现成本－所得税
＝净利润＋年非付现成本

其中,对于投资而言,年非付现成本主要表现为固定资产折旧。

3. 终结现金流量

终结现金流量是指当项目报废或终止时发生的现金流入量和现金流出量。终结现金流量一般包括固定资产残值净收入或变价净收益、营运资本垫支的收回和停止使用土地后的变价收入等。

(二)投资现金流量的计算

对于投资决策而言,要准确预测项目整个生命周期内的现金流量,这是基础,是前提,然后计算出该项目的生命周期内每个时点的净现金流量。下面举例说明投资现金流量的计算,重点分析经营现金流量问题。

[例 8-7] 某公司准备购入一设备以提高生产能力。现有 A、B 两个方案可供选择。A 方案需投资 20,000 元,使用寿命为 5 年,采用平均年限法计提折旧,5 年后设备无残值。5 年中每年营业收入为 12,000 元,每年的付现成本为 4,000 元。B 方案需投资 26,000元,使用寿命也为 5 年,5 年后有残值收入 3,500 元。5 年中每年营业收入为 16,000元,付现成本第一年为 5,000 元,以后随着设备折旧逐年增加修理费 800 元,另需垫支营运资金 6,000 元,所得税税率 25%。试计算两个方案的现金流量。

为计算现金流量,首先要计算出两个方案每年的折旧额。该公司固定资产折旧选择的是平均年限法。

A 方案每年折旧额＝(20,000－0)/5＝4,000 元

B 方案每年折旧额＝(26,000－3,500)/5＝4,500 元

然后要计算每个方案每年的净现金流量。此例中,假设在期初一次性完成投资,初始现金净流量用 NCF_0 表示。

A 方案：$NCF_0 = -20,000$ 元

B 方案：$NCF_0 = -26,000 - 6,000 = -32,000$ 元

年经营现金流量用 NCF_i 表示。

NCF_i = 年营业收入－年付现成本－所得税

　　＝净利润 ＋ 年非付现成本

　　＝净利润 ＋ 折旧

A 方案：$NCF_{1-5} = (12,000 - 4,000 - 4,000)(1 - 25\%) + 4,000 = 7,000$ 元

B 方案：$NCF_1 = (16,000 - 5,000 - 4,500)(1 - 25\%) + 4,500 = 9,375$ 元

　　　　$NCF_2 = (16,000 - 5,800 - 4,500)(1 - 25\%) + 4,500 = 8,775$ 元

　　　　$NCF_3 = (16,000 - 6,600 - 4,500)(1 - 25\%) + 4,500 = 8,175$ 元

　　　　$NCF_4 = (16,000 - 7,400 - 4,500)(1 - 25\%) + 4,500 = 7,575$ 元

　　　　$NCF_5 = (16,000 - 8,200 - 4,500)(1 - 25\%) + 4,500 + (6,000 + 3,500)$

　　　　　　　$= 16,475$ 元

在投资现金流量的计算中，为了简化计算，假定初始投资在期初一次性完成，各年经营现金流量在年末一次性发生，并假设终结现金流量是最后一年年末发生的。

在投资决策实务中，预测投资方案的现金流量涉及很多因素，要注意很多问题。例如：要区分相关成本和非相关成本，相关成本是指与特定决策有关的、在分析评价时必须加以考虑的成本，相反则是非相关成本；要考虑机会成本对现金流量的影响，机会成本是指为了进行某项投资而放弃其他投资所能获得的潜在收益；要考虑部门之间的影响以及新旧产品销量之间的影响；等等。

二、投资项目评价方法

投资项目评价方法可分为两类：一类是折现评价方法，即考虑了资金时间价值因素，包括净现值、获利指数、内含报酬率；另一类是非折现评价方法，即没有考虑资金时间价值因素，包括投资回收期、平均收益率。

（一）折现评价方法

折现评价方法涉及的指标有净现值、获利指数和内含报酬率。这类指标的使用，体现了折现的思想，即将未来现金流量折现。利用现金流量现值计算各项指标，并据以作出决策。

1. 净现值法

净现值法是根据投资方案净现值的大小来评价方案优劣的一种方法。净现值（Net Present Value，简称 NPV）是指投资项目的未来收益总现值与初始投资现值之间的差额。其计算公式如下：

$$NPV = \sum_{t=1}^{n} \frac{NCF_t}{(1+K)^t} - C$$

式中：NPV 表示净现值；NCF_t 表示第 t 年的净现金流量；K 表示折现率（资本成本率或公司要求的投资收益率）；n 表示项目预计使用年限；C 表示初始投资额，所以投资在期初一次性完成，因此初始投资额等于初始投资现值。

[例 8-9]　接[例 8-8]，假设公司资本成本率为 10%，分别计算 A、B 方案的净现值。

$$NPVA = \sum_{t=1}^{n} \frac{NCF_t}{(1+K)^t} - C = 7,000 \times (P/A, 10\%, 5) - 20,000 = 26,537 - 20,000 = 6,537 \text{ 元}$$

$$NPVB = \sum_{t=1}^{n} \frac{NCF_t}{(1+K)^t} - C = 9,375 \times (P/F, 10\%, 1) + 8,775 \times (P/F, 10\%, 2) + 8,175 \times (P/F, 10\%, 3) + 7,575 \times (P/F, 10\%, 4) + 16,475 \times (P/F, 10\%, 5) - 32,000 = 37,314.15 - 32,000 = 5,314.15 \text{ 元}$$

净现值法的决策规则：若只有一个备选方案，$NPV \geqslant 0$ 则方案采纳，否则拒绝；若从多个方案中选择一个，应选择 NPV 最大者。上例中，A 方案的净现值大于 B 方案的净现值，所以选择 A 方案。

2. 获利指数法

获利指数法是根据投资方案获利指数的大小来评价方案优劣的一种方法。获利指数（Profitability Index，简称 PI），又称现值指数，是投资项目未来收益总现值与初始投资额的现值之比。其计算公式为：

$$PI = \sum_{t=1}^{n} \frac{NCF_t}{(1+K)^t} / C$$

获利指数法的决策规则：若只有一个备选方案，$PI \geqslant 1$ 时则采纳，否则拒绝；若从多个备选方案中选择一个，应选择 PI 最大者。

3. 内含报酬率法

内含报酬率法，是根据投资方案的内含报酬率的大小来评价方案优劣的一种方法。内含报酬率（Internal Rate of Return，简称 IRR），又称"内部收益率"，是指使得未来收益总现值等于初始投资现值的折现率，或者是使投资方案净现值为零的折现率。内含报酬率实际上是投资方案在其生命周期内按现值计算的实际投资报酬率，它反映了投资方案的真实报酬。其计算公式为：

$$\sum_{t=1}^{n} \frac{NCF_t}{(1+K)^t} = C$$

内含报酬率 K 的计算，通常需要"逐步测试法"。先预估一个折现率，用它来计算方案的净现值；如果净现值为正数，这说明方案本身的报酬率超过估计的折现率，应提高折现率后进一步测试；如果净现值为负数，这说明方案本身的报酬率低于估计的折现率，应降低折现率后进一步测试；经过多次测试，找出两个相邻的折现率，使得净现值一个大于零，另一个小于零，然后再用插值法，计算出净现值等于零时的折现率，即为方案的内含报酬率。

内含报酬率法的决策规则:当只有一个备选方案时,内含报酬率大于或等于资金成本率或必要报酬率时才能采纳,反之则拒绝;当从多个备选方案中选择一个时,应选择内含报酬率最大的投资方案。

净现值、获利指数和内含报酬率都是考虑时间价值的折现指标,在投资决策实务中应用非常广泛。

(二)非折现评价方法

非折现评价方法涉及的指标主要有投资回收期和平均报酬率。

1. 投资回收期法

投资回收期法,是根据投资方案投资回收期的长短来评价方案优劣的一种方法。投资回收期(Payback Period,简称 PP)代表收回投资所需要的年限。投资回收期越短,方案越有利。其计算方法公式为:

$$PP=\frac{初始投资额}{每年\ NCF}$$

如果每年净现金流量(NCF)不相等,则投资回收期要根据每年年末尚未回收的投资额加以确定。

投资回收期法的决策规则:当只有一个备选方案时,投资回收期小于标准回收期,则采纳,否则拒绝;当有多个方案可供选择时,选择投资回收期最短且低于标准回收期的方案。

2. 平均报酬率法

平均报酬率法,是指用投资项目年的平均报酬率来评价方案优劣的一种方法。平均报酬率(Average Rate of Return,简称 ARR)是项目寿命周期内平均的年投资报酬率。其计算公式为:

$$ARR=\frac{平均净现金流量\overline{NCF}}{初始投资额}\times 100\%$$

平均报酬率法的决策规则:当只有一个备选方案时,若 ARR 大于期望报酬率,则采纳,否则拒绝;当有多个方案可供选择时,ARR 最大且高于期望报酬率的方案最优。

投资回收期和平均报酬率都是不考虑资金时间价值的非折现指标,简明、易懂,但是不考虑资金的时间价值,将第一年的现金流量等值于最后一年的,有时会作出错误的决策。在现实投资决策中,运用这种非折现指标作出决策不常见,但是投资者比较关注项目的投资回收期的长短。

投资决策过程中,预测现金流量、运用项目评价方法进行评价是最核心的环节。但是,面对复杂的现实情况,还需要考虑更多问题。

现实中对多个备选项目进行决策时,要考虑不同项目的寿命期。寿命期不同,则不能直接运用折现指标进行评价。常用的方法是最小公倍寿命法和年均净现值法等。最小公倍寿命法是要解决寿命不等的难题,在项目的最小公倍寿命期内将项目重新复制,然后比较最小公倍寿命期的折现指标,从而作出决策。年均净现值法是把投资项目在寿命期内总净现值转化为年平均净现值,从而进行比较分析的方法。

长期投资时间长,不确定因素很多,投资决策时很难准确预测未来收益和成本,即存在不同程度的不确定性和风险性。在前述内容中,避开了风险问题。然后,投资过程中的风险是客观存在的,因此,在实务中要充分考虑风险因素。

进行风险性投资决策分析有两种基本方法。第一类方法是风险调整法,即对项目的风险因素进行调整。项目的风险来源于两个方面:一是现金流量的预测存在不确定性,二是折现率在整个项目寿命周期内会发生改变。因此,风险调整法包括按风险调整现金流量和按风险调整折现率两种类型。第二类方法是对项目的基础状态的不确定性进行分析,主要包括决策树法、敏感性分析法、盈亏平衡分析法等。这类方法通过研究投资基础状态变动对投资分析的结果的影响,来测试该投资分析的适用性,进而作出最终决策。

第五节　成本管理

成本管理是指企业运营过程中实施成本预测、成本决策、成本计划、成本核算、成本控制、成本分析与评价等一系列管理活动的总称。成本管理力求在保证产品质量的前提下以最小的生产耗费取得最大的生产成果,对企业增产节支、加强和改进企业管理、提高整体管理水平具有重大意义。

一、成本费用

成本费用是指企业生产经营过程中的各种资金耗费。按照与生产经营有无直接关系和关系密切程度,可将成本费用分为制造成本和期间费用。

(一)制造成本

制造成本由与生产产品有最直接和最密切关系的直接材料成本、直接人工成本和制造费用组成,构成产品的生产成本。

直接材料成本是指能够直接追溯到每个产品,并构成产品实体的材料成本。如制造汽车所耗用的钢材和轮胎的成本。直接人工成本是指能够直接追溯到每个产品上的人工成本,包括直接参与生产的员工的薪酬,如汽车生产人员的工资、福利。制造费用是指除直接材料成本和直接人工成本以外的所有制造成本,包括间接材料成本、间接人工成本、设备折旧费等其他制造费用。

(二)期间费用

期间费用是指企业日常活动发生的不能计入特定核算对象的费用,包括管理费用、财务费用和销售费用。期间费用不计入产品的生产成本,直接体现为当期损益。

(1)管理费用是指企业为组织和管理生产经营所发生的各种费用,包括企业在筹建期内发生的开办费、董事会和行政管理部门在企业的经营管理中发生的以及应由企业统一负担的公司经费、行政管理部门负担的工会经费、董事会费、聘请中介机构费、咨询费、诉讼费、业务招待费、技术转让费、排污费等。企业生产车间(部门)和行政管理部门发生的固定资产修理费用等后续支出,也作为管理费用核算。

(2)财务费用是指企业为筹集资金而发生的费用,包括利息支出(减利息收入)、汇兑损益以及相关的手续费、企业发生的现金折扣等。

(3)销售费用是指企业销售商品和材料、提供劳务的过程中发生的各项费用,包括企业在销售商品过程中发生的保险费、包装费、展览费和广告费、商品维修费、预计产品质量保证损失、运输费、装卸费以及为销售本企业商品而专设的销售机构的职工薪酬、业务费、折旧费等经营费用。

由此可见,成本是属于某个成本对象(在产品、产成品)所消耗的支出对象化了的费用,费用是相对于期间发生的费用化支出。

二、成本管理的内容

要提高成本管理水平,首先要认真开展成本预测工作,规划一定时期的成本水平和成本目标,对比分析实现成本目标的各项方案,作出最有效的成本决策。然后应根据成本决策的具体内容,编制成本计划(预算),并以此作为成本控制的依据。加强日常的成本审核监督,随时发现并克服生产过程中的损失、浪费情况,认真组织成本核算工作,采用适当的成本核算方法,正确计算产品成本,建立健全成本核算制度。同时,安排好成本的考核和分析工作,正确评价各部门的成本管理业绩,促进企业不断改善成本管理措施,提高企业的成本管理水平。

因此,成本管理的主要内容包括成本预测、成本决策、成本计划、成本核算、成本控制、成本考核与分析。

(一)成本预测

成本预测是指根据企业历史资料、影响成本的各种技术经济因素和市场调查预测,采用科学的方法,对未来一定时期的产品成本水平及其变动趋势进行预计和测算。成本预测是成本管理的起点,是进行成本决策和编制成本计划的基础,还是挖掘降低成本的潜力、提高经济效益的重要途径。

(二)成本决策

成本决策是以成本预测为基础,尽力挖掘潜力,开展价值分析,提出降低成本的各种可行性方案,采取适当的决策方法,对各方案进行分析、比较、筛选、择优,并据以制定目标成本的过程。成本决策不仅是企业经营决策的重要组成部分，也是宏观管理决策的重要内容。

（三）成本计划

成本计划是在成本预测的基础上，预先规定企业计划期成本费用的耗费水平和降低成本总目标的措施方案。成本计划是企业生产经营活动计划的重要组成部分，是对产品成本进行科学管理的工具，也是企业进行成本控制、核算和分析的依据。

（四）成本核算

成果核算是指将企业在生产经营过程中发生的各种耗费按照一定的对象进行分配和归集，以计算总成本和单位成本。成本核算是成本管理的重要组成部分，对于企业的成本预测和企业的经营决策等产生直接影响。

（五）成本控制

成本控制，是企业根据一定时期预先建立的成本管理目标，由成本控制主体在其职权范围内，在生产耗费发生以前和成本控制过程中，对各种影响成本的因素和条件采取一系列预防和调节措施，以实现成本管理目标的管理行为。

（六）成本考核与分析

成本考核与分析就是根据成本核算的资料，运用特定的方法，对企业成本耗用过程及其成本控制的结果进行分析与评价的一项工作。通过对产品成本、计划成本和实际成本指标的对比，找出影响成本升降的原因，可以正确认识和掌握成本变动的规律性，提高成本预测和成本计划的准确性；同时可以明确责任，纠正缺点，为提高经济效益创造条件。

三、成本管理的工具与方法

成本管理领域的应用工具方法主要有目标成本法、变动成本法、标准成本法和作业成本法。

（一）目标成本法

目标成本法，是指以市场为导向，以目标售价和目标利润为基础确定产品的目标成本，从产品设计阶段开始，通过各部门、各环节乃至与供应商的通力合作，共同实现目标成本的成本管理方法。目标成本法的特点是改变了成本管理的出发点，即从生产现场转移到产品设计与规划上，从源头抓起，具有大幅度降低成本的功效。

目标成本法主要适用于制造业企业产品改造以及产品开发设计中的成本管理，在物流、建筑、服务行业也有应用。

(二)变动成本法

变动成本法,是指企业以成本性态分析为前提,仅将生产过程中消耗的变动生产成本作为产品成本的构成内容,而将固定生产成本和非生产成本作为期间成本,直接由当期收益予以补偿的一种成本管理方法。

变动成本法主要适用于同时具备以下特征的企业:企业所处市场竞争激烈,需要频繁进行短期经营决策;企业规模大,产品或服务种类较多,固定成本比重大且分摊比较困难;企业经营保持相对稳定。

(三)标准成本法

标准成本法,是指企业以预先制定的标准成本为基础,通过比较标准成本与实际成本,计算与分析成本差异、揭示成本差异动因,进而实施成本控制、评价经济业绩的一种成本管理方法。

标准成本,是指在正常的生产技术水平和有效的经营管理条件下,企业经过努力应达到的产品成本水平。标准成本基本上排除了不应该发生的"浪费",因此被称为"应该成本"。标准成本要体现企业的目标和要求,主要用于衡量产品制造过程的工作效率和控制成本,也可用于存货和销货成本计价。

标准成本法主要适用于产品及其生产条件相对稳定,或生产流程与工艺标准化程度较高的企业。

(四)作业成本法

作业成本法是将间接成本和辅助费用更准确地分配到产品和服务的一种成本计算方法。依据作业成本法的概念,企业的全部经营活动是由一系列相互关联的作业组成的,企业每进行一项作业都要耗用一定的资源;与此同时,产品(包括提供的服务)经过一系列的作业被生产出来。产品成本是全部作业所消耗资源的总和,产品是消耗全部作业的成果。

作业成本法的核心是作业和成本动因。作业是指企业中特定组织(成本中心、部门或产品线)重复执行的任务或活动。一项作业可能是一项非常具体的活动,也可能泛指一类活动。由若干个相互关联的具体作业组成的作业集合,称为"作业中心"。成本动因是指作业成本或产品成本的驱动因素,包括资源成本动因和作业成本动因。

使用作业成本法可以获得更准确的产品和产品线成本,有助于改进成本控制,为战略管理提供信息支持。但是,该方法开发和维护的费用较高,确定成本动因比较困难。

作业成本法主要适用于作业类型较多且作业链较长、同一生产线生产多种产品,企业规模较大且管理层对产品成本准确性要求较高,产品、顾客和生产过程多样化程度较高以及间接或辅助资源费用所占比重较大等情况的企业。

本章小结

财务管理是一项综合性管理工作,能够迅速反映企业生产经营状况,良好的财务管理对企业的经济运行起着关键性的作用。财务管理具有财务分析、财务预测、财务决策和财务计划等基本职能。企业所有的理财活动都围绕财务管理目标来进行,企业根据自身的性质、当前所处的发展阶段等来制定财务管理目标,常见的观点有利润最大化、股东财富最大化和企业价值最大化等。企业理财需要建立起财务管理价值观念,包括时间价值和风险价值。

财务管理实质是资金的管理,包括短期资金的管理和长期资金的管理。短期资金的来源和使用属于营运资本管理,而长期资金的筹集属于筹资管理,长期资金的使用是投资管理。对于企业经营而言,长期资金管理直接影响企业的长期发展,因而是重点。

筹资管理中阐述了企业长期筹资的渠道和方式,企业筹资要考虑资本成本、杠杆利益与风险等因素,选择资本结构决策的方法,比较科学的如公司价值比较法,从而确定筹资方案、使得企业筹资后的资本结构达到最佳状态。投资管理主要阐述科学的投资决策程序包括的两个核心环节:投资现金流量的分析,即预测每一个方案每一个时间点上的净现金流量;运用项目评价方法进行评价,最常用的是折现评价方法,常用指标有净现值、获利指数和内含报酬率。

成本管理是企业管理中一项重要的管理工作,其目标是用最小的生产耗费获得最大的生产成果,有利于企业降低成本、提高经营管理水平。在成本管理过程中,要正确使用一系列的工具方法,包括标准成本法、作业成本法等。

复习思考题

1. 财务管理目标目前有哪些观点?其各自的优缺点是什么?
2. 企业财务能力包括哪些?分析各种财务能力的主要指标有哪些?
3. 企业筹集长期资本的方式有哪些?分析其各自的优缺点。
4. 投资决策的主要程序是什么?常用的折现指标有哪几个?其决策规则分别是什么?
5. 现实中,企业进行成本管理常见的工具与方法有哪些?
6. 某公司现有全本长期资本均为普通股资本,账面价值20000万元。公司认为当前资本结构不合理,没有发挥财务杠杆作用,准备举借长期债务回购部分普通股予以调整。公司息税前利润为5000万元,所得税税率25%。经测算,目前长期债务年利率和普通股资本成本率如下表所示。

B(万元)	K_B	β	R_F	K_m	K_s
0	—	1.20	7%	13%	
2000	11%	1.25	7%	13%	
4000	12%	1.30	7%	13%	
6000	13%	1.35	7%	13%	
8000	14%	1.45	7%	13%	
10000	16%	1.60	7%	13%	

要求：为某公司作出决策，确定最佳资本结构。

7. 某公司准备购买一台新设备。新设备的购置成本为 60,000 元，估计可以使用 5 年，期满残值为 10,000 元，按直线法计提折旧。该设备购买后马上投入使用。该设备使用后，预计每年收入可达 80,000 元，每年付现成本为 40,000 元。假设该公司的资本成本率为 10%，所得税率为 25%。除折旧外无其他非付现成本。

要求：为该公司作出决策，是否购买新设备？

第九章

人力资源管理

本章目标

学习本章后,应当了解:
◎人力资源及管理的内涵。
◎人力资源规划的内容。
◎人力资源供需预测的方法。
◎人员招聘的方法、特点。
◎员工培训的原则、内容及特点。
◎绩效考核的基本内容。

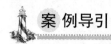
案 例导引

张总经理的用人之道

助理工程师黄某,是一所名牌大学的高才生,毕业后工作八年,于四年前应聘到一家大公司工程部,工作认真负责,技术过硬,很快就成为公司的"四大金刚"之一,名字仅排在公司技术部主管陈工程师之后。但是,黄某的工资却同仓库管理员不相上下。一家三口尚住在刚进公司时住的那间平房里。对此,他心中时常有些不满。

张总经理是一位有名望的识才老领导,四年前,黄某来公司报到时,门口用红纸写着"热烈欢迎黄某工程师到我公司工作"几个不凡的大字,是张总经理亲自吩咐人事部主任落实的,张总经理交代要把"助理工程师"的"助理"两字去掉。这确实令黄某很感动,工作十分卖力。

两年前,公司有指标申报工程师,黄某属于有条件申报之列,但名额却给了一个没有文凭、表现平平的老同志。他想找张总,张总却先找他来了:"黄工,你年轻,机会有的是。"去年他想反映一下工资问题。来这里工作的一个目的不就是想得到高一点工资的,提高一下生活水平吗?但几次想开口,都没有勇气说出。因为张总不仅在大会上表扬他的成绩,而且经常当着外地取经人的面赞扬他。路上相见时,张总总会拍拍他的肩膀说两句诸如"黄工,干得不错,很有前途",这确实让黄某很兴奋。

最近,公司新建了一批职工宿舍,听说数量比较多,黄某决心要反映一下住房问题,谁知这次张总又先找他,笑着说:"黄工,公司有意培养你入党,我当你的介绍人。"他又不好开口了,结果家没搬成。

深夜,黄某面对一张报纸的招聘广告出神。第二天,张总经理的办公桌上压了一张纸条:"张总:您是一个懂得使用人才的好领导,我十分敬佩您,但我决定走了。"

第一节 人力资源管理概述

一、人力资源及其特征

(一)人力资源的含义

资源是一个经济学术语,泛指社会财富的源泉。归纳起来,资源基本分为两大类:物力资源和人力资源。生产力的发展、社会财富的创造和丰富，正是凭借这两类资源的相互综合作用。

"人力资源"概念是 20 世纪 60 年代开始逐步被人们接受的。所谓人力资源，是指能够推动整个经济和社会发展的劳动者所拥有的智力劳动能力和体力劳动能力的总称，即处在劳动年龄的已直接投入生产建设和尚未投入生产建设的人口的能力。

（二）人力资源的构成

具体地说，人力资源包括以下八个方面：

(1) 劳动年龄之内，正在从事社会劳动的人口（我国劳动年龄为男 16～60 岁、女 16～55 岁）。它占人力资源的大部分，也叫适龄就业人口。

(2) 未达到劳动年龄，已经从事社会劳动的人口，即未成年就业人口。

(3) 经超过劳动年龄，继续从事社会劳动的人口，即老年就业人口。

(4) 处于劳动年龄之内，具有劳动能力并要求参加社会劳动的人口（我国目前称作求业人口、下岗待业人口等）。

(5) 处于劳动年龄之内，正在从事学习的人口，即就学人口。

(6) 处于劳动年龄之内，正在从事家务劳动的人口。

(7) 处于劳动年龄之内，正在军队服役的人口。

(8) 处于劳动年龄之内的其他人口。

（三）人力资源的特征

人力资源是进行社会生产最基本、最重要的资源，与其他资源相比较，它具有如下特征：

1. 可再生性

人力资源的有形磨损是指人自身的疲劳和衰老，这是一种不可避免、无法抗拒的损耗；人力资源的无形磨损是指个人的知识和技能由于科学技术的发展而出现的相对老化。后者的磨损不同于物质资源不可持续开发，而是通过人的不断学习、更新知识、提高技能而可以持续开发。

人力资源的这一特点要求在人力资源的开发与管理中要注重终身教育，加强后期培训与开发，不断提高其德才水平。

2. 能动性

这是人力资源与其他资源最根本的区别。能动性指人不同于其他资源处于被动使用的地位，它是唯一能起到创造作用的因素，能积极主动地、有意识地、有目的地认识世界和利用其他资源去改造世界，推动社会和经济发展，因而在社会发展和经济建设中起着积极和主导的作用。

人力资源的能动性具体体现为以下几点：

(1) 自我强化：通过接受教育或主动学习，提高知识、技能、意志、体质等方面的素质。

(2) 选择职业：在市场经济环境中，人作为劳动力的所有者可以按自己的特长和爱好自主择业。选择职业是人力资源主动与物质资源相结合的过程。

(3) 积极劳动：人在劳动过程中，会产生敬业、爱业精神，能有效地利用其他资源为社会和经济发展创造性地工作。

3. 两重性

两重性指人力资源既是投资的结果，又能创造财富，因而既是生产者，又是消费者。

4. 社会性

人类劳动是群体性劳动，不同的劳动者一般分别处于各个劳动集体之中，构成了人力资源社会性的微观基础。从宏观上看，人力资源总是与一定的社会环境相联系的。它的形成、配置、开发和使用都是一种社会活动。人力资源的社会性特点，要求人力资源管理中注重团队建设和民族精神，强调协调和整合。

(四) 人力资源在社会和经济发展中的作用

人力资源在推动经济增长的基本要素中起决定作用，主要表现为以下几点：

(1) 人力资源是经济迅速发展、民族振兴、国力增长的决定性因素。

(2) 人力资源是提高企业竞争力，促进社会和经济发展的核心动力。21世纪的竞争，主要是科技的竞争、智力的竞争、知识的竞争，归根到底是作为知识和技能"承载者"的人力资源的开发及其潜能充分利用的竞争。

(3) 人力资源是推动经济增长的更为重要、起决定性作用的要素。人类的生产活动是劳动者与生产资料相结合的过程。人是生产过程中最积极、最活跃、最富有创造性的因素，是生产过程的主体。因此，人的潜能的充分发挥是经济发展的核心和原动力。"二战"前，各国经济增长的基本因素主要是土地、矿产等自然资源和有形资本。但"二战"后，美国等国的经济发展迅速，而自然资源的增长却慢于经济的增长；某些自然资源匮乏的国家如日本和新加坡却取得了经济增长的奇迹，而某些发展中国家虽然作了大量的投资，却未能改变贫穷的地位。由此可见，促进社会经济发展的要素中除了自然资源和资本资源外，还有一种更为重要的、起着决定性作用的因素，那就是人力资源。

二、人力资源管理

人力资源管理，就是指运用一系列现代化的科学方法，对人力资源进行合理的发现、培训、组织和调配，同时，对人力资源的载体即人进行必要的激励，对其思想、心理和行为进行恰当的诱导、控制和协调，充分调动并发挥人的主观能动性，做到人尽其才，事得其人，人事相宜，以实现组织目标。

（一）人力资源管理的内容及重要性

人力资源管理的内容主要涉及人员的招聘、录用、选拔、任用、考核、奖惩、晋升、使用、培训、工资、福利、社会保险等方面的工作。

人力资源管理的重要性体现在以下几个方面：

(1)实现事得其人，人尽其才。人力资源管理并不直接管理社会劳动过程，而是对社会劳动过程中人与人、人与事之间的相互关系进行管理，谋求的是社会劳动过程中人与事、人与人、人与组织的相互适应。

(2)实现对人力资源的组织、协调、控制和监督。组织就是在知人识事的基础上，因事择人，达到人与事的最佳结合；协调就是根据人与事的变化及时调整两者关系，以保持人事相宜的良好状态；控制就是采用行政的、组织的、思想的办法，防止人与事、人与人、人与组织关系的对抗；监督就是对组织、协调、控制人力资源活动的监察。

(3)提高人力资源利用率，增强企业竞争力。人力资源管理并不是使人消极地、被动地适应事的需要，而是根据个人能力特点，将其安置在能充分施展其才华的最佳工作岗位上，根据其才智和能力的提高，及时调整其工作岗位，使其才能得以充分发挥。因而人力资源管理不是消极的、静态的管理，而是积极的、动态的管理，这种动态管理带来了人力资源利用率的提高，进而促进了企业生产率的提高和竞争力的增强。

(4)提高员工的工作生活质量和工作满意感。工作生活质量(Quality of Work Life，简称QWL)是指组织中所有人员，通过与组织目标相适应的公开交流渠道，有权影响决策改善自己的工作，进而使员工产生更强的参与感、更高的工作满意感和更少的精神压力的过程。它集中反映了员工在工作中所产生的生理和心理健康的感觉。

（二）人力资源管理的基本功能

(1)获取：包括招聘、考试、选拔与委派。

(2)整合：使被招收的职工了解企业的宗旨与价值观，接受和遵从其指导，并使之内化为他们自己的价值观，以建立和加强他们对组织的认同感与责任感。

(3)保持和激励：提供职工所需奖酬，增加其满意感，使其安心和积极工作。

(4)控制与调整：评估他们的素质，考核其绩效，作出相应的奖惩、升迁、离退、解雇等决策。

(5)开发：对职工实施培训，并给他们提供发展机会，指导他们明确自己的长处、短处与今后的发展方向和道路。

这五项基本功能的关系是相辅相成、彼此配合的。如激励可使职工对工作满意、留恋和安心，从而促进了整合；开发使职工看到自己在本企业的前程，从而更积极和安心等。但这五项功能都是以职务分析为基础与核心的。职务分析能确定本企业每一岗位所应有的权责和资格要求，从而使人力资源的获取明确了要求，为激励规定了目标，给考绩提供了标准,为培训与开发提供了依据。

（三）人力资源管理的原则

1. 任人唯贤

任人唯贤指根据人的才能合理安排工作,而不是论资排辈,更不是任人唯亲。只有这样,才会使人才资源得到合理配置,高效使用。同时由于人的能力是在不断发展变化的,因此对人的安排是一个动态的过程,而不是一职定终身。

2. 注重实绩

注重实绩是指评价工作人员工作好坏、能力高低,只能以其工作的实际成绩为依据。工作实绩可以反映一个人的思想政治水平、敬业精神（即劳动态度）、专业实际能力、精力等状况,是选拔、奖惩以及职务升降的主要依据。当然,注重实绩并不是简单地以实绩对员工进行取舍和褒贬,而应该考虑环境、群体等各种因素进行全面分析评价,不能简单地肯定或否定。

3. 激励

激励就是运用各种有效的方法去调动人的积极性和创造性。人的能力分为潜在能力和显在能力两种,潜在能力是指人本身的各种因素决定的一种可能能力。显在能力是指人在实际工作中发挥出来的能力。潜在能力和显在能力一般来说是不等量的,这除了受到客观因素的影响外,最主要是人本身的积极性高低的影响。有关研究表明,一个人如果工作积极性很高,则可以发挥出80%至90%的才能,反之,如果没有积极性和主动性,就只能发挥其才能的30%左右。所以人力资源管理要坚持激励原则。采取各种激励措施,最大限度地提高工作人员的工作积极性和创造性,做到人尽其才、事竟功成。

4. 竞争

竞争指人力资源管理部门必须引进人才竞争机制,让领导者和所有工作人员放开手脚,展开竞争。市场经济的一个最大特点就是"开展竞争",通过竞争实现优胜劣汰,实现资源合理流动和高效配置。作为第一重要的资源,人力资源自然也要坚持竞争原则。

5. 精干

精干指在组织机构设置时,要根据机构的职能任务来组织职工队伍,即因事设岗、设人,既要有合理的层次和系统,又要有相互间合理的配比和有机的结合,以形成一个具有最佳效能的群体。坚持精干原则就是要改变那种机构臃肿、层次重叠、人浮于事的状况。根据精干原则,人力资源管理部门要严格按机构大小,按岗位的职责、任务配置工作人员,做到以事设职,以职选人。

6. 民主监督

人力资源管理的直接对象是人,而人的复杂性就决定了人力资源管理的复杂性和艰巨性,因而人力资源管理要坚持民主监督原则,提高透明度,克服神秘化。

第二节 企业人力资源规划

一、企业人力资源规划的概念及内容

(一)企业人力资源规划的概念

企业人力资源规划,也称"企业人力资源计划",是指为了实现企业的战略目标,在引进、保持、利用、开发、流出人力资源等方面所作的工作的以及预测等相关事宜。

随着企业规模的扩大、人员的增多和经营环境的日趋复杂多变,人力资源管理受到越来越多企业内部和外部因素的影响。为降低未来的不确定性,更好地帮助企业应付未来的变化,解决和处理复杂的问题,人力资源管理应首先进行人力资源规划这项工作,这是人力资源管理的基础。有效的人力资源规划是通过对企业在不同时期、不同内外环境、不同战略目标下人力资源供求的预测,来确保企业对人力资源需求的满足,以保障企业战略目标的实现。换句话说,人力资源规划通过对企业内外人力资源供给和需求的预测,为企业生存、成长、发展、竞争及对环境的适应和灵活反应提供人力支援和保障。

(二)企业人力资源规划的内容

企业人力资源规划的主要内容即预测企业未来人力资源的供需状况,以及考虑两者之间的匹配。企业人力资源规划分为两个层次——总体计划和具体计划。人力资源的总体计划主要是指计划期内人力资源管理的总原则、总方针、总目标的总体部署和预算安排。人力资源的具体计划是总体计划的展开和时空的具体化,每一项具体计划也都是由目标、任务、政策、步骤和预算等部分组成的,从不同方面保证人力资源总体计划的实现。人力资源具体计划的具体内容如表9-1所示。

表9-1 人力资源具体计划的主要内容

类 别	人力资源计划目标	具体的政策和措施	预 算
人员补充计划	优化结构,满足组织对人力资源数量、结构和类型的现时需求	员工自然变动预测和计划	招聘选拔费用
		冗员和不适合者变动或解聘计划	
		新员工补充来源和招聘计划	
		工作分析	

续表

类 别	人力资源计划目标	具体的政策和措施	预 算
人员使用和调整计划	部门人员编制和人力资源结构的优化,提高人职匹配程度、用人效率,使员工在企业内部合理地流动	岗位调整	按照规模、类别和人员状况决定薪酬预算
		工作重新设计和轮岗政策	
		员工雇用期限的规定	
		员工在企业内部流动范围和范围的规定	
员工培训发展计划	培训系统拟定、建立、确定培训的系统动作、评价效果	普通员工培训制度和计划	培训开发的总体成本
		专业技术人员培训制度和计划	
员工培训发展计划	培训系统拟定、建立、确定培训的系统动作、评价效果	管理技能培训制度和计划	培训开发的总体成本
		中高层管理者培训制度和计划	
		关键员工培训制度和计划	
		绩效管理发展需求和培训实施计划	
人员接班发展计划	建立适当的后备人才计划,形成人才梯队,建立人才档案和接班人计划,适应组织发展的需求	员工晋升管理办法和流程	职位变动引起的工资变动
		管理与技术骨干选拔制度和管理办法	
		员工发展计划和职业生涯规划	
		资深员工的管理制度	
		未晋升的资深员工的安排和管理制度	
人员考核计划	建立公平、合理、有效的考核机制,并将考核结果与培训、晋升、薪酬等合理挂钩	合理的考核制度和方法	考核成本
		及时考核反馈	
		完整的考核记录档案	
员工薪酬计划	平衡内外薪酬水平,建立有激励性和竞争力的分配机制和薪酬体系	现代的薪酬管理制度	薪酬预算
		福利制度和计划	
		奖励政策和制度	
		对关键员工的特殊福利政策和计划	

续表

类　别	人力资源计划目标	具体的政策和措施	预　算
员工职业生涯规划	组织员工的成长发展与组织需求相协调，实现员工和组织的共同发展	制定员工个人层次的职业发展规划	员工职业发展总体预算
		制定组织层次的职业发展规划	
		个人与组织的职业发展规划的协调	
员工劳动关系计划	编制动态变化计划，降低劳务成本，提高劳动生产率和企业效益	员工招聘签约的制度和程序	员工安置费用
		员工解聘制度和程序	
		员工退休政策和管理制度	
		员工动态接替计划和管理制度	
		员工离职管理制度	

二、制定企业人力资源规划的程序

（一）确立企业的发展战略与目标

由于企业人力资源规划的最终目的是确保企业实现经营战略目标，所以制定人力资源规划时首先要明确企业发展的经营战略目标。例如，一个企业采取低成本战略时，应相应制定以严格控制成本为目标的人力资源规划；而当一个企业决定向信息产业中的电子商务发展时，则企业人力资源规划中应说明企业需求电子商务专业人员的数量与结构、这些专业人员在组织内部与外部的供给情况以及通过什么方式使员工在数量与结构上满足企业需要。只有企业人力资源规划建立在企业发展战略目标基础之上，才能为企业实现发展战略目标提供人员及其技能的保障，也才能保证企业有效地实施发展战略目标。

（二）调查

这里所说的调查，主要是指对制定企业人力资源规划所需要的信息资料的调查。调查的主要内容包括以下两个方面：

(1)关于影响企业外部人力资源供需的各种因素的调查。如劳动力市场结构、供给与需求状况、劳动力择业心理等因素，人口发展趋势中的性别比例、年龄构成、地区比例等因素，宏观经济发展趋势、当地经济发展前景、科技发展趋势及其对人力资源供需的影响，以及政府的政策法规等因素。

(2)关于企业内部人力资源状况的调查。这也就是对企业内部人力资源供需和利用情况的调查，重点调查目前各类员工的规模、人员变动和流动状况、知识结构、工作能力、技术和经验专长等方面的特点。

（三）人力资源规划的制定与实施

企业根据调查结果，预测未来一段时期某些岗位上的人员供求状况，即人力资源供求之间的差异，制定出相关措施和方法并实施。这里包括总体规划、具体业务规划和相应的人事政策。在制定各项具体业务计划时要全面考虑，注意各项业务计划间的相互关联性，而不能分散地作个别单一的计划。

（四）人力资源规划的控制与评估

人力资源规划的控制与评估就是对企业人力资源规划所涉及的各个方面及其带来的效益进行控制和综合评估，即对人力资源规划的目标、政策及人员选拔、培训与发展和福利报酬等方面进行控制和评估。这是保证人力资源规划有效实施的关键所在。

三、企业人力资源规划的作用

（一）保证企业目标的完成

人力资源规划是实现企业战略目标的基础计划之一。制定人力资源规划的最终目的就是确保企业经营战略目标的实现，经营战略目标一旦确定后，就需要人去执行和完成。企业人力资源规划的首要目的就是有系统、有组织地规划人员的数量与机构，并通过职位设计、人员补充、教育培训和人员配置等方案，保证选派最佳人选实现预定目标。

（二）能更好地适应环境的变化

现代企业处于多变的环境之中：一方面，内部环境发生变化，如管理哲学的变化、新技术的开发和利用、生产与营销方式的改变等都将对组织人员的机构与数量等提出新的要求；另一方面，外部环境的变化如人口规模的变化、教育程度的提高、社会及经济的发展、法律法规的颁布等也直接影响到组织对人员的需求，影响到员工的工作动机、工作热情及作业方式。企业人力资源规划的作用就是让企业能更好地把握未来不确定的经营环境，及时调整人力资源的构成，以适应内外环境的变化，保持竞争优势。

（三）提高人力资源的使用效率

提高人力资源的使用效率的意义主要体现为以下几点：第一，它能帮助管理人员预测人力资源的短缺和冗余，对企业需要的人才作适当的储备，对企业紧缺的人力资源发出引进与培训的预警，以改变人员供需的不平衡状态，减少人力资源的浪费或弥补人力资源的不足；第二，有效的人力资源规划，使管理层和员工明确人力资源开发与管理的目标，充分发挥员工的知识、能力和技术，为每个员工提供公平竞争的机会；第三，它有助于客观地评价员工的业绩,极大地提高员工的劳动积极性;第四,制定企业人力资源规划,可以更好地向员工提供适合个人发展的职业生涯发展计划,提高员工工作质量,挖掘员工潜能,最终提高组织对人的使用效率。总之,有效的人力资源规划能使企业保持合理的人员结构、年龄结构和工资结构,不会有断层的压力和冗员的负担。

四、企业人力资源的供需预测

(一)人力资源的需求预测

企业人力资源的需求预测,是指以企业的战略目标、发展规划和工作任务为依据,综合考虑各种因素,对企业未来一段时间内人力资源需求的总量、年龄结构、专业结构、学历层次结构、专业技术职务结构与技能结构等进行事先估计。常用的人力资源需求预测的主要方法如下:

1. 管理人员判断法

管理人员判断法指由若干位管理人员作直觉判断进行预测的一种方法。这种方法适用于环境变动不大,组织规模较小,尚缺少信息资料的情况下;其缺点是易受人际关系、群体压力的影响。

2. 德尔菲法

德尔菲法在人力资源的需求预测中,用来预测和规划技术的变革带来的对各种人才的需求。它的具体操作程序是:确定需咨询的内容并将其转化为意义十分明确的预测问题;将预测问题以一定的逻辑顺序排列成书面的问卷形式;函寄给已选定的各位专家;各专家在背靠背、互不通气的情况下回答预测问题,并寄回;组织者对各专家的回答进行梳理、归纳,并将归纳结果再次邮寄给各专家;各专家结合归纳结果重新考虑预测问题,并再次寄回;组织者再次梳理、归纳,并寄回。如此反复,经过三四次的反馈,专家的意见将趋于集中。

此方法的优点是避免了人际关系、群体压力的影响,以及难以将专家在同一时间集中在同一地方的问题;适用于短期(常为一年内)的预测问题。此方法操作的关键点:一是如何提出意义明确的预测问题,二是如何将专家意见进行梳理、归纳。

(二)人力资源的供给预测

企业人力资源的供给预测是为满足企业对人力资源的需求,对未来某个时期内企业能从其内部和外部所得到的人力资源的数量和质量进行的预测。

1. 人力资源内部供给预测

组织内部人力资源的供给预测的思路是:首先确定现有的各个工作岗位上现有的员工数量和结构,然后估计下一时期各个岗位上留存的员工状况,这就需要估计离开原来工作岗位的员工数量和结构,以及新增的或者删减的岗位情况。现以继任卡法为例说明。继任卡的一般样式如表 9-2 所示。

图 9-2 继任卡的一般样式

A				
B				
C	D			E
C_1	1	D_1	B_1	A_1
C_2	2	D_2	B_2	A_2
C_3	3	D_3	B_3	A_3
C_E	紧急继任者		D_E	B_E

表格说明：

A 填入现任者晋升可能性，且用不同颜色表示晋升可能性大小：甲级（红色）表示应立即晋升，乙级（黑色）表示随时可以晋升，丙级（绿色）表示在 1～3 年内可以晋升，丁级（黄色）表示在 3～5 年可以晋升。B 填入现任者的职务。C 填入现任者的年龄，仅是为了考虑何时退休之用。D 填入现任者姓名。E 填入现任者任现职的年限。1、2、3 分别代表三位继任者。C_1、C_2、C_3、D_1、D_2、D_3、B_1、B_2、B_3、A_1、A_2、A_3 分别表示三位继任者的年龄、姓名、职务和晋升的可能性（和现任者的字母含义一样）；最后一行为紧急继任者（如现任者突然死亡、突然辞职等）在年龄、姓名、职务方面的情况。

继任卡的作用：使企业不会由于某个人的离去而影响到工作；显示某些员工需要经过一段时间的培训和实践才能晋升（如丙级需要经过 1～3 年的时间）；使员工分析和看到自己的职业生涯道路，从而及早为自己设计发展的目标。

2. 人力资源外部供给预测

人力资源外部供给预测实质就是分析社会劳动力资源的供给状况，而社会劳动力资源的供给状况受到人口数量与结构、经济与技术、社会文化教育等外界条件的影响。因而企业在预测外部人力资源供给时，应考虑到这些因素，当然就考虑范围来看，更重要的应是考虑到企业所在地区的相应因素。

（1）人口因素：本地区人口总量与人力资源率，它们决定了该地区可提供的人力资源总量，且这两个因素与人力资源总量成正比；本地区人力资源的总体构成，它决定了在年龄、性别、教育、技能、经验等层次与类别上可提供的人力资源的数量与质量。

（2）经济与教育因素：本地区的经济发展水平决定了对外地劳动力的吸引能力，显然经济发展水平越高，对外地劳动力的吸引力就越强，本地的劳动力供给也就越充分，如广州、深圳外地补充的劳动力更多；本地区的教育水平，特别是政府与组织对培训和再教育的投入，直接影响劳动力供给的质量。

（3）劳动力市场状况：本地劳动力平均价格和外地劳动力平均价格；本地区劳动力的择业心态、工作价值观及择业模式；本地区地理位置对外地人口的吸引力；本地区外来劳动力的数量与质量。

（4）相关的政府政策、法规：本地政府从本地经济发展和保护本地劳动力就业机会的角度出发，都会在参考国家有关法令基础上颁布一些政策、法规，如防止外地劳动力盲目进入本地劳动力市场，严禁童工就业，颁布员工安全保护法规等。

五、人力资源规划的综合平衡

人力资源供需平衡是企业进行人力资源计划的目的。在进行了人力资源需求预测与供给预测之后，人力资源管理人员根据预测的结果，将这两者进行对照，有三种可能的结果：第一，需求和供给相匹配；第二，需求大于供给；第三，供给大于需求。一般情况下，在企业的发展过程中，人力资源不可能自然地处于供需平衡状态。人力资源供需平衡的状态往往是暂时的，通常情况下人力资源供需是处于失衡状态的，即供不应求、供大于求和结构性失衡。这就需要根据不同情况，采取有针对性的措施，保证企业当前及未来人力资源供需的动态平衡。企业只有通过人力资源的平衡，才能有效地提高人力资源利用率，降低人力资源成本，进而提高企业的整体效益，最终实现企业的目标和愿景。

（1）当人力资源供需预测表明需求大于供给、呈现出供不应求的情况时，企业内部出现空缺岗位，企业可以采取以下方法来平衡供给：延长工作时间；培训员工；外部招聘，录用新员工；雇佣临时工；业务外包；采用新技术，提高改革水平；返聘。

（2）当供求对比表明企业将出现人力资源供大于求的人员冗余现象时，企业可以采取以下一些方法：减少工作时间；提前退休；临时解雇；增加无薪假期；减少人员补充；裁员。

（3）当企业人力资源出现结构失衡时，如高层管理人员供不应求，而基层工人供大于求时，企业应当根据具体情况，对人力资源供不应求和供大于求的岗位采取相应的方法和措施予以平衡，制定出合理的人力资源计划，使各部门各岗位的人力资源在数量和质量上都达到动态的平衡。需要注意的是，企业的战略、企业的文化和企业的目标决定了企业在进行人力资源平衡的时候应该侧重选择的方法。例如，如果企业的组织比较僵化、没有生气，则应多采用外部招聘的方法，为企业注入新鲜血液，带来一些新的生产技术和新的管理方法，这时候应当以外部调整为主；倘若企业不存在缺乏活力，不想改变企业文化，则应当以内部调整为主，例如把某些冗余人员调整到需要人员的岗位上。

第三节 人力资源的获取、培训与开发

一、人力资源的获取

(一)员工招聘的含义

企业为了适应经营环境的变化,会力求不断提高企业的竞争能力和发展新业务,这对企业在人力资源的数量和质量上提出了新要求,进而使得企业在发展中不断补充或更新员工。招聘是企业补充人员的主要方法,也是保持企业生存与发展的重要手段。成功和有效的员工招聘意味着企业有更大的人力资源优势,从而为企业带来竞争优势;否则企业将因人才危机而使生产经营受挫,因为企业间的竞争终究是人才的竞争。

因而,员工招聘是指组织为了发展的需要,根据人力规划和工作分析的数量与质量要求,从组织内部或外部发现和吸引有条件、有资格和有能力的人员来填补组织的职务空缺的活动。

(二)员工招聘的作用

(1)员工招聘有助于改善组织的劳动力结构与质量。员工招聘以组织战略目标和战略计划为基础,根据人力资源计划确定人员需求数量和根据职务分析确定所需人员的质量,然后在一定的时间和地点招聘所需要的员工。通过有目的、有计划地录用工作人员,组织可以控制人员类型和数量,改善组织人力资源在年龄、知识、能力等方面的结构和人力资源的总体质量,如高层管理人员和技术人员的招聘,可以为组织注入新的管理思想和理念,带来新的高级的生产技术,从而提高人员的整体素质与质量。

(2)员工招聘有助于员工充分发挥自身能力。员工招聘为员工提供了公平竞争上岗的机会,从而促进每个员工都能充分发挥自己的能力,以在公平竞争中取胜。因而成功的招聘,一方面,使组织外的劳动力能更多地了解组织,然后结合自己能力和发展目标决定自己是否参加组织与组织共同发展;另一方面使组织发现最合适的人选,即帮助员工找到最适合自己的工作,从而减少人员任职后离职的可能性。

(3)员工招聘有助于提高组织的管理效率。员工招聘是一项有成本的管理活动:一方面高效率的员工招聘一定需要组织事先进行招聘宣传、组织招聘活动,及录用等程序环节,这些环节都需要成本付出;另一方面有效的员工招聘能保证组织落实人力资源计划、稳定人员,减少再次招聘费用,从而使组织效益提高。

(4)员工招聘有助于组织知名度的提高。员工招聘过程中所运用的大量招聘广告,能使外界更多地了解组织,从而提高组织的知名度。正因为员工招聘广告有此功能,所

以许多组织打出招聘广告，并在其中不失时机地宣传本组织。

（三）员工招聘程序

员工招聘程序包括制定招聘计划、发布招聘信息、应聘者提出申请、接待和甄别应聘人员、发出录用通知书、评价招聘效益。

1. 制定招聘计划

招聘计划应在人力资源计划基础上产生，具体内容包括：确定招聘目的、描述应聘职务和人员的标准和条件、明确招聘对象的来源、确定传播招聘信息的方式、确定招聘组织人员数量、确定参与面试人员、确定招聘的时间和新员工进入组织的时间、确定招聘经费预算等。

2. 发布招聘信息

发布招聘信息是指利用各种传播工具发布岗位信息，鼓励和吸引人员参加应聘。在发布招聘信息时，应注意以下几点：

（1）信息发布的范围。信息发布的范围取决于招聘对象的范围；发布信息的面越广，接受到该信息的人就越多，应聘者就越多，组织招聘到合适人选的概率就越大；但费用支出相应也会越多。

（2）信息发布的时间。在条件允许、时间允许的情况下，招聘信息应尽早发布，这样可以缩短招聘进程，同时也有利于使更多的人获取招聘信息，从而增加应聘者。

（3）招聘对象的层次性。组织要招聘的特定对象往往集中于社会的某个层次，因而要根据应聘职务的要求和特点，向特定层次的人员发布招聘信息，比如招聘计算机方面的专业人才，则可以在有关计算机专业杂志上发布招聘信息。

3. 应聘者提出申请

此阶段是从应聘者角度来谈的。应聘者在获取招聘信息后，向招聘单位提出应聘申请。应聘者提出申请常有两种方式：一是通过信函向招聘单位提出申请；二是直接填写招聘单位应聘申请表（请表范样见表9-3）。无论采取哪种方式，应聘者都应提供以下个人资料：

（1）应聘申请表，且必须说明应聘的职位。

（2）个人简历，着重说明学历、工作经验、技能、成果、个人品格等信息。

（3）各种学历的证明，包括获得的奖励、证明（复印件）。

（4）身份证（复印件）。

表 9-3 某单位应聘人员报名表

编号：   报名日期：

姓　名		性　别		民　族		照片
政治面貌		出生年月		籍　贯		
毕业院校		专　业		最高学历		
求职意向		健康状况		期望收入		
现工作单位				身份证号码		
通信地址				联系电话		
主要学习及工作经历	何年何月至何年何月		在何地及何单位、何学校		任何职	
有何技能或特长						
外语及计算机水平						
何时何地受过何种奖励或处分						
主要家庭成员	姓　名	与本人关系	年　龄	职　业	工作单位	
其他需要说明情况						
备 注	有关本人应聘报名表所填内容均真实，如有隐瞒及虚报，愿意承担相应的责任。 本人签名：					

4. 接待和甄别应聘人员（也叫员工选拔过程）

此阶段的工作主要是对职务申请人进行选拔，具体包括如下环节：审查申请表→初筛→与初筛者面谈、测验→第二次筛选→选中者与主管经理或高级行政管理人员面谈

→确定最后合格人选→通知合格入选者做健康检查。此阶段一定要客观与公正,尽量减少面谈中各种主观因素的干扰。

5. 发出录用通知书

这是招聘单位与入选者正式签订劳动合同并向其发出上班试工通知的过程。通知中通常应写明入选者开始上班的时间、地点与向谁报到。

6. 评价招聘效益

这是招聘活动的最后阶段。对本次招聘活动作总结和评价,并将有关资料整理归档。评价指标包括招聘成本的核算和对录用人员评估;这两类指标分别从招聘的成本和质量来衡量,若在招聘费用支出低的情况下,能招聘到高质量的人才,这表明本次招聘效果好。

以上是一般的员工招聘程序,组织宜根据实际情况对其中的某些环节进行简化,以提高招聘效率和效果。

(四)招聘员工的来源与招聘方式

1. 内部招聘

内部招聘即所招聘员工来自组织内部。注重从组织内部发现和挖掘人才是员工招聘区别于传统员工招聘的特点之一,它能提高组织招聘的效益,因而大多数组织在需要人力资源时通常先在内部进行人员的调配,如增加或减少某些部门的人员数量。内部招聘主要有员工晋升、平级调动、工作轮换和招回原职工等几种形式。

(1)员工晋升。员工晋升也叫内部晋升,是指将组织内部的职工调配到较高的职位上。员工晋升实施的关键点:保证晋升活动的公平、公开和公正。目前许多组织的晋升标准是以个人判断为基础,而个人判断常常引发标准的公平性问题,所以组织在运用内部晋升方式时,应用客观的方法评价员工(如对某些主观内容进行量化),提出一个令人可信的晋升标准。

(2)平级调动。平级调动是指内部员工在同级水平职务间的调动,是一种较常见的内部招聘方式。平调作用主要体现为激励,如果职工被调任到一些重要的同级岗位,被平调员工就有受领导重用之感,从而激发其工作积极性。平调的关键是确定平调对象,确定时可依据资历和业绩两个标准:一般组织希望根据员工的能力大小安排平调,而员工更愿意依据资历深浅调动工作。

(3)工作轮换。工作轮换是指派员工在不同阶段从事不同工作,因而轮换工作的员工其岗位有临时的特点;工作轮换有助于丰富员工的工作经验,有利于提升员工的技术水平,培养行政管理人员。

(4)招回原职工。招回原职工是指将那些暂时离开工作岗位的人员招回到原有工作岗位。这种方法支出的费用较少,较适用于商业周期明显的行业;由于重新聘用的员工比新职务申请人更熟悉组织的工作程序、组织文化特点,有丰富的工作经验,因而对工作更为有利;同时组织对这些员工有记录、较了解,因而更安全、稳定,流动性小。有些员工可能被其他组织聘走或不愿重新加入原组织,因而为了给组织招回原职工留有较大余地,组织在暂时解聘员工时,应与这些员工保持较好的人际关系。

内部人员招聘的优点是:可提高被提升者的士气;对员工能力可更准确地判断;在有些方面可节省花费;可调动员工的工作积极性;可促成连续的提升。缺点是:"近亲繁殖"(企业的视野会逐渐狭窄);未被提升的员工或许士气低落;竞聘者钩心斗角。基于以上情况,企业必须制定科学合理的管理与培养计划。

2. 外部招聘

有时组织内部不一定有合格的人选,尤其在组织快速发展,需要大量专业和高能力人员时,内部人员在数量和质量上都不能满足招聘的要求。此时,就需要从组织外部招聘。一般通过内部人员推荐、媒体、中介机构等选聘外部人员。

(1)内部人员介绍推荐。内部人员介绍推荐,是指通过组织内部人员推荐和介绍将职位申请人引入组织中来。内部介绍推荐的操作重点:一是组织公布招聘信息,通知员工拟招聘的职位、招聘数量及各类人员的应聘条件;二是鼓励他们推荐和介绍所了解的外部人员来申请职位;三是设立能调动内部员工有效地介绍外部员工积极性的鼓励措施。

(2)上门求职者。上门求职者指从主动上门的求职者中寻找所需要的员工,它通常适用于招聘营业员、职员和保管员等技能和知识要求都比较低的工作人员,而对招聘管理人员或监督人员,此种方法不合适。由于组织与上门求职者彼此不了解,因而他们较难融洽地合作,但这种方法招聘成本最低,因而组织应很好地保持上门申请者的申请记录及联系方式,以便在需要时能及时与其取得联系。

(3)劳务中介机构。劳务中介机构是专门向组织提供人力资源的机构。我国劳务中介机构的形式有临时劳务市场、固定劳动介绍机构、各类各级人才交流中心和专门从事提供高级管理人员的猎头公司等。这些机构有些由国家和政府设立,有些由企业、集团和集体开办,有些则纯属商业性的劳力中介公司。这些机构对人员的提供亦有侧重,有些主要向社会提供熟练工人和技术工人,有些向社会提供管理人员、高级专家和留学回国人员,有些则专门帮助组织发掘高级行政主管。

组织利用劳务中介机构获取所需人员,可以以较低的费用快速地找到所需的人员,是组织从外部获取员工的重要途径。目前我国劳务中介机构正迅速发展,对我国人力资源优化配置和经济发展有重要作用。劳务中介机构将人员配置纳入市场配置的范围,为组织提供了物色人才的场所,为求职者提供了选择工作的机会,提高了全社会的人员配置效率;劳务机构向招聘单位和应聘者发布信息,组织劳务供需双方见面,并提供一系列的招聘服务,提高招聘或应聘的成功率。

(4)教育机构。这是组织从外部获取人力资源,也是新生人力资源的主要途径。不同学校培养的毕业生在技术、能力和知识水平方面均有差异,因而组织应根据不同职务选择不同教育机构的毕业生。因为毕业生没有实践经验,所以使用前往往需要对他们进行岗前培训,但他们年轻,富有朝气和活力,能给组织带来"新鲜人气"。

外部招聘的优点:一是给组织带来新观念、新思想、新技术和新方法;二是外来者与组织成员间无裙带关系,因而能较客观地评价组织工作,洞察组织存在的问题;三是能聘用到已经受过训练的员工,及时满足组织对人才的需要,因而在组织没有合适人才时,外聘费用通常比培训一个内部员工要便宜;四是使用较灵活,组织可根据组织活动情况与外聘者签订短期或临时的工作合同。其缺点有:一是挫伤内部员工的工作积极性,因为外聘就意味着内部员工内聘机会的减少;二是外聘者需要较长时间来调整对组织环境和工作的适应;三是管理职务上的外聘者可能照搬老经验来管理组织,而忽视了通过调整自身来适应组织,忽视了经验与组织发展的有机结合。

二、人力资源的培训与开发

(一)人力资源培训与开发的内涵和作用

1. 人力资源培训与开发的内涵

狭义的人力资源培训与开发是指给新员工或现有员工传授其完成本职工作所必需的基本技能的过程。

广义的人力资源培训与开发是指一切通过传授知识、转变观念或提高技能来改善当前或未来管理工作绩效的活动。

从本质来说,人力资源培训与开发是一个系统化的行为改变过程,这个行为改变的最终目的就是通过工作能力、知识水平的提高,以及个人潜能的发挥,明显地表现出工作上的绩效特征。工作行为的有效提高是培训与开发的关键所在。

2. 人力资源培训与开发的作用

(1)人力资源培训与开发有利于企业人力资源素质的提高。企业的长远发展不只是依靠设备先进、产品优质、技术领先,它更依赖于具有创造力的高素质的员工,这些员工对于企业的管理、运营和服务具有重要作用,是使企业长期生存并得以发展的根本。

(2)员工培训更有利于企业加强自身对外部环境的适应性。现代社会复杂多变,发展日新月异。市场的不断开拓、科技的不断进步、社会价值观念的不断变化以及新的思维方式的不断出现,使得外部环境对企业来说充满了机会和挑战。企业必须能够适应这种环境,而这就依赖企业的高素质员工队伍。培训可以使员工更新观念,保持对于外界环境的警觉和敏锐反应,进而使得企业在环境变化之前做好准备和应对措施,始终处于市场的领先地位。

(二)人力资源培训与开发的原则

(1)个体差异化原则。从普通员工到最高决策者,所从事的工作、创造的绩效、能力和应当达到的工作标准都不相同,所以员工培训与开发工作应充分考虑他们各自的特点,做到因材施教。也就是说要针对员工的不同文化水平、不同的职务、不同的要求以及其他差异,区别对待。

(2)有效激励原则。人力资源培训与开发的对象既然是组织的员工,就要求把培训也看作是某种激励的手段。在现代企业中,培训与开发已作为一种激励手段,一些企业在招聘员工的广告中明确告之,员工将享受到培训待遇,以此来增加本企业的魅力。

(3)促进员工个人职业发展原则。员工在培训中所学习和掌握的知识、能力和技能应有利于个人职业的发展。作为培训的一项基本原则,它同时也是调动员工参加培训积极性的有效法宝。

(4)目标明确原则。为企业员工设置明确且具有一定难度的培训目标,可以增强培训效果。培训目标设得太难或太容易都会失去培训的价值。所以,培训的目标设置要合理,适度,同时与每个人的具体工作相联系,使接受培训的人员感受到培训的目标来自工作又高于工作,是自我提高和发展的高层延续。

(5)培训与开发效果延续性原则。这一原则尤其要强调。对于那些已经接受培训的员工如何使用?如何发挥他们已经掌握的技能?其中最有效的办法是给他们更多的工作机会、更理想的工作条件。而对其中确有工作能力、真正优秀的员工,应委以重任,直至为他们提供晋升的机会。

(三)人力资源培训与开发的内容

(1)知识的培训。通过培训,员工应该具备完成工作所必需的基本知识,而且还应该了解公司的基本情况。

(2)技能的培训。通过培训,员工应该掌握完成工作所必备的技能,如谈判技能、操作技能、处理人际关系的技能等,以此也能够培养、开发自己的潜能。

(3)态度的培训。员工态度如何对员工的士气及公司的绩效影响很大。必须通过培训,建立起公司与员工之间的相互信任,培养员工对公司的忠诚,培养员工应具备的精神准备和态度,增强公司集体主人翁精神。

(四)人力资源培训与开发的方法

人力资源培训与开发的方法可以进行不同的分类。按照培训时是否离开岗位,可以分为在岗培训(在职培训)和离岗培训(脱产培训);按照培训时是否离开组织,又可以分为内部培训和外部培训。

1. 在职培训的方法

在职培训是指不离开工作岗位,在企业内进行的有计划的培训。在职培训的优点主要有:能够提供现成经验;与工作的相关性强;边生产边学习,学以致用;可以利用组织内的设施和有关条件;易于与师傅和其他人员交流;实践性强。正是由于这些优点,在职培训有着广泛的应用。在职培训主要有以下几种方法。

(1)学徒培训。学徒培训是在师傅的指导下,通过实际生产劳动,培养新技术工人的一种传统培训方法。

(2)工作轮换。工作轮换即在两个不同工种的职员间交换工作。工作轮换特别适用于管理人员和技术人员,可以丰富他们的工作内容,使他们获得不同领域的工作经验,有助于形成从不同角度理解问题的思维方式,而且易于理解他人的工作。

(3)项目指导。项目指导是由指导人员首先明确工作的要求、内容和程序,并加以示范,然后由学习者进行实际操作的一种培训方法。如果前一步做得满意,就可以进入下一步。若出现问题,则要立即纠正,直到满意为止。

2. 脱产培训的方法

脱产培训指离开工作现场,对员工履行职务时所需的基本知识、技能和工作态度等方面进行的教育训练。脱产培训主要有以下几种方式。

(1)课堂培训。通过举办研讨会、讲座或选派员工到高校进修等形式,提高员工的理论水平,扩展其知识面。这是绝大多数脱产培训所采用的方式。

(2)游戏。这是一种常用的和有效的培训方法,国外很多大学利用管理项目上的游戏来帮助管理者在资源分配、产品价格和生产项目等方面进行决策,有时是在计算机上通过游戏来学习。

(3)案例研究。案例研究是在培养经营和管理人员时常用的方法。通过观察和分析,学员要找出问题的症结并提出解决问题的方法,有时解决问题的方法不止一个。因此,通过案例研究可以培养学员观察问题、分析问题和解决问题的能力。

(4)小组讨论。小组讨论很多时候是和案例研究结合在一起的。对有些问题,通过讨论可以集思广益,更易发现问题的症结。另外,小组讨论还可以使学习者练习口头表达的能力和与他人交流的能力,有利于小组成员间的相互学习。实践证明,在很多时候讨论的受益大于独自学习的效果。

3. 自我培训和发展

在职培训和脱产培训绝大多数是由各企业或组织提供的。但有时,组织提供的培训不符合职员的愿望,或者职员对自己的将来另有打算;或者组织没有提供培训的机会,而职员又想改变目前的工作环境,从而试图通过自己的努力来提高工作的效率和质量,这时职员就会有自我培训和发展的需要。

一般而言,自我培训常采用在职的形式,利用业余的时间来学习,如上夜大。自我培训更注重能力方面的提高和对基础知识、知识结构方面的培训。自我培训大多由职员自己诊断和设想应该学习什么内容和课程,很少由专家指导应该进行怎样的学习。

三、人员激励

(一)人员激励的作用

人员激励是调动职工积极性的主要手段。美国哈佛大学教授威廉·詹姆士研究发现，在缺乏激励的环境中，人员的潜力只发挥出一小部分即 20%～30%，但在良好的激励环境下，同样的人可以发挥出 80%～90% 的潜力。促使每一位员工处在良好的激励环境中，是人力资源开发与管理所追求的理想状态。

人员激励是提高人员素质的有力杠杆。提高人员素质的主要途径有两个，一是培训，二是激励。奖励是对人员素质良好的肯定，也是为企业其他人员提供良好的行为导向；惩罚是对人员素质不良的批评，也是对企业其他人员的警告。良好的激励机制是调节人的行为，提高人员素质的有力手段。

人员激励是形成良好组织文化的有效途径。组织文化是组织生存与发展的基础，组织文化的培育要通过对人的行为正反两方面的强化才能形成。通过对符合企业价值观的行为的正向激励和对不符合企业价值观的行为的反向激励，才能形成与巩固企业的价值观。

（二）人员激励的原则

1. 目标结合原则

目标设置必须体现组织目标的要求和职工个人目标的要求，只有将两者结合起来，使组织的目标较多地包含个人的目标，使个人目标的实现离不开为实现组织目标所作的努力，才能收到良好的激励效果。

2. 物质激励与精神激励相结合的原则

物质需要是与工资、晋升、福利等相联系的。物质激励的作用是不可忽视的，但也是表面的、有限度的、受成本限制的。精神需要是与表扬、信任、尊重等联系在一起的。精神激励是人的社交、自尊、自我实现的需要。所以物质激励是基础，精神激励是根本。

3. 外在激励与内在激励相结合的原则

根据美国学者赫茨伯格的"双因素理论"，在激励中可以区分两种因素：保健因素和激励因素。凡是满足职工生理、安全和社交需要的因素都属于保健因素，其作用主要是消除不满，但不会产生满意，如工资、奖金、福利、人际关系，均属于外在激励。从工作本身所获得的兴趣、乐趣和挑战性、新鲜感，或工作本身意义重大、崇高，激发出光荣感、自豪感，或在工作中取得成就、发挥个人潜力、实现个人价值时所出现的成就感、自我实现感称之为内在激励。内在激励所产生的工作动力远比外在激励要深刻和持久。因此，在激励中，领导者应善于将外在激励与内在激励相结合，以内在激励为主，力求收到事半功倍的效果。

4. 正激励与负激励相结合的原则

正激励是对职工符合组织目标的期望行为进行奖励，以使得这种行为更多地出现，即使得职工积极性更高；负激励是对职工违背组织目标的非期望行为进行惩罚，以使得这种行为不再发生，即使犯错误职工弃恶从善，积极性向正确方向转移。显然正激励与负激励都是必要而有效的，不仅作用于当事人，而且会间接地影响周围的其他人。通过树立正面的榜样和反面的典型,扶正祛邪,形成一种好的风气,产生无形的压力,使整个群体和组织的行为更积极、更富有生气。但鉴于负激励具有一定的消极作用,容易产生挫折心理和挫折行为,应该慎用。因此,领导者在激励时应该把正激励与负激励巧妙地结合起来,坚持以正激励为主,负激励为辅。

5. 按需激励原则

激励的起点是满足职工的需要,但职工的需要存在着个体差异性和动态性,应因人而异、因时而异,并且只有满足最迫切需要(主导需要)的措施,其效果才好,其激励强度才大。因此,领导者必须深入地进行调查研究,不断了解职工需要层次和需要结构的变化趋势,有针对性地采取激励措施,才能收到实效。

6. 民主公正原则

公正是激励的一个基本原则。公正就是赏罚分明且赏罚适度。民主是公正的保证,也是激励的本质特征。

第四节 绩效考核

一、绩效考核的概念及作用

绩效考核是指考评主体对照工作目标或绩效标准,采用科学的考评方法,评定员工工作任务完成情况、员工工作职责履行程度和员工发展情况,并且将评定结果反馈给员工的活动过程。其中,绩效考核的主体包括:员工的直接上级、员工的同事、员工的下属、员工自身、客户以及外界考绩专家或顾问。

绩效考核的作用如下。

(1)为员工薪酬管理提供依据。薪酬管理是企业对员工为企业所作贡献给予相应回报和答谢的活动过程;而绩效考核对员工某时期的工作结果、行为与表现进行评定,以说明员工在该时期对企业所作的贡献,因而绩效考核为薪酬管理提供依据。

(2)是员工调迁、升降的重要依据。通过绩效考核,企业可以评估员工对现任工作的胜任程度及其发展潜力。

(3)为员工培训提供依据。通过绩效考核,企业能发现员工的长处与不足,对其长处应发扬和保护,对其不足应实行辅导和培训。因而,绩效考核的结果能为培训计划与培训措施的制订提供依据。

(4)促进组织的团队建设。绩效考核的结果通过多种渠道反馈给员工,并同时听取员工的反映、申诉,从而促进上、下级间的沟通,了解彼此间的期望,增强组织的向心力和凝聚力。

二、绩效考核的实施

(一)绩效考核的实施原则

(1)公开原则。公开原则即公开考评目标、标准和方法,公开考评过程和考评结果。坚持这一原则能消除考评对象对绩效考核工作的疑虑,提高绩效考核结果的可信度;有利于考核对象看清自己的问题和差距,进而找到努力的目标和方向,并激发进一步改进工作的积极性;同时,还可增强人力资源部的责任感,促使他们不断改进工作和提高工作质量。

(2)客观、公正原则。具体要做到:制定绩效考核标准时多采用可量化的客观尺度,要用事实说话。坚持这一原则能使绩效考核工作公平、减少矛盾,从而维护企业内部的团结。

(3)多层次、多渠道、全方位原则。这是由绩效的多维性决定的,指绩效考核必须包括对影响工作绩效各主要方面的综合考察,而不是某几个方面的片面考察。

(4)经常化、制度化原则。绩效具有动态性,因而要求经常对员工绩效进行考核,以及时公正地反映员工某时期的工作成果;另外,由于绩效考核涉及考绩标准的制定及其执行,并且要求这些标准必须科学、合理、不掺入个人好恶等感情成分,因而有必要对绩效考核有关事项以制度的形式固定下来。

(二)绩效考核的实施标准

绩效考核的实施标准是企业对员工的工作要求,也就是对于绩效内容的界定,员工应当怎样做或者做到什么样的程度。例如,"产品的合格率要达到90%""接到投诉后两天内给客户满意的答复""按时、准确、安全地将乘客载至目的地"等。在特定的绩效周期内,对企业内的同一类职务应只有一套绩效标准,以确保绩效评价的公正性。

有些绩效标准比较容易量化。例如,某公司对人力资源部招聘主管的绩效标准是这样规定的:(1)收到其他部门的人力资源需求后,在五个工作日内招聘到合适的人员;(2)员工的招聘成本应控制在每人150元至200元之间。有些绩效标准则较难量化或量化的成本比较高。对于这类标准,企业通常用评分等级(1、2、3、4、5)或评语等级(如"优秀""不满意"等)来表示员工符合绩效标准的程度。为了尽量减少人们对考评标准的理解差异,企业可以附上文字说明,详细阐明每个绩效级别的范畴和具体含义,如表9-4所示。

表 9-4　绩效标准示例

绩效指标：正确地进行价格和成本分析 绩效标准：员工能遵循价格和成本分析程序的所有要求	优秀	该名员工在这项指标上的工作表现非常出色。与常见的绩效水平和部门其他人的表现相比较,他的业绩排名在部门的前10％以内
	良好	与平均绩效水平和部门结果相比较,该名员工在这项指标上的表现达到部门的中上水平
	称职	该名员工在这项指标上的工作表现优于最低绩效水准,符合公司对大多数有经验、有能力员工的期望
	勉强及格	该名员工在这项指标上的工作表现稍微低于最低绩效水准的要求,但他显然可以在合理的时间内改善业绩,达到最低要求
	不满意	该名员工在这项指标上的工作表现达不到绩效标准的要求,而且无法确定他能否提高到绩效标准的最低水平

(三)绩效考核的方法

1．等级评定法

等级评定法是指给出不同等级绩效的定义和描述,然后针对每一个评价要素或绩效指标按照给定等级进行评估,最后给出总评价分。

2．排序法

排序法包括简单排序法和交替排序法两种。简单排序法指评估者把所有员工从最优到最差直接排序。交替排序法指评估者首先把绩效最优的员工列于榜首,把绩效最劣者列于名单末尾;然后在剩下的员工中挑选最好的员工列于名单第二位,把业绩最差的列在倒数第二位,循此程序,直至全部排完。

排序法可以为人事决策提供一份简单明了的人选名单,但难以反映员工之间的业绩间距。例如,第二名与第三名之间的差距很小,但第三名与第四名之间的差距却可能悬殊。此外,评估者往往只能按某个绩效指标,如顾客投诉、服务效率等对员工进行排序。若要全面评估员工的工作状况,则需要在多个绩效维度上轮番对员工排序。当员工数量较多时,采用排序法进行绩效评价就比较困难。

3．配对比较法

配对比较法是指在每一个考核要素上将每一个员工与其他员工比较。它是一种相对的绩效考核方法,适用于少量人员的评估。

4．关键事件法

关键事件是与被考评者的关键绩效指标有关的事件。关键事件法是主管对下属在关键事件上的优秀事迹和不良行为进行记录,并在预定的时期内进行回顾考评的一种方法。这种方法一般与其他考核方法联合使用,是其他方法的补充。关键事件法可以为解释绩效考核结果提供确凿的事实根据;可帮助考核者全面考虑被考评者一年来的工作表现,而不是近期的工作表现,从而提高考核的客观性和公正性。

如,客户经理的一项关键绩效指标是获得客户的满意。针对这项指标,客户经理马力在使用关键事件法的过程中,其主管对其记录的关键事件如下。

好的关键事件:客户经理马力耐心地倾听客户的抱怨,回答客户的问题,认真地检查客户返回的产品,有礼貌地向客户作出解释和道歉,并立即给客户签署退货单。

坏的关键事件:在业务繁忙的时节里,客户经理马力在休息时间过后迟到了30分钟回到办公室。他错过了四个来自客户的电话,并且已经有两名客户焦急地等在会客室中,而他们是按照马力原先约好的时间来访的。

三、绩效考核的影响因素及几种绩效考核误差分析

(一)绩效考核的信度和效度

绩效考核的信度和效度是反映考绩准确性和全面性的两个指标。绩效考核的主要影响因素影响到绩效考核的准确性和全面性,从而影响到绩效考核的信度和效度。下面先介绍一下绩效考核的信度和效度。

1. 绩效考核的信度

绩效考核的信度就字面而言是指考绩结果的可相信程度,具体指绩效考核的一致性(指绩效考核结果不会因所用绩效考核方法及考评者的不同而不同)和稳定性(指短时间段内重复绩效考核的结果应相同),即对同一个被考评者的考评结果应不随考评者、时间、方法的不同而不同。

绩效考核信度的影响因素有:情景性因素,包括考核时机、对比效应;个人性因素,包括考评者的情绪、疲劳程度、健康状况;考核方法因素,包括绩效考核维度的设置、权重。相应地,提高绩效考核信度的途径有:对同一绩效考核维度从不同角度采用多种方法进行测评;请一个以上的考评者进行多次测评,以减少个人性因素所带来的误差;尽量使绩效考核程序格式化、标准化;对考评者进行统一培训,以提高运用绩效考核方法的有效性,减少绩效考核方法使用不当带来的误差。

2. 绩效考核的效度

绩效考核的效度指考绩所获取的信息与待测评的真正工作绩效间的相关程度。如某一项考绩中,无关信息被纳入,而有关信息却被忽略了,则本项绩效考核的效度差。

提高绩效考核效度的途径有:结合被考评者的工作性质合理选择绩效考核维度;选用和设计适当的绩效考核方法,并着重考核具体的、可量化测定的指标,而不流于泛泛的一般性评价;对考评者进行培训。

(二)绩效考核的主要影响因素

1. 考评者的判断

考评者的判断受考评者个人特点(主要有个性、态度、智力、价值观和情绪与心境等)

的影响。如态度方面,是否视绩效考核为不必要的累赘(若是,则考绩时就会很马虎);智力方面,是否对绩效考核的标准、内容与方法能正确地理解和掌握;情绪与心境方面,若高昂愉快,则考评偏宽,若低沉抑郁,则考评偏严。

2. 考评者与被考评者的关系

考评者与被考评者间的亲疏关系、过去的恩怨,以及考评者对被考评者的工作情况及职务特点、要求的了解程度,都将影响考绩结果。

3. 所使用的绩效考核标准与方法

这具体包括考绩维度选择的恰当性,各维度间的相关性和全面性,以及考绩维度能否明确、具体地传达给被考评者。

4. 组织对绩效考核的重视程度及提供的相关条件

这具体体现为组织领导对绩效考核工作的重视与支持;绩效考核制度的正规性与严肃性;对各级主管干部是否进行过绩效考核教育与培训;绩效考核结果是否认真分析并用于人事决策;绩效考核中是否发扬了民主,让被考评者高度参与;所使用的绩效考核标准与方法是否与时俱进地相应调整。

5. 考评者常见的心理弊病

这包括考评者过分注重第一印象、以偏概全、追求中庸等心理弊病,这些心理弊病致使出现如晕轮效应、近因效应、平均主义等带来的绩效考核误差。

以上影响因素涉及主观和客观两个方面,很难完全消除,因而使得绩效考核出现了因主观因素、客观因素而产生的绩效考核误差,其中因主观因素尤其是考评者心理弊病而产生的绩效考核误差应引起考评者的高度重视,尽力做到事先控制。

(三)绩效考核中的几种误差分析

1. 个人好恶误差

个人好恶误差指考评者凭个人好恶来评价被考评者。这一误差具有一定的普遍性,且当事人难以察觉。因此考评者要有意识地克服考评中的个人好恶,同时采用基于客观事实(如记录、数据)的考评方法和多个评估人组成的评估小组的考评方法,这将有助于减个人好恶导致的绩效考核误差。

2. 近因效应和首因效应

近因效应指在绩效考核中考评者过分考虑被考评者新近给他的印象,结果使得原本对整个评估期间工作表现的考核实际上变成了仅对评估期末一小段时间内的工作表现的考核,从而使考核结果并未反映整个考核期间的工作绩效。

首因效应指考评者过分注重被考评者给他的第一印象而导致的考绩误差。

要克服上述两种误差,考评者一定要了解和掌握被考评者在整个考核期内的相关资料,并进行全面和综合的评价,而不是某个时期的、表面的评价。

3. 晕轮效应误差

晕轮效应也称霍尔效应,是指考评者根据被考评者某些特定方面的优异表现,就断定他别的方面一定就好,即一好百好,以偏概全,而不作具体分析。与此相反的是魔角效应,魔角效应指根据被考评者某些特定方面的不良表现,便全盘否定。这两种情况都带来绩效考核误差。

消除晕轮效应误差的方法是考评者同被考评者及其所在部门的成员一起交流意见,检查自己对被考评者是否有偏颇的看法;当然,被考评者普遍倾向于指出自己被低估而别人被高估,因而考评者在听取交流意见的同时,还要多观察、重视事实,而不要被单一事实所蒙蔽。

4. 平均主义误差

平均主义指考评者抱着"中庸"态度,给每个被考评者都评"中等"。这一考评态度,从表面上看似乎每个被考评者受到了公平对待。但事实上,它否定了绩效出色者的工作成绩,对他们是不公平的,对奖勤罚懒会起负作用。

克服平均主义,一是要深入了解被考评者的工作表现和成绩,二是要坚持公平、公正的考绩原则,打消顾虑和障碍,如实地考核员工的工作绩效。

5. 暗示效应误差

暗示效应误差指考评者因受组织的领导者或其他人有意无意地暗示而有意地远离客观公正的考评原则,从而造成的绩效考核误差。

6. 偏见误差

偏见指考评者受过去经验、教育等因素的影响而以固定行为模式来考察被考评者,即通常所说的"偏见"和"老顽固"。产生偏见的原因通常有年龄、性别、种族以及资历、人际关系、与高层管理人员的交情等。如一个思想保守的考评者因长期看不惯其所属部门中一位性格外向、服饰新潮的男性员工,结果这位员工的考评结果大大低于其实际工作表现。

(四)减少考绩误差的措施

影响考绩的因素有主观、客观两个方面,因而减少考绩误差的措施相应从主观、客观两方面入手。可采取的措施有:

(1)对被考评者工作的每一方面进行评价,而不是只作片面的、笼统的评价;

(2)考评观察重点应放在被评估者的工作上,而不要太过于注重其他方面;

(3)考评表上不要使用概念界定不清的措辞,以防不同的考评者对这些措辞有不同的理解;

(4)一个考评者一次不要考评太多员工,以免考评前松后紧或前紧后松,有失公正;

(5)从组织的角度,领导者一定要对考绩工作予以重视和实质性的支持,如不断完善考绩制度,经常监督检查考绩实施过程的公正性、客观性、准确性和系统性;

(6)对考评者进行必要的考评技术方面的培训,如如何正确选择考评方法、如何正确选择考绩维度、如何适时调整考评标准、如何正确科学地设定关键绩效指标等。

四、绩效的改善

通过绩效考核和考绩面谈,使被考评者知道自己的实际工作结果及其与组织目标要求间的差距,从而进一步改进绩效。绩效改善是绩效考评结果应用的具体体现,也是绩效考核的主要目的之一,主管和员工都应合力安排绩效改善计划并有效地实施。

(一)选择待改善方面的原则

绩效改善前,应先明确哪些方面需要改善,这是十分重要的,否则绩效改善将是漫无目的的,最终也必将是低效率的。选择待改善的工作时,需要遵循以下原则:

(1)重审绩效不足的方面。检查考评结果是否都合乎事实?考评者认为的缺点事实上是否真是员工的缺点?

(2)从员工愿意改进之处着手改进。因为这样会激发员工改善工作的动机和积极性,否则会使他们产生逆反和抵触情绪。

(3)从易出成效的方面开始改进。因为立竿见影的效果总会使人较有成就感,从而增强改进工作的自信心,进而有助于其他方面的继续改进。

(4)经济和效率的原则。选择待改善的工作时,应选择改善所需要的时间、精力和金钱综合而言最为适宜的方面。

(二)绩效改善的一般步骤

(1)明确差距。明确差距就是要使员工明确自己在哪些方面存在差距,差距究竟有多大。明确差距的方法有:员工实际工作绩效与应达到的工作目标作比较,员工实际工作绩效与社会上同行平均水平作比较,员工相互之间作比较。

(2)归因分析。归因分析即研究产生上述差距的原因。产生绩效差距的原因不外乎两大类:内因与外因。内因主要是指员工的能力与努力程度,外因则是指工作的环境、组织政策等。归因分析具体可就以下几个方面进行:能力;工作的兴趣;明确的目标;个人的期望;工作的反馈;奖励;惩罚;个人晋升与发展的机遇;完成工作必要的权力。显然,其中前四项主要与员工个人状况有关,属内因;后五项与组织状况有关,属外因。

(3)绩效的改善。一般地,组织对低能力、低绩效者采取辞退、再培训或惩罚的改善措施;而对外部环境或条件引起的低绩效者,则努力改善其工作环境与条件,或组织政策方法(如分配制度)来达到绩效的改善目的。

除上述绩效改善的措施方法外,还有以下几种有效的绩效改善方法。

正强化。这种方法是指当员工达到绩效目标时,立即给予肯定、认可并表扬等正面的激励。这种方法实施的一般思路是:首先根据工作分析建立一个工作行为标准体系;然后建立一个绩效目标体系,该目标体系要求具体明确并具有挑战性;最后,当员工的绩效达到目标要求时,立即实行正强化。

员工帮助计划。员工帮助计划指帮助员工解决工作中一些习惯性的、对绩效起主要影响作用的那些缺点，从而使他们改善绩效。在具体实施这种计划时，必须得到高层管理者、部门主管和员工本人三方面的密切配合。

员工忠告计划。这种方法常用于员工经常出现低绩效，且正强化不起作用的情况下。这种方法实施的一般步骤为：首先，记录并分析低绩效出现的原因；其次，主管人员向低绩效者说明问题的严重性，并告之通过改善应达到的绩效标准；最后，根据实际工作状态，提出改善的建议和忠告，或作其他相应处理：如低绩效者不能主动改进不足，则主管要与之面谈并给予其必要的建议和忠告；若仍收不到预期效果，则再次提醒并限期整改；若限期仍无效，则可停职反省；若之后仍无提高绩效的迹象，则需解雇员工。

负强化。和正强化相反，这种方法是员工一旦出现不良行为便立即给予其惩罚，以防止不良行为再次发生。使用该方法时应注意：惩罚要有轻重之分，如可采用口头警告、书面警告、降职、解雇等方法；惩罚要公平及时，否则会引起员工的不满和失去惩罚本身的意义。

研究表明，若考绩结果得到有效应用，使员工及时改善绩效，则劳动生产率可提高10%～30%，这真不失为一项成本低廉的上策，但这需要管理者和员工共同为此作出努力。

五、绩效考核的新进展

（一）绩效考核与绩效管理的区别

绩效考核是对员工个人或部门绩效的评价，而绩效管理是把对组织绩效的管理和对员工绩效的管理结合在一起，是从战略高度对绩效进行管理，着眼于组织绩效和长远发展。

绩效考核是事后考评工作的结果，而绩效管理包括事前计划、事中管理、事后考评，所以绩效考核仅是绩效管理中的一个环节。

绩效考核侧重于判断和评估，而绩效管理侧重于信息沟通和员工个人及组织整体绩效的提高。

绩效考核往往只出现在特定的时期，如月末、季末或年末，而绩效管理则伴随着管理活动的全过程。

绩效管理的过程包括（PDSF）：绩效计划的制订（Plan）；绩效计划的实施与执行（Do）；绩效考评（See）；绩效反馈（Feedback）

（二）目标管理与关键绩效指标

目标管理就是以目标为中心的 PDSF 循环的管理过程，是以实现组织的整体目标为目的的全面管理体系。

关键绩效指标是通过对组织运作过程的关键因素进行开发、分析、提炼和归纳,用以衡量绩效的一种目标式量化管理指标。关键绩效指标遵循 SMART 原则:

(1)具体的(Specific)、切中目标的、随环境而变化的;
(2)可测量的(Measurable)、量化或行为化的、数据是可获得的;
(3)可实现的(Attainable)、只要付出努力便能达成的;
(4)现实的(Realistic)、可观察而不是假设的;
(5)有时限的(Time-bounded)。

(三)平衡记分卡

平衡计分卡(Balanced Score Card),源自哈佛大学教授 Robert Kaplan 与诺朗顿研究院(Nolan Norton Institute)的执行长 David Norton 于 20 世纪 90 年代所从事的未来组织绩效衡量方法的一种绩效评价体系(如下图 9-1 所示)。其基本思想是:寻找影响企业效益的深层次原因,建立系统的绩效考核和改进指标,促进企业的可持续发展。

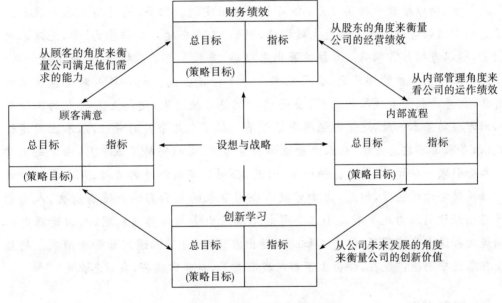

图9-1 "平衡记分卡"模式

财务方面,主要指企业的财务绩效。
顾客方面,主要指顾客对企业产品及服务的满意度。
业务流程方面,主要指企业的运营效率。
学习与成长方面,主要指企业通过学习和创新不断提升其竞争能力。

本章小结

人力资源是企业、地区和国家生产与发展最重要的要素之一,因而人力资源管理对当今组织尤其是企业显得特别重要。人力资源规划是人力资源管理的起点与核心,员工招聘是人力资源管理的入口,人员的培训是企业持续发展的可靠保证;绩效考核是人力资源管理的重要环节,也是调动职工积极性的重要手段。

案例研讨

深圳市某实业有限公司现有员工1000多人,主要业务是为通信产品厂家生产配套产品。公司业务发展迅猛,订单不断,效益可观。2006年1月~10月,公司的销售额已超过2亿元,比2005年有25%的增长。员工的待遇也不错,但是,最近人才流失情况比较严重,员工的抱怨也比较大,主要意见集中在公司的绩效考核上。

事情是这样的。半年前,为了提高公司的管理水平,解决员工的工作积极性低等问题,公司决定实施绩效考核,并采用浮动工资制,浮动工资占工资总额的50%。浮动工资的多少依据绩效考核结果发放。因为绩效考核结果对员工的切身利益有很大影响,所以绩效考核实施后,公司上下都很重视。但是,问题马上跟着就出现了。由于绩效考核指标大都是主观指标,例如"工作态度""工作能力"等,无法客观衡量,所以考核非常艰难。考核结果出来以后,多数人都不能接受,带来不少矛盾。在第一次绩效考核的那几天,公司几乎处于半停产状态。大多数人对考核结果都有意见,考虑到大多数人的意见,公司重新调整考核结果,使得大多数人的工资收入同考核前基本一致,这才勉强解决了矛盾。接下来几个月的考核,基本上是走形式,很多人都不愿意考核,在人力资源部的努力下,考核坚持了五个月,由于每次考核都会引发一些矛盾,员工抱怨很多,因此,公司决定取消绩效考核,几个月的绩效考核风波终于过去了,但是,由于考核给公司带来的负面影响并没有消失,人力资源部杨经理的压力也没有减小。公司老总和人力资源部都在反思,人力资源部的杨经理知道考核有问题,但是不知道问题出在哪里,也不知道问题如何解决。杨经理在来信中写道:"现在,公司上下都对我有意见,我非常痛苦,我该怎么办?"

复习思考题

1. 人力资源的内涵及特征是什么?
2. 人力资源管理的基本功能是什么?
3. 制定企业人力资源计划的程序有哪些?
4. 员工招聘的过程及渠道有哪些?在实践中如何有效地进行招聘?
5. 简述绩效考核的基本内容及主要方法。
6. 你认为员工对绩效考核不满意、有怨言的主要原因是什么?对此,你认为今后应如何解决这一问题?

7. 本案例提及"公司决定取消绩效考核,几个月的绩效考核风波终于过去了",似乎不考核对该公司更有利,该公司真的不需要绩效考核吗?

参考文献

[1] 任浩,甄杰.管理学百年演进与创新:组织间关系的视角[J].中国工业经济,2012(12).

[2] 焦叔斌.管理的12个问题——大道至简的管理学读本[M].北京:中国人民大学出版社,2009(1).

[3] 宋亦平.企业理论——分工与协作视角的解说[M].上海:复旦大学出版社,2007(1).

[4] [日]加护野忠男等.日美企业管理比较[M].北京:生活·读书·新知三联书店,2005(1).

[5] 何传启编.K管理:企业管理现代化[M].北京:中国经济出版社,2000.

[6] [美]杰伊·海泽,巴里·雷德著;潘洁夫等译.生产与作业管理教程·第四版[M].北京:华夏出版社,2002.

[7] 潘家轺等编.现代生产管理学(第三版)[M].北京:清华大学出版社,2011.

[8] [美]史蒂文森著;张群等译.生产与运作管理(原书第11版)[M].北京:机械工业出版社,2012.

[9] 张公绪,孙静.新编质量管理学[M].北京:高等教育出版社,2003.

[10] 张根保,何桢,刘英.质量管理与可靠性[M].北京:中国科学技术出版社,2009.

[11] 马义中,汪建均.质量管理学[M].北京:机械工业出版社,2019.

[12] 中国国家标准化管理委员会.GB/T 19000-2016.质量管理体系 基础和术语[S].北京:中国标准出版社,2016.

[13] 中国国家标准化管理委员会.GB/T 19001-2016.质量管理体系 要求[S].北京:中国标准出版社,2016.

[14] 荆新,王化成,刘俊彦.财务管理学[M].北京:中国人民大学出版社,2018.

[15] 财政部会计资格评价中心.初级会计实务[M].北京:经济科学出版社,2018.

[16] 中国注册会计师协会.财务成本管理[M].北京:中国财政经济出版社,2017.

[17] 张德.人力资源开发与管理(第3版)[M].北京:清华大学出版社,2007.

［18］黄维德,董临萍.人力资源管理(第3版)[M].北京:高等教育出版社,2006.

［19］赵曙明.人力资源管理(第9版)[M].北京:电子工业出版社,2007.

［20］陈东健等.人力资源开发与管理[M].苏州:苏州大学出版社,2004.

［21］杨河清.人力资源管理[M].大连:东北财经大学出版社,2006.

［22］陈维政,余凯成,程文文.人力资源管理[M].北京:高等教育出版社,2002.

［23］费志敏,包先建.企业管理基础[M].北京:中国计量出版社,2002.